[1]
I. M. I.
Fiat!!!

23-1
Septiembre 17, 1927

**Las penas son como el fierro forjado por el martillo, que echa chispas. Diferencia entre la cruz de la Humanidad de Nuestro Señor y la de la Divina Voluntad. El acto incesante del Querer Divino.**

(1) Jesús mío, vida de mi pobre corazón, ven a sostener mi debilidad, soy una pequeña niña aún y siento la necesidad extrema de que me tengas entre tus brazos, que guíes mi mano mientras escribo, que pongas las palabras en mi boca, que me des tus pensamientos, tu luz, tu amor y tu mismo Querer, y si no lo haces yo me estaré como niña caprichuda sin hacer nada. Y si Tú amas tanto el hacer conocer tu Santísimo Querer, el primero en sacrificarse serás Tú, yo entraré en orden secundario, por eso Amor mío transfórmame en Ti, quítame la torpeza, porque siento que no puedo más, y yo seguiré cumpliendo tu eterno Querer aun a costa de mi vida.

(2) Después, siguiendo mi abandono en la Divina Voluntad, me sentía bajo el yugo de las penas, y mi amado Jesús estrechándome a Sí para darme la fuerza me ha dicho:

(3) "Hija mía, las penas son como el fierro forjado por el martillo, que lo hace centellear de luz e inflamarse tanto, de cambiarse en fuego, y bajo los golpes que recibe pierde la dureza, se reblandece, de modo que se le puede dar la forma que se quiere. Así es el alma, bajo los golpes del dolor pierde la dureza, centellea luz, se transforma en mi amor y se vuelve fuego, y Yo, artífice divino, encontrándola moldeable le doy la forma que quiero. ¡Oh! cómo me deleito en hacerla bella, soy artífice celoso y quiero la gloria porque ninguno puede y sabe hacer mis estatuas, mis vasos, tanto en la forma como en la belleza y mucho menos en la finura, y en la luz que centellea las convierte todas en verdad. Así que cada golpe que le doy le preparo una verdad para manifestar, porque cada golpe es una chispa que el alma pone fuera de sí, y Yo no las pierdo como las pierde el artífice al golpear el fierro, sino que me sirvo de ellas para investirlas de luz, de verdades sorprendentes, de manera que al alma le sirven como la más bella vestimenta y le suministran el buen alimento de la Vida Divina".

(4) Después de esto seguía a mi dulce Jesús, pero estaba tan afligido y sufriente que daba piedad, y yo le he dicho: "Dime amor mío, ¿qué tienes? ¿Por qué sufres tanto?" Y Jesús ha agregado:

(5) "Hija mía, sufro por el gran dolor de mi Voluntad. Mi Humanidad sufrió, tuvo su cruz, pero su vida fue breve sobre la tierra, en cambio la Vida de mi Voluntad ha sido muy prolongada en medio de las criaturas, son ya seis mil años y durará aún más, y ¿sabes tú quién es la cruz continuada de Ella? La voluntad humana, y cada acto de ella opuesto a la Suya, y cada acto de la mía que no recibe, es una cruz que forma a mi Eterno Querer, por lo tanto las cruces de Él son innumerables. Si tú observas toda la Creación la encontrarás toda llena de cruces formadas por el querer humano. Mira el sol, mi Divino Querer lleva su luz a las criaturas, y ellas toman su luz y no reconocen a quien les lleva esta luz, y mi Querer recibe en el sol tantas cruces por cuantas criaturas no lo reconocen, y mientras gozan esta luz se sirven de la misma luz para ofender a aquel Querer Divino que las ilumina, ¡oh! cómo es duro y doloroso hacer el bien y no ser reconocido. El viento está lleno de cruces, cada ráfaga es un bien, que lleva a las criaturas, éstas toman y gozan aquel bien pero no reconocen a Aquél que en el viento las acaricia, las refresca, les purifica el aire y por eso se siente clavar clavos de ingratitud, y cruces a cada viento que sopla. El agua, el mar, la tierra, están llenos de cruces formadas por el querer humano, ¿quién no se sirve del agua, del mar y de la tierra? Todos, sin embargo mi Querer que conserva todo y es vida primaria de todas las cosas creadas no es reconocido, y sólo está en ellas para recibir las cruces de la ingratitud humana, por eso las cruces de mi Querer son sin número y más dolorosas que aquella de mi Humanidad; mucho más que a ésta no le faltan las almas buenas que han comprendido su dolor, sus tormentos, las penas que me hicieron sufrir y también la muerte, y me han compadecido y reparado por lo que Yo sufrí en mi vida mortal, en cambio aquéllas de mi Fiat Divino son cruces que no se conocen y por lo tanto están sin compasión y sin reparación, y por eso es tanto el dolor que siente mi Querer Divino en toda la Creación, que hace estallar ahora a la tierra, ahora al mar, ahora al viento en dolor, y en su dolor descarga flagelos de destrucción; es el extremo dolor de Él, que no pudiendo más golpea a aquellos que no lo reconocen. He aquí el por qué te llamo frecuentemente a girar en toda la Creación, es para hacerte conocer lo que mi Querer hace en ella, el dolor y las cruces que recibe de las criaturas a fin de que tú lo reconozcas en cada cosa creada, lo ames, lo adores, lo agradezcas, y seas la primera reparadora y consoladora de un Querer tan Santo, porque sólo quien vive en mi Voluntad puede penetrar en sus actos y reconocer sus dolores, y con su misma potencia volverse defensora y consoladora de mi Voluntad, que desde hace tantos siglos vive aislada y crucificada en medio de la familia humana".

(6) Entonces, mientras Jesús decía esto, yo miraba la Creación y la veía toda llena de cruces, tantas que no se podían contar, y el Querer Divino conforme emitía sus actos fuera de Sí para darlos a las criaturas, el querer

humano ponía fuera su cruz para crucificar aquellos actos divinos. ¡Qué dolor, qué pena! Y mi amado Jesús ha agregado:

(7) "Hija mía, mi eterno Fiat tuvo un acto incesante hacia las criaturas desde que creó toda la Creación, pero estos actos suyos, porque faltaba en ellas mi Voluntad reinante, no fueron recibidos por ellas y por eso quedaron suspendidos en toda la Creación en mi mismo Querer Divino. Ahora, al venir Yo sobre la tierra mi primer interés fue el de retomar en Mí el acto incesante de Él, que había quedado suspendido en Sí mismo porque no había podido tomar su lugar en la criatura, y mi Humanidad unida al Verbo, primero debía dar lugar a este su acto incesante, darle la satisfacción, y esta fue mi Pasión desconocida, la más prolongada y dolorosa, y después me ocupé de la Redención. El primer acto en la criatura es la voluntad, todos los demás actos, sean malos o buenos entran en el orden secundario, y por eso Yo debí primero tener interés de poner a salvo, en Mí, todos los actos de mi Divina Voluntad, descender en lo bajo de los actos humanos para reunir juntas la una y la Otra, a fin de que viendo puestos a salvo sus actos, pudiese contentarla con las criaturas. Ahora, hoy te invito a retomar en ti estos actos rechazados por las criaturas, porque mi Querer continúa con su acto incesante y queda con el dolor de verlo suspendido en Sí mismo, porque no encuentra quien los reciba, ni quien los quiera, ni quien los conozca, por eso sé atenta en trabajar y sufrir junto Conmigo para el triunfo del reino de mi Divina Voluntad".

23-2
Septiembre 21, 1927

**Cómo el alma que vive en el Querer Divino pone en ejercicio los actos de Él. Cómo la verdad es vida perenne y milagro continuado.**

(1) Estaba girando por toda la Creación y pedía en cada cosa creada el reino del Fiat Supremo, y mi adorado Jesús moviéndose en mi interior me ha dicho:

(2) "Hija mía, como todas las cosas creadas están fijas en Dios, conforme tú en cada una de ellas pides el reino de mi Divina Voluntad, así las cosas creadas se mueven en Dios y piden mi reino, cada una de ellas forma su ola suplicante, el movimiento incesante para pedir lo que tú quieres, y como las cosas creadas no son otra cosa que actos salidos de mi Divina Voluntad, dando a cada acto un oficio, así tú, conforme pides mi reino en cada cosa creada, pones en ejercicio todos los oficios de los actos de mi Supremo Querer en torno al Ente Divino, y haces que nuestra bondad, nuestra potencia, nuestra justicia y misericordia, nuestro amor, nuestra sabiduría, pidan el reino de nuestra Voluntad, porque cada cosa creada contiene, cada

una, una cualidad nuestra, y Nosotros sentimos que nos llegan una después de la otra, olas de bondad, de potencia, de justicia, de misericordia, de amor, de sabiduría, que con modos divinos suplican, ruegan, piden el reino del Fiat Divino en medio de las criaturas, y Nosotros al vernos tan asediados por los mismos actos de nuestro Querer Divino, nos preguntamos: '¿Quién es aquélla que mueve una Voluntad tan grande, con todos sus innumerables actos, a pedirnos que demos nuestro reino a las criaturas?' Y nuestros actos nos responden: 'Es la pequeña hija del Eterno Querer, es la hija de todos nosotros, que con tanto amor mueve nuestros actos a pedir lo que todos queremos'. Y en el exceso de nuestro amor decimos: '¡Ah, es la pequeña hija de nuestro Querer, déjenla hacer, a ella le es dado el penetrar dondequiera, déjenle libre el paso, porque ella no hará otra cosa, ni pedirá sino lo que Nosotros queremos".

(3) Después de esto estaba pensando en todo lo que mi adorado Jesús me había dicho acerca de su Divina Voluntad, y como si quisiera otras pruebas más ciertas de que era Jesús el que me hablaba. Entonces Jesús saliendo de mi interior me ha dicho:

(4) "Hija mía, no hay otra prueba más cierta y segura, y que pueda hacer más bien tanto a ti como a los demás, que el haberte manifestado tantas verdades; la verdad es más que el milagro, ella lleva consigo la Vida Divina permanente, y a donde llega, si hay alguien que la escuche, biloca la verdad junto con su Vida para darse a quien la quiera. Por lo tanto mis verdades son luz perenne, no sujeta a apagarse, y Vida que jamás muere. ¿Qué bien no puede producir una verdad mía? Puede formar santos, puede convertir las almas, puede poner en fuga las tinieblas y tiene virtud de renovar todo el mundo, por eso es que hago un milagro más grande cuando manifiesto una verdad, que cuando doy otras pruebas de que soy Yo el que va al alma, o que si hiciera otras cosas milagrosas, porque éstas son sombra de mi potencia, son luz pasajera, y como es pasajera no lleva a todos la virtud milagrosa, sino que se reduce al individuo que ha recibido el milagro, y muchas veces quien ha recibido el milagro ni siquiera se hace santo. En cambio la verdad contiene la vida, y como vida lleva su virtud a quien la quiera. Ten por cierto hija mía, que si Yo al venir a la tierra no hubiera dicho tantas verdades en el Evangelio, a pesar de que hubiera hecho milagros, la Redención habría sido obstaculizada, sin desarrollo, porque las gentes no encontrarían nada, ni enseñanzas, ni luz de verdad para aprender los remedios, para encontrar el camino que conduce al Cielo. Así sería de ti si no te hubiera dicho tantas verdades, especialmente sobre mi adorable Voluntad, que ha sido el más grande milagro que he hecho en estos tiempos, ¿qué bien traería tu misión tan grande, confiada a ti, de hacer conocer el reino del Fiat Supremo? En cambio con el haberte dicho tantas verdades acerca de Él, se puede conocer mi Divina Voluntad en el mundo,

puede ser restituido el orden, la paz, la luz, la felicidad perdidas; todas estas verdades llevarán al hombre en su regazo a su Creador, para darse el primer beso de la Creación, y ser restituida en ella la imagen de Aquél que la creó; si tú supieras el gran bien que llevarán a las criaturas todas las verdades que te he dicho, te estallaría el corazón de alegría, además no puedes temer de que el enemigo infernal pudiese osar el manifestarte una sola verdad acerca de la Divina Voluntad, porque él ante la luz de Ella tiembla, huye, y cada verdad sobre mi Voluntad es para él un infierno de más, y como no quiso ni amarla ni hacerla, se cambió para él en tormentos que no tendrán fin; él, ante la sola palabra Voluntad de Dios se siente de tal manera quemar, que monta en furor y odia aquella Santa Voluntad que lo atormenta más que el infierno. Por eso puedes estar segura de que Voluntad de Dios y enemigo infernal no están jamás de acuerdo, ni juntos, ni cerca, su luz lo eclipsa y lo precipita en las profundidades del infierno. Por lo tanto, lo que te recomiendo es que ninguna verdad o simple palabra acerca de mi Querer Divino la dejes perder, porque todo debe servir para cumplir la cadena de los milagros perennes, para hacer conocer el reino de Él y para restituir la felicidad perdida a las criaturas".

23-3
Septiembre 25, 1927

**Quien vive en el Querer Divino no encuentra camino para salir de Él, y contiene todos los gérmenes de la gloria que posee la Creación. Jesús la llama junto con Él al trabajo de su reino.**

(1) Me sentía bajo la opresión de la privación de mi dulce Jesús y pensaba entre mí: "Yo no sé cómo mi amado Jesús me deja, ¿no piensa Él que yo me puedo volver más mala sin Aquél que es mi vida, y que es el único que me puede infundir la vida de obrar el bien? Ya no se preocupa de nada, ni de vigilarme, ni de apresurarme, ni de corregirme". Pero mientras esto pensaba, mi adorado Jesús ha salido de dentro de mi interior y me ha dicho:
(2) "Hija mía, porque estoy seguro de que tú no puedes salir de dentro del gran mar de mi Divina Voluntad, habiéndote Yo puesto en Ella, y tú con tu plena adhesión has querido entrar, por tanto no hay caminos por donde puedas salir, porque de este mar no se encuentran los confines, por cuanto caminaras dentro no encontrarías ni su playa, ni su fin. Por eso Yo estoy seguro de que mi pequeña hija no puede salir de dentro del mar de mi Voluntad, y por eso Yo me alejo en el mismo mar y tú me pierdes de vista, pero como uno es el mar en el que estamos, todo lo que tú haces tiene el camino para llegar a Mí, y como llegan a Mí tus actos estoy seguro de que estás en mi mar, y por eso no me preocupo; mientras que antes Yo no

estaba seguro de ti, por eso tenía tanta premura en vigilarte, en empujarte y no te dejaba jamás, porque no te veía en el fondo del mar de mi Divina Voluntad, de la cual no hay temor de que puedas salir, porque esto es lo bello del vivir en mi Divino Querer, que todos los peligros y temores quedan desterrados, en cambio quien vive resignado o hace la Voluntad Divina, está siempre en peligro y en temor, y puede encontrar tantos caminos que lo alejen del mar inmenso del Fiat Supremo".

(3) Entonces yo me he abandonado toda en aquel mar y me sentía feliz de no poderme salir de él, y mi dulce Jesús ha agregado:

(4) "Hija mía, mi Fiat Omnipotente en la Creación creaba tantas cosas, poniendo en cada una de ellas un bien para las criaturas, para recibir la correspondencia de la gloria por parte de ellas, por cuantas cosas ponía fuera a la luz del día, ¿pero sabes tú en quién venía depositada esta gloria que esperaba tu Creador? Eres tú hija mía, porque viviendo en mi Querer y poseyéndolo, posees todos los gérmenes de cada gloria que cada una de las cosas creadas posee, y por eso, conforme giras en la Creación sientes en ti el bien que cada cosa creada contiene, y tú haces tu oficio de hacer salir de ti aquella gloria que tu Creador con tanto amor espera. Qué armonía, qué orden, qué amor, qué encanto de belleza hay entre el alma que vive en mi Voluntad y entre todas las cosas creadas por Mí, están de tal manera vinculadas entre ellas que parecen inseparables; el alma que vive en mi Divino Querer vive en el pleno día, y sus actos, sus pensamientos, sus palabras, no son otra cosa que los reflejos de Él, el Sol de mi Querer se refleja más que dentro de un cristal en ella y ella piensa, refleja y habla, refleja y obra, refleja y ama, no hay cosa más grande ni más bella que un alma que vive de los reflejos de este Sol, estos reflejos la tienen en comunidad con los actos de su Creador y en posesión de sus mismos bienes. Además de esto, tú debes saber que así como mi Humanidad encerraba todos los bienes de la Redención y los sacó fuera para bien de los redimidos, así mismo quiso encerrar en Sí todos los actos y bienes de los hijos del reino de mi Fiat Divino, entonces conforme el alma hace sus actos en Él, Yo ensancho la capacidad de ella y en ella pongo mis actos, y así, conforme poco a poco entra en mi reino y va haciendo sus actos, así Yo voy siempre ensanchando su capacidad para poner en ella todos los actos que posee mi Humanidad, para completar en ella el reino de mi Voluntad. Por eso Yo te llamo a trabajar junto Conmigo en este mi reino, Yo trabajo preparando la tierra, es necesario purificarla, está demasiado sucia, hay ciertos puntos que no merecen existir más, tantas son las infamias, por eso es necesario que desaparezcan tanto los habitantes como la misma tierra sucia. El reino de mi Divina Voluntad es el reino más santo, más puro, más bello y ordenado que debe venir sobre la tierra, por eso es necesario que la tierra sea preparada, purificada, por tanto mientras Yo trabajo en purificarla,

y si es necesario destruyendo lugares y personas indignas de un reino tan santo, tú trabajarás con mover Cielo y tierra con tus actos hechos en mi Querer, tu eco sea incesante, lo harás resonar en toda la Creación pidiendo el reino de mi Fiat, tus actos continuos y si es necesario tus penas y hasta tu vida, para pedir y conseguir un bien tan grande y un reino que traerá tanta felicidad. Por eso no prestes atención a otra cosa, sino al trabajo que te toca hacer".

(5) Pero con todo lo que decía Jesús sentía temor de que Él me pudiera dejar, o bien alejarse tanto en este mar de su bendito Querer, que quién sabe cuándo debía regresar a su pequeña torturada por amor suyo, y Jesús moviéndose en mi interior me ha dicho:

(6) "Pobre pequeña hija mía, se ve que eres una niña, la cual no se aflige ni toma cuidado de nada más que estar en brazos de su mamá, y si jamás sea, la mamá la deja por poco tiempo, llora, está inconsolable y es toda ojos para ver a su mamá y lanzarse a sus brazos. Así eres tú, pobre pequeña mía, pero tú debes saber que la mamá, puede ser que deje a su niña, pero Yo no dejaré jamás a mi pequeña criatura, es mi interés no dejarte, tengo mi Voluntad en ti, en ti están mis actos, mis propiedades, por eso teniendo de lo mío en ti, tengo interés de no dejarte, más bien mis mismas cosas me llaman a ti y Yo vengo a gozar mis cosas, mi Voluntad Divina reinante en ti. Sólo podrías temer que te dejase cuando te dijera: 'Dame lo mío, dame mi Voluntad'. Pero tu Jesús no te dirá esto jamás, por eso estate en paz".

23-4
Septiembre 28, 1927

**En la Divina Voluntad no puede haber imperfecciones, y se debe entrar en Ella desnudo del todo. Quien no hace la Divina Voluntad destruye la Vida Divina en sí, y esto es un delito que no merece piedad. Sólo la Divina Voluntad es reposo. Castigos.**

(1) Me sentía toda abandonada en el Fiat Supremo, pero en medio a la Santidad de un Querer tan santo me sentía imperfecta, mala y pensaba entre mí: "¿Cómo puede ser que mi amado Jesús me dice que me hace vivir dentro de su Querer Divino, y sin embargo me siento tan mala?" Y mi adorado Jesús moviéndose en mi interior me ha dicho:

(2) "Hija mía, en mi Voluntad Divina no puede haber ni imperfecciones ni maldades, Ella tiene la virtud purificadora y destructora de todos los males, su luz purifica, su fuego destruye hasta la raíz del mal, su Santidad santifica y embellece, de manera que debe servir para hacerla feliz y tomarse todas sus delicias con quien vive en Ella, no admite a vivir en mi Querer Divino a criaturas que puedan llevar en ellas imperfecciones, amarguras, serían

cosas contra su naturaleza, y por eso jamás podría admitirlas a vivir en Ella; mas bien lo que tú dices son impresiones de fealdad, de imperfecciones, de maldades, y mi Voluntad se sirve de ellas como escabel o tierra que se tiene debajo de los pies, que ni siquiera las mira y sólo piensa en gozarse a su pequeña hija y en ponerle en su regazo sus actos, sus alegrías, sus riquezas para volverla feliz, y así poder gozar de la felicidad de ella. Mi Voluntad da lo que tiene y no admite en Ella cosas que no le pertenezcan, aun mínimas, por eso quien quiere vivir en Ella debe entrar desnudo del todo, porque la primera cosa que hace mi Querer es vestir al alma de luz, embellecerla con adornos divinos, imprime sobre la frente el beso de la paz perenne, de la felicidad y de la firmeza; lo humano no tiene nada que hacer en Ella, no tiene ni vida ni lugar, y el alma misma siente tal rechazo hacia lo que no pertenece a mi Querer, que daría la vida antes que tomar parte en lo que no pertenece a la santidad de mi Divina Voluntad".

(3) Después seguía mi abandono en el Fiat Divino, y mi dulce Jesús ha agregado: "Hija mía, mi Divina Voluntad fue dada desde el principio de la Creación como vida de las criaturas, y Ella tomó el empeño de mantener esta su vida en ellas, integra, bella, en su pleno vigor, suministrándole en cada acto de criatura un acto divino de Ella, un acto de la altura de su santidad, de su luz, de su potencia y belleza. Ella se ponía a la expectativa esperando los actos de las criaturas para darles de lo suyo, de modo de hacer en ellos un portento de Vida Divina digna de su potencia y sabiduría. Para comprender esto basta sólo el decir que mi Querer Divino debía formar tantas Vidas de Sí mismo en cada una de las criaturas, y por eso ponía en ejercicio de trabajo toda su habilidad y cualidades infinitas que poseía. Cómo habrían sido bellas estas Vidas Divinas en las criaturas, Nosotros mirándolas debíamos encontrar en ellas nuestro reflejo, nuestra imagen, el eco de nuestra felicidad; ¡qué alegría, qué fiesta habría sido la Creación para Nosotros y para las criaturas! Ahora tú debes saber que quien no hace mi Divina Voluntad y no vive en Ella, quiere destruir la propia Vida Divina en ella, Vida que debían poseer. Destruir la propia Vida, ¡qué delito! ¿Quién no condenaría a quien quisiera destruir la propia vida del cuerpo, o bien a quien no quisiera tomar el alimento y se volviera débil, enfermo, inhábil para todo? Así que quien no hace mi Voluntad destruye la propia Vida que la bondad divina quiere darle, y quien la hace, pero no siempre y no vive en Ella, como le falta el alimento continuo y suficiente, es el pobre enfermo, sin fuerza, débil, inhábil para hacer el verdadero bien, y si alguna cosa parece que hace, es sin vida, con fatiga, porque es mi Querer el único que puede darle vida; qué delito hija mía, qué delito, que no merece ninguna piedad".

(4) Mi amado Jesús se mostraba cansado y como intranquilo, tanto era el dolor de tantas Vidas destruidas en las criaturas, también yo sentía por eso una pena y decía a Jesús: "Amor mío, dime, ¿qué tienes? Tú sufres mucho,

la destrucción de estas Vidas Divinas de tu adorable Voluntad es tu más grande dolor, por eso te ruego, haz que venga su reino, a fin de que este tu dolor se cambie en alegría, y así la Creación no te dé más inquietudes y dolor, sino reposo y felicidad". Y viendo que con mis palabras no lograba calmarlo, he llamado en mi ayuda a todos los actos de su Voluntad hechos en la Creación, y emitiendo los míos, he circundado a Jesús con los actos de Ella. Una luz inmensa se hacía en torno a Jesús, esta luz eclipsaba todos los males de las criaturas y Él tomaba reposo y después ha agregado:

(5) "Hija mía, es sólo mi Querer el que puede darme reposo. Si quieres calmarme cuando me ves inquieto, préstate tú misma al desarrollo de la Vida de mi Voluntad en ti, y haciendo tuyos sus actos Yo encontraré en ti su luz, su santidad, sus alegrías infinitas que me darán reposo, y haré una pausa en castigar a las criaturas, castigos muy merecidos por estas Vidas Divinas que destruyen en ellas y que merecen que les destruya todos los bienes naturales y aun su misma vida, ¿no ves cómo el mar sale de sus límites y hace camino para arrebatar estas vidas en su seno y sepultarlas en él? El viento, la tierra, casi todos los elementos caminan para hacer desgarro de las criaturas y destruirlas. Son los actos de mi Voluntad esparcidos en la Creación por amor de ellas, y que no habiéndolos recibido con amor se convierten en Justicia".

(6) Yo he quedado espantada al ver esto y rogaba a mi sumo bien Jesús que se aplacase y que pronto viniera el reino del Fiat Divino.

23-5
Octubre 2, 1927

**Adán fue el más santo antes de pecar. Plenitud y totalidad de bienes de los actos hechos en el Divino Querer; cómo se extienden a todos. La pupila del ojo investida por el sol. La Divina Voluntad, como materia se presta para esconder a su Creador. Ejemplo de la Hostia.**

(1) Estaba haciendo mi giro en la Creación para seguir todos los actos de la Divina Voluntad que hay en ella, y habiendo llegado al Edén donde Dios creó al primer hombre, Adán, para unirme con él a aquella unidad de Voluntad que poseía con Dios, en la cual hacía sus primeros actos en su primera época de la Creación, pensaba para mí: "¿Quién sabe qué santidad poseía mi primer padre Adán, qué valor contenían sus primeros actos hechos en el reino del Fiat Divino y, ¿cómo puedo yo conseguir de nuevo sobre la tierra un reino tan santo, estando sólo yo ocupada en obtener un bien tan grande?" Pero mientras esto pensaba, mi siempre amable Jesús ha salido de dentro de mi interior mandando rayos de luz, y aquella luz se convertía en palabras y me ha dicho:

(2) "Hija mía, hija primogénita de mi Voluntad, como hija de Ella quiero revelarte la santidad de aquél que poseyó el reino de mi Fiat Divino. En el principio de la Creación este reino tuvo su vida, su perfecto dominio y su completo triunfo, así que este reino no es del todo extraño a la familia humana, y como no es extraño existe toda la segura esperanza de que regrese de nuevo en medio de ella para reinar y dominar. Ahora, tú debes saber que Adán poseía tal santidad cuando fue creado por Dios, y sus actos aun mínimos tenían tal valor, que ningún santo, ni antes ni después de mi venida sobre la tierra pueden compararse a su santidad, y todos los actos de éstos no llegan al valor de un solo acto de Adán, porque él poseía en mi Voluntad Divina la plenitud de la santidad, la totalidad de todos los bienes divinos; ¿y sabes tú qué significa plenitud? Significa estar lleno hasta el borde, hasta desbordar fuera luz, santidad, amor y todas las cualidades divinas, de modo de poder llenar Cielo y tierra, de los cuales tenía el dominio y en ellos extendía su reino. Por eso cada acto suyo hecho en esta plenitud de bienes divinos tenía tal valor, que ningún otro, por cuanto se sacrificase, sufriese u obrase el bien, pero que no poseyese el reino de mi Voluntad y su total dominio, puede compararse a uno solo de estos actos en el reino de Ella. Por eso la gloria, el amor que me dio Adán mientras vivió en el reino de mi Divino Querer, ninguno, ninguno me los ha dado, porque él en sus actos me daba la plenitud y totalidad de todos los bienes y sólo en mi Voluntad se encuentran estos actos, fuera de Ella no existen, por eso Adán tenía sus riquezas, sus actos de valor infinito que le participaba mi eterno Querer delante a la Divinidad, porque Dios al crearlo nada de vacío había dejado en él, sino todo era plenitud divina por cuanto a criatura era posible contener. Ahora, al caer en el pecado no fueron destruidos estos actos, estas sus riquezas, esta gloria y amor perfectos que había dado a su Creador, más bien en virtud de ellos y de su obrar hecho en mi Fiat Divino mereció la Redención. No, no podía quedar sin redención quien había, aun por poco tiempo, poseído el reino de mi Voluntad. Quien posee este reino entra en tales vínculos y derechos con Dios, que Dios mismo siente en él la fuerza de sus mismas cadenas, que atándolo no puede separarse de él. Nuestra Majestad adorable se encontraba con Adán en las condiciones de un padre que teniendo un hijo, éste le ha sido causa de tantas conquistas, de grandes riquezas, de gloria incalculable, no hay cosa que posea el padre donde no encuentre los actos de su hijo, dondequiera siente resonar la gloria, el amor de su hijo; ahora, este hijo por su desventura cae en pobreza, ¿puede acaso el padre no tener compasión de su hijo, si donde quiera y en todo siente el amor, la gloria, las riquezas con las cuales lo ha circundado su hijo? Hija mía, Adán con vivir en el reino de nuestra Voluntad había penetrado en nuestros confines, que son interminables, y dondequiera había puesto sus actos, su gloria, su amor para su Creador, y como hijo nuestro con sus actos

que hacía nos traía nuestras riquezas, nuestras alegrías, la gloria y amor nuestros, su eco resonaba en todo nuestro Ser, como el nuestro en el suyo; ahora, viéndolo caído en la pobreza, ¿cómo nuestro amor podía soportar el no tener compasión de él, si nuestra misma Voluntad Divina nos hacía la guerra amorosamente e intercedía por aquél que había vivido en Ella? ¿Ves entonces qué significa vivir en mi Querer Divino, su gran importancia? En Ella está la plenitud de todos los bienes divinos y la totalidad de todos los actos posibles e imaginables, abraza todo el Ser Divino. El alma se encuentra en mi Voluntad como el ojo se encuentra de frente al sol, que queda todo lleno de su luz, y mientras el sol se refleja todo entero en la pupila del ojo, su luz permanece también fuera, invistiendo toda la persona y recorriendo la tierra sin alejarse de dentro de la pupila, y mientras queda su luz en el ojo, quisiera llevar a la pupila al sol para hacerla hacer junto con él el giro de la tierra y hacerle hacer lo que hace la luz y recibir sus actos por doquier como testimonio de amor y gloria. Esto es imagen del alma que vive en mi Voluntad, Ella la llena de tal plenitud que no deja ningún vacío en ella, y como no es capaz de poseer toda la inmensidad divina, la llena por cuanto más la criatura pudiese contener, y sin separarse queda fuera de ella, llevándose en la interminabilidad de su luz la pupila de la voluntad del alma para hacerla hacer lo que hace mi Divina Voluntad, para recibir la correspondencia de sus actos y de su amor. ¡Oh! potencia de mi Fiat Divino obrante en la criatura, que haciéndose investir por su luz no le niega su dominio y su reino. Y si Adán mereció compasión fue porque la primera época de su vida fue en el reino del Querer Divino. Si la Soberana Celestial pudo obtener, aunque estuviese sola, la venida del Verbo sobre la tierra, fue porque dio libre campo al reino del Fiat Divino en Ella. Si mi misma Humanidad pudo formar el reino de la Redención, fue sólo porque poseía toda la integridad e inmensidad del reino del Eterno Querer, porque Él, dondequiera que se extiende todo abraza, todo puede, no existe potencia contra de Él que pueda restringirlo. Así que uno solo que posea el reino de mi Voluntad vale más que todo y que todos, y puede merecer y conseguir lo que todos los demás juntos no pueden ni merecer, ni obtener, porque todos los demás juntos, por cuan buenos sean, pero sin la Vida de mi Voluntad en ellos, son siempre las pequeñas llamitas, las plantitas, las florecitas, que a lo más sirven para adornar la tierra, sujetas a marchitarse y secarse, y la bondad divina no puede hacer ni grandes planes sobre de ellos, ni conceder portentos de hacer el bien al mundo entero. En cambio en quien vive mi Voluntad es más que sol, y así como el sol con el imperio de su luz inviste a todos, impera sobre las plantas y da a cada una la vida, el color, el perfume, la dulzura, con su tácito imperio se impone sobre todo para dar sus efectos y los bienes que posee, ningún otro planeta hace tanto bien a la tierra como lo hace el sol; así en quien vive mi Querer, son más que sol y con la luz que contienen se abajan y con rapidez se elevan, penetran dondequiera, en Dios, en sus actos; con la Voluntad Divina que poseen imperan sobre Dios mismo, sobre las criaturas, son capaces de arrollar todo para llevar a todos la vida de la luz que poseen, son el portador de su Creador y hacen caminar la luz delante para impetrar, obtener y dar lo que quieren. ¡Oh! si las criaturas conocieran este bien tan grande harían competencia, y todas las pasiones se cambiarían en pasión de luz de vivir sólo y siempre en aquel Fiat Divino que todo santifica, todo dona y sobre todo impera".

(3) Mi pobre mente continuaba perdiéndose en el Querer Divino, y quedaba maravillada de la sublimidad, plenitud y totalidad de los actos hechos en Él, y mi amado Jesús moviéndose en mi interior ha agregado:

(4) "Hija mía, deja de maravillarte, el vivir en mi Fiat Divino y el obrar en Él, es la transfusión del Creador en la criatura; y entre el obrar Divino y el obrar solo de la criatura hay una distancia infinita, ella se presta a su Dios como materia para hacerle obrar cosas grandes, al igual que se prestó la materia de la luz al Fiat Divino en la Creación para hacerle formar el sol, el cielo, las estrellas, el mar, materias todas en las cuales el Fiat Supremo resonó y fabricó la Creación toda. Prodigio de Él es el sol, el cielo, el mar, la tierra, que fueron vivificados y animados por el Fiat, ejemplo perenne y encantador de qué sabe hacer y puede hacer mi Voluntad. Sucede del alma como de los accidentes de la hostia que se presta, si bien es materia, a hacerse animar por mi Vida Sacramental, con tal que se pronuncien por el sacerdote aquellas mismas palabras dichas por Mí al instituir el Santísimo Sacramento; eran palabras animadas por mi Fiat, que contenía la Potencia creadora, y por eso la materia de la hostia sufre la transubstanciación de la Vida Divina. Se pueden decir sobre la hostia cuantas palabras se quieran, pero si no son aquellas pocas palabras establecidas por el Fiat, mi Vida queda en el Cielo y la hostia queda la vil materia que es. Así sucede con el alma, puede hacer, decir, sufrir lo que quiera, pero si no corre dentro mi Fiat Divino son siempre cosas finitas y viles, pero en quien vive en Él, sus palabras, sus obras, sus penas, son como velos que esconden al Creador y de estos velos se sirve Aquél que creó el cielo y la tierra, y en ellos hace obras dignas de Él y pone su santidad, su potencia creadora, su amor infinito. Por eso ningún otro puede llegar, por cuantas cosas grandes haga, a compararse con aquella criatura en la cual vive, reina y domina mi Voluntad Divina. También entre las criaturas sucede que, según la materia que tienen en las manos para formar sus trabajos, así cambia el valor que poseen y adquieren. Supón que una tiene propiedad de fierro, cuánto debe trabajar, sudar, fatigarse para reducir aquel fierro blando para darle la forma del recipiente que quiere hacer, y la ganancia que hace es tan poca, que apenas le alcanza para vivir; en cambio otro tiene propiedad de oro, de piedras preciosas, éste trabaja mucho menos, pero gana millones, así que no es el trabajo el que lleva la

mucha ganancia, las riquezas exuberantes, sino el valor de la materia que posee, uno trabaja poco y gana mucho porque la materia que posee contiene un gran valor, el otro trabaja mucho, pero como la materia que posee es vil y de poquísimo valor, es siempre el pobre andrajoso y hambriento. Así sucede para quien posee mi Divina Voluntad, posee la vida, la virtud creadora, y sus más pequeños actos contienen un valor divino e interminable, por eso ninguno puede igualar sus riquezas; en cambio quien no posee mi Voluntad como vida propia, está sin vida y trabaja con la materia del propio querer, y por eso es siempre el pobre andrajoso delante de Dios y en ayunas de aquel alimento que forma en él el Fiat Voluntas Tua come in Cielo cosí in terra".

23-6
Octubre 6, 1927

### Cómo quien trabaja en la Divina Voluntad trabaja en las propiedades divinas y con sus actos forma soles. Cómo quiere encontrar al alma en todas las cosas creadas.

(1) Estaba continuando mis actos en el Fiat Divino, y mi dulce Jesús moviéndose en mi interior me ha dicho:
(2) "Hija mía, quien obra en mi Voluntad trabaja en mis propiedades divinas, y ella forma en mis interminables bienes de luz, de santidad, de amor, de felicidad sin fin, sus actos, los cuales se transforman en tantos soles, reproducidos estos soles por mis mismas cualidades que se han prestado al acto del alma por decoro de ella y para hacer que fueran actos dignos de su Creador y para permanecer estos actos como actos perennes en Dios mismo, que lo glorifican, lo aman con sus mismos actos divinos. Entonces Adán antes de pecar formó tantos soles en su Creador por cuantos actos hizo; ahora, quien vive y obra en mi Voluntad encuentra estos soles hechos por él, por eso tu empeño es de seguir los primeros actos de la Creación, de tomar tu puesto de trabajo junto al último sol, o más bien del último acto que hizo Adán cuando poseía la unidad de Voluntad con su Creador, debes suplir a lo que él no continuó haciendo porque salió de dentro de mis propiedades divinas y sus actos ya no fueron soles, porque no tenía más en su poder mis cualidades divinas que se prestaban para hacerle formar los soles, a lo más, sus actos se redujeron por cuan buenos eran, a pequeñas llamitas, porque la voluntad humana sin la mía no tiene virtud de poder formar soles, le faltan las materias primas, sería como si tú quisieras formar un objeto de oro sin tener en tu poder el metal del oro, por cuanta buena voluntad tuvieras te resultaría imposible. Solamente mi Voluntad tiene luz suficiente para hacer formar los soles a la criatura, y esta luz la da a quien

vive en Ella, en sus propiedades, no a quien vive fuera de Ella. Entonces debes suplir a todas las otras criaturas que no han poseído la unidad con mi Voluntad, tu trabajo es grande y extenso, tienes mucho que hacer en mis interminables confines, por eso sé atenta y fiel".

(3) Después continuaba mis actos en su Querer adorable, y girando por toda la Creación, mi Sumo Bien Jesús ha agregado:

(4) "Hija mía, así como mi Voluntad Divina está esparcida en toda la Creación, así tú, unida con Ella, quiero encontrarte en todas las cosas creadas, como esparcida en cada una de ellas: Serás el corazón de la tierra, para encontrar tu vida palpitante en ella, que con su latido continuo me da el amor de todos sus habitantes; serás la boca del mar, que me hará oír tu voz en sus olas altísimas y en su murmullo continuo, que me alabas, me adoras, me agradeces, y en el serpenteo de los peces me des tus besos afectuosos y puros, por ti y por aquellos que atraviesan el mar; serás los brazos del sol, que extendiéndote y ensanchándote en su luz, dondequiera sienta tus brazos que me abrazan, me estrechan fuertemente para decirme que sólo a Mí buscas, sólo a Mí quieres y amas; serás los pies del viento para correr a mi lado y hacerme sentir el dulce pisar de tus pasos, que jamás dejan de correr aunque no me encuentres; no estoy contento si no encuentro a mi pequeña hija en todas las cosas creadas por Mí por amor suyo. Yo pregunto a toda la Creación: '¿Está la pequeña hija de mi Voluntad? Porque quiero gozármela y entretenerme con ella'. Y si no te encuentro, Yo pierdo mi gozo y mi dulce entretenimiento".

(5) Después de esto seguía a mi amado Jesús en los actos que hizo en la Redención, intentaba seguirlo palabra por palabra, obra por obra, paso por paso, no quería que nada me huyera, para apresurarlo y pedirle a nombre de todos sus actos, lagrimas, oraciones y penas, el reino de su Voluntad Divina en medio a las criaturas, y mi adorado Jesús me ha dicho:

(6) "Hija mía, cuando Yo estaba en la tierra, mi Voluntad Divina que por naturaleza reinaba en Mí, y aquella misma Voluntad Divina que existía y reinaba en todas las cosas creadas, a cada encuentro se besaban mutuamente y suspirando su encuentro hacían fiesta, y las cosas creadas hacían competencia para encontrarse Conmigo y darme los homenajes que me convenían. La tierra en cuanto sentía mis pasos, para darme su homenaje reverdecía y florecía bajo mis pies, quería hacer salir de su seno todas las bellezas que poseía, el encanto de las flores más bellas a mi paso, tanto que Yo muchas veces debí ordenarle que no me hiciera estas demostraciones, y ella para darme homenaje obedecía, al igual que por honrarme florecía. El sol buscaba siempre encontrarse conmigo para darme los homenajes de su luz, haciendo salir de su seno solar toda la variedad de las bellezas, de los colores, delante a mi vista para darme los honores que merecía. Todo y todos buscaban encontrarme para hacerme su fiesta: El

viento, el agua, hasta el pajarillo para darme los honores de sus trinos, gorjeos y cantos, todas las cosas creadas me reconocían y hacían competencia para ver quien más pudiese honrarme y hacerme fiesta. Quien posee mi Divina Voluntad tiene la vista para conocer lo que pertenece a mi misma Voluntad, sólo el hombre no me conoció porque no poseía la vista y el fino olfato de Ella, debí decírselo para hacerme conocer, y muchos, con todo mi decir, ni siquiera me creyeron, porque quien no posee mi Querer Divino es ciego, sordo y sin olfato para conocer lo que a Él pertenece. El no poseerlo es la infelicidad más grande de la criatura, es el pobre cretino, ciego, sordo y mudo, que no poseyendo la luz de mi Fiat Divino, se sirve de las mismas cosas creadas tomando los excrementos que ellas arrojan, y dejan dentro de ellas el verdadero bien que contienen. ¡Qué dolor, ver a las criaturas sin la nobleza de la Vida de mi Voluntad Divina!"

23-7
Octubre 10, 1927

**La Voluntad Divina es múltiple en sus actos mientras es uno solo. La Divina Voluntad queda concebida en quien vive en Ella. Para quien vive en la Divina Voluntad la tierra no es exilio, es exilio para quien no hace la Voluntad de Dios.**

(1) Mi pobre mente continúa siguiendo los actos de Jesús hechos por amor nuestro, y yendo nuevamente a su concepción, ofrecía todos mis actos hechos en su Querer Divino, con todo mi ser en honor de su concepción. Mientras estaba en esto, de mí salía una luz que iba a depositarse en el seno de la Inmaculada Reina en el acto en que Ella concebía, y mi siempre amable Jesús me ha dicho:
(2) "Hija mía, mi Voluntad Divina es múltiple en sus actos, pero no pierde ninguno, la unidad que posee y su acto incesante mantienen la unidad en sus actos como si fueran uno solo, mientras que son innumerables, y conserva en sus actos el acto de hacerlo incesantemente, siempre, siempre, sin cesar jamás de hacerlo para conservarlo siempre nuevo, fresco, bello y pronto a darlo a quien lo quiera, pero mientras lo da no lo separa de mi Voluntad, porque Ella es Luz, y la virtud de la luz es: Se da, se difunde, se ensancha, se toma de ella cuanto se quiera, pero no se separa, es inseparable por virtud y por naturaleza que posee la luz. Mira, también el sol posee esta virtud, supón que tú tuvieras la estancia cerrada, la luz no estaría en ella, pero si tú abres las puertas la luz llena tu estancia. ¿Se ha tal vez separado la luz del sol? No, no, pero se ha alargado y ensanchado sin separar una sola gota de su fuente, pero a pesar de que la luz no se ha separado, tú has poseído el bien de la luz como si fuese tuya. Más que sol

es mi Voluntad Divina, Ella se da a todos pero no pierde ni siquiera una pequeña parte de sus actos. Ahora, mi concepción, mi Fiat la tiene siempre en acto, y tú has visto cómo la luz de sus actos hechos en ti se extendía hasta en el seno de la Soberana Celestial, como para hacer concebir sobre de ella a tu sumo bien Jesús, es la unidad de sus actos que concentrándolos todos en un punto, forma sus portentos y mi misma Vida. He aquí por esto que Yo quedo concebido en los actos de mi Querer Divino, en aquellos de la Mamá Divina y de tus actos hechos en Él. Es más, te digo que soy concebido continuamente en todos los actos de aquellos que poseerán el reino de mi Voluntad, porque quien la posee recibe toda la plenitud de los bienes de mi Vida, porque ellos, solamente con los actos hechos en Ella, concurren a mi concepción y al desarrollo de toda mi Vida, por lo tanto es justo que reciban todos los bienes que Ella contiene. En cambio, quienes no poseen mi Voluntad, apenas las migajas toman de los bienes que traje a la tierra con tanto amor, y por eso se ven criaturas débiles en el bien, ligeras, inconstantes, todo ojo y todo corazón para las cosas pasajeras, porque faltando en ellas la fuente de la luz de mi eterno Querer, no se alimentan de mi Vida, qué maravilla entonces que lleven sobre su rostro la palidez, que se sientan morir para el verdadero bien, y si hacen alguna cosa, todo es dificultad y sin luz, y crecen deformes, de dar piedad".

(3) Después de esto me sentía oprimida y sentía todo el peso de mi largo y duro exilio, y me lamentaba con mi adorable Jesús, que al duro martirio de sus privaciones me agrega el alejamiento de mi patria celestial y le decía: "¿Cómo es que no tienes compasión de mí? ¿Cómo es que me dejas sola sin Ti en poder solamente de tu amable Querer? ¿Cómo me dejas tanto tiempo en esta tierra de exilio?" Pero mientras desahogaba mi dolor, mi Vida, mi Todo Jesús se ha movido en mi interior y me ha dicho:

(4) "Hija mía, la tierra es exilio para quien no hace y vive en mi Voluntad, pero para quien vive en Ella no se puede llamar exilio, sino un paso de distancia, que cuando menos lo crea, dado ese paso se encontrará en la patria celestial, no como uno que viene del exilio, que nada conoce de ella, sino como uno que ya sabía que era suya y conocía la belleza, la suntuosidad, la felicidad de la eterna ciudad. Mi Voluntad no soportaría el tener en las condiciones de exiliada a quien vive en Ella, para hacer eso debería cambiar naturaleza, régimen entre quien vive en Ella en el Cielo y entre quien vive en Ella en la tierra, lo que ni puede ni quiere hacer. ¿Se dice tal vez exilio para quien sale de su casa para alejarse un paso? Ciertamente que no, ¿o bien se puede decir exilio para quien va a una población dentro de su misma patria? El exilio hija mía significa circunferencia de espacio sin poder salir de él, despojamiento de bienes, trabajos forzados sin poder eximirse de ellos; mi Divina Voluntad no sabe hacer estas cosas, y tú lo ves, lo tocas con la mano, cómo tu alma no tiene

circunferencia de lugar, de espacio, se pone dondequiera, en el sol, en el cielo, alguna vez has hecho tus escapadas hasta arriba en las regiones celestiales y, ¿cuántas veces no te has inmerso en la misma luz interminable de tu Creador? ¿A dónde no eres libre de ir? En el mar, en el aire, dondequiera, es más, mi misma Voluntad goza, te empuja, te da el vuelo para girar dondequiera, Ella se sentiría infeliz de ver a quien vive en Ella sin libertad y como obstaculizada. Mi Fiat Divino en lugar de despojar llena hasta el borde al alma de sus bienes, le da el dominio de sí misma, convierte las pasiones en virtudes, las debilidades en fuerza divina, mi Fiat da alegrías y felicidad sin número, da por gracia lo que Él es por naturaleza: Firmeza, irremovilidad perenne. Exilio es para quien es tiranizado por las pasiones, sin dominio de sí mismo, sin poderse espaciar en su Dios, y si algún bien piensa está mezclado, circundado por tinieblas, así que las virtudes del pobre exiliado son forzadas, inconstantes, es esclavo de sus mismas miserias, y esto lo vuelve infeliz. Todo al contrario para quien vive en mi Voluntad Divina, ni Yo habría tolerado el tenerte por tan largo tiempo en vida si te supiera en el exilio, tu Jesús te ama demasiado, ¿cómo habría podido soportar el tenerte exiliada? Y si lo tolero es porque sé que como pequeña hija de mi Querer, Él te tiene no en condiciones de exilio, sino libre y dominante en sus propiedades, en su luz, con la única finalidad de formar en ti su reino y de conseguirlo a favor de la familia humana. Y tú deberías estar contenta de esto, conociendo que todos los deseos, las ansias, los suspiros de tu Jesús son por el reino de mi Voluntad sobre la tierra; mi completa gloria la espero del Fiat Voluntas Tua come in Cielo così in terra".

23-8
Octubre 16, 1927

**La Divina Voluntad, como agua, hace sus inundaciones. Quiénes son aquellos que se hacen inundar. Qué significa unidad. Cómo la Reina del Cielo puso los fundamentos del reino de la Divina Voluntad.**

(1) Después de haber pasado varios días de privación de mi dulce Jesús, me sentía amargada hasta la médula de mis huesos, no podía más, y cansada y sin fuerzas quería descansar para recuperarlas. Entonces me he abandonado primero en el Supremo Querer y después en mí misma para poder al menos dormir; pero mientras esto hacía mi pobre mente no estaba más en mí misma, sino fuera de mí, sentía dos brazos que me estrechaban, que me llevaban a lo alto, bajo la bóveda del cielo, pero no veía quién fuese; yo temía y una voz me ha dicho: "No temas, sino mira a lo alto". Yo he mirado y he visto que se abría el Cielo y descendía hacia mí mi suspirado Jesús, los dos nos hemos arrojado a los brazos del otro, yo lo estrechaba a

Él y Él me estrechaba a mí, y en mi dolor le he dicho: "Jesús, amor mío, como me haces fatigar, me haces llegar a los extremos, se ve que la hoguera de tu amor hacia mí no es más la de antes". Ahora, mientras esto decía, Jesús se ha puesto en actitud de tristeza, como si no quisiera oír mis lamentos, y al mismo tiempo de la altura en la que estábamos veía descender agua en una lluvia muy fuerte y muchos lugares quedaban inundados, mares y ríos se unían a esta agua e inundaban países y gentes, sepultándolas en su seno. ¡Qué terror! Y Jesús todo afligido me ha dicho:

(2) "Hija mía, así como tú ves que estas aguas que a torrente descienden del cielo e inundan, forman con su fuerza sepulcros para poder sepultar ciudades enteras, así mi Divina Voluntad, más que agua hace sus inundaciones, no a tiempo o lugar, sino siempre y en toda la tierra, y sobre cada una de las criaturas vierte sus fuertes y altas inundaciones, ¿pero quién se hace inundar por sus inundaciones de luz, de gracia, de amor, de santidad y de felicidad que posee? Ninguno, qué ingratitud, recibir a torrentes sus bienes y no tomarlos, pasar por encima, tal vez sólo bañarse, pero no hacerse ahogar por los bienes de mi Voluntad Divina, ¡qué dolor! Y Yo miro toda la tierra para ver quién toma las inundaciones de Ella, y encuentro sólo a la pequeña hija de mi Querer que recibe estas inundaciones, que se ahoga en Ella y se hace transportar donde quiere, quedando en su seno en poder de sus altísimas olas. No hay espectáculo más bello, escena más conmovedora que ver la pequeñez de la criatura en poder de estas olas: Ahora se ve en poder de las olas de luz y como sepultada dentro, ahora ahogada por el amor, ahora investida y embellecida por la santidad; qué placer el verla y por eso Yo desciendo del Cielo para gozarme estas escenas raptoras de tu pequeñez llevada por sus brazos en las inundaciones de mi eterno Querer, ¿y tú dices que mi amor por ti ha disminuido? Tú te equivocas, debes saber que tu Jesús es fiel en el amor, y como te ve bajo las olas de mi Voluntad, te ama siempre más".

(3) Dicho esto ha desaparecido y yo he quedado toda abandonada en las olas del Fiat Divino, y mi amable Jesús regresando ha agregado:

(4) "Hija mía, mi Voluntad posee la unidad, y quien vive en Ella vive en esta unidad, ¿pero sabes tú qué significa unidad? Significa uno, este uno que puede abrazar todo y a todos, puede dar todo, porque todo encierra. Mi Divina Voluntad posee la unidad del amor y de todos los amores unidos juntos, posee la unidad de la santidad y encierra todas las santidades, posee la unidad de la belleza y encierra en sí todo lo que es bello, posible e imaginable, en suma, encierra unidad de luz, de potencia, de bondad, de sabiduría; la verdadera y perfecta unidad, mientras es una, debe poseer todo, y este todo, todo de una fuerza igual, todo inmenso e infinito, eterno, sin principio y sin fin; por lo tanto quien vive en Ella vive en las olas inmensas y altísimas que posee, de modo que el alma siente el imperio de la

fuerza única de luz, de santidad, de amor, etc., así que en esta fuerza única todo para ella es luz, todo se cambia en santidad, en amor, en potencia, y todas le llevan el conocimiento de la sabiduría de esta unidad. Por eso el vivir en Ella es el milagro más grande y el perfecto desarrollo de la Vida Divina en la criatura. La palabra unidad significa todo, y el alma todo toma viviendo en Ella".

(5) Después de esto seguía mi giro en los actos del Fiat Divino, y llegando a los mares de mi Mamá Celestial que había hecho en la unidad de Él, pensaba entre mí: "Mi Soberana Mamá no tuvo interés de conseguir el reino del Querer Divino, porque si lo hubiera tenido, en esta unidad en que Ella vivía, así como obtuvo el reino de la Redención habría obtenido el de la Voluntad Divina". Y mi dulce Jesús moviéndose en mi interior me ha dicho:

(6) "Hija mía, nuestra Mamá Reina, aparentemente parece que todo su interés fue por el reino de la Redención, pero no es verdad, la parte externa fue aquélla, pero el interior fue todo para el reino de mi Divina Voluntad, porque Ella, que conocía que éste daría todo el valor y la gloria completa a su Creador, y el bien máximo y completo a las criaturas, no podía hacer menos que pedir el reino del eterno Fiat, es más, Ella con obtener la Redención arrojó los fundamentos del reino de mi Voluntad, se puede decir que preparó los materiales de él; es necesario que se hagan las cosas menores para obtener las mayores, y por eso debí dar primero el campo a la Redención, como para construir el edificio del reino del Fiat Divino. Si no está formado un reino, ¿cómo puede decir un rey que tiene su reino y que domina en él? Mucho más que la Soberana del Cielo es única y está sola en la gloria en la Patria Celestial, porque es la única que formó toda su vida en mi Voluntad, y una madre ama y quiere que sus hijos posean la misma gloria, y Ella en el Cielo no puede comunicar toda su gloria, grandeza y soberanía que posee, porque no encuentra quién haya hecho su misma vida continuada en la misma Voluntad Divina, por eso suspira los hijos del reino de Ella, para poder reflejar toda su gloria en ellos y poder decir: 'Tengo mis hijos que me igualan en mi gloria, ahora soy más feliz, porque mi gloria es la misma gloria de mis hijos'. La felicidad de una madre es más la de los hijos que la propia, mucho más para la Madre Celestial, que en mi Divino Querer concibió más que madre a todos los redimidos y formó la misma vida de los hijos de mi Voluntad Divina".

23-9
Octubre 20, 1927

**Cómo las potencias creadas no pueden ni abrazar ni agotar la Potencia increada, ni siquiera la Virgen, ni la misma Humanidad de nuestro Señor. La Divina Voluntad posee el acto incesante y siempre nuevo, y**

**tiene virtud de hacer siempre cosas nuevas. Cómo espera su reino para comunicar este acto nuevo como cumplimiento de su gloria.**

(1) Continúo con lo escrito en el capítulo anterior. Entonces pensaba entre mí: "Mi amado Jesús dice que sólo será completa su gloria por parte de la Creación y la gloria de todos los bienaventurados, cuando sea conocida su Divina Voluntad en la tierra y se haya formado el reino de Ella, y los hijos de este reino tomen el lugar reservado sólo para ellos en la Patria Celestial, y yo pensaba: "En el Cielo está la Soberana Reina que tuvo toda la plenitud de la Vida de la Voluntad Divina, que ninguno, creo, podrá igualarla, ¿por qué entonces no es completa la gloria de Dios por parte de la Creación?" Y tantas otras dudas y pensamientos que me venían, que no es necesario ponerlos por escrito, digo solamente lo que me ha dicho Jesús:

(2) "Hija mía, eres demasiado pequeña y mides con tu pequeñez la grandeza interminable y mi sabiduría inaccesible. La criatura por cuan santa fuera, como fue mi amada Madre, que a pesar que posee toda la plenitud y totalidad de todos los bienes de su Creador, y el reino de mi Voluntad Divina tuvo en Ella su pleno dominio, con todo esto no pudo agotar toda la inmensidad de los bienes del Ser Divino, se llenó hasta el borde, desbordó fuera hasta formar mares en torno a Sí, pero restringir en Ella, abrazar todo lo que contiene el Ente Supremo, le fue imposible; ni siquiera mi Humanidad por Sí sola pudo encerrar toda la inmensidad de la luz creadora, estaba todo lleno, dentro y fuera de Mí, pero, ¡oh! cuánto quedaba fuera de Mí, porque el cerco de mi Humanidad no tenía grandeza equivalente donde encerrar una luz tan interminable; esto es porque las potencias creadas, de cualquier género que sean, no pueden agotar la potencia increada, ni abrazarla y restringirla en ellas. La altura de la Reina del Cielo, y mi misma Humanidad, se encontraron con su Creador en las condiciones en las cuales puedes encontrarte tú si te expones a los rayos del sol, puedes encontrarte bajo el imperio de su luz, ser investida por ella, sentir toda la intensidad de su calor, pero el poder restringir en ti y sobre ti toda su luz y calor te resultará imposible, pero a pesar de esto no puedes decir que la vida de la luz del sol y de su calor no está en ti y fuera de ti. Ahora, tú debes saber que nuestro Ser Divino, nuestra Voluntad creadora, posee su movimiento incesante y siempre nuevo, nuevo en las alegrías, en la felicidad, nuevo en la belleza, nuevo en el trabajo que nuestra sabiduría pone fuera en la formación de las almas, nuevo en la santidad que imprime, nuevo en el amor que infunde. Por lo tanto si posee este acto nuevo continuado, tiene virtud de hacer siempre cosas nuevas, y si toda bella, pura y santa fue hecha la Mamá Reina, esto no excluye que podamos hacer otras cosas nuevas y bellas, dignas de nuestras obras. Mucho más que en la Creación, en cuanto nuestro Fiat Divino salió en campo al crear todas las cosas, sacó también en

campo todos los actos nuevos con los cuales debía formar las criaturas, las rarezas de belleza que debía comunicar y la santidad que debía imprimir en quien habría vivido en nuestro Querer Divino. Y como Él no tuvo vida en las criaturas, ni su reino, y sólo los tuvo en la Soberana del Cielo, por eso hizo en Ella el primer prodigio y milagro que hizo quedar estupefacto a Cielo y tierra; por eso espera a las otras criaturas que deben tener su Vida y formar otros reinos suyos donde reinar, para formar con nuestro acto nuevo otras singularidades de santidad, de belleza y de gracia. ¡Oh! cómo espera con ansia mi Divina Voluntad este su campo de acción para poner fuera estos actos nuevos, Ella es como un artífice que sabe hacer centenares y miles de estatuas, una diversa de la otra, sabe imprimir en ellas una fineza y rareza de belleza, de actitudes, de formas, pero una no puede decir que es como la otra, no sabe hacer repeticiones, sino siempre estatuas nuevas y bellas, pero no le es dado el poner fuera su arte; ¿qué dolor no sería para un artífice su inactividad? Así es mi Divina Voluntad, y por eso espera su reino en medio a las criaturas, para formar rarezas de bellezas divinas en ellas, jamás vistas, santidades jamás oídas, novedades jamás tocadas; no basta a su potencia que todo puede, a su inmensidad que todo abraza, a su amor que jamás se agota, el haber formado con sus artes divinas a la gran Señora, la Reina del Cielo y de la tierra, sino quiere formar el séquito de Ella, en el cual quiere vivir sólo mi Fiat y reinar para formar otras obras dignas de Él. ¿Cómo puede entonces estar completa nuestra gloria por parte de la Creación, y ser completa en el Cielo la gloria, la felicidad de la familia humana, si nuestro trabajo no está concluido en la Creación? Nos quedan por hacer las estatuas más bellas, las obras más importantes; la finalidad por la que fue creada la Creación no está realizada ni cumplida, y basta con que a un trabajo le falte un punto, un pequeño detalle, una hoja, una pincelada, para que no pueda tener todo su valor y rescatar la gloria completa quien formó el trabajo; mucho más que en el trabajo de nuestra Creación no sólo falta un punto, sino las cosas más importantes, nuestras variadas imágenes divinas de belleza, de santidad, de perfecta semejanza nuestra, y así como nuestra Voluntad comenzó la obra de la Creación con tanta suntuosidad de belleza, de orden, de armonía, de magnificencia, tanto en el formar la máquina de todo el universo, cuanto en el crear al hombre, así es justo, por decoro, gloria y honor de nuestra obra, que sea cumplida con más suntuosidad y diversidad de raras bellezas, todas dignas del acto incesante y nuevo que posee mi Divina Voluntad. Quienes vivan en el reino de Ella estarán bajo la fuerza de un acto nuevo, de una fuerza irresistible continuada, así que se sentirán investidos de un acto nuevo de santidad, de deslumbrante belleza, de luz fulgidísima, y mientras poseerán éste, otro nuevo llegará, y después otro más, sin cesar jamás, y sorprendidos ellos mismos dirán: 'Cómo es santo, bello, rico, fuerte, feliz, nuestro Fiat tres veces santo, que jamás se agota, tiene siempre santidad que darnos, bellezas para embellecernos siempre más, nuevas fuerzas para hacernos más fuertes, nuevas felicidades, de modo que aquella de antes no es similar a la segunda, ni a la tercera, ni a todas las otras que nos dará'. Entonces estas afortunadas criaturas serán el verdadero triunfo del Fiat Divino, el adorno más bello de toda la Creación, los soles más refulgentes que con su luz cubrirán el vacío de aquellos que no han vivido en el reino de Él. Ahora, mi inseparable Mamá que posee como vida propia este acto nuevo continuado, comunicado a Ella por mi Divina Voluntad, porque hizo vida en Ella, es el primer Sol fulgidísimo que formó mi Querer en Ella, que ocupa el primer puesto de Reina y alegra a toda la corte celestial haciendo reflejar en todos los bienaventurados su luz, sus alegrías, su belleza; pero Ella sabe que no agotó todos los actos nuevos e incesantes que mi Voluntad Divina ha establecido dar a las criaturas, porque Ella es inagotable, y ¡oh! cuántos tiene todavía, y espera que sean formados otros soles por este su acto nuevo de nuevas bellezas y de rara beldad, y como verdadera Madre quiere circundarse de todos estos soles a fin de que se reflejen y se feliciten mutuamente, y toda la corte celestial reciba no sólo los suyos, sino los reflejos de todos estos soles como cumplimiento a todos de la gloria de la obra de la Creación de su Creador. Ella como Reina espera con tanto amor las propiedades de mi Voluntad en las criaturas, que son como suyas, porque tuvo el principio de formar en Ella el reino de mi Voluntad Divina. Supón que en la bóveda de los cielos en vez de un sol vinieran formados otros soles, nuevos en la belleza y en la luz, ¿no parecería más bella, más adornada la bóveda del cielo? Ciertamente que sí. ¿Y los soles como luz no se reflejarían mutuamente y todos los habitantes de la tierra no recibirían los reflejos, los bienes de todos estos soles? Así será en el Cielo. Mucho más que quienes hayan poseído en la tierra el reino del Fiat Supremo, tendrán bienes comunes interminables, porque una es la Voluntad que los ha dominado. He aquí el por qué a pesar de que en el Cielo está la Soberana Emperatriz, que posee la plenitud de la Vida de mi Querer Divino, por parte de la Creación nuestra gloria no está completa, porque primero, nuestra Voluntad no es conocida en medio a las criaturas y por lo tanto ni amada ni suspirada; y segundo, no siendo conocida, Ella no puede dar lo que ha establecido dar, y por lo tanto no puede formar las tantas rarezas de obras que sabe hacer y puede hacer, mientras que a obra cumplida se canta victoria y gloria".

23-10
Octubre 23, 1927

**La pequeña niña. Cómo la Voluntad Divina es reino de vida.**

## Necesidad de sus conocimientos. Cómo Cielo y tierra están reverentes para escuchar los conocimientos del Fiat Divino. Amor y ternura de Dios al crear al hombre.

(1) Mi pobre mente me la sentía abismada en el Fiat Divino, y mientras continuaba mis actos en Él, veía delante a mí una pequeña niña, toda tímida y pálida, como si temiera caminar en la inmensidad de la luz del Querer Divino, y mi adorado Jesús ha salido de dentro de mi interior, y llenándose sus santas manos de luz, ponía aquella luz en la boca de la niña como queriéndola ahogar de luz, luego tomaba luz y la metía en los ojos, en los oídos, en el corazón, en las manos y pies de la pequeña niña, y ella quedaba investida por la luz, se coloreaba toda y quedaba como enredada y ensimismada en la misma luz. Jesús se divertía en ahogarla de luz y se complacía al verla enredada en ella y volviéndose hacia mí me ha dicho:

(2) "Pequeña hija mía, esta niña es la imagen de tu alma, tímida en recibir la luz y los conocimientos de mi Voluntad Divina, pero Yo te ahogaré con tanta luz a fin de que pierdas el residuo de la timidez de la voluntad humana, porque en la mía no hay estas debilidades, sino valor y fortaleza divina, insuperable e invencible. Para formar el reino de mi Fiat en el alma, extiendo en ella como fundamento todos los conocimientos de Él, y después tomo posesión, extendiendo en ella mi misma Vida para tener mi verdadero reino. Mira que gran diferencia entre el reino de los reyes de la tierra y mi reino: Los reyes no ponen a disposición de cada individuo la propia vida, ni la encierran en ellos, ni encierran la vida de los pobladores en ellos, y por eso su reinar está sujeto a terminar, porque no es vida que corre entre el uno y los otros, sino leyes e imposiciones, y donde no hay vida no hay amor ni verdadero reinar. En cambio el reino de mi Voluntad Divina es reino de vida: La Vida del Creador encerrada en la criatura y la de la criatura transfundida y ensimismada con el Creador, por eso el reino de mi Divina Voluntad es de una alteza y nobleza inalcanzable, el alma viene constituida reina, ¿y sabes tú de que viene hecha reina? Reina de la santidad, reina del amor, reina de la belleza, de la luz, de la bondad, de la gracia, en suma, reina de la Vida Divina y de todas sus cualidades; ¡qué reino tan noble y lleno de vida es este reino de mi Voluntad! Mira entonces la gran necesidad de los conocimientos de Ella, ellos son no solamente la parte fundamental, sino el alimento, el régimen, el orden, las leyes, la bella música, las alegrías, la felicidad de mi reino; cada conocimiento posee una felicidad distinta, son como tantas teclas divinas que formaran la bella armonía en él, he aquí por qué estoy siendo tan generoso en decirte tantos conocimientos de mi Fiat Divino, y requiero de ti suma atención en manifestarlos, porque son la base y como un ejercito formidable que mantendrán la defensa y harán de centinelas, a fin de que mi reino sea el más bello, el más santo y el eco perfecto de mi patria celestial".

(3) Jesús ha hecho silencio, y después de nuevo ha agregado:

(4) "Hija mía, cuando mi Divina Voluntad quiere poner fuera un conocimiento suyo o un acto nuevo, Cielo y tierra reverentes la honran y la escuchan, toda la Creación se siente correr en ella un nuevo acto divino, que como humor vital la embellece y la vuelve doblemente feliz, y se siente cono honrada por su mismo Creador, que con su Fiat Omnipotente le comunica sus nuevos conocimientos, y esperan la manifestación de aquel conocimiento en la criatura, para ver el acto nuevo del Querer Divino repetido en ella para tener la confirmación de aquel bien y la alegría y felicidad que trae el nuevo conocimiento. Entonces mi Voluntad se pone en actitud de fiesta porque saca de Sí una Vida Divina, la cual, mientras es dirigida a una criatura, después se expande y se comunica a todas las demás".

(5) Después de esto estaba siguiendo mi giro en el Querer Divino, y poniéndome en el Edén para estar presente cuando la Majestad Divina, habiendo formado la bella estatua del hombre le estaba dando la vida infundiéndole el respiro con su aliento omnipotente, para poder glorificar a mi Creador en un acto tan solemne, amarlo, adorarlo y agradecerle por un amor tan excesivo y desbordante hacia el hombre, y mi divino Jesús moviéndose en mi interior me ha dicho:

(6) "Hija mía, este acto de formar y de infundir la vida en el hombre con nuestro aliento omnipotente, fue tan tierno, conmovedor y de alegría tan grande para Nosotros, que todo nuestro Ser Divino desbordó fuera tanto en amor, que con fuerza raptora raptó nuestras cualidades divinas para infundirlas en el hombre; al infundirle el respiro todo vertimos en él, y al darle nuestro aliento poníamos nuestro Ser Supremo en comunicación con él, en modo de volverlo inseparable de Nosotros. Este nuestro aliento no cesó jamás, porque si en la creación de todo el universo fue nuestra Voluntad la que se constituía vida de todo, en el hombre no sólo se daba nuestro Fiat, sino que junto con nuestro aliento se daba a él la misma Vida nuestra, y este nuestro aliento aún no cesa, para continuar la generación de las otras criaturas para volverlas inseparables de Nosotros. Es tanto nuestro Amor cuando hacemos una obra, que hecha una vez queda la actitud de hacerla siempre, por eso la ingratitud del hombre es grande, porque desconoce, desprecia, ofende esta nuestra Vida en él mismo, y así como cuando se emite el aliento para respirar, se pone fuera y se vuelve a meter para poder nuevamente dar el aliento, en el acto de darle el aliento nos damos Nosotros a él, y al volver a meter el aliento metemos al hombre en Nosotros, y no sintiéndolo venir en Nosotros, porque su voluntad no está con Nosotros, sentimos todo el peso de la ingratitud humana. He aquí el por qué te llamamos a ti, para darte nuestro aliento incesante, a fin de que, conforme lo metamos para sacarlo de nuevo, te sintamos venir en Nosotros para recibir

el cumplimiento de nuestra Voluntad en el acto solemne de sacar nuestro aliento regenerador para generar a las criaturas".

23-11
Octubre 30, 1927

**Cómo el Amor divino se desbordó en la Creación. Liberalidad y magnificencia de Dios al crear la maquina del universo, especialmente al crear a su amado joyel sin mérito de ninguno. Decisión de la Divina Voluntad en querer venir a reinar en medio de las criaturas. Su aire balsámico, su belleza encantadora y raptora. Lo que harán sus conocimientos.**

(1) Me sentía toda abandonada en el Fiat Divino, y mi pobre mente me la sentía como empapada por la luz de su santidad, belleza y felicidad indescriptibles. Poseer la fuente de todos los bienes, gozar el abismo de los mares infinitos de todas las alegrías y poseer todos los atractivos de las bellezas inagotables, de las bellezas divinas, hasta llegar hacer enamorar al mismo Dios, y vivir en el Querer Divino haciéndolo reinar en el alma, es todo lo mismo. Voluntad de Dios, cómo eres amable, adorable, deseable más que la misma vida, tu reinar es reino de luz, que tiene fuerza para vaciarme de lo que a su luz no pertenece; es reino de santidad y me transforma no en la santidad de los santos, sino en la santidad de mi Creador; es reino de felicidad y de alegría, y me pone en fuga todas las amarguras, los fastidios, el tedio. ¿Pero cómo pueden disponerse las criaturas, merecer recibir un reino tan santo? Ahora, mientras esto pensaba y mi pobre mente nadaba en el abismo del mar del Fiat Divino, mi amable Jesús ha salido de dentro de mi interior, y estrechándome a Sí, todo ternura me ha dicho:

(2) "Mi pequeña hija, tú debes saber que nuestro amor se desbordó en la Creación, y desbordando fuera de Nosotros, sin que ninguno hubiera merecido tanto bien, ni siquiera con una sola palabra, nuestra suma bondad y liberalidad sin límites creó con tanta magnificencia, orden y armonía toda la maquina del universo por amor de quien aún no existía, después de esto nuestro amor desbordó más fuerte y creamos a aquél por el cual todas las cosas fueron creadas, y como Nosotros en el obrar obramos siempre con magnanimidad inalcanzable, y mientras damos todo no nos agotamos, de modo que nada debe faltar a nuestra obra de magnificencia, de grandeza y de todos los bienes, al crear al hombre, sin que él tuviera ningún mérito, por dote, por fundamento, por sustancia de todos los bienes, alegrías y felicidades, le dimos por reino nuestra Voluntad, a fin de que nada le faltase, teniendo a su disposición una Voluntad Divina, y junto con Ella nuestro Ser Supremo. ¿Qué honor hubiera sido para Nosotros si la obra de la Creación

hubiese sido pobre, mísera de luz, sin la multiplicidad de tantas cosas creadas, sin orden y sin armonía, y nuestro amado joyel, nuestro amado hijo, cual es el hombre, sin la plenitud de los bienes de Aquél que lo había creado? No habría sido honor para quien todo posee y todo puede, el hacer una obra incompleta, mucho más que nuestro amor desbordando fuerte, fuerte, más que olas impetuosas quería dar, desahogar cuanto más podía, hasta llenar a nuestro amado joyel de todos los bienes posibles e imaginables y formar mares en torno a él, que desbordaban de él mismo, que habían sido puestos en él por su Creador.

(3) Y si el hombre lo perdió, fue él el que rechazó por su propia voluntad el reino de mi Voluntad, su dote y la sustancia de su felicidad. Ahora como en la Creación, mi Amor regurgita fuerte, y el reino de mi Voluntad ha decidido que quiere su Vida en medio de las criaturas, y por esto desahogando con toda magnificencia sin mirar a los méritos de ellos, con magnanimidad insuperable quiere dar de nuevo su reino, solamente que quiere que las criaturas lo sepan, conozcan sus bienes, a fin de que conociéndolos suspiren y quieran el reino de la santidad, de la luz y de la felicidad, y así como una voluntad lo rechazó, así otra voluntad lo llame, lo suspire, lo urja a venir y reinar en medio a las criaturas; he aquí el por qué de la necesidad de sus conocimientos, pues si un bien no se conoce, ni se quiere ni se ama; por eso estos conocimientos serán los mensajeros, los heraldos que anunciarán mi reino. Mis conocimientos acerca de mi Fiat se pondrán en actitud, ahora de soles, ahora de truenos, ahora de relámpagos de luz, ahora de vientos impetuosos, que llamarán la atención de los doctos y de los ignorantes, de los buenos y aun de los malos, que como centellas caerán en sus corazones, y con fuerza irresistible los derrumbará para hacerlos resurgir en el bien de los conocimientos adquiridos, formarán la verdadera renovación en el mundo, tomarán todas las actitudes para atraer y vencer a las criaturas, poniéndose ahora en actitud de pacificadores que quieren el beso de las criaturas para darles el suyo, para olvidar todo el pasado y recordarse sólo de amarse juntos y hacerse felices mutuamente; ahora en actitud de guerreros convencidos de su victoria, para volver cierta la conquista que quieren hacer de quien los conoce; ahora como plegarias incesantes que sólo cesarán de suplicar cuando las criaturas vencidas por los conocimientos de mi Querer Divino digan: 'Has vencido, somos ya presa de tu reino'; ahora en actitud de rey dominante y emanante de amor, tanto, que plegarán la frente para hacerse dominar; ¿qué cosa no hará mi Voluntad? Pondrá toda su potencia en actitud para venir a reinar en medio a las criaturas, Ella posee una belleza raptora, que si se hace ver una sola vez con claridad, rapta, embellece arrojando sus olas de bellezas sobre el alma, de modo que difícilmente podrán olvidar una belleza tan rara, permanecerán como en el laberinto de su belleza y no podrán salir; posee una potencia encantadora y

el alma queda fija en su dulce encanto; posee un aire balsámico, que respirado sentirán entrar en ellos el aire de la paz, de la santidad, de la armonía divina, de la felicidad, de la luz que todo purifica, del amor que todo quema, de la potencia que todo conquista, de modo que este aire llevará el bálsamo celestial a todos los males producidos por el aire malsano, morboso y asesino de la voluntad humana. Mira, también en la vida humana el aire obra en modo sorprendente: Si el aire es puro, bueno, sano, perfumado, la respiración es libre, la circulación de la sangre es regular, crecen fuertes, nutridos, de buen color y sanos; en cambio si el aire es malo, maloliente e infectado, la respiración es obstruida, la circulación de la sangre es irregular, y no recibiendo la vida del aire puro están débiles, pálidos, enflaquecidos y medio enfermos. El aire es la vida de las criaturas, sin él no pueden vivir, pero hay una gran diferencia entre el aire bueno y el malo. Así es el aire del alma, el aire de mi Voluntad mantiene la vida pura, sana, santa, bella y fuerte como salió del seno de su Creador. El aire asesino del querer humano deforma a la pobre criatura, la hace descender de su origen y crece enferma, débil, de dar piedad".

(4) Después, con un énfasis más tierno ha agregado: "¡Oh Voluntad mía, cómo eres amable, admirable, potente! Tu belleza enamora los Cielos y mantiene el encanto que rapta a toda la corte celestial, de modo que son felices porque no pueden apartar su mirada de Ti, ¡ah! con tu belleza encantadora que todo rapta, rapta la tierra y con tu dulce encanto encanta a todas las criaturas, a fin de que una sea la Voluntad de todos, una la santidad, una la vida, uno tu reino, uno tu Fiat, como en el Cielo así en la tierra".

23-12
Noviembre 2, 1927

**Diferencia que hay entre quien vive en el Querer Divino y obra en Él, y entre quien hace el bien en la noche de la voluntad humana.**

(1) Mi vuelo es continuo en el Querer Divino y mi pobre inteligencia está como fijada en Él, y en su luz comprendía la gran diferencia entre el obrar en el Querer Supremo y entre el obrar humano, bueno en sí mismo, pero que falta la Vida del Fiat Divino en la acción de la criatura, y decía entre mí: "¿Será posible tanta diferencia?" Y mi amado Jesús moviéndose desde dentro de mi interior me ha dicho:

(2) "Hija mía, la voluntad humana formó la noche a la familia humana en sus almas, y si hacen obras buenas, aun importantes, como el bien por sí mismo es luz, hacen salir de ellos mismos tantas pequeñas luces, puede ser luz de un fósforo, luz de una pequeña vela, de una lamparita eléctrica; según el

bien que hay dentro de la acción humana y multiplicidad de ellas, así vienen formadas luces pequeñas y luces un poco más grandes, y por cuantas hay, tienen el bien, en virtud de sus pequeñas luces, de no quedar ellos y los que los circundan en la oscuridad, pero no tienen virtud de hacer cambiar la noche en día, así que podrán ser también como ciudades o habitaciones que poseen el bien de tantas luces eléctricas, aunque también están sujetas a apagarse, pero que puedan hacer cambiar la noche en día les será imposible, porque no es naturaleza de la luz formada por el ingenio del hombre, tanto en el alma como en el cuerpo, el poder formar el pleno día, sólo el sol tiene esta virtud de hacer huir las tinieblas nocturnas y formar su pleno día, que resplandeciente de luz y calor alegra la tierra con todos sus habitantes, y donde resplandece produce sus efectos vitales a toda la naturaleza. Ahora, sólo el vivir en mi Querer y el obrar en Él es siempre día, y el alma, conforme obra, sea pequeña, sea grande su acción, obra bajo el reflejo del Sol eterno e inmenso de mi Fiat, el cual reflejando en la acción de la criatura, viene formado en virtud de Él el sol en la acción humana, en la cual quedan en posesión de estos soles que les hacen gozar el pleno día continuado, y como estos soles han sido formados en virtud de los reflejos del Sol de mi Querer Divino, que posee la fuente de la luz, la acción humana convertida en sol es alimentada por la fuente de la luz, y por eso no están sujetos ni a apagarse ni a disminuir de luz. Ve entonces que gran diferencia hay entre quien obra y vive en mi Voluntad, y entre quien obra el bien fuera de Ella, es la diferencia entre quien puede formar el sol y tantos soles, y entre quien forma una luz, y basta un sol para eclipsar todas las luces, y todas las luces juntas no tienen virtud, ni fuerza de luz para poder sobrepasar un sol. Para comprender con más claridad lo puedes ver en el orden del universo, que todas las luces, de cualquier especie formadas por la habilidad humana no son capaces de formar el día, en cambio el sol creado por mis manos creadoras, a pesar de que es uno, forma el día, porque posee la fuente de la luz puesta dentro de él por su Creador, y por eso no está sujeto a disminuir de luz; esto es símbolo de quien vive en mi Querer Divino, porque en todos sus actos corre dentro un acto de Vida Divina, una fuerza creadora que tiene virtud de formar soles, no se abaja ni quiere formar pequeñas luces, sino soles que jamás se extingan. Por esto puedes comprender que el bien producido por el querer humano, a pesar de que no puede formar el día, es siempre un bien para el hombre y reciben la utilidad de la luz en la noche de la voluntad humana, le sirve para no morir en las densas tinieblas de la culpa, aquellas luces, si bien pequeñas, le encaminan el paso, le hacen ver los peligros y atraen mi paterna bondad hacia ellos, que ve que se sirven de la noche de su voluntad humana para formar al menos pequeñas luces, para dirigir el paso por el camino de la salvación. Fue propiamente esto lo que atrajo toda nuestra ternura y nuestra paterna bondad hacia Adán, él había comprendido qué significaba vivir en nuestro Querer Divino y cómo en sus pequeños actos, así como en los más grandes, corría dentro nuestra virtud creadora y eran investidos por el Sol del eterno Fiat, que siendo Sol tenía virtud de poder formar cuantos soles quería, entonces al verse vaciado de esta fuerza creadora, no pudo formar más soles, por eso, pobrecito, se esforzaba cuanto más podía por formar pequeñas luces, y viendo la gran diferencia de su estado primero y el de después de la culpa, sentía tal dolor, que se sentía morir en cada acto suyo. El Ente Supremo se sentía conmovido y admiraba la industria del pobre Adán, que no pudiendo formar más soles, se las ingeniaba para formar con sus actos pequeñas luces, y en virtud de esto le mantuvo la promesa del futuro Mesías".

23-13
Noviembre 6, 1927

**Quien vive en la Divina Voluntad no desciende de su origen, y le es debido el estado de reina, en cambio quien vive fuera de Ella vive en el estado de siervo. Diferencia que lleva al uno y al otro el reino de la Redención. Quienes viven en la Divina Voluntad serán los primeros delante de Dios. Cómo la cruz maduró el reino de la Redención. Cómo en cada verdad corre dentro una Vida Divina.**

(1) Estaba siguiendo al Querer Divino acompañando todos los actos que mi dulce Jesús había hecho cuando estuvo sobre la tierra, Él me los hacía presentes y yo los investía con mi te amo y le pedía con sus mismos actos el reino del Fiat Divino, y le suplicaba que aplicara a mi alma todo lo que había hecho en el reino de la Redención, para darme la gracia de vivir siempre en su Querer Divino, y mi dulce Jesús moviéndose en mi interior me ha dicho:
(2) "Hija mía, quien vive en mi Divina Voluntad no desciende de su origen, y como todo fue creado para quien debía vivir en Ella, todos los bienes de la Creación son suyos, que son más extensos que los bienes de la Redención, porque a quien se mantiene en el estado de origen con vivir en el Fiat Supremo, le es debido el estado de reina, y como reina conviene que posea, mucho más que es reina que habita en el palacio real de nuestro Querer, entonces le conviene que posea reinos, soles, cielos, mares, y que el mismo Rey haga vida junto con ella, haciendo feliz a su reina, y ella haciendo feliz a su Rey. He aquí por qué los bienes de la Creación debían ser más extensos, de otra manera, ¿cómo podía ser estado de reina si no tenía dominio y reinos que dominar? En cambio con no vivir en nuestro Querer Divino, el alma desciende de su origen, se desnoblece y se pone en el estado de sierva, por lo tanto no le corresponden reinos e imperios. Mucho

más que Yo en la Redención vine a la tierra para resucitar al hombre del estado de muerte, para sanarlo, para darle todos los remedios posibles para hacerlo regresar de nuevo a su estado primero de su origen, sabiendo que si él regresaba en nuestro Querer, de donde salió, ya estaba preparado para mantenerlo en el estado real de dominador. Es más, tú debes saber que quien vive o vivirá en Él, los actos que Yo hice en la Redención le servirán no de remedios sino de felicidad, de alegría, y como el más bello adorno en el palacio regio de mi Voluntad, porque todo lo que Yo hice no fue otra cosa que parto suyo, sus entrañas misericordiosas dieron a luz en el seno de mi Humanidad todos los actos que Yo hice al venir a la tierra, entonces es justo que como cosa suya sirvan de adorno a Sí misma. Así que en todo lo que Yo hice estando sobre la tierra, si oraba, si hablaba, si sufría, si bendecía a los niños, iba buscando a mis hijos, a los hijos de mi Voluntad Divina para darles el primer acto, la cosa que a ellos pertenecía, la felicidad que contenían, y después los daba en remedio a los hijos desventurados de la culpa, siervos de la voluntad humana, para su salvación. Por eso todos mis actos corrían como acto primero a quien debía vivir en el Supremo Querer, como a su centro de vida; entonces quien vive en Él puede decir, todo es mío, y Yo digo, todo es tuyo".

(3) Después de esto pensaba entre mí: "Si el Fiat Divino tiene su acto primero, de modo que ningún otro acto puede decir, soy acto primero de Él, ¿cómo podrán encontrarse ante Dios como acto primero aquellos que vendrán después a vivir en Él si ya están los primeros?" Y mi Divino Jesús ha agregado:

(4) "Hija mía, para quien vive o vivirá en mi Querer, todos serán como acto primero delante de Dios, porque Él tiene un acto solo, un acto incesante que parte siempre del primer acto, y en virtud de este solo e incesante acto eleva a todos los actos hechos en Él al primer acto suyo, de modo que todos aquellos que vivirán en mi Querer se encontrarán en su acto solo, y todos como primero delante a la Majestad Adorable. Así que en mi Voluntad no habrá ni primero ni después, sino todos fundidos juntos en un solo acto; ¡qué honor, qué gloria, que la criatura pueda tener un lugar en este acto solo de la Voluntad de su Creador, del cual, como fuente brotan todos los bienes, todas las felicidades posibles e imaginables!"

(5) Después, al continuar siguiendo los actos de mi amado Jesús, me he detenido en el acto en que recibió la cruz y que abrazándola con toda la ternura de su amor se la puso sobre su hombro para llevarla al Calvario, y Jesús ha agregado:

(6) "Hija mía, la cruz maduró el reino de la Redención, lo completó y se puso a custodia de todos los redimidos, de modo que si se hacen custodiar por la cruz, reciben en sí los efectos que contiene un fruto maduro, que contiene sabor, dulzura y humor vital, y les hace sentir todo el bien de la Redención,

de modo que ellas maduran junto con el fruto de la cruz y se disponen a regresar al reino de mi Voluntad, porque la cruz también maduró el reino de mi Voluntad. En efecto, ¿quién te ha dispuesto a ti a hacerte vivir en Ella? ¿No ha sido tal vez la cruz de tantos años la que te maduró como un bello fruto, te quitó todos los gustos acerbos que contiene la tierra, todos los apegos a las criaturas y te los convirtió en dulzuras divinas, poniéndose la cruz a guardia a fin de que nada entrase en ti que no fuese santo, que no diese de Cielo? La cruz no ha hecho otra cosa, qué haciendo correr en ti los humores vitales formaba en ti a tu Jesús, y tu Jesús encontrándote madura formaba el reino de su Voluntad Divina en el fondo de tu alma, y poniéndome en actitud de maestro con todo amor te hablaba y te hablo de Ella, te he enseñado sus caminos, la vida que debes tener en Ella, los prodigios, la potencia y la belleza de mi reino. Tú debes saber que cada vez que tu Jesús se decide a manifestar una verdad, es tanto el amor a ella, que biloco mi misma Vida en cada verdad que Yo manifiesto, para hacer que cada verdad tenga la potencia de formar una Vida Divina en las criaturas. Ve entonces qué significa el manifestarte una verdad de menos o una verdad de más, es poner fuera una Vida Divina a riesgo, ponerla en peligro, porque si no viene conocida, amada y apreciada, es una Vida Divina que no recibe su fruto y que no recibe los honores que le convienen. He aquí por qué amo tanto las verdades que manifiesto, porque es Vida mía que corre dentro, y amo tanto que sean conocidas.

(7) Cómo es diferente mi obrar del de las criaturas; si ellas hablan, enseñan, obran, no queda su vida en la palabra o en la obra, por eso no se duelen tanto si sus palabras u obras no tienen sus frutos, en cambio Yo me duelo mucho, mucho, porque es Vida que hago correr en lo que Yo manifiesto".

23-14
Noviembre 10, 1927

**El alma sola con Jesús, y Jesús solo con ella y cómo se la goza Él solo. Orden y armonía de la Creación. Cada cosa creada debía recibir la acción de Adán. Dios, primer modelo de la Creación, Adán el segundo, el tercero quien debe hacer regresar el reino del Fiat Divino.**

(1) Me sentía toda abandonada en el eterno Fiat y toda sola y sólo para Jesús, como si ningún otro existiese entre mí. Entonces pensaba para mí: "Estoy sola, dentro de mí no siento correr otra cosa que el gran mar de la Voluntad Divina, todo el resto no existe para mí, Jesús mismo se va y se esconde en la luz interminable de Ella, y si se hace ver, los rayos del Sol del Querer Divino le llueven encima, y mi vista siendo demasiado débil queda eclipsada y lo pierdo, esperando que mi Jesús, mi vida, se desembarace de

aquella luz, o bien la vuelva menos brillante para poder encontrarlo de nuevo, y me lamento de la luz que me eclipsa la vista y me esconde a Aquél que es vida de mi pobre alma; ¡oh! si esta luz del bendito Fiat fuese menos deslumbrante yo me gozaría a mi dulce Jesús, porque muchas veces siento su toque divino, su aliento refrescante, otras veces siento sus labios que me dan su beso, y con todo y eso no lo veo, todo es por causa de la bendita luz que forma el eclipse. ¡Oh! Santa Voluntad de Dios, cómo eres fuerte y potente, que llegas a esconderme a mi amado Jesús". Después, mientras esto y otras cosas pensaba, mi sumo bien Jesús ha salido de dentro de aquella luz tan deslumbrante, y así lo he podido ver y me ha dicho:

(2) "Hija mía, tú estás sola Conmigo, y Yo estoy solo contigo, y como estás sola Conmigo Yo concentro en ti a todo Yo mismo, porque estando sola Conmigo te puedo llenar toda de Mí, no hay punto de ti donde no tome mi lugar, te transforme en Mí y como en naturaleza entre en ti la gracia extraordinaria. Cuando el alma está sola Conmigo Yo soy libre de hacer lo que quiero, me la gozo Yo solo y mi amor me hace hacer tanto con ella, que llego hasta la locura y hago tantas estratagemas amorosas, que si se pudiesen ver u oír por todas las criaturas, dirían: 'Sólo Jesús sabe amar y puede amar en modo tan sorprendente, tan ingenioso y tan grande'. Yo hago con quien vive sola Conmigo, como podría hacer el sol, si pudiese concentrar toda su luz sobre de una planta, esta planta recibiría en sí toda la vida del sol y gozaría de todos sus efectos, mientras que las otras plantas reciben cada una un solo efecto, que basta a la naturaleza de su planta, en cambio la primera, como recibe toda la vida del sol, recibe al mismo tiempo todos los efectos que contiene la luz. Así hago Yo, concentro en el alma toda mi Vida y no hay cosa de Mí de que no la haga gozar, en cambio, quien no está solo Conmigo, como no puedo concentrar mi Vida, está sin luz, siente en sí el peso de las tinieblas, su ser está dividido en tantas partes por cuantas cosas tiene; así que si ama la tierra se siente dividida con la tierra, si ama a las criaturas, los placeres, las riquezas, se siente dividida como a pedazos, de modo que, quién la arrebata de una parte y quién de la otra, el pobre corazón vive entre ansias, temores y amargas desilusiones. Todo al contrario para quien vive sola Conmigo".

(3) Después de esto estaba siguiendo mi giro en el Querer Divino, y habiendo llegado al Edén, estaba glorificando a mi Creador en el acto en que con su aliento omnipotente infundía la vida en el cuerpo de mi primer padre Adán, y mi siempre amable Jesús moviéndose en mi interior me ha dicho:

(4) "Hija, con qué orden y armonía fue creado el hombre. Adán fue creado por Nosotros rey de toda la Creación, y como rey tenía la supremacía sobre todas las cosas, y si no hubiese rechazado nuestro Fiat, poseyendo la unidad de Él, en toda su vida habría llenado con sus actos todas las cosas creadas; como rey y señor tenía el derecho de que cada cosa creada debía

recibir su acción, debía ser investida por su luz, porque cada acción suya era un sol, uno más bello que el otro, así que él debía formar la corona a toda la Creación, no habría sido verdadero rey si no hubiese conocido todos sus dominios y no hubiese tenido el derecho de poner sus actos en todas las cosas creadas por Nosotros. Sucedía como cuando alguien es dueño de un terreno, el cual como patrón tiene el derecho de pasear dentro, de plantar flores, plantas, árboles, en suma todo lo que quiere. Así era Adán, con la potencia de nuestro Fiat Divino hacía lo que quería, se bilocaba en todas las cosas creadas, y si hablaba, si amaba, si adoraba y obraba, su voz resonaba en toda la Creación y era investida por el amor, por la adoración y obra de él, así que la Divinidad sentía el amor, la adoración, la obra de su primer hijo en todas sus obras. Ahora, todo el obrar de Adán habría permanecido en toda la Creación como el primer modelo para todos sus descendientes, los cuales habrían modelado todos sus actos a los reflejos de luz de los actos de Adán, que como primer padre habría dado en herencia a todos sus descendientes, los que no sólo habrían tenido su modelo, sino la posesión de sus mismos actos. ¿Cuál habría sido nuestra gloria y la suya, al ver el obrar de nuestro amado hijo, de nuestro precioso tesoro, parido por nuestro amor, fundido con nuestras obras? ¿Qué felicidad para él y para Nosotros? Ahora, si ésta era nuestra finalidad por la que fue creada toda la Creación y nuestro amado joyel, que es el hombre, ¿no es justo de que a pesar de que Adán comenzó y no terminó, es más, terminó en el dolor y en la confusión porque rechazó nuestro Querer Divino que le servía como acto primero y lo hacía obrar en las obras de su Creador, que efectuemos esta nuestra finalidad en sus descendientes? He aquí por qué te llamo en medio de mis obras en toda la Creación, para formar el modelo sobre el cual deben modelarse las otras criaturas para regresar en mi Fiat. Si tú supieras qué alegría siento cuando veo que tú, haciendo tuyo mi Querer Divino quieres animar la luz del sol a decirme que me amas y pedirme mi reino, a la rapidez del viento, al murmullo del mar, a la flor, al cielo extendido, hasta el canto del pequeño pajarillo, al ver que quieres dar tu voz a todos, animar a todos para decirme que me amas, me adoras y quieres el reino del Fiat Supremo, siento tal contento que me siento repetir las primeras alegrías, el primer amor de mi amado joyel, y me siento inclinado a poner todo a un lado, a olvidar todo, para hacer regresar el todo tal y como fue establecido por Nosotros. Por eso sé atenta hija mía, se trata de algo muy grande.

(5) Tú debes saber que el primer modelo en la Creación fue el Ente Supremo, en el cual el hombre debía modelar todos sus actos con su Creador, el segundo debía ser Adán, en el cual debían modelarse todos sus descendientes, pero como se sustrajo de mi Voluntad, faltando Ella, su unidad en él, le faltaron los pinceles, los colores y la materia prima para poder hacer los modelos a semejanza de su Creador. ¡Pobrecito! ¿Cómo

podía formar los modelos con la misma forma divina, si no estaba más en posesión de aquella Voluntad que le suministraba habilidad y todo lo necesario que se requería para poder formar los mismos modelos de Dios? Rechazando mi Fiat Divino rechazó la potencia que todo puede y sabe hacer; sucedió de Adán como sucedería de ti si no tuvieras ni papel, ni pluma, ni tinta para escribir, si esto te faltara no serías capaz de escribir una sola palabra, así él, no fue más capaz de formar los modelos sobre el molde divino. El tercer modelo lo debe hacer quien debe hacer regresar el reino de mi Voluntad, por eso tus deberes son grandes, a tus modelos serán modelados todos aquellos de los otros, y por eso en todos tus actos haz que corra la Vida de mi Querer Divino, a fin de que te suministre todo lo necesario que se requiere, y así todo irá bien, y tu Jesús estará junto contigo para hacerte llevar a cabo bien sus modelos divinos".

23-15
Noviembre 13, 1927

**Cómo el Verbo estaba en el centro de la Humanidad de Jesús y cómo obraba. Gran diferencia entre el reinar de la Voluntad Divina y entre la santidad de los santos, aunque hayan hecho milagros.**

(1) Estaba siguiendo mi giro en el Querer Divino, y habiendo llegado a los actos que hizo en la Humanidad de Nuestro Señor, mi dulce Jesús moviéndose en mi interior me ha dicho:

(2) "Hija mía, el Verbo Divino en mi Humanidad estaba como centro de vida en Ella, éramos inseparables el uno y la otra, pero como mi Humanidad tenía sus límites y el Verbo era sin límites, inmenso e infinito, no pude restringir dentro de Ella toda la luz interminable del Verbo, esta luz desbordaba fuera, de modo que sus rayos desbordando fuera del centro de mi Humanidad, salían de mis manos, de mis pies, de la boca, del corazón, de los ojos, de todas las partes de mi Humanidad, de modo que todo mi obrar corría en esta luz, que más que rayos solares investía todo y buscaba todos los actos de las criaturas para darles sus actos, a fin de que los actos de ellas, investidos por su luz, tomasen la forma de los suyos y fundidos juntos adquirieran el valor, la belleza de sus actos. ¿Pero cuál no fue el dolor de mi Humanidad al ver rechazados por las criaturas, en la misma luz del Verbo eterno, sus actos, e impedirles la transformación que quería hacer en las criaturas? Cada acto suyo rechazado era un dolor, y cada acto de las criaturas se convertía para mi Humanidad en amargura y ofensa. Cómo es duro querer hacer el bien, hacerlo y no encontrar quién reciba este bien; este dolor dura aún, porque todo lo que hizo mi Humanidad en la luz del Verbo Eterno existe y existirá siempre, y siempre está en acto de hacer lo que una vez fue

hecho, y está como en asecho esperando que la criatura reciba la transmisión de sus actos a fin de que uno sea el acto, uno el valor, una la voluntad, uno el amor de las dos partes, y sólo con reinar mi Fiat puede el obrar que Yo hice en la Redención tener su total cumplimiento, porque con la luz de Él las criaturas se quitarán la venda y harán correr en ellas todo el bien que el Verbo eterno vino a hacer en mi Humanidad por amor de las criaturas".

(3) Ahora, mientras esto decía, veía a mi dulce Jesús que de dentro de su interior salía tanta luz que investía todo y a todos. Después seguía mi giro en el Fiat Divino, acompañando con mi te amo todos los prodigios que Él había hecho en los santos, en los patriarcas y en los profetas del antiguo testamento, como en aquellos después de su venida sobre la tierra, para pedir en virtud de todos estos actos suyos su reino divino en medio a las criaturas, y pensaba entre mí: "Si tantos prodigios ha hecho este Santo Querer en todos estos santos, ¿no es esto entonces su reinar al menos en estos santos tan prodigiosos?" Mientras esto pensaba, mi amado Jesús moviéndose en mi interior me ha dicho:

(4) "Hija mía, no hay bien que no haya salido de mi Voluntad, pero hay una gran diferencia entre el reinar de Ella en las criaturas, y entre el sacar un acto de dentro de Ella y comunicarlo a las criaturas, como a Abraham, en que sacó un acto de heroísmo y tuve al hombre heroico en el sacrificio; en Moisés un acto de potencia, y fue el hombre prodigioso; en Sansón un acto de fuerza, y fue el hombre fuerte; a los profetas les reveló lo que correspondía al futuro Redentor, y fueron hombres profetas; y así de todos los demás que se han distinguido como prodigiosos y de virtud no común, de acuerdo al acto que sacaba mi Querer Divino, si prestaban su adhesión y correspondían, así recibían el bien del acto de Él. Esto no es reinar hija mía, ni forma el reino de mi Querer, para formarlo no se requiere un solo acto, sino el acto continuado que Él posee, esto es lo que quiere dar a las criaturas para formar su reino, su acto continuado de potencia, de felicidad, de luz, de santidad, de belleza insuperable; lo que mi Fiat es por naturaleza, quiere que las criaturas lleguen a ser en virtud de su acto continuo que contiene todos los bienes posibles e imaginables. ¿Dirías tú que un rey reina sólo porque ha hecho una ley, ha dado un bien a su pueblo? Ciertamente que no, el verdadero reinar es formar la vida de los pueblos con todas las leyes, dando el régimen decoroso, conveniente, recto y justo a la vida de ellos, dándoles todos los medios necesarios a fin de que nada les falte para su bien. El rey para reinar debería tener su vida en medio de los pueblos y hacer una su voluntad y sus bienes con ellos, de modo que el rey debía formar la vida del pueblo y ellos la vida del rey, de otra manera no es un verdadero reinar. Esto es el reinar de mi Voluntad, volverse inseparable de los hijos de su reino, darles todo lo que posee hasta desbordar fuera,

para tener hijos felices y santos con su misma felicidad y santidad. Ahora, de aquí se ve que a pesar de los tantos prodigios y milagros que los santos, los profetas, los patriarcas han hecho, no han formado mi reino en medio a las criaturas ni han hecho conocer su valor, ni el gran bien que posee mi Voluntad, ni lo que puede hacer y quiere dar, y la finalidad de su reino, porque faltaba su acto continuado, su vida permanente en ellos, y por eso, no conociéndola a fondo, se han ocupado de otras cosas que correspondían a mi gloria y a su bien, y a mi Voluntad la han puesto a un lado, esperando otro tiempo más propicio, cuando la paterna bondad se complazca, primero de hacer conocer y después dar un bien tan grande y un reino tan santo que ellos ni siquiera soñaban. Por eso sé atenta y sigue tu vuelo en el Fiat Divino".

23-16
Noviembre 18, 1927

**Cuando Dios manifiesta una nueva verdad a la criatura, es una nueva fiesta para Dios y para ella. En cuanto el alma se decide a hacer su acto en el Querer Divino, así llama al Fiat Divino a reflejar con su luz en su acto, el cual tiene virtud de vaciarlo de todo lo que no es luz.**

(1) Me sentía afligida por las acostumbradas privaciones de mi dulce Jesús, pero toda abandonada en su amable Querer. Entonces pensaba entre mí: "En estos días mi sumo Bien Jesús no me ha dicho nada, todo ha sido un profundo silencio, apenas algún movimiento de Él me hacía sentir en mi interior, pero sin ninguna palabra". Mientras esto pensaba se ha movido en mi interior diciéndome:
(2) "Hija mía, cuando Dios no manifiesta otras verdades, la Voluntad Divina está como suspendida, no agrega otros bienes hacia las criaturas, por lo tanto para Dios y para la criatura no existe la fiesta que la verdad lleva consigo".
(3) Yo al oír esto he dicho: "Para Ti es siempre fiesta, porque tienes contigo todas las verdades, pero para la pobre criatura la fiesta es interrumpida, porque no posee la fuente de todas las verdades, así que cuando su Creador no le comunica otras verdades, las nuevas fiestas quedan interrumpidas para ella, a lo más se goza aquellas fiestas que ya le fueron comunicadas por Ti, pero las sorpresas de las nuevas fiestas no están en su poder, lo que no sucede para Ti". Y Jesús ha agregado:
(4) "Cierto hija mía, para Nosotros es siempre fiesta y nadie puede mínimamente ensombrecer el océano de nuestras nuevas alegrías y felicidades sin término que nuestro Ser Divino contiene en Sí mismo, pero hay una fiesta que viene formada en el acto cuando nuestro Ser Divino

rebosando de amor hacia la criatura manifiesta sus verdades; ver doblemente feliz a la criatura, tantas veces de más por cuantas verdades de más le manifestamos, es para Nosotros una nueva fiesta. Poner fuera nuestras verdades que salen de la fuente de nuestras alegrías, preparar la mesa de nuestra felicidad a la criatura que contiene la verdad, verla festejar junto con Nosotros, sentada a nuestra misma mesa para alimentarse de nuestro mismo alimento, es para Nosotros una nueva fiesta. Las fiestas, las alegrías, vienen formadas en las comunicaciones, el bien aislado no lleva fiesta, la alegría estando sola no sonríe, la felicidad sola no banquetea, y además, ¿con quién debe festejar, sonreír, banquetear, si no encuentra a quién hacer esta fiesta, sonreír juntos, embelesarse mutuamente? Por eso la unión forma la fiesta, el volver contenta a otra criatura forma el contento propio. He aquí por qué, si tenemos nuestras nuevas fiestas que no nos faltan jamás, nos falta la nueva fiesta que no damos a la criatura. Si tú supieras nuestra alegría y felicidad al ver tu pequeñez sentarse a nuestra mesa, alimentarse de las verdades de nuestro Supremo Querer, sonreír de cara a su luz, tomar nuestras alegrías para hacerte el depósito en ti misma de nuestras riquezas, embellecerte de nuestra belleza, y como embriagada por tanta felicidad oírte repetir: 'Quiero el reino de tu Fiat'. Quisieras arrollar Cielo y tierra para pedirme mi Fiat, para obtener el intento, ¿y para hacer qué? Para volver feliz, de tu misma felicidad a toda la familia humana; parece que tu fiesta no está plena si no vuelves felices a los demás con tu misma felicidad que contienes en virtud de mi Voluntad. Si tú pudieras hacer conocer a todos todo lo que conoces de Ella, y hacer gustar a todos la felicidad que posee, ¿no sería para ti una fiesta de más, y no te sentirías doblemente feliz por la felicidad de los otros comunicada por ti?"

(5) Y yo: "Cierto Amor mío, que si pudiera arrollar a todos en tu Santo Querer, cómo estaría más feliz y contenta".

(6) Y Jesús: "Y bien, así soy Yo, a nuestra felicidad que jamás se agota y que nos tiene siempre en fiesta, se agregaría a nuestra fiesta la felicidad de la criatura, por eso cuando te veo suspirar por mis verdades para conocerlas, Yo me siento atraído a manifestarlas y digo: 'Quiero gozar mi nueva fiesta con mi pequeña hija, quiero sonreír junto con ella y embriagarla de mi misma felicidad.' Así que en estos días de silencio te ha faltado a ti nuestra nueva fiesta, y a Nosotros la tuya".

(7) Entonces ha hecho silencio y después ha agregado: "Hija mía, en cuanto tú te decides a fundirte en mi Fiat Divino y formar en Él tus pensamientos, palabras y obras, así haces la llamada a mi Voluntad, y Ella, sintiéndose llamada, responde a la llamada reflejando su luz en tu acto, y con su Luz tiene virtud de vaciar aquel acto de todo lo que puede haber de humano y lo llena de todo lo que es divino, así que mi Querer Divino se siente llamado por tus pensamientos, por tus palabras, por tus manos, por tus pies y por tu

corazón, y Él refleja su Luz en cada uno de ellos, los vacía de todo y ahí forma su Vida de Luz, y como la luz contiene todos los colores, así mi Querer Divino pone un color divino suyo a los pensamientos, otro a las palabras, otro a las manos y así de todo lo demás de tus actos, y conforme tú los multiplicas, así multiplica sus colores divinos investidos por su Luz, y ¡oh! cómo es bello el verte investida de tanta variedad de colores y matices divinos, por cuantos pensamientos, actos y pasos tú haces, te dan tal belleza todos estos colores y Luz Divina, que es un encanto el verte y todo el Cielo quisiera gozar de tales bellezas con que mi Fiat ha investido a tu alma. Por eso tu llamado a mi Voluntad Divina sea continuo".

23-17
Noviembre 23, 1927

**Cuando el alma no da el primado a la Divina Voluntad, Ella está en peligro y como sofocada en medio de las criaturas. Cuando el alma ruega que venga el reino de la Divina Voluntad, todo el Cielo hace eco a su oración.**

(1) Mi abandono en el Fiat Divino es mi vida, mi apoyo, mi todo; mi dulce Jesús se esconde siempre más, y yo me quedo sólo con este Querer tan santo, inmenso, tan potente, que a cada movimiento suyo arroja y saca de Sí un mar de luz, que forma sus olas luminosas e interminables, mi pequeñez se pierde, si bien comprende que hay mucho qué hacer para seguir sus actos innumerables en un mar tan vasto, y perdiéndome en el Fiat Divino pensaba entre mí: "¡Oh! si tuviera conmigo a mi dulce Jesús que conoce todos los secretos de su Querer, no me perdería y seguiría mejor los actos interminables de Él, verdaderamente siento que no me quiere como antes, si bien me dice que no es verdad, pero yo veo los hechos, y las palabras ante los hechos no tienen valor". ¡Ah! Jesús, Jesús, no me esperaba de Ti este cambio que me hace sentir una muerte continua, mucho más que sabes que el dejarme por mucho tiempo sin Ti me cuesta mucho más que la vida. Pero mientras esto y otras cosas pensaba, mi amado Jesús se ha movido en mi interior y me ha dicho:
(2) "Hija mía, mi pequeña hija, ¿por qué temes, por qué dudas de mi amor? Y además, si te pierdes es siempre en mi Querer donde tú quedas, jamás fuera de Él, Yo no podría tolerar que tú salieras un solo paso de sus confines, no, no, la pequeña hija de mi Voluntad estará siempre en sus brazos, y además, ¿cómo puedo no amarte si veo en ti, en todos tus actos, que mi Fiat tiene la primacía? No lo veo peligrar como en las demás criaturas y sofocado en todos los actos de ellas, porque no dándole el primado está siempre en peligro en medio de ellas, quién le roba sus bienes,

quién ofende su luz, quién lo desconoce, quién lo pisotea, no dándole el primado está como un rey que no dándole los honores debidos, lo maltratan y los súbditos lo quieren sacar de su propio reino. ¡Qué dolor! En cambio en mi pequeña hija, mi Voluntad Divina está al seguro, no sufre peligro en sus miradas, porque en todas las cosas creadas ve los velos que esconden a mi Voluntad y ella rompe los velos y la encuentra reinante en toda la Creación, la besa, la adora, la ama, y sigue sus mismos actos poniéndose en su seguimiento; no sufre peligro en tus palabras, en tus obras, en todo, pues le das el acto primero en tus actos. Con darle el acto primero se le dan los honores divinos, se estima Rey de todo y el alma recibe como cosas que le pertenecen los bienes de su Creador, así que para ella mi Voluntad no se encuentra en acto de peligro, sino al seguro, no se siente robar la luz, el aire, el agua, la tierra, porque todo es suyo. En cambio quien no la hace reinar la roban por todas partes y está en continuo peligro".

(3) Después de esto, habiendo seguido mi giro en el Fiat Divino, estaba reuniendo todas las cosas creadas donde están dominantes todos los actos del Fiat Divino, y yo reuniendo todo junto, el cielo, el sol, el mar y toda la Creación, llevaba todo junto ante la Majestad Suprema para circundarla de todas sus obras y hacer pedir por los actos de su misma Voluntad el reino del Fiat Divino sobre la tierra, pero mientras esto hacía, mi amable Jesús se ha movido en mi interior y me ha dicho:

(4) "Hija mía, escucha cómo todo el Cielo hace eco a tu petición y repiten entre ellos, los ángeles, los santos, la Soberana Reina, 'Fiat, Fiat Voluntas Tua, come in Cielo così in terra.' Y como es súplica de Cielo, es el reino que a todos interesa, se sienten todos en deber de pedir lo que quieres tú, sienten en ellos la misma fuerza de la potencia de mi Voluntad Divina por la cual todos son animados y repiten: 'La Voluntad del Cielo sea una con la tierra.' ¡Oh! cómo es bello, cómo resuena armonioso cuando un eco de la tierra inviste todo el Cielo y forma un solo eco, una sola Voluntad, una sola súplica. Y todos los bienaventurados, admirados dicen entre ellos: '¿Quien es aquélla que lleva todo el cortejo de las obras divinas ante la Divinidad, y con la potencia del Fiat Divino que posee nos arrolla a todos y nos hace pedir un reino tan santo?' Ninguno ha tenido esta potencia, ninguno ha pedido hasta ahora el reino del Fiat con tal potencia e imperio, a lo más, quien ha pedido la gloria de Dios, quien la salvación de las almas, quien la reparación de tantas ofensas, cosas todas que se refieren a las obras externas de Dios, en cambio el pedir el reino del Querer Divino son sus obras internas, los actos más íntimos de Dios y la destrucción del pecado, esto no es sólo la salvación, sino la santidad divina en las criaturas, es la liberación de todos los males espirituales y corporales y el transportar la tierra al Cielo para poder hacer descender el Cielo a la tierra'. Por eso el pedir el reino de mi Voluntad Divina es la cosa más grande, más perfecta,

más santa, y por eso todos reverentes responden a tu eco y resuena en la patria celestial la bella armonía: Fiat Voluntas Tua come in Cielo così in terra".

23-18
Noviembre 27, 1927

**Quien se hace dominar por la Voluntad Divina, en virtud de Ella recibe en sí la Fecundidad divina y puede generar en los demás el bien que posee. Lo que es necesario para obtener el reino de la Divina Voluntad: Primero, mover a Dios; segundo, poseer como vida a la Divina Voluntad.**

(1) Mi abandono en el Querer Divino es continuo, y si bien muchas veces me esconde y eclipsa a mi amado Jesús, mi vida, mi todo, la Divina Voluntad no se esconde jamás, su luz es permanente en mí y me parece que aunque se quisiera esconder no lo puede hacer, porque encontrándose su luz por todas partes, no encuentra lugar a donde poder huir, restringirse, porque por su naturaleza es inmensa, inviste todo, señorea sobre todo con tal imperio, que la siento en cada fibra de mi corazón, me corre en el respiro, en todo, y yo pienso entre mí que me quiere más el Querer Divino que el mismo Jesús, porque Él frecuentemente me deja y su adorable Voluntad no me deja jamás, es más, por su propia naturaleza se encuentra en condición de no poderme dejar y con su imperio de luz me domina y triunfante espera el primado en mis actos. ¡Oh! Voluntad Divina, cómo eres admirable, tu luz no deja huir nada, y acariciando y jugando con mi pequeñez te vuelves conquistadora de mi pequeño átomo y gozas perdiéndolo en la inmensidad de tu luz interminable. Pero mientras me sentía toda inmersa en su luz, mi amado Jesús se ha movido en mi interior y me ha dicho:

(2) "Hija mía, quien se hace dominar por mi Querer Divino, en virtud de Él recibe la virtud de la fecundidad divina, y con esta fecundidad puede generar en los demás lo que ella posee, con esta fecundidad divina el alma forma la más bella y larga generación, que le llevará la gloria, el cortejo de tener tantas partes generadas en sus mismos actos, verá salir de dentro de ella la generación de los hijos de la luz, de la felicidad, de la santidad divina. ¡Oh! cómo es bella, santa y pura la fecundidad del germen de mi Querer Divino, es luz y genera luz, es santa y genera la santidad, es fuerte y genera la fuerza, posee todos los bienes y genera paz, alegría y felicidad. ¿Si tú supieras qué bien llevará a ti y después a todos el germen fecundo de este Querer tan santo, que sabe y puede generar a cada instante todos los bienes que posee? Fue así como la alteza de la Soberana Reina pudo generar al Verbo Eterno sin obra de otros, porque no dando vida a su querer

humano, sólo dio vida al Querer Divino, y con esto adquirió la plenitud del germen de la fecundidad divina y pudo generar a Aquél que Cielo y tierra no podían contener, y no sólo lo pudo generar en Sí, en su seno materno, sino lo pudo generar en todas las criaturas; cómo es noble y larga la generación de los hijos de la Celestial Reina, Ella generó a todos en aquel Fiat Divino que todo puede y todo encierra, así que mi Divina Voluntad eleva a la criatura y la vuelve partícipe de la fecundidad de la Paternidad Celeste; qué potencia, ¿cuántos sublimes misterios no posee?"

(3) Después continuaba mis actos en el Fiat Divino y ofrecía todo para obtener su reino sobre la tierra, quería investir a toda la Creación, animar todas las cosas creadas con mi voz, a fin de que todas dijeran junto conmigo: "Fiat Voluntas Tua come in Cielo cosí in Terra, pronto, pronto, venga tu reino". Pero mientras esto hacía pensaba entre mí: "Cómo puede venir este reino tan santo a la tierra, en las criaturas no hay ningún cambio, ninguno se ocupa, el pecado, las pasiones abundan, ¿cómo podrá entonces venir este reino a la tierra? Y Jesús moviéndose en mi interior me ha dicho:

(4) "Hija mía, lo que es más necesario para obtener un bien tan grande como es el reino de mi Fiat Divino, es mover a Dios para hacerlo decidir dar mi Voluntad Divina reinante en medio a las criaturas, cuando se mueve Dios y decide, todo supera y vence aun a los mismos males; y la otra cosa necesaria es que la criatura que lo busca y ruega a Dios el dar un bien tan grande, debe poseer en ella la vida del reino que pide para las otras criaturas. Quien lo posee conocerá la importancia y no omitirá sacrificios para conseguir a los demás el bien que posee, conocerá los secretos, los caminos que debe tener, se volverá importuno para vencer al mismo Dios; ella será como sol que tiene restringido en sí toda la plenitud de su luz, y no pudiendo contenerla en sí siente la necesidad de expandirla fuera para dar luz a todos y hacer bien a todos, para volverlos felices de su misma felicidad. Quien tiene un bien tiene virtud de pedirlo y de darlo; esto sucedió en la Redención, el pecado inundaba la tierra, el mismo pueblo llamado pueblo de Dios, era el más pequeño pueblo, y que si parecía que se ocupaba era en modo superficial, pero no que poseían en ellos la vida de aquel Redentor que pedían, se puede decir que se ocupaban como se ocupa hoy la Iglesia, las personas sagradas y religiosas con recitar el Padre Nuestro, pero la plenitud de la vida de mi Voluntad que pedían en el Padre Nuestro no está en ellos, así que la petición se queda en palabras, no en hechos; por eso cuando vino la Reina del Cielo que poseía la plenitud de la Vida Divina, todo lo que pedía para el bien de los pueblos movió a Dios, lo venció, lo hizo decidir, y a pesar de los males que existían vino el Verbo Eterno a la tierra por medio de Aquélla que ya lo poseía y formaba toda su vida; con la plenitud de esta Vida Divina pudo mover a Dios y vino el bien de la Redención. Lo que todos los demás no pudieron obtener todos juntos, lo

obtuvo Aquélla, la Soberana Reina que había conquistado, primero en Sí misma a su Creador, la plenitud de todos los bienes que pedía para los demás, y siendo conquistadora tenía virtud de poder conseguir y dar el bien que poseía. Hay gran diferencia hija mía, entre quien pide y posee, y quien pide y no posee la Vida Divina; la primera pide con derecho, la segunda a título de limosna, y a quien pide a título de limosna se dan las monedas, a lo más algunas liras, pero no reinos enteros; en cambio quien pide con derecho posee, es ya dueña, reina, y quien es reina puede dar el reino, y siendo reina tiene su imperio divino en Dios para conseguir el reino a las criaturas. Así sucederá para el reino de mi Voluntad, por eso te recomiendo tanto que seas atenta, haz que Ella forme la plenitud de su Vida en ti, así podrás mover a Dios, y cuando Dios se mueve no hay quien lo resista".

23-19
Diciembre 1, 1927

**Fortaleza de la Mamá Celestial en las privaciones de Jesús; fortaleza que debe tener la pequeña hija de su Voluntad. Potencia de los actos hechos en la Voluntad Divina, cómo son el desahogo de Dios.**

(1) Me sentía totalmente privada de mi Sumo Bien Jesús y por cuanto lo buscaba no podía encontrarlo. Me sentía torturada y amargada en modo indecible, mis palabras no pueden expresar mi dolor, por eso sigo adelante. Después de largos días de martirio y de abandono en aquel Fiat Divino, mi amado Jesús se ha movido en mi interior y me ha dicho:
(2) "Hija mía, quiero en ti la misma fortaleza de ánimo de la Soberana Celestial, que llegó a amar más la Divina Voluntad que a la misma Humanidad de su hijo Jesús. Cuántas veces el Querer Divino nos ordenaba separarnos y Yo debía ir lejos de Ella, y Ella debía quedar sin Mí, sin seguirme, pero Ella quedaba con tal fortaleza y paz, de llegar a preferir el Fiat Divino a su mismo Hijo, tanto que Él raptado por tal fuerza, bilocaba el Sol de mi Voluntad Divina, y mientras quedaba con mi Mamá, concentrado en Ella, quedaba concentrado en Mí, el Sol se bilocaba pero la luz quedaba una, alargándose pero sin separarse jamás del uno y del otro centro del Sol bilocado. La Soberana Reina todo había recibido de mi Voluntad, la plenitud de la gracia, la santidad, la soberanía sobre todo, hasta la fecundidad para poder dar la vida a su Hijo, todo le había dado y nada le había negado, entonces, cuando quería que Yo me alejase, como fortaleza heroica devolvía a la Voluntad Divina lo que había recibido. Los Cielos quedaban estupefactos al ver la fortaleza, el heroísmo de Aquélla que sabían que me amaba más que a su misma vida. Así quisiera ver a la pequeña hija de mi Voluntad Divina: fuerte, pacífica y con heroísmo dar nuevamente a mi

Voluntad a tu Jesús cuando ella quiere que quedes privada de Él, no quisiera verte abatida, triste, sino con la fortaleza de la Mamá Celestial y así como para la Soberana del Cielo la separación era externamente y aparentemente, pero internamente mi Querer Divino nos tenía fundidos juntos e inseparables, así sucederá de ti, mi Querer te tendrá fundida en Mí y haremos juntos los mismos actos, sin separarnos jamás".

(3) Después de esto seguía mis actos en el Fiat Divino y sintiendo que no los hacía bien, rogaba a mi Mamá Celestial que viniera en mi ayuda, a fin de que pudiera seguir a aquél Querer Supremo que Ella había amado tanto y del cual reconocía toda su gloria y altura en la cual se encuentra; pero mientras esto pensaba, mi amable Jesús moviéndose en mi interior me ha dicho:

(4) "Hija mía, todos los actos de mi Madre Reina hechos en mi Voluntad, están a la expectativa porque quieren el séquito de los actos de la criatura hechos en Ella, así que todo lo que tú haces en mi Querer, son estos actos que te vienen en ayuda, es más, se alinean en torno a ti para suministrarte, quién la luz, quién la gracia, quién la santidad y quién el acto mismo que tú haces, para poder tener el séquito de estos actos nobles, santos y divinos; estos actos son la desembocadura de Dios, que desahogándolos, la criatura se llena tanto que no pudiéndolos contener los desahoga de nuevo y da sus actos divinos a su Creador, por eso forman la gloria más grande que la criatura puede dar a Aquél que la ha creado, no hay bien que no descienda por medio de estos actos hechos en el Querer Divino, ponen todo en movimiento, Cielos y tierra y el mismo Dios son el movimiento divino en la criatura, y fue en virtud de estos actos que la Celestial Soberana hizo mover al Verbo a descender sobre la tierra, por eso Ella espera el séquito de sus actos para mover a Dios para hacer venir a reinar a nuestra Suprema Voluntad sobre la tierra. Ellos son el triunfo de Dios sobre la criatura y las armas divinas con las cuales la criatura vence a Dios. Por eso sigue tus actos en mi Voluntad y tendrás en tu poder las ayudas divinas, como también las de la Soberana Reina".

23-20
Diciembre 6, 1927

**Estado del alma. En la Voluntad Divina no entran el dolor y las amarguras porque son partes humanas. Modo divino. Cómo la Voluntad Divina tiene su Vida en medio de las criaturas, y cómo ellas la obstaculizan. Cada acto hecho en Ella es una firma divina que corre; ejemplo.**

(1) Continúa mi abandono en el Fiat Divino, y estando totalmente privada de mi Sumo Bien Jesús, sentía tal amargura y dolor, de no saberlo expresar, pero al mismo tiempo sentía una paz imperturbable y la felicidad de la luz del Supremo Querer. Entonces pensaba entre mí: "Qué cambio en mi pobre alma, antes, si el bendito Jesús, por poco, incluso por horas me privaba de Él, yo desvariaba, deliraba, me sentía la más infeliz de las criaturas, pero ahora todo al contrario, estoy privada no por horas sino por días, y si bien siento un dolor intenso, penetrante hasta la médula de los huesos, estoy sin desvariar, sin delirio, sin poder llorar, como si no tuviese más lágrimas, toda pacífica, impávida y feliz. ¡Santo Dios, qué cambio! Me siento morir al pensar ser feliz sin Jesús, pero mi felicidad no viene tocada, siento que la felicidad deja libre al dolor y el dolor deja libre a la felicidad, cada una de ellas hace su curso, su camino, tienen su lugar, pero no se mezclan. ¡Ah Jesús, Jesús! ¿Cómo es que no me ayudas, que no tienes piedad de mí? ¿Por qué no corres, no vuelas a tu pequeña hija que tanto decías amar?" Pero mientras desahogaba mi dolor se ha movido en mi interior y me ha dicho:

(2) "Hija de mi Querer, ¿por qué quieres turbar tu paz, tu felicidad? Debes saber que donde reina mi Voluntad, Ella, cual noble Reina Divina posee alegrías inmensas y felicidad sin fin; el dolor, las lágrimas, las amarguras, han nacido en el tiempo, son partos de la voluntad humana, no han nacido en la eternidad ni son partos suyos, son limitados y finitos, por eso no tienen poder para entrar mínimamente en el océano de las felicidades de mi Querer Divino; este es el modo Divino. En este estado se encontró la Reina del Cielo, y mi misma Humanidad, en que todos nuestros dolores, y fueron demasiados y de toda clase, no pudieron disminuir ni penetrar en el colmo de nuestras interminables alegrías y felicidades. Así que al principio tus desvaríos, tus lágrimas y disturbios cuando por un poco no me veías, eran residuos de tu voluntad humana, la mía no admite estas debilidades, y como Ella por naturaleza no las posee, donde reina, como Reina domina el dolor, lo hace correr, pero no admite que entre en la felicidad con la cual ha llenado a su criatura al reinar en ella, el dolor no encontraría lugar donde ponerse en el mar interminable de la felicidad de mi adorable Voluntad. Entonces tú no quieres que Ella reine en ti, ya que te preocupas del cambio que sientes en tu alma. Mi Voluntad Divina tiene su Vida, y cuando el alma abre las puertas de su voluntad para hacerla entrar y dominar, Ella entra en el alma y desenvuelve su Vida toda Divina en ella, y como Reina que es forma en ella su Vida de luz, de paz, de santidad, de felicidad, y la criatura siente como propiedades suyas todos sus bienes, y si siente el dolor, lo siente en modo divino, que no le ocasiona ningún daño a todo lo que mi Voluntad Divina le ha comunicado; en cambio, en quien no le abre las puertas para hacerle entrar y dominar, la Vida de Ella queda suspendida en la criatura,

obstaculizada, sin desarrollo. Sucede para mi Fiat Divino como podría suceder para una criatura que quiere llevar todos sus bienes a otra, y ésta con ingratitud horrenda le ata los pies y las manos para no dejarla acercar, le cierra la boca para no dejarla hablar, le venda los ojos para no dejarse mirar; reducida en tal modo, ¿cómo puede hacerle el bien que querría hacerle si le ata los pies para no dejarla acercar, las manos para no recibir el bien que le lleva, la boca para no dejarla decir lo que le lleva, si le venda los ojos para no dejarse atraer por sus miradas y abrirle las puertas? ¿Qué dolor no sería esto para esta portadora de tanto bien? En este estado viene puesta mi Voluntad por parte de las criaturas cuando no abren las puertas de su voluntad para dejarla desarrollar su Vida. ¡Qué dolor hija mía, qué dolor!"

(3) Después de esto seguía pensando en la Divina Voluntad, portadora de tanto bien, y mi dulce Jesús ha agregado:

(4) "Hija mía, es tanto el amor hacia quien hace reinar y dominar a mi Fiat Divino, que a cada acto que ella hace en Él, la Divinidad cede un derecho divino al alma, esto es, un derecho de santidad, de luz, de gracia, de felicidad y con estos derechos vincula al alma y la vuelve poseedora de los bienes divinos. Así que cada acto de más hecho en mi Querer Divino es una firma que viene efectuada por tu Creador, como si te hiciera la escritura que te vuelve dueña de su felicidad, de su luz, santidad y gracia suya. Sucede como cuando un rico ama a una pobre, la cual no sale jamás de su casa, y si sale es sólo para visitar las propiedades de su amo, para llevar a su amo los frutos de sus propiedades para hacerlo feliz con sus mismos bienes. El rico mira a la pobre, se enamora de ella, la ve feliz en su casa, pero para estar seguro de la felicidad de aquélla, hace escritura pública de sus bienes a la pobre que le ha herido el corazón, que está siempre en su casa y se sirve de sus mismos bienes para volver feliz a su amado amo. Así es para quien vive en nuestra Voluntad Divina, vive en nuestra casa, se sirve de nuestros bienes para glorificarnos y hacernos felices, su disparidad entre ella y Nosotros nos daría pena, nos pesaría sobre nuestro corazón paterno, pero como en nuestro Querer Divino no pueden entrar penas e infelicidad, la hacemos de magnánimos, y a cada acto suyo ponemos nuestra firma, escriturándole nuestros bienes para volverla rica y feliz de nuestra misma felicidad, por eso te repito frecuentemente: 'Sé atenta hija mía, no dejes huir nada.' Porque cada acto tuyo hecho en Él son firmas que corren, y firmas divinas, con las cuales viene asegurado que la Voluntad Divina es tuya y tú eres de Ella, los vínculos divinos jamás vienen a menos, son vínculos eternos".

23-21
Diciembre 8, 1927

## Quien vive en el Querer Divino queda regenerado en Él y es dotado de sus bienes. La Virgen, pequeña luz, y cómo se volvió Sol en virtud del Querer Divino.

(1) Estaba haciendo mi giro en toda la Creación para seguir todos los actos que el Fiat Divino ejercita en ella, pero mientras esto hacía pensaba entre mí: "Siento que no puedo hacer menos que girar en toda la Creación, como si no pudiese estar si no hago mis pequeñas visitas al cielo, a las estrellas, al sol, al mar y a todas las cosas creadas, como si un hilo eléctrico me atrajera en medio a ellas para alabar la magnificencia de tantas obras y alabar y amar a aquella Voluntad Divina que las creó y las tiene estrechadas como en su puño divino para conservarlas bellas y frescas, tal y como las sacó a la luz del día, y pedir aquella misma vida y dominio que el Fiat Divino tiene en ellas, en medio a las criaturas. ¿Y por qué no puedo hacer menos?" Pero mientras esto pensaba, mi amado Jesús se ha movido en mi interior y me ha dicho:

(2) "Hija mía, debes saber que tú has nacido no una vez, sino dos veces: Una vez como las demás criaturas, la otra vez has sido regenerada en mi Voluntad, y siendo tú parto suyo, todo lo que a Ella pertenece es tuyo, y así como el padre, la madre, dotan a su hija de sus mismos bienes, así mi Querer Divino conforme te regeneró te dotó de sus propiedades divinas. Ahora, ¿quién no ama, quién no busca estar en medio a sus propiedades? ¿Quién no las visita frecuentemente y forma su morada en ellas para gozárselas, amarlas y no terminar jamás de exaltar la gloria de Aquél que la ha dotado de tan vastas propiedades, que contienen tan variadas bellezas? Serías demasiado ingrata, ser hija de mi Querer Divino y no hacer tu morada en las propiedades de quien te ha generado, sería no amar a quien con tanto amor te ha dado a luz, y no reconocer las riquezas de quien te ha generado. He aquí por qué la necesidad que tú sientes de girar en toda la Creación, porque es cosa tuya, y quien te ha generado con su hilo eléctrico de luz y de amor te llama a gozar y a amar lo que es suyo y tuyo, y goza al oír repetir tus repetidos estribillos: Venga el reino de tu Fiat sobre la tierra".

(3) Después de esto, siguiendo mi giro en todas las cosas creadas por Dios, me he detenido cuando creó a la Soberana Reina, toda bella, pura y sin mancha, el nuevo y el más grande portento de toda la Creación, y mi Sumo Bien Jesús ha agregado:

(4) "Hija mía, la Inmaculada María, pequeña luz de la estirpe humana, porque la tierra humana le dio el origen, pero fue siempre hija de la luz porque ninguna mancha entró en esta luz; ¿pero sabes tú donde está toda su grandeza, quién le dio la soberanía, quién formó los mares de Luz, de santidad, de gracia, de amor, de belleza, de potencia, dentro y fuera de Ella? Hija mía, lo humano no sabe hacer jamás cosas grandes, ni dar cosas

grandes, así que la Reina Celestial habría quedado la pequeña luz si Ella no hubiese puesto como a un lado su querer, que era la pequeña luz, y no haciéndose investir por mi Querer Divino, en el cual perdió su pequeña luz, el cual no es pequeña luz sino Sol interminable que invistiéndola toda formó mares de luz en torno a Ella, de gracia, de santidad, la embelleció tanto de volverla toda bella, con todas las tintas de las bellezas divinas, para hacer enamorar a Aquél que la había creado. Su Inmaculada Concepción, por cuan bella y pura, era siempre una pequeña luz, no habría tenido ni potencia, ni luz suficiente para poder formar mares de luz y de santidad si nuestro Querer Divino no hubiese investido la pequeña luz para convertirla en Sol, y la pequeña luz, cual era la voluntad de la Soberana Celestial, no se hubiese contentado con perderse en el Sol del Fiat Divino para hacerse dominar por Él. Fue esto el gran portento, el reino de mi Voluntad Divina en Ella, con Ésta, todo lo que hacía se volvía luz, se nutría de luz, nada salía de Ella que no fuese luz, porque tenía en su poder el Sol de mi Querer Divino, que por cuanta luz quería tomar, tanta tomaba. Y como la propiedad de la luz es difundirse, dominar, fecundar, iluminar, calentar, he aquí el por qué la nobleza de la Soberana Reina con el Sol de mi Voluntad Divina que poseía, se difundió en Dios y dominándolo lo doblegó para hacerlo descender sobre la tierra, quedó fecunda del Verbo Eterno, iluminó y calentó al género humano; se puede decir que todo lo hizo en virtud del reino de mi Querer que poseía, todas las otras prerrogativas se pueden llamar adornos de esta Madre Reina, pero la sustancia de todos sus bienes, de su altura, belleza, grandeza y soberanía, fue que poseyó el reino de mi Voluntad, por eso de Ella se dice lo menos, y de lo más no dicen ni una palabra. Esto significa que de mi Voluntad poco o nada conocen, por eso casi todos son mudos para Ella".

23-22
Diciembre 14, 1927

**Así como la voluntad humana formó el germen malo, la Voluntad Divina reinante en la criatura formará el germen bueno y santo. Dios al dar un bien a la criatura, encierra primero en una sola todo el valor de aquel bien y después lo da a las otras criaturas.**

(1) Continuando mi abandono en el Querer Divino y sintiéndome toda circundada por el mar interminable de su luz, rogaba a mi amado Jesús que apresurara, que hiciera pronto el hacer conocer su Voluntad, a fin de que conociéndola, todos pudiesen suspirar su reino para hacerse dominar por Ella, y mi amable Jesús me ha dicho:

(2) "Hija mía, la voluntad humana formó el germen malo y la polilla en las generaciones humanas, ahora el Sol de la luz de mi Voluntad Divina debe abatir a este mal germen, investirlo y destruirlo por caminos de luz, de calor y de conocimientos, así que cada conocimiento que manifiesto sobre mi Fiat Divino es un golpe que doy al querer humano, de modo que todos los conocimientos sobre de Él formarán tantos golpes para hacerlo morir, y la Luz y el calor de Él quemarán y pulverizarán el germen malo y formarán el germen bueno y santo de mi Voluntad en las generaciones humanas. Y conforme voy manifestando los conocimientos sobre de Ella, así arrojo en tu alma su germen, preparo la tierra y el desarrollo del germen, y la luz y el calor de mi Querer Divino extienden sus alas de luz sobre el germen, más que una madre esconde a su parto en su propio seno, para fecundarlo, multiplicarlo y hacerlo crecer en su seno de luz. Y así como una criatura con hacer su voluntad humana produjo el germen malo y formó la ruina a la familia humana, así otra criatura con hacer morir el querer humano producirá el germen del Fiat Divino, dándole vida y dominio en ella restituirá lo que perdieron las criaturas y formará su salvación, santidad y felicidad; si una criatura pudo formar tantos males con hacer su voluntad, ¿por qué no podrá formar otra criatura todos los bienes con hacer la mía, y dar libertad a mi Querer de formar su Vida y su reino en ella?"

(3) Después continuaba pensando en el Fiat Divino y decía entre mí: "Pero cómo podrá venir este reino del Querer Divino en medio de las criaturas si el pecado abunda, ninguno piensa en querer este reino, más bien parece que piensan en guerras, en revoluciones, en poner en trastorno a todo el mundo, y parece que se roen de rabia porque no logran del todo sus perversos designios, y permanecen al acecho esperando la ocasión de lograrlo, ¿todo esto no aleja la gracia de un bien tan grande?" Y mi amado Jesús moviéndose en mi interior me ha dicho:

(4) "Hija mía, te tengo a ti, que vales más que todo, y poniendo a un lado a todos, miraré tu valor, esto es, el valor de mi Voluntad Divina en ti y dispondré mi reino en medio de las criaturas; una persona vale según el valor que le viene confiado, si mi Voluntad contiene un valor infinito, que supera todo el valor de todas las criaturas juntas, quien la posee, delante a la Majestad Divina tiene el valor que supera todo, así que por ahora te tengo a ti, y me basta para disponer el reino de mi Voluntad. Por eso todos los males de estos tiempos, y son demasiados, no equivalen al gran valor de mi Voluntad Divina obrante en una sola criatura, y Ella se servirá de estos males para hacer de ellos un manojo y con su potencia desterrarlos de la faz de la tierra. Esto sucedió en la Redención, los males no estaban desterrados de la tierra, más bien abundaban más que nunca, pero como vino sobre la tierra la Soberana Reina, la criatura que poseía una Voluntad Divina en Ella, que encerraba todo el valor del bien de la Redención, no

mirando a los demás, ni a sus males, miré el valor de esta Celestial criatura, suficiente para conseguir mi descenso a la tierra, y en vista de Ella sola, que poseía nuestras prerrogativas y el valor de una Voluntad Divina e infinita, di y formé el reino de la Redención en medio de las criaturas, por eso al disponer el bien de la Redención, quise encontrar en mi Mamá todo el valor de Ella, quise poner al seguro en su corazón materno todos los bienes que debía encerrar mi venida en medio a las criaturas y después concedí el bien que la Soberana del Cielo me pedía. Hice como un príncipe cuando debe partir para hacer otras conquistas, escoge al más fiel, le confía sus secretos, pone en sus manos todo el valor de los costos que se requieren para las conquistas queridas, y fiándose sólo de éste que conoce, que posee todo el valor de las deseadas conquistas, parte triunfante estando cierto de la victoria. Así hago Yo, cuando quiero dar un bien a las criaturas primero me fío de una sola, pongo en ella todo el valor de aquel bien, y después doy el bien que ella me pide para las otras criaturas. Por eso piensa en encerrar en ti todo el valor que debe contener el reino de mi Voluntad, y Yo pensaré en disponer todo el resto que se necesita para un bien tan grande".

23-23
Diciembre 18, 1927

**Cómo la Virgen poseía el reino del Fiat Divino. Cómo Jesús, desde dentro del velo de su Humanidad, como sol que surge iba buscando a todas las criaturas. Cómo cada manifestación Divina es un compromiso que Dios hace con las criaturas.**

(1) Estaba pensando en el gran amor cuando mi Sumo Bien Jesús se encarnó en el seno de la Soberana Señora, y cómo una criatura, si bien santa y sin mancha alguna podía contener un Dios, y mi siempre amable Jesús moviéndose en mi interior me ha dicho:

(2) "Hija mía, mi Mamá Celestial poseía mi Voluntad, de Ella estaba tan llena que rebosaba de luz, pero tanto, que sus olas de luz se alzaban hasta el seno de nuestra Divinidad, y haciéndose vencedora con la potencia de nuestro Querer Divino que poseía, venció al Padre Celeste y en su luz raptó la luz del Verbo y lo hizo descender a su seno en la misma luz que se había formado en virtud de mi Voluntad Divina; jamás habría podido descender del Cielo si no hubiera encontrado en Ella nuestra misma luz, nuestra misma Voluntad reinante en Ella, si esto no fuera, sería descender desde el primer momento en casa extraña, en cambio Yo debía descender en mi casa, debía encontrar dónde debía descender mi luz, mi cielo, mis alegrías sin número, y la Soberana Celestial con poseer mi Voluntad Divina me preparó esta morada, este cielo nada desemejante de la Patria Celestial; ¿no es tal vez mi

Voluntad la que forma el Paraíso de todos los bienaventurados? Entonces, en cuanto la luz de mi Fiat me atrajo a su seno, y la luz del Verbo descendió, estas luces se fundieron juntas, y la Virgen pura, Reina y Madre, con pocas gotas de sangre que hizo correr de su corazón ardiente formó el velo de mi Humanidad en torno a la luz del Verbo, la encerró dentro, pero mi luz era inmensa, y mientras mi Mamá Divina encerró su esfera dentro del velo de mi Humanidad que me formó, no pudo contener los rayos, ellos desbordaban fuera, y más que sol, que de la altura de su esfera cuando surge expande sus rayos sobre la tierra para encontrar las plantas, las flores, el mar, a todas las criaturas para dar a todos los efectos que contiene su luz, y como triunfante desde la altura de su esfera mira el bien que hace y la vida que infunde en cada cosa que inviste, así hice Yo, más que sol que surge, desde dentro del velo de mi Humanidad los rayos que desbordaba fuera iban buscando a todas las criaturas, para dar a cada una mi Vida y los bienes que había venido a traer sobre la tierra. Estos rayos desde dentro de mi esfera tocaban a cada corazón, llamaban fuerte para decirle: 'Ábranme, tomen la Vida que he venido a traeros'. Este mi Sol no se pone jamás, y continúa aún haciendo su camino expandiendo sus rayos, llamando y volviendo a llamar al corazón, a la voluntad, a las mentes de las criaturas para dar mi Vida, ¿pero cuántos me cierren las puertas y llegan a reírse de mi luz? Pero es tanto mi amor, que con todo y esto no me retiro, continúo mi surgir continuo para dar vida a las criaturas".

(3) Después de esto estaba siguiendo mi giro en el Querer Divino, y mi amado Jesús ha agregado:

(4) "Hija mía, cada profecía que les decía a mis profetas acerca de mi venida a la tierra, era como un compromiso que hacía con las criaturas de venir en medio a ellas, y los profetas manifestándolas disponían a los pueblos a desear y querer un bien tan grande, y ellos al recibir estas profecías recibían el depósito del compromiso, y conforme iban manifestando el tiempo y el lugar de mi nacimiento, así iba aumentando las prendas del compromiso. Así estoy haciendo con el reino de mi Voluntad, cada manifestación acerca de mi Fiat Divino es un compromiso que hago, cada conocimiento suyo es una prenda de más que agrego, y si hago mis compromisos es señal de que así como vino el reino de la Redención, así vendrá el reino de mi Voluntad. Mis palabras son Vidas que pongo fuera de Mí, y la vida debe tener su morada y producir sus efectos; ¿crees tú que sea cosa de nada una manifestación de más o una de menos? Es un compromiso de más que hace un Dios, y nuestros compromisos no se pueden perder, y por cuantos más compromisos hacemos, tanto más está cercano el tiempo de realizar nuestros compromisos y ponerlos al seguro. Por esto pido de ti suma atención y que no dejes escapar nada, de otra manera perderías un compromiso divino que traería grandes consecuencias".

23-24
Diciembre 22, 1927

**Sacrificios para escribir. Quien obra sólo para Dios encierra en su acto una Vida Divina. Quien es elegido para una misión encierra todos los bienes que deben recibir los demás. Todos los redimidos giran en torno a la Mamá Celestial. La Creación, espejo del hombre.**

(1) Después de haber estado casi una noche entera escribiendo, me sentía sin fuerzas y pensaba entre mí: "Cuántos sacrificios, cuánto me cuesta este bendito escribir, ¿pero cuál será la utilidad, el bien, la gloria que doy a mi Creador? Si con estos sacrificios podré hacer conocer el reino del Fiat Divino, será grande la ganancia, pero si no obtengo esto, mis sacrificios de escribir serán inútiles, vacíos y sin efecto". Mientras esto pensaba, mi amable Jesús ha salido de dentro de mi interior, y estrechándome a Él para darme la fuerza me ha dicho:

(2) "Hija amada de mi Querer Divino, ánimo en seguir adelante, nada es inútil de lo que se hace para Mí, porque cuando el alma hace un acto sólo por Mí, viene a encerrar en su acto a todo Yo mismo, y encerrándome a Mí mismo su acto adquiere el valor de una Vida Divina, la cual es más que sol, y el sol por naturaleza tiene la primacía sobre todas las otras cosas en dar luz, calor y efectos de bienes innumerables a toda la tierra; así que todo lo que se hace para Mí, por su naturaleza debe llevar los efectos del gran bien que la Vida Divina contiene. Además de esto, debes saber que todos los conocimientos y manifestaciones que te hago acerca de mi Voluntad y que tú escribes sobre el papel, no se van de ti, sino que quedan concentrados en ti, como rayos dentro de su esfera, y esta esfera es mi misma Voluntad Divina que reina en ti, la cual se deleita, con tanto amor, de agregar siempre nuevos rayos de sus conocimientos en esta esfera, para hacer que las criaturas puedan encontrar luz suficiente para conocerla y raptores atractivos para amarla. En esta esfera serán encerrados todos los rayos para formar el reino del Querer Divino, y todos estos rayos, partiendo de dentro de una sola esfera, tendrán una finalidad única, el formar mi reino; sin embargo cada rayo tendrá un oficio distinto: Un rayo encerrará la Santidad de mi Fiat Divino y llevará santidad, otro, felicidad y alegría, e investirá de felicidad y alegría a aquellos que querrán vivir en Él, otro rayo encerrará paz, y fortalecerá a todos en la paz, otro encerrará fortaleza, otro luz y calor, y los hijos de mi reino serán fuertes, tendrán luz para hacer el bien y para huir del mal, y amor ardiente para amar lo que poseen, y así de todos los otros rayos que partirán de dentro de esta esfera. Ahora, todos los hijos de mi Voluntad serán investidos por estos rayos, se dispondrán en torno a ellos, es más,

cada rayo se conectará con sus almas y chuparán de ellos la Vida de mi Fiat. Ahora, ¿cuál será tu felicidad al ver descender de dentro de tu esfera, en virtud de estos rayos, todo el bien, la felicidad, la santidad, la paz y todo lo demás en medio de los hijos de mi reino, y el subir en estos mismos rayos la gloria completa que estas criaturas darán a su Creador por haber conocido el reino de mi Voluntad? No habrá bien que no descienda por medio tuyo, en virtud de la esfera de mi Voluntad puesta en ti, ni gloria que no subirá sobre la misma vía. Cuando elijo a una criatura a una misión que debe llevar el bien universal en medio de la familia humana, primero fijo y encierro todos los bienes en la elegida, la cual debe contener todo el bien sobreabundante que deben recibir los demás, los cuales, tal vez ni siquiera tomarán todo lo que la criatura elegida encierra. Esto sucedió con la Inmaculada Reina, la cual fue elegida por Madre del Verbo Eterno, y por lo tanto Madre de todos los redimidos; todo lo que ellos deberían hacer y todo el bien que debían recibir fue encerrado y fijado como dentro de una esfera de sol dentro de la Soberana del Cielo, de modo que todos los redimidos se mueven en torno al Sol de la Mamá Celestial, en modo que Ella, más que una Madre ternísima, no hace otra cosa que dar sus rayos a sus hijos para nutrirlos con su luz, con su santidad, con su amor materno, ¿pero cuantos rayos que Ella expande no han sido tomados por las criaturas, porque ingratas no se estrechan todas en torno a esta Madre Celestial? Entonces, quien es elegida debe poseer de más de aquello que deberían poseer todos los otros juntos; así como todos encuentran luz en el sol, de modo que todas las criaturas no toman toda la extensión de la luz y la intensidad del calor, así sucede de mi Mamá, son tales y tantos los bienes que Ella contiene, que más que sol expande los benéficos efectos de sus rayos vitales y vivificantes; así será para quien ha sido elegida para el reino de mi Voluntad. Ve entonces cómo te será recompensado el sacrificio de escribir, primero, te viene fijado en ti el bien del rayo de aquel conocimiento, y después, el que verás descender por medio tuyo aquel bien en medio a las criaturas, y por correspondencia del bien que harán, subir la gloria en aquella misma luz. ¡Cómo estarás contenta en el Cielo y me agradecerás por los sacrificios que te he hecho hacer! Hija mía, cuando una obra es grande, universal, que encierra muchos bienes que todos pueden aprovechar, se necesitan sacrificios más grandes, y quien es elegida por primera debe estar dispuesta a dar y sacrificar tantas veces su vida por cuantos bienes encierra, para dar junto con aquellos bienes su misma vida para bien de sus otros hermanos. ¿No hice Yo otro tanto en la Redención? ¿No querrías tú tal vez imitarme?"

(3) Después de esto seguía mi giro en la Creación para seguir los actos de la Voluntad Divina que hay en Ella, y mi amado Jesús ha agregado:

(4) "Hija mía, antes de que fuera creado el hombre quise crear primero toda la Creación, que debía servir como espejo del hombre, en la cual

espejeándose, debía servirle para copiar en sí mismo las obras de su Creador, debía ser tal y tanta la copia que debía hacer en sí de toda la Creación, que se debía ver en el hombre, como espejo, todos los reflejos de Ella y en la Creación todos los reflejos de él, así que la una debía espejearse en el otro. Dios amó más al hombre que a toda la Creación, por eso quiso formarle primero el espejo de sus obras, donde mirándose debía copiar el orden, la armonía, la luz, la firmeza de las obras de Aquél que lo había creado, pero ingrato el hombre no mira este espejo para copiarlo y por eso es desordenado, sus obras son sin armonía, discordante como uno que quiere tocar sin aprender música, que en vez de dar placer a quien escucha da fastidio y descontento, el bien que hace es sin luz y calor, y por eso sin vida, e inconstante a cada soplo de viento. He aquí el por qué a quien debe vivir en mi Querer Divino lo llamo a espejearse en la Creación, a fin de que espaciándose en Ella encuentre la escalera para subir en el orden de mi Voluntad".

23-25
Diciembre 30, 1927

### Jesús en cuanto nació fijó su mirada en su Mamá y en quien debía poseer su Voluntad. Dios en la Creación ponía su Voluntad como materia prima.

(1) Me sentía toda abandonada en el Supremo Querer, pero atormentada por la privación total de mi dulce Jesús, ¡oh!, cómo me sentía hacer pedazos mi pobre alma, qué desgarros sin misericordia y sin piedad, porque Aquél que es el único que puede cicatrizar desgarros tan crueles, está lejano y parece que no tiene cuidado de aquélla que por amor suyo está desgarrada tan cruelmente. Pero mientras nadaba en mi dolor, estaba pensando cuando mi dulce Jesús estaba por salir del seno de su amada Mamá para lanzarse en sus brazos; ¡oh, cómo habría querido también yo estrecharlo entre mis brazos para formarle dulces cadenas para hacer que no se alejara de mí! Pero mientras esto pensaba, mi pobre mente me la he sentido fuera de mí misma y veía a mi Madre Celestial toda velada de luz y en sus brazos al niñito Jesús fundido en la misma luz; pero todo duró sólo pocos instantes y todo desapareció, y yo he quedado más afligida que antes, pero después ha regresado, y poniendo sus pequeñas manitas en mi cuello me ha dicho:

(2) "Hija mía, en cuanto salí del seno de mi Mamá Yo fijé mis miradas: Una en mi amada Mamá, no pude hacer menos que mirarla porque estaba en Ella la fuerza raptora de mi Voluntad Divina y el dulce encanto de la belleza y luz fulgidísima de mi Fiat, que eclipsándome la pupila, quedaba fijo en Aquella que poseía en virtud de Él mi misma Vida; el ver mi Vida bilocada en

Ella me raptaba y no podía apartar mi mirada de la Celestial Reina, porque mi misma fuerza divina me obligaba a fijarla. La otra mirada la fije en quien debía hacer y poseer mi Voluntad; eran dos anillos unidos juntos, uno la Redención y otro el reino de mi Voluntad Divina, inseparables entre ellos. La Redención debía preparar, sufrir, hacer; el reino del Fiat debía cumplir y poseer, la una y el otro de suma importancia, por eso a las elegidas, a las cuales venía confiado la una y el otro, venían fijadas mis miradas, porque estaba en ellas mi misma Voluntad que raptaba mi pupila. ¿Por qué entonces temes si tienes la mirada de tu Jesús que siempre te mira, te defiende, te protege? Si supieras qué significa ser mirado por Mí, no temerías más de nada".

(3) Después de esto seguía pensando en la Divina Voluntad, y mi siempre amable Jesús ha agregado:

(4) "Hija mía, cuando nuestra Divinidad formó la Creación, puso como materia prima en todas las cosas la Divina Voluntad, y por eso todas las cosas tuvieron su forma, solidez, orden y belleza, y todo lo que hace el alma con esta materia prima de mi Voluntad, corriendo en ella un acto vital, da a todo lo que hace la forma de las bellas obras, todas ordenadas y sólidas, con la marca en cada obra de la Vida del Fiat Divino. En cambio quien no hace mi Voluntad y no la pone como materia prima en sus obras, tal vez hará muchas cosas, pero todas desordenadas, sin forma, sin belleza, todas desparpajadas, que ella misma no sabrá reunirlas; sucedería como si alguien quisiera hacer el pan sin el agua, quizá tenga mucha harina, pero faltando el agua faltaría la vida para poder formar el pan; otro tendría muchas piedras para construir, pero no tiene la cal que reúne y solidifica las piedras juntas, así que tendrá un desorden de piedras, pero jamás una habitación. Así son las obras sin la materia prima de mi Voluntad, solamente estorban, dan fastidio, disturbio, y si algún bien hacen es aparente, si se tocan se encuentran frágiles y vacías de todo bien".

23-26
Diciembre 30, 1927

**Jesús se hace ver que siembra en el campo del alma pequeñas luces. Causa del silencio de Jesús. Valor inmenso de las manifestaciones acerca de la Divina Voluntad. Caracteres divinos y humanos.**

(1) Estaba según mi costumbre toda abandonada en el Querer Divino, siguiendo sus actos, pero mientras esto hacía pensaba entre mí: "Mi amado Jesús se ha reducido casi al silencio, aun de su amable Querer habla tan poco, como si no quisiera decir más nada; quién sabe si no ponga un límite y cesará de hablar aun sobre lo que respecta a su Fiat". Mientras estaba en

esto se hacía ver en mi interior como pequeño niño vestido de luz, en medio de un campo, y tomaba luz de dentro de su seno y sembraba aquel campo con tantas gotitas de luz, estaba todo en silencio y atento al trabajo, y viendo que yo quedaba maravillada por esto me ha dicho:

(2) "Hija mía, todo lo que tú piensas ahora lo pensabas desde que estabas escribiendo el volumen 16°, o sea, que Yo debía cesar de hablar de mi Divina Voluntad, pero Yo no hacía otra cosa que sembrar el campo de tu alma con tantas gotas de luz, que germinadas y fecundadas en tu campo, de pequeñas luces se han cambiado en soles, estos soles son las tantas manifestaciones sorprendentes que desde entonces hasta ahora te he hecho conocer acerca de mi Voluntad. ¡Oh! cómo era bello el campo de tu alma investido por estos soles, uno más bello que el otro, se ha transformado todo en campo divino, todo el Cielo estaba prendado por este campo y mirándolo se sentía duplicar su felicidad. Ahora, quien ha sembrado tiene el derecho de cosechar, y siendo campo divino, Yo soy el dueño y tengo el derecho no sólo de cosechar sino de sembrarlo de nuevo, así que no estoy haciendo otra cosa que sembrarlo de nuevo, ¿no ves cómo estoy todo atento al trabajo de arrojar semillas de luz en este campo, a fin de que germinando salgan los nuevos soles de los conocimientos sobre mi Voluntad? El trabajo conlleva el silencio, y mi silencio es calor, maduración y fecundidad para transformar las pequeñas semillas de luz en soles más brillantes. Yo siempre trabajo en ti, ahora de un modo y ahora de otro, el trabajo de mi Voluntad Divina es extenso y por eso estoy siempre ocupado y te tengo ocupada, así que déjame hacer y sígueme".

(3) Entonces yo sentía todo el peso del silencio de Jesús, me sentía sin fuerzas y casi desmayar, y pensaba entre mí: "¿Por qué estos conocimientos sobre el Fiat Divino requieren tanto trabajo de Jesús y tantos sacrificios?" Y Jesús regresando me ha estrechado fuertemente entre sus brazos para fortificarme y ha agregado:

(4) "Hija mía, si Yo quisiese trabajar toda una eternidad para manifestar un solo conocimiento sobre mi Divina Voluntad, no sería suficiente, porque es tal y tanto el valor de uno solo de ellos, que si tú quisieras hacer una comparación para ver quién contiene más valor, el cielo estrellado, el sol, el mar, la tierra, tiene más valor un solo conocimiento mío que toda la Creación junta, porque mi conocimiento es de valor inmenso, infinito y sin límite, y como sale de Nosotros, a donde llega genera y multiplica al infinito el bien y la luz que contiene, es la verdadera regeneradora de la Vida Divina, en cambio la Creación no contiene una virtud inmensa y es limitada, por esto no ahorro ni trabajos ni sacrificios, porque sé todo el valor que contiene cada conocimiento, y donde lo pongo se vuelve para Mí mi campo divino, mi trono, mi altar, y es tanto mi celo de amor que no la dejo jamás libre, y trabajo siempre para tenerla toda atenta a Mí; además, qué decir si en lugar de una

sola manifestación sobre mi Voluntad, son tantas, de llegar a cubrirla más que cielo de tantos soles de Ella, piénsalo hija mía y aprecia un bien tan grande, un germen tan fecundo en el campo de tu alma".

(5) Después continuaba mis actos en el Querer Divino, y como era el amanecer estaba diciendo a mi amable Jesús: "Tu Querer envuelve todo, y ¡oh! cómo quisiera que así como el sol surge e inviste de luz a toda la tierra, así el Sol de tu Voluntad surja en las inteligencias, en las palabras, en los corazones, obras y pasos de todas las criaturas, a fin de que cada una de ellas sienta surgir en sí el Sol de tu Fiat, y haciéndose investir por su luz, todos la hagan dominar y reinar en sus almas". Mientras tanto mi dulce Jesús se ha movido en mi interior y me ha dicho:

(6) "Hija mía, en el alma hay dos caracteres: El humano y el divino. El divino desciende de la unidad, y el alma para recibir el carácter divino debe vivir en la unidad de mi Querer; en esta unidad, conforme ella forma sus actos, suben en la unidad de su Creador, en aquel acto único de Dios, que mientras en Dios mismo viene formado un solo acto, la luz de este acto solo desciende a lo bajo, inviste a todos y a todo, y abrazando todo da a cada uno el acto que se necesita, con multiplicar al infinito la multiplicidad de todos los actos posibles e imaginables, entonces, en cuanto la criatura hace sus actos en esta unidad, adquieren los caracteres divinos, que mientras es un solo acto, encierran todos los actos juntos. ¡Oh!, cómo es bello hacer todo con un solo acto, sólo Dios tiene esta virtud tan potente, que con un solo acto hace todo, abraza todo, da el obrar a todo. Qué gran diferencia entre el carácter divino y el humano; el humano hace muchos actos, muchas obras, pero queda siempre la criatura cercada en sus actos, parece que no tienen luz para extenderse y difundirse a todos, que no tienen pies para caminar, donde se hacen ahí quedan. Así que por cuanto una criatura deba hacer, sus actos son numerados, restringidos, y por eso el carácter del obrar humano es tan disímil del obrar de la unidad divina y de quien obra en ella, porque fácilmente queda anulada y sin germen de fecundidad. He aquí el por qué quiero que el alma viva en la unidad de mi Voluntad, para hacer adquirir los caracteres divinos, que son incancelables y eternos y como luz se difunden, se extienden, se multiplican, se dan a todos, es más, tienen el primado sobre los actos de todos. Si tú supieras cuánto placer toma la Divinidad al ver tu pequeñez subir en la unidad del acto único divino que jamás cesa, para unir tus actos en nuestro acto solo, tú para darnos el tuyo y Nosotros para darte el nuestro e imprimir en ti el carácter de nuestro acto solo, nos pones en fiesta y sentimos la felicidad, la alegría de haber creado la Creación. Entonces, para ser más atenta, debes estar convencida de que tu vivir en nuestro Querer es la fiesta que puede dar la criatura a su Creador, y por cuantos actos haces en Él, tantas veces renuevas nuestras alegrías y nuestra felicidad por parte tuya, y llevándonos en nuestro seno a toda la

Creación, nos das la gloria y la correspondencia del amor, porque fue creada por Nosotros".

23-27
Enero 6, 1928

**La Divina Voluntad es inmensa, y al sacar a las criaturas a la luz del día, las retiene en Sí como tantas pequeñas habitaciones. Ingratitud de quien no la hace reinar. Armonía entre Dios y el hombre; cómo siempre debía recibir de Dios para darle siempre.**

(1) Me sentía toda abandonada en el Querer Divino, su luz me investía por todas partes, y mientras hacía mi giro en sus actos, mi adorable Jesús se ha movido en mi interior y me ha dicho:

(2) "Hija mía, mi Voluntad es inmensa, y al sacar a las criaturas a la luz del día, quedaban en mi misma Voluntad como tantas pequeñas habitaciones formadas en Ella, en las cuales mi Querer por derecho debía tener el régimen y el desarrollo de su Vida en cada una de estas pequeñas habitaciones, pero mientras por bondad y liberalidad suya ha dado el espacio y todo lo que se necesitaba para formar estas pequeñas habitaciones en Ella, las criaturas con ingratitud horrenda no quieren dar el derecho de hacer habitar a mi Querer Divino en ellas, y con tantas habitaciones que ha hecho formar en Ella, por cuantas son las criaturas, tiene el dolor de quedar sin habitaciones, porque no le dan la entrada para habitar en ellas. Sucede a mi Voluntad, como podría suceder a alguien si quisiera formar tantas habitaciones en el mar, o bien en la luz del sol, y mientras el mar o la luz del sol dan el espacio para formar estas habitaciones en ellos, no quisiera que el agua o la luz del sol tuvieran la primacía en estas habitaciones, ni darles el campo de habitar y de tener el primer puesto de régimen. Si el mar y la luz tuvieran razón, sentirían tal dolor, que el mar con sus olas habría investido estas habitaciones y derrumbándolas las habría deshecho y sepultado en su seno, y la luz del sol las habría incinerado con su calor, para deshacerse de estas indignas e ingratas habitaciones que le habían negado el ingreso. Sin embargo, ni el mar, ni el sol le ha dado la vida, sino sólo el espacio; en cambio mi Voluntad Divina ha dado vida y espacio a estas habitaciones de las criaturas en Ella, porque no hay punto donde no se encuentre, ni vida que de Ella no salga, por eso el dolor de mi Voluntad por quien no la hace dominar en ella es inmenso e incalculable, sentir estas vidas en Sí misma, palpitantes, formar el mismo latido y estarse fuera como extraña, como si no le pertenecieran, es la afrenta y monstruosidad de aquellos que no la hacen reinar, y es tan grande, que merecerían la prisión a trabajos forzados y la destrucción. Hija mía, el no

hacer mi Voluntad, a las criaturas les parece cosa de nada, en cambio es un mal tan grande y una ingratitud tan negra, que no hay otro mal que lo iguale".

(3) Después de esto estaba siguiendo mi giro en el Fiat Divino, y habiendo llegado al punto cuando Dios creaba al hombre, pensaba entre mí: "¿Por qué se regocijó tanto al crearlo, cosa que no hizo en todas las otras cosas que creó?" Y mi amado Jesús moviéndose en mi interior me ha dicho:

(4) "Hija mía, al crear a toda la creación con tanto orden y armonía, Nosotros dimos de lo nuestro sin que nada debiéramos recibir de ella, en cambio al crear al hombre, mientras dimos de lo nuestro, le dábamos capacidad de darnos nuestros mismos dones como si fuesen bienes suyos, en modo que Nosotros debíamos dar siempre, tanto, que se debía formar una competencia entre él y Nosotros, Nosotros en dar y él en recibir, él a darnos y Nosotros a sobreabundarlo de más de nuestros dones. Este dar y recibir, recibir y dar, abría las fiestas, los juegos, las alegrías, las conversaciones entre Creador y criatura. Entonces, al ver la pequeñez de la criatura festejar con nuestra Alteza Suprema, entretenerse, alegrarse, conversar con Nosotros, sentimos tal alegría, tal énfasis de amor en el crear al hombre, que todas las otras cosas creadas nos parecieron nada en comparación de la creación del hombre, y si todas parecían bellas y dignas de nuestras obras, y corrió nuestro Amor en todas las cosas creadas, fue porque debían servir para abundar en dones hacia el hombre, y de él esperábamos la correspondencia del amor de todas las cosas creadas. Por eso toda nuestra alegría y gloria se concentró en el hombre, y al crearlo poníamos entre él y Nosotros armonía de inteligencia, armonía de luz, armonía de palabras, armonía de obras y pasos, y en el corazón armonía de amor, así que en él corrían como tantos hilos eléctricos nuestros de armonía, por los cuales Nosotros descendíamos en él, y él subía a Nosotros. He aquí el por qué tanto gozamos al crear al hombre, y el dolor que nos dio al sustraerse de nuestra Voluntad fue tan grande, porque rompió todas estas armonías, cambió nuestra fiesta en dolor para Nosotros y para él, destruyó nuestros más altos designios, deformó nuestra imagen que en él habíamos creado, porque sólo nuestra Voluntad Divina tenía virtud de mantener bella nuestra obra, con todas las armonías queridas por Nosotros; quitada Ésta, el hombre es el ser más vil y degradado en toda la Creación. Por eso hija mía, si quieres que todos tus sentidos armonicen con Nosotros, no salgas jamás de mi Voluntad; si quieres recibir siempre de tu Creador y abrir las fiestas con Nosotros, sea Ella sola tu vida, tu todo".

23-28
Enero 13, 1928

## Dios al crear al hombre concentró todo en él, y cómo ahora regresa al asalto y concentra en una de esta estirpe el primer acto de la Creación para formar el reino de su Voluntad.

(1) Continúo mi abandono en el Querer Divino, con el desgarro casi continuo de la privación de mi dulce Jesús. ¡Oh Dios! qué pena tremenda, cómo lloro mi pasado, su dulce sonrisa, sus besos afectuosos, la suavidad de su voz, su belleza encantadora y raptora, sus castos abrazos, sus tiernos latidos que con tanto amor hacía palpitar en mi latido, que me divinizaba y transformaba su Vida en mí; cada acto de Jesús, cada palabra y cada mirada eran tantos paraísos de más que formaba en su pequeña hija, y ahora recordándolos son heridas, dardos puntiagudos, flechas encendidas de intenso dolor, de martirio y de muerte continua. Pero no está aquí todo mi dolor; tal vez el dolerme habría servido de alivio, porque el dolor me habría dicho claramente que mi amor hacia Aquél que yo amaba y que tanto me había amado formaba mi dolor, pero ni siquiera esto me es concedido, porque mientras las heridas están por sangrar, los dardos por herirme, las flechas por quemarme, la luz del Santo Querer Divino corre en ellas, y eclipsando toda la fuerza de mi duro martirio hace correr la paz, la felicidad, el rocío benéfico sobre mi pobre alma, así que no puedo tener ni siquiera el bien de dolerme por una pérdida tan grande. ¡Oh! si me pudiese doler como antes, yo creo que mi sumo bien Jesús no tardaría tanto en regresar, pero esto no está en mi poder, estoy en poder del Fiat Divino que no me deja ningún vacío en mí, y quiere señorear aun sobre mi dolor de la privación de Jesús. Ahora, mientras nadaba en los dos mares: Dolor de estar privada de Jesús, y en el mar de la Luz del Querer Divino, que parecía que uno se fundía en el otro, seguía mi giro en Él y me he detenido en la creación del hombre, y mi dulce Jesús moviéndose apenas en mi interior me ha dicho:

(2) "Hija mía, nuestra Divinidad al crear al hombre concentró todo en él; como si nada hubiésemos hecho en todo el resto de la Creación, hicimos todo a un lado y nos ocupamos sólo de él, nuestro Amor llegó al exceso, lo miramos, lo volvimos a mirar para ver si era bello, si trasparentaba nuestra belleza en él, nuestro Ser Divino llovía como aguacero sobre de él, ¿y sabes qué llovía? Santidad, luz, sabiduría, gracia, amor, belleza, fuerza, y mientras nos descargábamos sobre él, nuestras miradas estaban fijas sobre el hombre para ver si todas nuestras cualidades estaban concentradas en él, en modo que nada debía faltarle para amarlo y para ser reamado, tanto, que su belleza nos raptaba, su amor nos investía, todas nuestras cualidades puestas en él hacían eco en nuestro Ser Divino y nos ataban y nos llevaban a él. Qué tiempo solemne, qué punto inolvidable, qué hoguera de amor fue la creación del hombre, todas nuestras cualidades divinas desbordaron fuera y festejaron su creación, y para cumplimiento de nuestra fiesta, alegría y

felicidad, sacudidos por nuestro mismo amor, miramos la máquina de todo el universo y le hicimos don de todo, constituyéndolo rey de todas las cosas creadas, para poder decir a Nosotros y a él: 'Rey dominante somos Nosotros, rey y dominante es la obra de nuestras manos, el amado hijo dado a luz en el desahogo de nuestro Amor'. Habría sido inconveniente y no decoroso para Nosotros hacer de nuestro hijo un siervo diferente de Nosotros en la semejanza y en el dominio. ¿No sería tal vez desconveniente e indigno para un rey hacer de su hijo un vil siervo, poniéndolo fuera de su morada, en un pobre tugurio? Este rey merecería la censura de todos y se le tendría no como padre y rey, sino como tirano. Mucho más nuestro parto que salía del fondo de nuestro Amor Divino, por eso queríamos el decoro y la marca de la realeza en nuestra obra. Ahora, este nuestro amor fue roto por el hombre, y con sustraerse de nuestra Voluntad Divina, él mismo se quitó la marca de la realeza y las divisas de rey, pero por parte nuestra nada cambió y persistimos en nuestra Voluntad de hacer de la obra de nuestras manos el hijo rey, no siervo, y por eso en toda la historia de la Creación regresamos al asalto y al cumplimiento de nuestro Querer, y llamamos a una de esta estirpe y poniendo a todos a un lado, como si ningún otro existiese, renovamos la solemnidad de la creación del primer hombre. La hoguera de nuestro Amor forma olas altísimas y nos hace ver todo amor, y poniendo a aquélla en estas olas, a pesar de que nuestra omnividencia ve todo, ponemos todo a un lado y con ésta renovamos el gran prodigio del primer acto de la Creación. Esto lo hicimos con la Soberana Reina, y no rompiendo Ella nuestro amor y conservando en Ella la Vida de nuestro Querer, tiene el título y el derecho de Reina. ¡Oh! cómo se alegra nuestro Amor, hace fiesta al ver en Ella la primera Reina de las obras de nuestras manos creadoras, pero nuestro amor no contento con tener una sola Reina, no fue esta nuestra Voluntad en la Creación, entonces nuestro amor desbordando fuertemente, y poniendo fuera sus olas contenidas, llama a otra y concentra en ella toda la obra de la Creación, llueve sobre de ella como lluvia tupida, desborda sus cualidades divinas para tener la segunda hija reina, para hacerle formar los fundamentos del reino de nuestra Voluntad, y así poder tener el séquito de nuestros hijos, todos reyes y reinas. He aquí por qué estoy poniendo todo a un lado, para obrar en ti el primer acto de la Creación, mi amor me forma el encanto, que mientras miro a los demás me hace tener la mirada fija sobre ti y me hace llover todo lo que se requiere para hacerme formar el reino de mi Voluntad en ti. Yo hago como un padre que habiendo colocado otros hijos y debiendo colocar a otro, no piensa en los primeros ni en los que debe colocar después, sino que poniendo a todos los demás a un lado, piensa sólo en aquél que está por colocar, y si el hijo es bueno y aquélla que ha escogido es digna de él, el padre no repara en gastos, la dota de mayores riquezas, le prepara una habitación suntuosa, en suma, pone fuera todo su amor paterno. Así hago Yo cuando se trata de realizar la finalidad de la Creación, como es el reino de mi Voluntad en medio a las criaturas, a aquélla que llamo por primera no le hago faltar nada, todo concentro en ella, sabiendo que el todo será heredado por aquellos que la seguirán".

23-29
Enero 18, 1928

**La Virgen está aislada en su gloria, y espera el cortejo de las otras reinas para tener su séquito. Cómo las obras de Dios se dan la mano entre ellas. Las manifestaciones sobre la Divina Voluntad serán el evangelio de su reino. Debates sobre los escritos. Necesidad de los primeros sacerdotes del reino del Fiat.**

(1) Estaba siguiendo los actos en el Querer Divino y decía entre mí: "¡Oh! cómo quisiera encerrarme en el acto primero de Dios para hacer todo con un solo acto, para poder dar a mi Creador todo el amor, toda la gloria, sus mismas beatitudes y alegrías infinitas, para poderlo amar y glorificar como se glorifica y ama Él mismo, ¿qué cosa no le daría si estuviera en aquel acto primero del Fiat Divino? Nada me faltaría para hacer feliz a mi Creador con su misma felicidad". Y viéndome impotente rogaba a mi Mamá Soberana que viniese en mi ayuda y con sus mismas manos maternas me encerrase en aquel acto primero donde Ella había tenido su perenne morada, porque viviendo en el Divino Querer el primer acto de Dios era suyo, por eso podía darle lo que quería. Pero mientras esto pensaba decía entre mí: "Cuántos desatinos estoy diciendo". Pero mi amable Jesús moviéndose en mi interior me ha dicho:

(2) "Hija mía, la Reina del Cielo en su gloria y grandeza está como aislada, porque habiendo vivido Ella sola en el primer acto de Dios, esto es en la plenitud y totalidad del Querer Divino, Ella es Reina aislada, no tiene el cortejo de otras reinas que la circunden y la igualen en la gloria y grandeza que posee. Ella se encuentra en las condiciones de una reina, que si bien circundada de doncellas, de pajes, de fieles amigos que le hacen honor y le hacen compañía, pero ninguna reina semejante a Ella le hace el gran honor de circundarla y de hacerle compañía; ¿qué sería más honor para una reina de la tierra, estar circundada de otras reinas semejantes a Ella, o bien por personas inferiores de condición, de gloria, de grandeza y de belleza? Hay tal distancia de honor y de gloria entre quien está circundada por reinas y entre quien sólo está circundada por otros, que no rige ninguna comparación. Ahora, la Mamá Celestial quiere, desea, espera el reino de la Voluntad Divina sobre la tierra, en el cual estarán las almas que viviendo en él formarán la vida en el primer acto de Dios, las cuales adquirirán la realeza

y el derecho de reinas, todos verán impreso en ellas un carácter imborrable, que son hijas del Rey Divino, y como hijas les toca el título y el derecho de reinas. Estas almas tendrán su morada en el palacio real divino, por eso adquirirán nobleza de modos, de obras, de pasos, de palabras, poseerán tal ciencia que ninguna las podrá igualar, serán investidas de tal luz, que la luz misma anunciará a todos que es reina que ha vivido en el palacio real de mi Voluntad. Entonces la Reina Soberana no estará más sola en su regio trono, tendrá las otras reinas que la circundarán, su belleza se reflejará en ellas, su gloria y grandeza encontrarán en quien podrán verterse, ¡oh! cómo se sentirá honrada, glorificada, por eso suspira por quien quiera vivir en el Fiat Divino, para formarse las reinas en el acto primero de Él, para poder tener en la Patria Celestial el séquito de las otras reinas que la circundarán y le darán los honores a Ella debidos".

(3) Después de esto estaba pensando para qué servirán estos escritos sobre la Divina Voluntad, y mi sumo y único bien Jesús, moviéndose en mi interior me ha dicho:

(4) "Hija mía, todas mis obras se dan la mano, y esta es la señal de que son obras mías, que una no se opone a la otra, más bien están tan ligadas entre ellas que se sostienen mutuamente, tan es verdad, que debiendo formar a mi pueblo elegido del cual, y en el cual debía nacer el futuro Mesías, formé de aquél mismo pueblo el sacerdocio, el cual instruía al pueblo y lo preparaba al gran bien de la Redención, les di leyes, manifestaciones e inspiraciones, sobre las cuales venían formadas las sagradas escrituras llamadas Biblia, y todos estaban atentos al estudio de ella. Después, con mi venida a la tierra Yo no destruí las sagradas escrituras, más bien las apoyé, y mi Evangelio anunciado nada se oponía a ellas, más bien se sostenían en modo admirable mutuamente, y con el formar la nueva Iglesia naciente formé el nuevo sacerdocio, los cuales no se apartan ni de las sagradas escrituras, ni del Evangelio, todos están atentos sobre de ellos para instruir a los pueblos, y alguno que no quisiera tomar de esta fuente saludable, se puede decir que no me pertenece, porque ellas son la base de mi Iglesia y la misma vida con la cual vienen formados los pueblos. Ahora, lo que Yo manifiesto acerca de mi Voluntad Divina y que tú escribes, se puede llamar el Evangelio del reino de la Voluntad Divina, nada se opone ni a las sagradas escrituras ni al Evangelio que Yo anuncié estando en la tierra, más bien se puede llamar el sostén del uno y del otro, y por eso permito y llamo a los sacerdotes a que vengan, que lean el evangelio todo de Cielo del reino de mi Fiat Divino, para decir como dije a los apóstoles: 'Predíquenlo por todo el mundo'. Porque Yo me sirvo para mis obras del sacerdocio, y así como tuve el sacerdocio antes de mi venida para preparar al pueblo, el sacerdocio de mi Iglesia para confirmar mi venida y todo lo que Yo hice y dije, así tendré el sacerdocio del reino de mi Voluntad. He aquí a qué

servirán las tantas cosas que te he manifestado: Las tantas verdades sorprendentes, las promesas de los tantos bienes que debo dar a los hijos del Fiat Voluntas Tua, serán el Evangelio, la base, la fuente inagotable de la cual todos tomarán la Vida Celestial, la felicidad terrenal y la restauración de su creación. ¡Oh! cómo se sentirán felices quienes con ansia beban a grandes sorbos en estas fuentes de mis conocimientos, porque ellas contienen la virtud de llevar la Vida del Cielo y de desterrar cualquier infelicidad".

(5) Entonces al oír esto, pensaba entre mí en la gran cuestión de los escritos sobre la Divina Voluntad que se encontraban en Messina, llevados allá por el memorable padre Di Francia, y como yo y mis superiores los queremos absolutamente acá, y los superiores de Messina, instruidos rigurosamente por el venerable padre antes de morir, se los quieren tener allá para la publicación cuando a Dios le parezca bien, por eso no se hace otra cosa que enviar cartas de fuego de un lado y del otro, aquellos para retenerlos y nosotros para recuperarlos, y yo me sentía toda pensativa, fastidiada, cansada y decía entre mí: "¿Cómo el buen Jesús ha podido permitir todo esto, quién sabe y a lo mejor también Él se disgusta?" Y Él moviéndose en mi interior me ha dicho:

(6) "Hija mía, tú estás preocupada, pero Yo no estoy ni siquiera disgustado, más bien gozo al ver el interés que toman los sacerdotes por estos escritos que formarán el reino de mi Voluntad, esto significa que aprecian el gran bien de ellos, y cada uno quisiera tener consigo un tesoro tan grande para ser los primeros en comunicarlo a los demás, y mientras dura la cuestión de quién debe vencer, uno se acerca al otro para aconsejarse sobre lo que se debe hacer, y Yo gozo con que otros ministros míos conozcan que existe este tesoro tan grande, de hacer conocer el reino de mi Querer Divino, y Yo me sirvo de esto para formar a los primeros sacerdotes de mi futuro reino de mi Fiat. Hija mía, es una gran necesidad el formar los primeros sacerdotes, ellos me servirán como me sirvieron los apóstoles para formar mi Iglesia, y quien se ocupe de estos escritos para publicarlos, poniéndolos fuera para imprimirlos para hacerlos conocer, serán los nuevos evangelistas del reino de mi Suprema Voluntad. Y así como en mi Evangelio se menciona el nombre de los cuatro evangelistas que los escribieron, con sumo honor de ellos y gloria mía, así será de aquellos que se ocuparán en escribir los conocimientos sobre mi Voluntad para publicarlos, como nuevos evangelistas, de ellos se hará más mención en el reino de mi Voluntad, con sumo honor de ellos y de mi gran gloria de verme regresar en mi regazo el orden de la criatura, la Vida del Cielo sobre la tierra, única finalidad de la Creación. Por eso en estas circunstancias Yo ensancho el giro, y como pescador Yo pesco a aquellos que me deben servir para un reino tan santo. Por eso déjame hacer y no te preocupes".

23-30
Enero 22, 1928

**La insistencia en pedir el reino del Fiat Divino es señal de que Él quiere reinar. Martirio de la privación de Jesús. La voluntad humana es la profanadora de la criatura.**

(1) Estaba haciendo mi giro en el Fiat Divino y quería arrollar todo, Cielo y tierra, a fin de que todos tuviesen una sola voluntad, una sola voz, un solo latido, quería animar a todos con mi voz, a fin de que todos dijesen junto conmigo: "Queremos el reino de tu Querer". Y para obtener esto quería ser mar para hacer hablar a las aguas, sol para dar mi voz a la luz, cielo para animar a las estrellas, y hacer decir a todos: "Venga tu reino, sea conocido tu Fiat". Quería penetrar en las regiones celestiales para hacer decir a todos los ángeles y santos, a la misma Mamá Celestial: "Trinidad adorable, hazlo pronto, no tardes más, te pedimos que tu Querer descienda a la tierra, se haga conocer y reine en ella como en el Cielo." Ahora, mientras esto y otras cosas hacía, que sería demasiado largo ponerlo en el papel, pensaba entre mí: "¿Y por qué tanta insistencia y premura mías, que parece que no sé hacer nada si no pido su Fiat dominante sobre la tierra?" Y Jesús bendito moviéndose en mi interior me ha dicho:

(2) "Hija mía, si tú supieras quién es el que te empuja, quién te hace insistir tanto, quién quisiera mover todo en ti para pedir la Vida, el reino de mi Voluntad sobre la tierra, tú quedarías maravillada".

(3) Y yo: "Dime quién es Amor mío". Y Él todo ternura ha agregado:

(4) "¿Quieres saberlo? Es mi misma Voluntad la que te empuja a esto, porque Ella quiere hacerse conocer, quiere reinar, pero quiere la insistencia de su pequeña hija, que apresurándola en todos los modos y moviendo todo, la llame junto con todos, con los medios más potentes, a venir a la tierra; tus insistencias son señal e imagen de sus suspiros y de sus infinitas premuras e insistencias de que quiere darse a las criaturas, y así como tú quieres mover todo, así Ella quisiera mover todo, el mar, el sol, el cielo, el viento, la tierra, a fin de que todos movieran a las criaturas a reconocerla, a recibirla, a amarla, y Ella apenas se vea deseada, romperá los velos de todas las cosas creadas, y como Reina y Madre que suspira por sus hijos saldrá del seno de ellas, en las cuales estaba escondida, y revelándose abrazará a sus hijos y reinara en medio a ellos, dándoles bienes, paz, santidad y felicidad".

(5) Después de esto han pasado largos días de privación de mi dulce Jesús, me sentía torturada, sin fuerzas, tanto, que habiendo intentado escribir lo que me había dicho en días pasados, me sentía imposibilitada para hacerlo, y Él viendo que no podía y los grandes esfuerzos que hacía para escribir, ha

salido del fondo de mi interior, como uno que se despierta de un largo sueño y con un acento piadoso me ha dicho:

(6) "Pobre hija, ánimo, no te abatas, es verdad que el martirio de mi privación es terrible, y si Yo escondido no te sostuviese, tú no habrías podido quedar viva. Mucho más que Aquella que te martiriza es mi Voluntad Divina, la cual siendo inmensa y eterna, tu pequeñez siente todo el peso de su inmensidad y se siente triturar bajo de Ella, pero debes saber hija mía que es su gran amor por ti, pequeña hija suya, y por eso su luz no quiere sólo restaurar tu alma, sino también tu cuerpo, quiere como pulverizarlo y animando los átomos de tu polvo con su luz, con su calor, quiere quitar cualquier germen y humores de voluntad humana, para hacer que tanto tu alma como tu cuerpo, todo sea sagrado en ti, nada quiere tolerar, ni siquiera un átomo de tu ser que no esté animado y consagrado por mi Voluntad, por eso tu duro martirio no es otra cosa que la consumación de lo que no le pertenece. ¿No sabes tú que la voluntad humana es la profanadora de la criatura? Ella cuando tiene sus pequeños caminos, los agujeros más pequeños para entrar en la criatura, profana las cosas más santas, las más inocentes, y mi Querer que hizo del hombre su sagrado y vivo templo donde poner su trono, su morada, su régimen, su gloria, si la criatura da las pequeñas entradas al querer humano, se siente profanar su templo, su trono, su morada, su régimen y su misma gloria. Por eso mi Querer quiere quitarte todo, aun mi misma presencia, para ver si su dominio es absoluto sobre de ti y te contentas con que Ella sola domine y tenga la primacía en ti. Todo debe ser en ti Voluntad Divina para que Ella pueda decir: Estoy segura, nada me ha negado, ni siquiera el sacrificio de la presencia de su Jesús, al que amaba más que a sí misma, así que mi reino está al seguro".

(7) Yo al oír esto me sentía fortificada por su presencia, y al mismo tiempo amargada por sus palabras, y en mi dolor le he dicho: "Amor mío, ¿así que Tú no debes venir más a la pequeña y pobre exiliada? ¿Y yo cómo haré, cómo podré vivir sin Ti?"

(8) Y Jesús: "No, no, y además, ¿de dónde debo venir si estoy dentro de ti? Quédate en paz y cuando menos lo pienses Yo me revelaré, porque no parto de ti, sino quedo contigo".

23-31
Enero 27, 1928

### En la Redención está encerrado el reino del Fiat Divino.
### Dios al obrar escoge a una criatura donde depositar su obra.

(1) Estaba siguiendo mi giro en el Querer Supremo, y habiendo llegado a los actos que mi amado Jesús hizo en la Redención, buscaba seguir paso a

paso todo lo que había hecho con tanto amor y dolor, y pensaba entre mí: "En otra ocasión Jesús me dijo que me amaba tanto, que me hacía propietaria de sus obras, de sus palabras, de su corazón, de sus pasos, de sus penas, no había acto que hubiera hecho del cual no me hiciera don, y esto sólo Jesús podía y quería hacerlo, porque amaba como Dios, en cambio las criaturas si dan, dan los bienes externos, las riquezas de la tierra, pero ninguna da la propia vida, esto significa que es amor de criatura, amor finito". Así que pensaba entre mí: "Si esto es así, mi amable Jesús dondequiera que esté debería llamarme para hacer sus actos, para hacerme entrega de ellos". Y Él moviéndose en mi interior me ha dicho:

(2) "Hija mía, tú debes saber que en la Redención fue encerrado el reino de mi Voluntad Divina, no hubo acto que Yo hiciera donde no encerrara el uno y la otra, con esta sola diferencia, que lo que pertenecía a la Redención lo manifestaba fuera, los hice conocer y de ellos hice don, porque debían servir como preparativo al reino de mi Divina Voluntad; en cambio los que pertenecían al reino de mi Fiat los retuve en Mí mismo, como suspendidos en mi misma Voluntad Divina. Ahora, tú debes saber que cuando nuestra Divinidad decide sacar un acto fuera de Sí misma, el hacer una obra, un bien, primero escogemos la criatura en la cual depositar nuestra obra, porque no queremos que lo que Nosotros hacemos quede en el vacío y sin efecto, y que ninguna criatura deba ser depositaria de nuestros bienes, por eso llamamos al menos a una, así si las otras criaturas, ingratas no quieren recibir nuestros bienes, al menos en ésta vienen depositadas nuestras obras, y cuando estamos seguros de esto, entonces obramos. En la Redención la depositaria de todos mis actos fue mi inseparable Mamá, se puede decir que cuando debía respirar, llorar, rezar, sufrir, y todo lo demás que Yo hice, primero la llamaba a Ella a recibir mis respiros, mis lágrimas, mi sufrir, etc., para depositarlos en Ella, y después respiraba, lloraba y rezaba, me hubiera resultado insoportable y de un dolor tal, que sobrepasaría cualquier otro dolor, si no hubiese tenido a mi Mamá, en la cual podía depositar mis actos. Ahora, estando encerrados en todos los actos de la Redención los del reino de mi Voluntad Divina, desde entonces te llamaba a ti, y así como depositaba en la Soberana del Cielo todo lo que correspondía al reino de la Redención, así depositaba en ti lo que corresponde al reino del Fiat Supremo. He aquí el por qué quiero que me sigas paso a paso, y si como pequeño niño lloraba, te quiero cerca para darte el don de mis lágrimas, que con ellas te conseguí el gran don de mi reino divino; si hablo, te quiero junto para hacerte el don de la palabra de mi Voluntad; si camino, para hacerte el don de los pasos de Ella; si obro, para dotarte de sus obras; si rezo, para darte el don de mi oración para implorar su reino a la familia humana; si hago milagros, para darte el don del gran milagro de mi Voluntad, y por eso si doy la vista a los ciegos, te quito la ceguera de tu querer

humano, para darte la vista de la mía; si doy el oído a los sordos, te hago el don de adquirir el oído de mi Querer; si doy la lengua a los mudos, te libero del mutismo de mi Querer; si enderezo a los lisiados, te enderezo en Él; si tranquilizo la tempestad con mi imperio, ordeno a la tempestad de tu voluntad humana que no ose agitar más el mar pacífico de la mía; en suma, no hay cosa que haga y sufra de la que no te haga un don, para poner en ti el reino de mi Querer, tan amado por Mí y formado en Mí mismo. Habría sido para Mí el más grande de mis dolores, que mientras formaba en Mí, en mi Humanidad, con tanto amor el reino de mi Querer Divino, finalidad primaria por la que vine a la tierra y formaba este mi reino para restablecerlo en las criaturas, no debía estar seguro, como lo estuve para la Redención, de que al menos una criatura debiera recibir el restablecimiento del reino del Fiat Divino, y por eso Yo miraba los siglos como un solo punto y te encontraba a ti, la elegida, y desde entonces dirigía y depositaba mis actos en ti para disponer en ti mi reino, y así como para el reino de la Redención no ahorré nada, ni fatigas, ni penas, ni oraciones, ni gracias, ni siquiera la misma muerte para poder dar a todos gracias y medios suficientes y abundantes para que todos pudiesen salvarse y santificarse, a pesar de que ponía y depositaba al seguro el todo en la Celestial Reina, así para el reino de mi Querer, a pesar de que pongo todo al seguro en ti, estoy dando tanto, no ahorro nada, ni enseñanzas, ni luz, ni gracias, ni alicientes, ni promesas, de modo que si todos quieren recibir el gran bien de mi Voluntad para hacerla reinar en ellos, todos encontrarán medios y ayudas sobreabundantes para vivir un bien tan grande, por eso tu venida a la tierra en el tiempo era esperada por Mí con tanto amor, con tal ansia, que tú no puedes ni siquiera imaginar, porque quería depositar los tantos actos suspendidos, hechos por mi Humanidad para formar el reino del Fiat Supremo; si tú supieras qué significa un acto suspendido hecho por tu Jesús, ¡oh! cómo te apresurarías a recibir todo el depósito de mis actos para dar vida a estos actos suspendidos, porque ellos contienen tantas Vidas Divinas, y te apresurarías a hacerlos conocer a las otras criaturas".

23-32
Enero 29, 1928

**Valor inmenso de los escritos sobre la Divina Voluntad. Son caracteres transmitidos de la patria celestial. Cómo harán el asedio al querer humano. Deseo del corazón de Jesús. Sus actos son ejércitoque pide el reino del Fiat.**

(1) Estaba leyendo en el volumen 20° lo que correspondía a la Divina Voluntad, y sentía tal impresión cómo si viera correr en las palabras escritas

una Vida Divina viva y palpitante, sentía la fuerza de la luz, la vida del calor del Cielo, la virtud obrante del Fiat Divino en lo que leía y agradecía de corazón a mi Jesús que con tanto amor se había dignado hacerme escribir. Pero mientras esto hacía, mi amado Jesús, como no pudiendo contener Él mismo los sobresaltos de su corazón, ha salido de dentro de mi interior y poniéndome los brazos al cuello me ha estrechado fuertemente a su corazón para hacerme sentir sus latidos ardientes, y me ha dicho:

(2) "Hija mía, tú agradéceme que te he hecho escribir lo que respecta a mi Voluntad, doctrina toda de Cielo y que tiene virtud de comunicar la Vida palpitante y toda celestial de Ella a quien leerá estos escritos. Mi Voluntad está palpitante en medio a las criaturas, pero vive sofocada por el querer humano, estos escritos harán sentir tan fuerte su latido, que sofocarán el querer humano y tomará su primer puesto de vida que le toca, porque mi Voluntad es el latido y la vida de toda la Creación, por eso el valor de estos escritos es inmenso, contienen el valor de una Voluntad Divina; si fueran escritos de oro no superarían el gran valor que en sí mismos contienen, estos escritos son soles impresos con caracteres de luz brillantísima en las paredes de la patria celestial, y forman el más bello adorno de aquellos muros de la ciudad eterna, en los cuales los bienaventurados, todos quedan raptados y sorprendidos al leer los caracteres de la Suprema Voluntad, por eso, gracia más grande no podía hacer en estos tiempos que transmitir los caracteres de la patria celestial por tu medio a las criaturas, los cuales llevarán la vida del Cielo en medio de ellas.

(3) Ahora, así como tú me agradeces a Mí, así Yo te agradezco a ti que te has prestado a recibir mis lecciones y a hacer el sacrificio de escribir bajo mi dictado. Era mi Voluntad Divina que hacía correr mientras tú escribías, la viva virtud de su latido ardiente, eterno y vivificante, y que imprimía en tus caracteres, por eso tú releyéndolos sientes la renovación toda celestial impresa en ellos. ¡Oh, cómo resultará difícil a quien lea estos escritos el no sentir la Vida palpitante de mi Querer y el no sacudirse, por la virtud de su latido vivificante, del letargo en el cual se encuentran. Estos escritos sobre mi Supremo Fiat, con la fuerza de su luz eclipsarán la voluntad humana, serán bálsamo a las heridas humanas, serán opio a todo lo que es tierra, las pasiones se sentirán morir, y de la muerte de ellas resurgirá la vida del Cielo en medio a las criaturas, serán el verdadero ejército celestial, que mientras pondrán en estado de asedio a la voluntad humana y a todos los males producidos por ella, harán resurgir la paz, la felicidad perdida, la Vida de mi Voluntad en medio a las criaturas, el asedio que pondrán no hará daño a ninguno, porque mi Voluntad es de poner en estado de asedio al querer humano, a fin de que no tiranice más a las pobres criaturas, sino que las deje libres en el reino de mi Voluntad. Por eso he insistido tanto e insisto en hacerte escribir, te he tenido en la cruz, te he sacrificado, era necesario, se

trataba de la cosa más importante, era el eco del Cielo, la vida de allá arriba que quiero formar sobre la tierra. He aquí la causa de mi continuo estribillo: Sé atenta, no omitas nada y tu vuelo en mi Voluntad sea continuo".

(4) Después de esto estaba siguiendo mi giro en el Fiat Divino y acompañaba los suspiros, las lágrimas, los pasos de Jesús y todo lo demás hecho y sufrido por Él, diciéndole: "Amor mío, Jesús, te pongo el ejército de todos tus actos en torno a Ti, e invistiendo tus palabras, tus latidos, tus pasos, tus penas y todos tus actos con mi te amo, te pido el reino de tu Voluntad. Escucha oh Jesús, si no me escuchas por medio del ejército de tus actos que te ruegan, te apresuran, ¿qué otra cosa podría hacer para moverte a concederme un reino tan santo?" Pero mientras esto decía pensaba entre mí: "Mi dulce Jesús tenía sus deseos mientras estaba sobre esta tierra, ¿o bien, de hecho no los tenía? Y Él moviéndose en mi interior me ha dicho:

(5) "Hija mía, como Dios no existía en Mí ningún deseo, porque el deseo nace en quien no posee todo, pero para quien todo posee y nada le falta, el deseo no tiene razón de existir, pero como hombre tuve mis deseos, porque mi corazón se hermanó en todo a las otras criaturas, y haciendo míos los deseos de todos, desee por todos, con todo el ardor, dar el reino de mi Fiat Divino a todas las criaturas, así que si suspiraba, suspiraba el reino de mi Querer, si rogaba y lloraba y deseaba, era sólo por mi reino que quería en medio a las criaturas, porque siendo eso la cosa más santa, mi Humanidad no podía hacer menos que querer y desear la cosa más santísima, para santificar los deseos de todos y darles lo que era santo y de bien más grande y perfecto para ellos, por eso todo lo que tú haces no es otra cosa que mi eco, que resonando en ti te hace pedir en cada acto mío el reino de mi Voluntad. Es por esto que te hago presente cada acto mío, cada pena que sufro, cada lágrima que vierto, cada paso que doy, porque amo el que tú, invistiéndolos, repitas junto a cada acto mío: 'Jesús, te amo, y porque te amo dame el reino de tu Querer Divino.' Quiero que me llames en cada cosa que hago, para hacerme resonar el dulce recuerdo de que mis actos dicen: 'Fiat Voluntas Tua come in Cielo così in Terra.' De modo que al ver tu pequeñez, a la pequeña hija de mi Querer que hace su eco a todos mis actos, poniéndolos como un ejército en torno a Mí, Yo me apresure a conceder el reino de mi Voluntad".

23-33
Enero 31, 1928

### Giro en la Voluntad Divina. Asalto a la Majestad Divina. Atractivos de la pequeñez; el secreto de ella. La voluntad humana es nauseante. Ejemplo.

(1) Estaba recogiendo todos los actos de la Divina Voluntad hechos en la Creación, los mares de la Reina Celestial, aquellos de mi amado Jesús, en suma todos los actos que el Fiat Divino ha sacado fuera de Sí mismo. Así que estaba recapitulando todo para llevarlos ante la Alteza de la Majestad Suprema, para darle por medio de esto el último asalto y obligarla a darme su reino sobre la tierra, pero mientras esto hacía pensaba entre mí: "Soy pequeña, soy un átomo apenas, ¿cómo puedo llevar la vastedad del cielo, la multiplicidad de las estrellas, la inmensidad de la luz del sol, y además todos los mares de mi Mamá y los de Jesús, que son interminables? Entonces, ¿mi pequeño átomo no queda perdido en medio de tantas obras tan grandes? Creo que todo el Cielo sonreirá al ver a mi pequeñez que quiere dar este asalto como último acto de su giro en la Voluntad Divina, porque siendo pequeña, yo no sólo quedo perdida, sino también anulada por una sola obra del Querer Divino, por tanto mi asalto será sin efecto, y tal vez servirá para hacer sonreír, a mis espaldas, a toda la corte celestial". Pero mientras esto pensaba, mi dulce Jesús ha salido de dentro de mi interior y me ha dicho todo ternura:

(2) "Pequeña hija mía, tu pequeñez tiene tal atractivo, que llama la atención de todo el Cielo para ver qué cosa quiere hacer y sabe hacer tu pequeñez. Ver hacer cosas grandes a una persona grande no acapara la atención, ni lleva la alegría, pero si se viera hacer la misma cosa grande por una pequeña niña, esto despertaría tal estupor y maravilla, que todos querrían ver la obra grande de la pequeña niña, lo que no sucede si la misma obra la hiciera una persona grande. Si tú supieras cómo la mirada divina y la de todo el Cielo se fija en ti al verte como deprisa reunir todas juntas las obras de la Divina Voluntad para dar el asalto al Creador, llevando sus mismas armas para hacerle la guerra santa, para hacer que te ceda su reino, se puede decir que tu afanarte, el reunir todo, es la verdadera sonrisa del Cielo, es la nueva fiesta que lleva tu pequeñez a la Patria Celestial, y todos esperan el asalto de la pequeña niñita. ¿Pero quieres saber dónde está el secreto de tu fuerza en tu pequeñez, que mientras quedas perdida ahora en la luz del sol, ahora en medio a las estrellas, ahora en mis mares y en los de mi Mamá Celestial, tu átomo no se detiene, se libera y sale de nuevo en campo para cumplir su epílogo de todas las obras del Fiat Divino? Todo el secreto está encerrado en Él, que te mueve, te inviste, te da la cuerda para hacerte girar y para hacerte encerrar todos sus actos, para hacerse por Sí mismo, por medio de tu pequeñez, dar el asalto para hacerse atraer y venir a reinar sobre la tierra. ¿Qué cosa no puede el átomo animado por mi Querer? Todo, porque llega a ser un acto en medio a todos sus actos de Voluntad Divina, y esto basta para poder hacer de todos sus actos un solo

acto, para decir: Todo es mío, y todo me debe servir para poder conseguir el reino del Fiat Divino sobre la tierra".

(3) Después de esto estaba pensando en cuánto mal ha hecho la voluntad humana a las pobres criaturas, por eso yo la aborrezco, ni siquiera quiero conocerla más, ni mirarla, porque es demasiado nauseante. Pero mientras esto pensaba, mi amado Jesús se ha movido en mi interior y me ha dicho:

(4) "Hija mía, la voluntad humana por sí sola es nauseante, pero unida con la mía es la cosa más bella que creé, mucho más, que de la Divinidad jamás podía salir una cosa que diera nausea; ella unida con la nuestra tendría el movimiento continuo del bien, de la luz, de la santidad, de la belleza, y con nuestro movimiento continuo, que jamás cesa, habría sido el prodigio más grande de la Creación, nuestro movimiento la purificaría de toda sombra de mancha, sucedería como al mar, que porque murmura continuamente y tiene su movimiento perenne, sus aguas son puras y cristalinas, ¡oh! si las aguas del mar estuviesen quietas, las aguas perderían la pureza y se volverían de tal manera nauseantes, que ninguno lo miraría, las aguas serían tan asquerosas y llenas de suciedad, que las naves no podrían navegar el mar y ninguno haría su comida de aquellos peces de aguas tan pútridas, así que el mar sería un peso a la tierra y produciría el contagio de todos los males a las generaciones humanas. En cambio, sólo porque murmura y tiene su movimiento continuo, ¿cuánto bien no hace a las criaturas? Y mientras en su seno esconde quién sabe cuántas suciedades, con su murmullo tiene el dominio de tenerlas sepultadas en el fondo de él y señorea la pureza de sus aguas puras y vaciadas de cualquier suciedad. Así es la voluntad humana, más que mar, que si el movimiento divino murmura en ella, es bella y pura, todos los males quedan sepultados y sin vida, en cambio si mi Voluntad no murmura en ella y no tiene su primer movimiento, todos los males renacen y se vuelve de la más bella la más fea, de dar piedad. Otra imagen es la naturaleza humana, unida con el alma es bella, ve, siente, camina, obra, habla, no apesta; desunida del alma se corrompe, apesta horriblemente, da asco el verla, se puede decir que no se reconoce más, ¿quién ha hecho un cambio tan drástico del cuerpo vivo al cuerpo muerto? La falta del murmullo del alma, de su movimiento continuo que tenía la primacía en la naturaleza humana. Así fue puesta mi Voluntad al humano querer, como alma de la cual debía recibir la vida, su murmullo continuo, así que mientras está unida con la mía es un prodigio de vida, de belleza; desunida de la mía pierde las piernas, las manos, la palabra, la vista, el calor, la vida, por consecuencia se vuelve de tal manera horrible, más que cadáver, de merecer que se entierre en lo más profundo del abismo porque su hedor es insoportable. Por eso quien no está unido con mi Voluntad pierde la vida de su alma, por eso nada puede hacer de bien y todo lo que hace es sin vida".

23-34
Febrero 2, 1928

**Cómo debe suplir por quien no ha obrado en la unidad del Fiat Divino. Para quien no lo posee, su lenguaje es un lenguaje extraño. Razón por la que hasta ahora no han hablado de Ella. Quien no vive en la unidad recibe los efectos de la Voluntad Divina, no la Vida de Ella. Ejemplo del sol con la tierra.**

(1) Estaba siguiendo mi giro en el Fiat Supremo, y habiendo llegado al Edén estaba diciendo entre mí: "Jesús mío, hago mía la unidad de tu Querer para suplir a aquella unidad que perdió mi padre Adán cuando se sustrajo de Él, y para suplir a todos aquellos actos que no han hecho en la unidad de Él todos sus descendientes". Pero mientras esto decía pensaba entre mí: "¿Y yo estoy en la unidad del Fiat Divino? Si no estoy, ¿cómo puedo suplir por los demás? Entonces mi decir termina en palabras, pero no en hechos". Y mi dulce Jesús moviéndose en mi interior me ha dicho:

(2) "Hija mía, cuando Adán pecó sucedió la retirada de la unidad de mi Voluntad por ambas partes: El hombre se retiró de Ella y Ella se retiró de él, y con retirarse la mía, el hombre perdió mi unidad, todos sus méritos y los derechos que Dios le había dado al crearlo, porque él fue el verdadero desertor del reino de mi Voluntad, y el desertor pierde todos los derechos y la posesión de sus mismos bienes. Ahora, así como mi Voluntad se retiró del hombre porque fue él el que se retiró primero, así puede de nuevo darse a quien, retirándose del querer humano, entra en su reino como nuevo conquistador de la unidad de mi Fiat Divino, mucho más, que entre tú y la Divinidad ha habido un acuerdo, mi Querer en hacerte el gran don de su unidad, llamándote al primer acto de la Creación, y tú no sólo a recibirlo, sino a hacerle el don de tu voluntad, así que de ambas partes ha sido el intercambio, pero no en simples palabras, sino con los hechos, tan es verdad, que la mía te está poniendo al día en lo que respecta al don grande que te ha hecho, a fin de que conozcas lo que posees, goces de sus bienes y apreciándolo lo consigas a la familia humana, y tú habiendo hecho el don de tu voluntad no quieres reconocerla más y sientes terror sólo al recordarla. Ahora es justo que hagas tu deber y suplas a aquella unidad perdida por el hombre desde que la mía hizo su retirada, retirándose en sus regiones celestiales. ¿No es tal vez dueña mi Voluntad de darse de nuevo, con tal que encuentre nuevamente a quien no quiere vivir más de su voluntad humana? Y además, tú debes saber que si mi Voluntad no estuviera en ti, no habrías podido comprender su lenguaje celestial, habría sido para ti como un dialecto extraño, como una luz sin calor, como un alimento sin sustancia y te habría sido difícil escribir acerca de Ella para transmitirla a tus hermanos.

Todo esto es señal de que mi Voluntad dominándote en todo, se hace pensamiento en tu mente, palabra sobre tus labios, latido en tu corazón, maestro que sabe que su alumna comprende sus lecciones y ama escucharlo, por eso era necesario hacerte el don de mi Voluntad Divina, para darte la gracia necesaria para hacerte conocer y transcribir todas las más bellas prerrogativas del reino de mi Fiat Divino. Y es también esta la razón por la que ninguno hasta ahora ha hablado largamente de mi Voluntad para hacer comprender los mares inmensos de bien que contiene y qué quiere y puede dar a las criaturas, a lo más se han dicho pocas palabras y con palabras entrecortadas, como si no tuviesen qué decir acerca de mi Fiat tan grande y extenso, que contiene y abraza toda la eternidad; no poseyéndolo como don y cosa propia, para todos era como extraño el lenguaje para hablar de la importancia y de sus méritos infinitos, si no la conocían a fondo, ¿cómo podían hablar de una Voluntad Divina que contiene tanto, que no bastan todos los siglos para hablar de Ella? Por eso sé atenta hija mía, pues mientras navegas su mar, tomas siempre alguna cosa de nuevo para hacerla conocer a las generaciones humanas".

(3) Después de esto estaba pensando en la unidad del Fiat Divino y decía entre mí: "Cómo todos aquellos que han hecho el bien, tantas obras grandes, ¿cómo podían hacerlas si no poseían su unidad?" Y Jesús siempre benigno ha agregado:

(4) "Hija mía, todo el bien hecho hasta ahora por las criaturas, ha sido hecho en virtud de los efectos de mi Voluntad Divina, porque no hay bien sin Ella, pero que hayan vivido totalmente y plenamente en su unidad, ninguno hasta ahora, solamente mi Mamá Reina, y por eso atrajo el gran prodigio de la Encarnación del Verbo, si esto fuese, la tierra habría regresado al estado del Edén, y además aquél que habría poseído la unidad de mi Querer, no habría podido ni contenerla, ni resistir sin hablar de Ella, habría sido como si el sol se quisiera encerrar dentro de un vaso de cristal sin expandir sus rayos, ¿no habría más bien con su calor quebrado el vidrio para estar libre en expandir sus rayos? Poseer la unidad de mi Fiat y no hablar de Él, no expandir sus rayos, la belleza de sus conocimientos, le habría sido imposible, se le rompería el corazón si no diese desahogo a manifestar en parte la plenitud de su luz y de los bienes de Él, así que el bien ha sido hecho en virtud de los efectos de Él. Esto sucede como le sucede al sol, que en virtud de los efectos que contiene su luz hace germinar las plantas y hace producir tanto bien a la tierra, parece que la tierra y los efectos del sol trabajan juntos para producir plantas, frutos y flores a las criaturas, pero la tierra no se eleva en la esfera del sol, si esto hiciera, el sol tendría tanta fuerza de quitar su parte obscura y todos sus átomos de polvo los convertiría en luz, y la tierra se volvería sol, pero como la tierra no se eleva, ni la esfera del sol desciende en lo bajo, la tierra permanece tierra y el sol no la transforma en él, parece que

el uno y la otra se miran de lejos, se ayudan y trabajan juntos por medio de los efectos de la luz que de la altura de su esfera expande sobre la tierra, y si bien recibe tantos admirables efectos, produce las más bellas flores, pero hay una gran distancia entre la tierra y el sol, no se asemejan entre ellos, ni la vida de uno se vuelve vida de la otra, y por eso la tierra no sabe hablar del sol, ni decir todos los efectos que contiene, ni cuánto calor y luz posee. Así se encuentra la criatura que no posee la unidad de mi Voluntad, no se eleva en su esfera altísima para llegar a ser sol, ni mi Sol Divino desciende para formar la vida de ella, pero queriendo hacer el bien se mueve en torno a su luz, y Ella comunica los efectos para hacer germinar el bien que quiere, porque mi Fiat no se niega a ninguno, más bien con su luz despierta la naturaleza humana para hacerla reverdecer y hacerla producir frutos de obras buenas".

23-35
Febrero 5, 1928

### Promesa en el Edén del futuro Redentor. Promesa solemne en el Padre Nuestro del reino de la Divina Voluntad. Cómo Dios se siente repetir la alegría de la Creación.

(1) Mi pobre mente se siente como fija en el Fiat Supremo, y me siento como una pequeña niña, que como le agradan las bellas lecciones de su amada maestra, gira siempre en torno a ella haciéndole miles de preguntas para tener el placer de oírla hablar y aprender otras lecciones más bellas, y mientras la maestra habla, ella se está con la boca abierta escuchándola, tantas son las bellas sorpresas que le hace de sus lecciones. Así soy yo, una pequeña niña que me pongo en torno a la luz de la Divina Voluntad, más que maestra, porque quiero tomar su Vida de las bellas lecciones que da a mi pequeña alma, y Ella, porque soy pequeña, se complace en contentarme, dándome tales sorpresas de lecciones divinas jamás pensadas por mí. Entonces, mientras pensaba en el reino de la Divina Voluntad y me parecía difícil su reinar sobre la tierra, mi amado Jesús saliendo de mi interior me ha dicho:

(2) "Hija mía, en cuanto Adán pecó Dios le hizo la promesa del futuro Redentor; pasaron siglos, pero la promesa no vino a menos, y las generaciones tuvieron el bien de la Redención. Ahora, cuando vine del Cielo y formé el reino de la Redención, antes de partir al Cielo hice otra promesa más solemne, la del reino de mi Voluntad, y ésta la hice en el Padre Nuestro, y para darle más valor y para obtenerlo más pronto, esta promesa formal la hice en la solemnidad de mi oración, pidiendo al Padre que hiciera venir su reino, que es la Voluntad Divina como en el Cielo así en la tierra, y me puse

Yo a la cabeza de esta plegaria, conociendo que tal era su Voluntad y que rogado por Mí no me habría negado nada, mucho más que con su misma Voluntad Yo rogaba y pedía una cosa querida por mi mismo Padre, y después de haber formado esta plegaria ante mi Padre Celestial, seguro que me era concedido el reino de mi Voluntad Divina sobre la tierra, la enseñé a mi apóstoles a fin de que la enseñaran a todo el mundo, para que uno fuera el grito de todos: 'Hágase tu Voluntad como en el Cielo así en la tierra'. Promesa más cierta y solemne no podía hacer; los siglos para Nosotros son como un punto solo, y nuestras palabras son actos y hechos cumplidos. Mi mismo rogar al Padre Celestial: 'Venga, venga tu reino, hágase tu Voluntad como en el Cielo así en la tierra', significaba que con mi venida sobre la tierra el reino de mi Voluntad no era establecido en medio a las criaturas, de otra manera habría dicho: 'Padre mío, sea confirmado nuestro reino que ya he establecido sobre la tierra, y nuestra Voluntad domine y reine'. En cambio dije: '¿Venga', esto significaba que debe venir y las criaturas deben esperarlo con aquella certeza con que esperaron al Redentor, porque está mi Voluntad Divina unida y comprometida en aquellas palabras del Padre Nuestro, y cuando Ella se compromete es más que cierto lo que promete. Mucho más que el todo fue preparado por Mí, no se requería otra cosa que las manifestaciones de mi reino y lo estoy haciendo, ¿crees tú que las tantas verdades que te estoy diciendo acerca de mi Fiat sean sólo para darte una simple noticia? No, no, es porque quiero que todos conozcan que su reino está cercano, y que conozcan sus bellas prerrogativas, a fin de que todos amen, suspiren entrar a vivir en un reino tan santo, pleno de felicidad y de todos los bienes. Así que lo que a ti te parece difícil, para la Potencia de nuestro Fiat es fácil, porque Él sabe quitar todas las dificultades y abatir todo como quiere y cuando quiere".

(3) Después estaba según mi costumbre haciendo mi giro en el Eterno Fiat, y girando por toda la Creación llevaba todas las obras ante la Divinidad para darle el más bello homenaje y la gran gloria de todas las obras de Ellos, pero mientras esto hacía pensaba entre mí: "¿Pero cuál es la gloria que doy a mi Creador con llevarle todas sus obras?" Y Jesús moviéndose en mi interior me ha dicho:

(4) "Hija mía, haciendo esto nos traes la alegría de nuestras obras cumplidas, porque antes de crear la Creación estaban dentro de Nosotros, como en depósito en nuestra Voluntad y no teníamos la gloria, la alegría de ver nuestras obras fuera de Nosotros, formadas y cumplidas fuera de Nosotros, de modo que nuestras obras fueron formadas cuando fue creada la Creación, y quien gira en medio a ellas las mira y quiere reunirlas todas juntas en torno a Nosotros y decirnos: 'Cómo son bellas vuestras obras, perfectas y santas, su armonía, el orden perfecto, dicen quién eres Tú, y narran vuestra gloria'. Nosotros nos sentimos repetir la alegría, la gloria,

como si estuviéramos de nuevo extendiendo el cielo, formando el sol y todas nuestras obras, así que la Creación está siempre en acto y como hablante por medio de la pequeña hija de nuestro Querer. Esto puede sucederte también a ti, si tú tuvieras en tu voluntad decidido hacer tantas bellas obras, tú no gozas, pero tu alegría empieza cuando ves las obras cumplidas, y si una persona amándote, frecuentemente te las pusiera alrededor para decirte: 'Mira como son bellas tus obras', ¿no te sentirías gloriosa y repetir la alegría cuando las terminaste? Así soy Yo, las repeticiones forman mis más bellas sorpresas".

23-36
Febrero 9, 1928

**La Soberana del Cielo, el reflector de Jesús. Agrado de Jesús cuando se pide su Fiat. Jesús recogió todos los bienes y consumó todos los males en la hoguera que encendió dentro de Sí.**

(1) Continuaba siguiendo los actos de Jesús hechos en su Divina Voluntad cuando estaba sobre la tierra, seguía a la Madre y al Hijo cuando huyeron a Egipto y pensaba entre mí: "Cómo debía ser bello ver al amado niñito en brazos de su Mamá Divina, que mientras era tan pequeño, encerrando en Él al eterno Fiat, encerraba Cielo y tierra y todo salía de Él como Creador y todo de Él dependía, y a la Reina Soberana, que trasfundida en el pequeño Jesús en virtud del mismo Fiat que la animaba, formaba el reflector de Jesús, su eco, su misma vida, cuántas bellezas escondidas poseían, cuánta variedad de cielos más bellos que el que se ve en nuestro horizonte, cuántos soles más resplandecientes contenían, y sin embargo nadie veía nada, no se veía otra cosa que tres pobres fugitivos. Jesús, amor mío, quiero seguir paso a paso los pasos de mi Mamá Celestial, y conforme camina quiero animar los hilos de hierba, los átomos de la tierra, para hacerte oír bajo sus plantas mi te amo; quiero animar toda la luz del sol, y conforme ilumina tu rostro, quiero que te lleve mi te amo; quiero animar todas las ráfagas de viento, sus caricias, para que todas te digan te amo; soy yo que en tu Fiat te llevo el calor del sol para calentarte, las ráfagas de viento para acariciarte, su rumor para hablarte y decirte: "Amado pequeño, haz conocer a todos tu Querer Divino, hazlo salir de dentro de tu pequeña Humanidad, a fin de que tome su dominio y forme su reino en medio a las criaturas". Pero mientras mi mente se perdía junto a Jesús, y sería demasiado largo querer decirlo todo, mi sumo y único bien Jesús se ha movido en mi interior, y todo bondad me ha dicho:

(2) "Hija mía, Yo y mi Mamá éramos como dos gemelos nacidos del mismo parto, porque no teníamos más que una sola Voluntad que nos daba la vida,

el Fiat Divino ponía en común nuestros actos, de modo que el Hijo refleja en Ella, y la Mamá reflejaba en el Hijo, así que el reino de la Voluntad Divina tenía su pleno vigor, su dominio perfecto en Nosotros, y mientras huíamos a Egipto, llevábamos al Querer Divino como paseando por aquellas regiones y sentíamos su gran dolor porque no reinaba en las criaturas, y mirando los siglos, sentíamos la gran alegría de su reino que debía formar en medio de ellas y, oh, cómo nos llegaban agradables sobre las alas de nuestro Fiat en el viento, en el sol, en el agua, bajo nuestros pasos, tus repetidos estribillos: 'Te amo, te amo, venga tu reino.' Era nuestro eco que oíamos en ti, que no queríamos otra cosa que la Voluntad Divina reinase y fuese la conquistadora de todos, por eso, desde entonces amábamos a nuestra pequeña chiquita, que no quería y pedía sino lo que queríamos Nosotros".

(3) Después seguía pensando en todo lo que mi dulce Jesús había hecho estando sobre la tierra, y Él ha agregado:

(4) "Hija mía, cuando vine a la tierra Yo miré todos los siglos pasados, presentes y futuros, para recoger en mi Humanidad todo lo que de bien y de bueno pudiera ser hecho por todas las generaciones, para poner el sello y la confirmación del bien, nada destruí de lo que era bueno, más bien lo quise encerrar en Mí para darle Vida Divina, y agregando el bien que faltaba y que Yo hice para completar todos los bienes de las criaturas humanas, sobre las alas de los siglos me ponía con ellas para dar a cada una mi obrar completo, y recogí también todos los males para consumirlos, y a fuerza de dolores y penas que quise sufrir, encendí la hoguera en mi misma Humanidad, donde quemar todos los males, queriendo sentir cada una de las penas para hacer renacer todos los bienes opuestos a los males, para hacer renacer a vida nueva las generaciones humanas. Y así como Yo para formar todos los remedios posibles e imaginables para todos los redimidos, para después disponerlos a recibir el gran bien de mi Voluntad reinante en medio a ellos, hice todo, sufrí todo y consumí todo, así tú para preparar mi reino a las criaturas debes encerrar todo lo que es santo y bueno, y por camino de penas debes consumir todos los males, para hacer renacer la Vida de mi Voluntad Divina en medio a las criaturas, tú debes ser mi eco, en el cual debo hacer el depósito de donde debe surgir el reino de mi Fiat, sígueme paso a paso y sentirás la vida, el latido, la felicidad de este reino que contengo en Mí, y que quiere salir para reinar en medio a las criaturas, y es tanto mi amor por él, que si permití al enemigo infernal penetrar en el Edén, no permitiré que ponga un pie en el Edén del reino del Fiat, y por eso permití que se acercase a Mí en el desierto, para debilitarlo y ponerle termino a sus pasos y cerrarle el camino para que no osase entrar en él. ¿No sientes tú misma cómo tu presencia aterroriza al enemigo y se pone en fuga para no verte? Es la fuerza de mi victoria que lo precipita, y sintiéndose confundido huye. Todo está preparado, no queda otra cosa que hacerlo conocer".

23-37
Febrero 12, 1928

**Lamentos del alma. Cómo Jesús encerró dentro de Sí todos los actos rechazados por las criaturas y formó su reino. Cómo quien posee el Fiat Divino posee la fuerza bilocadora y puede dar a Dios como suyo lo que es de Dios.**

(1) Mi pobre mente va siempre extendiéndose en los confines interminables del Fiat Supremo, y mi pobre corazón está bajo la opresión del dolor desgarrador de la privación de mi amado Jesús, las horas son siglos, las noches son interminables sin Él, y como es un dolor divino que cae sobre mi pequeña alma, su inmensidad me ahoga, me aplasta, y siento todo el peso de un dolor eterno. ¡Oh Dios Santo! ¿Cómo es que me quitas aquella vida que Tú mismo quieres que posea? ¿Cómo me pones en la imposibilidad de vivir, y vivir muriendo, porque la fuente de tu Vida no está en mí? ¡Ah! Jesús, regresa, no me abandones a mí misma, no puedo vivir sin vida! ¡Jesús, Jesús, cuánto me cuesta el haberte conocido, cuántos desgarros has hecho a mi vida humana para darme la tuya, y ahora vivo suspendida, la mía no la encuentro más, porque con tus estratagemas me la has robado, la tuya apenas la siento, pero como arrancada por el fuerte eclipse de la luz de tu Voluntad, así que todo para mí ha terminado y estoy obligada a resignarme y a sentir tu Vida por medio de los rayos de luz, de los reflejos que me trae tu adorable Voluntad, no puedo más! Jesús, regresa a aquélla que tanto amaste y decías amarme, y que ahora has tenido la fuerza de abandonarla, regresa de una vez para siempre y decídete a no dejarme más. Pero mientras desahogaba mi dolor se ha movido en mi interior, y mitigando la luz que lo eclipsaba me ha extendido los brazos estrechándome fuerte, y me ha dicho:

(2) "Hija mía, pobre pequeña mía, ánimo, es mi Voluntad que quiere su primer puesto en ti, Yo no debo decidir el no dejarte, mi decisión fue tomada cuando tú te decidiste a no dejarme más, entonces nos robamos la vida mutuamente, Yo la tuya y tú la mía, con esta diferencia, que primero tú me veías sin el eclipse de la luz de mi Fiat, Él estaba como encerrado dentro de Mí, ahora, queriendo tomar vida en ti, se ha desbordado fuera de Mí y bilocándose ha encerrado mi Humanidad dentro de su luz, y por eso tú sientes mi Vida a través de los reflejos de su luz, entonces, ¿por qué temes que te deje? Ahora, tú debes saber que mi Humanidad rehizo en Ella todos los actos rechazados por las criaturas que mi Voluntad Divina, dándose a ellas, quería que hicieran, Yo los rehice todos y los deposité en Mí mismo para formar su reino, esperando el tiempo propicio para sacarlos de Mí y

depositarlos en las criaturas como fundamento de este reino; si Yo no hubiese hecho esto el reino de mi Voluntad no podría efectuarse en medio a las criaturas, porque sólo Yo, como Hombre y Dios, podía suplir al hombre y recibir dentro de Mí todo el obrar de una Voluntad Divina que debían recibir y hacer las criaturas, y por medio mío comunicarlo a ellas, porque en el edén las dos voluntades, humana y Divina quedaron como en rivalidad, porque la humana se opuso a la Divina, todas las otras ofensas fueron como consecuencia de esto, por eso debí primero rehacer en Mí todos los actos opuestos al Fiat Divino, hacerlo extender en Mí su reino. Si no reconciliaba estas dos voluntades en rivalidad, ¿cómo podía formar la Redención? Por eso todo lo que Yo hice sobre la tierra, su primera finalidad era restablecer la armonía, el orden entre las dos voluntades, para formar mi reino, la Redención fue consecuencia de esto, por eso fue necesario quitar las consecuencias del mal que había producido el querer humano, por eso di remedios eficacísimos para después manifestar el gran bien del reino de mi Voluntad. Entonces, los reflejos de la Luz de Ella no hacen otra cosa que traerte los actos que contiene mi Humanidad para hacer que todo sea Voluntad Divina en ti, así que sé atenta en seguirla y no temas".

(3) Después estaba siguiendo mi giro en la Creación para dar a mi Creador todos los homenajes de las cualidades divinas que cada cosa creada contiene, porque habiendo salido todo del Fiat Divino, como consecuencia les mantiene la vida, más bien es el acto primero de cada cosa creada; pero mientras esto hacía pensaba entre mí: "Las cosas creadas no son mías, ¿cómo puedo decir con derecho, te ofrezco los homenajes de la luz del sol, la gloria del cielo estrellado, y así de todo lo demás?" Mientras esto pensaba mi siempre amable Jesús moviéndose en mi interior me ha dicho:

(4) "Hija mía, quien posee mi Voluntad y vive en Ella, con derecho puede decir: 'El sol es mío, el cielo, el mar, todo es mío, y como mío pongo todo en torno a la Majestad Divina para darle la gloria que cada cosa creada contiene.' En efecto, ¿no es tal vez toda la Creación obra de mi Fiat Omnipotente? ¿No corre su Vida palpitante, su calor vital, su movimiento incesante que mueve todo, ordena y armoniza todo, como si fuese toda la Creación un acto solo? Así que quien posee mi Querer Divino como vida, cielos, sol, mares y todo, no son cosas extrañas a ella, sino que todo es suyo, como todo es de mi Fiat, porque ella no es otra cosa, con poseerlo, que un parto suyo que tiene todos los derechos sobre todas las partes de Él, cual es toda la Creación. Así que con derecho y con verdad puede decir a su Creador: 'Te ofrezco todos los homenajes de la luz del sol con todos sus efectos, símbolo de tu luz eterna, la gloria de la inmensidad de los cielos, y así de todo el resto.' El poseer mi Voluntad es Vida Divina que el alma desarrolla en su alma, así que todo lo que de ella sale contiene potencia, inmensidad, luz, amor, sentimos en ella nuestra fuerza bilocadora, que

bilocándonos pone en actitud todas nuestras cualidades divinas y como suyas nos las ofrece como homenajes divinos, dignos de aquel Fiat que sabe y puede bilocarse para llamar nuevamente a la criatura al primer acto de la Creación, con el cual hacemos al hombre a nuestra imagen y semejanza".

23-38
Febrero 20, 1928

### Quien debe encerrar un bien para darlo a las criaturas, debe encerrar en sí todo aquel bien. Esto sucedió a la Virgen y a Nuestro Señor. Qué significa unidad.

(1) Las privaciones de Jesús se hacen más prolongadas, y vivo sólo en poder del Fiat Divino, que habiéndose constituido vida de mi pequeña alma, me parece que mi amado Jesús, confiándome a Él, se esconde detrás de las cortinas de su luz sólo para hacer de vigía y estar atento para ver si yo sigo siempre su adorable Voluntad. Oh Dios, que pena estar en una inmensidad de luz y no saber encontrar el camino para dirigir los pasos para encontrar a Aquél que amo, que me ha formado, que me ha dicho tantas verdades que me las siento en mí como tantas Vidas Divinas palpitantes, que me hacen comprender quien es Aquél que quiero y no encuentro. ¡Ah Jesús, Jesús! Regresa, ¿cómo, me haces sentir tu latido en mi corazón y te escondes? Pero mientras desahogaba, pensaba entre mí: "Tal vez Jesús no encuentra ni en mí ni en los demás las disposiciones para recibir la Vida de sus otras verdades, y para no hacer quedar suspendidas estas Vidas, calla y se esconde". Pero mientras esto pensaba, mi sumo bien Jesús se ha movido dentro de mi interior en acto de mover los pasos para salir fuera de mí, y me ha dicho:

(2) "Pobre pequeña hija mía, te has perdido en la luz y no sabes encontrar a Aquél que con tanto amor buscas, la luz te forma las olas altísimas y forma las barreras para encontrarme, ¿pero no sabes tú que la luz soy Yo, la vida, el latido que tú sientes soy Yo? ¿Cómo habría podido mi Voluntad tener su Vida en ti, si no estuviera tu Jesús en ti, que da el campo para desenvolver el obrar de mi Querer en tu alma? Por eso cálmate. Ahora, tú debes saber que quien debe ser portador de un bien debe concentrar en sí toda la plenitud de aquel bien, de otra manera el bien no encontraría el camino para salir. Ahora, debiendo concentrar en ti el reino de mi Voluntad, nada debe faltar de Ella, porque su luz te dispone a recibir todas las verdades necesarias para formar su reino, y si las otras criaturas están indispuestas para recibir todas las Vidas de las verdades del Fiat, a lo más no te daré capacidad de manifestarlas, como sucede tantas veces, pero a ti, como

depositaria, nada debe faltarte. Esto sucedió con la Reina del Cielo, porque debiendo ser Ella la depositaria del Verbo encarnado, que debía darme a las generaciones humanas, concentré en Ella todos los bienes de los redimidos y todo lo que convenía para poder recibir la Vida de un Dios, por eso la alteza de mi Mamá posee la soberanía sobre todas las criaturas y sobre cada uno de los actos y bienes que pueden hacer, de modo que si ellas piensan santamente, Ella es como canal de los santos pensamientos, y por eso tiene la soberanía sobre de ellos, si hablan, si obran, si caminan santamente, el principio de todo eso desciende de la Virgen, y por eso tiene el derecho y la soberanía sobre las palabras, pasos, obras, no hay bien que se haga que no descienda de Ella, porque si Ella fue causa primaria de la encarnación del Verbo, era justo que fuera el canal de todos los bienes y tuviese el derecho de soberanía sobre todo. Esto sucedió también de Mí, que debiendo ser el Redentor de todos, debía contener en Mí todos los bienes de la Redención, Yo soy el canal, la fuente, el mar de donde parten todos los bienes de los redimidos y poseo por naturaleza el derecho de soberano sobre todos los actos y bienes que hacen las criaturas; nuestro reinar no es como el reinar de las criaturas, que dominan y reinan sobre los actos externos de ellas, y ni siquiera sobre todos los actos externos, pero de los internos no saben nada, ni tienen derecho de soberanía, porque no sale de ellos la vida, el pensamiento, la palabra de sus dependientes, en cambio de Mí sale la vida de todo el obrar interno y externo de las criaturas. Por eso las criaturas deberían ser actos, porque sobre cada acto de ellos que hacen, pende el de la Madre Celestial y el mío, y como soberanos lo forman, lo dirigen y le dan la vida".

(3) Después de esto continuaba mi giro en la Divina Voluntad, y uniéndome a la unidad que poseía mi primer padre Adán antes de pecar, mi dulce Jesús ha agregado:

(4) "Hija mía, tú no has comprendido bien qué significa unidad. Unidad significa concentración y principio de todos los actos de las criaturas, pasadas, presentes y futuras. Así que Adán antes de pecar, cuando poseía nuestra unidad, encerraba en sus pensamientos la unidad de todos los pensamientos de las criaturas, la unidad de todas las palabras, obras y pasos. Por tanto yo encontraba en él, en mi unidad, el principio, la continuación y el fin de todos los actos de las generaciones humanas; él en mi unidad encerraba a todos y poseía todo. Ahora hija mía, subiendo tú a aquella misma unidad dejada por él, tomas su puesto y poniéndote en el principio de todos y de todo, encierras en ti los mismos actos de Adán, con todo el séquito de todos los actos de las criaturas. Vivir en mi Voluntad significa: 'Soy el principio de todos, de mí todo desciende, como todo desciende del Fiat Divino, así que soy el pensamiento, la palabra, la obra y el paso de todos, todo tomo y todo llevo a mi Creador.' Se entiende que

Adán debía poseer y encerrar a todos si no se hubiese sustraído de nuestra Voluntad y hubiese vivido siempre en nuestra unidad, y entonces las generaciones humanas, si esto hubiera sido, habrían vivido todas en nuestro Querer, así que una habría sido la Voluntad, una la unidad, uno el eco de todos, que poniendo en común todo, cada uno habría encerrado todo en sí mismo".

23-39
Febrero 25, 1928

### El Querer Divino está como centro de vida en medio de las criaturas. Cómo el latido es el rey de la naturaleza y el pensamiento es el rey del alma.

(1) Mi vuelo en el Fiat Divino es continuo, me parece que Jesús, sus comunicaciones, todo ha terminado, mucho más que ya no están en mi poder, si el buen Jesús no se digna decirme otra cosa, yo quedo siempre la pequeña ignorante, porque sin Él no sé adentrarme, ni soy capaz ni de concebir, ni de decir un solo a, b, c de más, así que debo contentarme y habituarme a vivir sólo con el Querer Divino, porque Él no me deja jamás, es más, siento que es incapaz de poderme dejar, porque lo encuentro en mí, fuera de mí, en cada acto mío, con la inmensidad de su luz se presta a dar vida a mi acto, no hay punto donde no lo encuentre, más bien no hay punto ni espacio, ni en el Cielo ni en la tierra donde no tenga la primacía su Vida, su luz en acto de darse a la criatura. Así que encuentro que la Voluntad Divina no puede dejarme, y yo tampoco puedo separarme de Ella, somos inseparables, no hace las escapadas que me hace Jesús, más bien si no la tomo como acto primario de mis actos, Ella queda doliente y se lamenta de que en mi acto no ha tenido la primacía su acto, su luz, su Vida. ¡Oh! Voluntad Divina, cómo eres adorable, amable e insuperable, cuanto más estoy en Ti más te comprendo y te amo. Pero mientras mi pobre mente se perdía en el Fiat, mi dulce Jesús moviéndose en mi interior me ha dicho:
(2) "Hija mía, mi Voluntad se encuentra en medio a las criaturas como centro de vida. Así como el corazón humano se puede llamar rey de la naturaleza, porque si late el corazón la mente piensa, la boca habla, las manos obran, los pies caminan; si no late el corazón, todo termina de un golpe, todo, porque falta el rey a la pobre naturaleza, por tanto falta quien rija y dé vida al pensamiento, a la palabra y a todo lo que puede hacer la criatura. Como rey del alma es el pensamiento, la sede, el trono donde desenvuelve el alma su actividad, su vida, su régimen. Ahora, si la naturaleza humana quisiera sofocar el latido del corazón, no tomar en cuenta a su rey para hablar, pensar y otras cosas, ¿qué cosa sucedería? Ella misma daría muerte a

todos sus actos, así que sería suicida de sí misma; y si el alma quisiera sofocar el pensamiento, no encontraría la vía donde desenvolver su actividad, por tanto sería como un rey sin reino y sin pueblo. Ahora, lo que es el corazón para la vida humana, y el pensamiento para el alma, es mi Voluntad Divina en cada una de las criaturas, Ella es como centro de vida, y de su incesante y eterno latido, late y la criatura piensa, late y habla, camina y obra, y ellas no sólo no piensan en esto, sino que la sofocan, sofocan su luz, su santidad, su paz, el recto obrar, el justo y santo hablar, y algunos la sofocan tanto, que se vuelven suicidas de sus almas, y mi Voluntad en el bajo mundo es como un rey sin reino y sin pueblos, y las criaturas viven como si no tuviesen ni Rey, ni Vida Divina, ni régimen, porque falta el Rey del latido a su naturaleza humana, y el Rey del pensamiento a sus almas, pero como por su inmensidad envuelve todo y a todos, está obligada a vivir como sofocada en Sí misma, porque falta quien reciba su Vida, su actitud, su régimen. Pero Ella quiere formar su reino sobre la tierra, quiere tener su pueblo elegido y fiel, y por eso a pesar que está en medio a las criaturas y vive desconocida y sofocada, no se detiene, no parte para sus regiones celestiales, sino que persiste en estarse en medio de ellas para hacerse conocer, quisiera hacer saber a todos el bien que quiere hacer, sus leyes celestiales, su amor insuperable, su latido que palpita luz, santidad, amor, dones, paz, felicidad, y así quiere a los hijos de su reino. Por eso su Vida en ti, sus conocimientos, a fin que haga conocer qué significa Voluntad Divina, y Yo gozo y me estoy escondido en mi misma Voluntad para darle todo el campo y el desarrollo de su Vida en ti".

23-40
Febrero 28, 1928

**Así como Dios tiene en el Cielo la jerarquía de los ángeles con nueve coros distintos, así tendrá la jerarquía de los hijos de su reino con otros nueve coros. Condiciones de los confesores difuntos y cómo la memoria del padre di Francia no será apagada en esta obra.**

(1) Estaba pensando en el Santo Querer Divino, y miles de pensamientos se acumulaban en mi pobre mente, parecían como tantas luces más fuertes que surgían, y que después se unificaban en la misma luz del Sol eterno de aquel Fiat que no conoce ocaso; ¿pero quién puede decir lo que pensaba? Pensaba en los tantos conocimientos que Jesús me había dicho acerca de su Divina Voluntad y cómo cada uno de ellos lleva una Vida Divina al alma, con la marca de una rara belleza, de felicidad, pero distinta la una de la otra, que pone en común con quien tiene el bien de conocerla y amarla. Así que pensaba entre mí: "Un conocimiento de más o de menos pondrá una gran

diferencia entre un alma y otra". Entonces sentía pena al recordar a mis confesores difuntos que tanto interés habían tenido de hacerme escribir lo que el bendito Jesús me decía sobre la Divina Voluntad, sentía pena del venerable padre Di Francia que tantos sacrificios había hecho con venir de lejos afrontando gastos para la publicación, y en el momento más importante para conseguirlo Jesús se lo llevó al Cielo, así que no conociendo ellos todo lo que respecta al Fiat, no poseerán todas las Vidas y rareza de bellezas y felicidad que estos conocimientos contienen. Pero mientras mi mente se perdía en tantos pensamientos, que si los quisiera decir todos me extendería demasiado, mi dulce Jesús ha extendido sus brazos dentro de mi interior, y expandiendo luz me ha dicho:

(2) "Hija mía, así como tengo la jerarquía de los ángeles con nueve coros distintos, así tendré la jerarquía de los hijos del reino de mi Fiat Divino. Ese reino tendrá sus nueve coros y se distinguirán el uno del otro por la variedad de las bellezas que habrán adquirido con el conocer, quién más y quién menos, los conocimientos que pertenecen a mi Fiat, por eso cada conocimiento de más de mi Querer Divino es una nueva creación que forma en las criaturas de felicidad y de belleza incomparable, porque es una Vida Divina que corre dentro, que lleva en Sí todos los matices de las bellezas de Aquél que las manifiesta, y todas las teclas y sonidos de las alegrías y felicidad de nuestro Ser Divino. Así que si nuestra Paterna Bondad expone su Vida, su belleza y felicidad hasta crearla en medio a las criaturas, y ellas no se interesan en conocerla para tomarla por medio de nuestros conocimientos que ya les dimos, no es justo que reciban ni la belleza, ni los sonidos de nuestras alegrías como dotes propias, tomarán lo que hayan conocido, por eso habrá varios coros en la jerarquía del reino de mi Voluntad Divina. Si supieras qué diferencia habrá entre quien lleva mis conocimientos desde la tierra, y entre quien los adquirirá en el Cielo; los primeros los tendrán como dotes propias y se verá en ellos como naturaleza las bellezas divinas, y se oirán los mismos sonidos de las alegrías y felicidades que hace oír y forma su Creador, en cambio en los segundos, no será ni naturaleza en ellos, ni dotes propias, sino que los recibirán por efecto de comunicación de los anteriores, casi como la tierra recibe los efectos del sol, pero ella no posee la naturaleza del sol. Entonces aquellos que poseerán todos los conocimientos formarán el coro más alto, y así según conozcan vendrán formados los diversos coros. Pero todos aquellos que hayan adquirido estos conocimientos, sea en todo o en parte, tendrán el noble título de hijos de mi reino, porque estos conocimientos sobre mi Fiat, para quien tiene el bien de conocerlos para hacer de ellos vida propia, tienen virtud de ennoblecer a la criatura y hacer correr en su alma los humores vitales de la Vida Divina, y de elevarla a su origen primero, y son como el pincel del hagamos al hombre a nuestra imagen y semejanza, y pintan la imagen del Creador en la criatura.

Sin importar quien conozca de más o quien de menos, no será destruida su nobleza, sucederá como por ejemplo de una familia noble que tiene muchos hijos, algunos de estos hijos se dan al estudio, otros a las bellas artes, así que éstos se elevan de más, tienen puestos altos y decorosos, son más conocidos, amados y estimados, porque por las ciencias que poseen hacen más bien en medio de las gentes, lo que no hacen los otros hermanos, pero con todo y que éstos con sus sacrificios se elevan tanto, no destruye el que los otros hermanos sean nobles, porque todos llevan en ellos la sangre noble de su padre, por eso visten noblemente, tienen modos nobles en el obrar y en el hablar, en todo, así serán los hijos de mi Fiat, todos nobles, perderán la rudeza del querer humano, los míseros harapos de las pasiones; las tinieblas de las dudas, de los temores, serán puestas en fuga por la luz de mis conocimientos, y arrojará a todos en un mar de paz. Entonces tus confesores pasados a la otra vida serán como el preludio de los hijos de mi Voluntad, porque el primero se sacrificó tanto y trabajó por ayudar al pequeño campo de tu alma, y si bien en ese entonces Yo poco te hablaba de mi Fiat, porque primero debía disponerte, él será como el primer precursor, como el alba que anuncia el día del reino de mi Voluntad; el segundo y el tercer confesor, que tanto tomaron parte y conocieron en gran parte los conocimientos de Ella y tanto sacrificio hicieron, especialmente el tercero, que amaba tanto el que fueran conocidos y que tanto se sacrificó en escribir, serán como sol que despunta, que poniéndose en curso forma el día pleno de luz; aquellos que siguen serán como el pleno mediodía del gran día de mi Voluntad; según el interés que han tenido y tendrán, serán puestos quién a la primera hora del día de mi Querer, quién a la segunda, quién a la tercera y quién al pleno mediodía. ¿Y crees tú que la memoria del padre Di Francia, sus tantos sacrificios y deseos de hacer conocer mi Voluntad, hasta haber iniciado la publicación, sólo porque me lo he traído al Cielo será apagada en esta gran obra de mi Fiat Divino? No, no, es más, el tendrá el primer puesto, porque él con venir de lejos, vino como en busca de la cosa más preciosa que pueda existir en el Cielo y en la tierra, del acto que más me glorifica, es más, que me dará gloria completa por parte de las criaturas, y ellas recibirán bienes completos, él preparó el terreno para hacer que fuese conocida mi Voluntad Divina, tan es verdad, que no ahorró nada, ni gastos, ni sacrificios, y aunque no tuvo cumplimiento la publicación, sólo con iniciarla preparó los caminos para hacer que un día pueda ser conocida y tener vida la obra de mi Voluntad en medio a las criaturas. ¿Quién podrá destruir que el padre Di Francia haya sido el primer iniciador en hacer conocer el reino de mi Voluntad, y sólo porque su vida se apagó no tuvo cumplimiento la publicación? Así que cuando se conozca esta gran obra, su nombre, su memoria estará llena de gloria y de esplendor y tendrá su acto primero en una obra tan grande, tanto en el Cielo como en la tierra. En efecto, ¿por qué existe una batalla y casi cada uno suspira la victoria de vencer en retener los escritos sobre mi Fiat Divino? Porque él se llevó los escritos para publicarlos, si esto no hubiera sido, ¿quién habría hablado de ello? Ninguno, y si él no hubiese hecho comprender la importancia, el gran bien de estos escritos, ninguno se habría interesado. Por eso hija mía, mi bondad es tanta, que premio justamente y sobreabundantemente el bien que hace la criatura, especialmente en esta obra de mi Voluntad que tanto me interesa. ¿Qué cosa no daré a quien se ocupa y se sacrifica por poner a salvo los derechos de mi eterno Fiat? Excederé tanto en el dar, que haré maravillar al Cielo y a la tierra".

(3) Yo al oír esto pensaba entre mí: "Si tanto bien contienen estos conocimientos, si Jesús bendito continúa después de mi muerte a decir otros conocimientos de su Fiat a otras almas, ¿no se atribuirá a aquélla una obra tan grande?" Y Jesús moviéndose como deprisa en mi interior ha agregado:

(4) "No, no hija mía, así como del padre Di Francia se dirá que ha sido el primer propagador, de tus confesores que han sido cooperadores, así se dirá que la pequeña hija de mi Voluntad ha sido la primera y la depositaria de un bien tan grande, a la cual le venía confiado, y que fue escogida con misión especial. Supón a alguien que haya hecho una invención importante, tal vez los demás la propaguen, la difundan más, la imiten, la engrandezcan, pero ninguno podrá decir: 'Yo soy el inventor de esta obra.' Siempre se dirá, el inventor fue tal. Así será de ti, se dirá que el origen del reino de mi Fiat, la depositaria ha sido la pequeña hija de mi Voluntad".

23-41
Marzo 3, 1928

**Todas las cosas parten de un solo punto. Sublimidad del estado de Adán. Por qué Nuestro Señor hasta ahora no ha manifestado su estado feliz. Quien posee la unidad posee la fuente del bien.**

(1) Mi pobre corazón nadaba en el dolor de la privación de mi dulce Jesús, me sentía sofocar por el dolor, y a cualquier costo habría querido encontrar a Aquél por el cual soy tan torturada, para decirle mis angustias, pero mientras esto pensaba, mi amable Jesús se ha movido en mi interior y me ha dicho:

(2) "Hija mía, no temas por lo que sientes en tu alma, porque no es otra cosa que el trabajo que está haciendo en ti mi Fiat Divino. Él está encerrando todo en ti, a todos y todo en ti, todos los siglos pasados y los futuros, para hacer que todo lo que ha hecho el Supremo Querer en la Creación ponga en ti su germen, para recibir de ti las satisfacciones y la correspondencia que le deben las criaturas a todos sus actos, por eso no te preocupes, porque en cada hora de tu vida son siglos que mi Voluntad encierra, y es necesario que

quien debe tener su acto primero en mi Voluntad reinante, debe tener el origen de Ella, para poder desenvolver su Vida Divina. Todas las cosas parten de un punto, y de aquel punto se ensanchan y se difunden a todos, mira, también el sol tiene su primer punto, su centro de luz, su esfera, y desde su centro llena de luz a toda la tierra, por eso sigue a mi Voluntad y no te preocupes".

(3) Después seguía mi giro en la Divina Voluntad, y llegando al Edén para unirme al estado de Adán antes de pecar, cuando poseía la unidad con su Creador, para recomenzar mis actos junto con él y para suplir y continuar después que la perdió al caer en pecado, pensaba entre mí: "¿Por qué Jesús bendito no ha manifestado a ninguno el estado sublime, las maravillas que pasaban entre Adán inocente y su Creador, el océano de las felicidades, de las bellezas que poseía? Todo estaba concentrado en él, todo de él partía. Oh, si se conociera el estado de Adán, sus grandes prerrogativas, tal vez todos suspirarían por regresar al origen de donde el hombre salió". Pero mientras esto pensaba, mi dulce Jesús se ha movido en mi interior y todo bondad me ha dicho:

(4) "Hija mía, mi Paterna Bondad sólo manifiesta un bien cuando debe llevar una utilidad a las criaturas, si esto no veo, ¿en qué aprovecharía el manifestarlo? La historia del hombre inocente me es demasiado tierna, con solo recordarla mi Amor surge, desborda y forma sus olas altísimas para verterse como se vertía sobre Adán inocente, y no encontrando en quien verterlo, porque no encuentra otro Adán que lo reciba, capaz de darme sus desahogos de amor, porque mi Fiat Divino íntegro en él mantenía la vida recíproca de correspondencia entre el infinito y el finito, mi Amor sufre por eso y regresando en Mí mis mismas olas de amor, porque no encuentra a quién dárselas, queda sofocado por mi mismo amor. He aquí por qué no he manifestado hasta ahora el estado de Adán inocente, ni él manifestó casi nada de su estado feliz, porque al solo recordarlo se sentía morir de dolor, y Yo me sentía sofocar por mi amor. Ahora hija mía, queriendo restablecer el reino de mi Divina Voluntad, veo la utilidad de manifestar el estado de Adán inocente, y es esta la causa por la que frecuentemente te hablo de su estado sublime, porque quiero repetir lo que hacía con él, y en virtud de mi Querer quiero elevarte al estado primero de la creación del hombre. ¿Qué cosa no puede darme la criatura que posee mi Fiat, la unidad de Él? Todo puede darme y Yo todo puedo dar. Entonces pudiendo dar lo que manifiesto, mi amor no sofoca mis olas, más bien las pone fuera, y viéndolas reproducidas en la criatura goza, y siento que quiero manifestar lo que no se conoce para utilidad y bien de ellas. Si tú supieras cuánto gozo en el dar, cómo festeja mi amor cuando veo dispuesta a la criatura que quiere recibir mis bienes, serías más atenta a hacerme desahogar mi amor contenido".

(5) Dicho esto ha hecho silencio y yo me sentía como abismada en el Querer Divino, sus maravillas, lo que puede hacer el alma con poseer su Voluntad me raptaban, y yo pequeñita nadaba en el mar de luz del Fiat, y conforme me movía así se alzaban olas de luz, investidas estas olas de tintas de variada belleza e iban a descargarse en el seno de mi Creador, y la Paterna Bondad celeste, viéndose investida por las olas de su pequeña, movía sus olas hacia mí. ¡Oh Voluntad Suprema, cómo eres admirable, amable, deseable más que la misma vida, Tú me amas tanto que me pones en competencia con mi Creador, queriendo que me ponga a la par con Aquél que me ha creado! Pero mientras mi mente se perdía en el Fiat, mi dulce Jesús ha agregado:

(6) "Hija mía, quien posee la unidad de mi Querer es dueña de obrar y de hacer cuanto bien quiere, porque tiene en sí la fuente del bien, la tiene a su disposición, siente en sí los toques continuos de su Creador, las olas de su paterno amor y se sentiría demasiado ingrata si no formase sus olas, mucho más que siente correr en su alma su pequeño mar, surgido del mar inmenso de Aquél que la ha creado. En cambio quien no posee su unidad, no posee la fuente, por lo tanto tiene necesidad, si quiere hacer el bien, de la liberalidad divina en cada acto bueno que quiere hacer, casi acto por acto debe pedir la gracia para poder cumplir el bien que quiere, en cambio quien posee mi unidad, el bien se convierte en naturaleza, y sólo con que quiera obrar, encuentra la fuente del bien en sí y obra".

23-42
Marzo 8, 1928

**Dios creó al hombre para tenerlo sobre sus rodillas y hacerlo ser el repetidor de sus actos. Jesús le hace ver cómo pone todos los volúmenes escritos sobre su Querer, todos ordenados en su corazón. Amor de Jesús por los escritos y el bien que harán. Quien se decide a vivir en el Fiat, es atado con cadenas de luz.**

(1) Continuaba estando toda abandonada en el Santo Querer Divino, siguiendo sus innumerables actos como mejor podía, porque es tanta su multiplicidad, que muchas veces no puedo ni seguirlos, ni numerarlos todos, y debo contentarme con mirarlos, pero no abrazarlos; su actividad supera en modo increíble la actitud humana, y por eso a mi pequeñez no le es dado hacer todo, sino sólo de hacer cuanto más puedo y de no salir jamás de dentro de las obras del Fiat Divino. Mientras mi mente se perdía en las obras del Querer Divino, mi dulce Jesús moviéndose en mi interior me ha dicho:

(2) "Hija mía, nuestra Paterna Bondad creó al hombre para tenerlo sobre nuestras rodillas paternas para gozárnoslo continuamente, y él gozársela en modo perenne con su Creador, y para ser estables sus y nuestros gozos lo teníamos sobre nuestras rodillas, y como nuestra Voluntad debía ser también la suya, Ella ponía el eco de todos nuestros actos en el fondo del hombre que amábamos como hijo nuestro, y nuestro hijo al oír nuestro eco se volvía el repetidor de los actos de su Creador. ¿Qué contentos no se formaban entre él y Nosotros al resonar en el fondo del corazón de nuestro hijo este nuestro eco creante, que formaba en él el orden de nuestros actos, la armonía de nuestras alegrías y felicidad, la imagen de nuestra Santidad? Qué tiempos felices para él y para Nosotros. ¿Pero sabes tú quien arrancó de nuestras rodillas paternas a este hijo tan amado por Nosotros? El querer humano. Nos lo alejó tanto, que perdió nuestro eco creante, y por eso no supo más nada de lo que hacía su Creador, y Nosotros perdimos la felicidad de ver a nuestro hijo feliz y entretenerse sobre nuestras rodillas paternas, porque en él entró el eco de su querer que lo amargaba, lo tiranizaba con las pasiones más degradantes, de volverlo tan infeliz de dar piedad. Es propiamente esto lo que significa vivir en nuestro Querer, vivir sobre nuestras rodillas paternas, al cuidado de Nosotros, a expensas nuestras, en la opulencia de nuestras riquezas, alegrías y felicidad. Si tú supieras el contento que sentimos al ver a la criatura vivir sobre nuestras rodillas, toda atenta a oír el eco de nuestra palabra, el eco de nuestras obras, el eco de nuestros pasos, el eco de nuestro Amor, para ser la repetidora de ellos, tú estarías más atenta para no dejar que se te escape nada de nuestro eco, para darnos el contento de ver a tu pequeñez ser la repetidora de los actos de tu Creador".

(3) Yo al oír esto le he dicho: "Amor mío, si se debe vivir en tu Querer, viviendo sobre tus rodillas paternas no se debe hacer nada, ni obrar, ni caminar, ¿de otra manera cómo se puede estar sobre tus rodillas?" Y Jesús:

(4) "No, no, se puede hacer todo, nuestra inmensidad es tanta, que dondequiera encontrará nuestras rodillas paternas, siempre prontas a sus actos, que se prestan para tenerlo dondequiera estrechado sobre las rodillas divinas, mucho más que lo que ella hace no es otra cosa que el eco de lo que Nosotros hacemos".

(5) Después de esto me sentía preocupada por estos escritos sobre la Divina Voluntad, y mi dulce Jesús se hacía ver en mi interior que tenía todos los volúmenes escritos sobre Ella, y que uno por uno los tomaba en sus manos, los miraba con tal ternura amorosa, como si le quisiera estallar el corazón, y conforme los tomaba, los ponía todos ordenados en su corazón santísimo. Yo he quedado maravillada al ver con cuánto Amor amaba aquellos escritos y con cuánto celo los encerraba en su corazón para custodiarlos, y Jesús al ver mi admiración me ha dicho:

(6) "Hija mía, si tú supieras cuánto amo estos escritos, ellos me cuestan más que la misma Creación y Redención, cuánto amor y trabajo he puesto en estos escritos, me cuestan mucho, mucho, tienen dentro todo el valor de mi Voluntad, son la manifestación de mi reino y la confirmación de que quiero el reino de mi Voluntad Divina en medio a las criaturas, el bien que harán será grande, serán como soles que surgirán en medio a las densas tinieblas del querer humano, como vidas que pondrán en fuga la muerte a las pobres criaturas, ellos serán el triunfo de todas mis obras, la narración más tierna, más convincente de cómo amé y amo al hombre. Por eso los amo con tal celo que los custodiaré en mi corazón divino, no permitiré que ni siquiera una palabra se pierda; ¿qué cosa no he puesto en estos escritos? Todo, gracia sobreabundante, luz que ilumina, calienta, fecunda, amor que hiere, verdades que conquistan, atractivos que raptan, vidas que llevarán la resurrección del reino de mi Voluntad. Por eso también tú apréciaelos y tenles la estima que merecen y goza del bien que harán".

(7) Después seguía mi abandono en el Fiat, me sentía toda investida por su luz interminable, y mi adorable Jesús ha agregado:

(8) "Hija mía, en cuanto el alma se decide a vivir en mi Voluntad Divina, sin dar más vida a la suya, Yo, para estar seguro y para dar seguridad a ella, la ato con cadenas de luz, y hago esto para no quitar el libre albedrío, don dado a la criatura en la Creación, y lo que Yo doy una vez no lo quito, a menos que la propia criatura rechace mis dones, por eso la ato con la luz, porque queriendo se puede salir cuando quiera, pero para salir debe hacer un esfuerzo increíble, porque estas cadenas de luz investirán sus actos, y en cada acto suyo sentirá y verá la belleza, la gracia, la riqueza que esta luz comunica a sus actos y que formará el encanto y el verdadero eclipse al querer humano, de modo que se sentirá feliz y honrada de ser atada con estas cadenas tan nobles que le llevarán tanto bien, y deseará que el querer humano no tenga más vida en sus actos y suspirará con ardor que el Querer Divino tome su puesto. Así que se sentirá libre y atada, pero no forzada, sino espontánea en su libre voluntad, alentada por el gran bien que le viene, de modo que verá sus actos circundados por tantos anillos de luz que formando cadenas la transforman en la misma luz, y en cada acto suyo el alma emitirá tantas voces armoniosas y bellas, como sonidos argentinos, que hiriendo el oído de todo el Cielo, hará conocer que mi Voluntad Divina está obrando en la criatura".

23-43
Marzo 11, 1928

## Diferencia entre Jesús y la Virgen. Toda la Vida escondida de Jesús en Nazaret fue el llamado del reino de la Voluntad Divina sobre la tierra. La voluntad humana es la fuente del bien o del mal.

(1) Estaba pensando en qué diferencia habría entre la Virgen Santa y mi amable Jesús, siendo que en los dos el Querer Divino tenía su Vida, su pleno dominio, su reino, y mi dulce Jesús moviéndose en mi interior me ha dicho:

(2) "Hija mía, en Mí y en la Reina Celestial una era la Voluntad que nos animaba, una la Vida, pero entre Ella y Yo había una diferencia tal como entre una habitación en que por todas partes le entra la luz del sol, de manera que la luz la inviste, la domina, no hay parte de esta habitación en que la luz no tiene su puesto de reina, por tanto ella es presa de la luz, recibe siempre luz y crece bajo el influjo de la luz; en cambio otra habitación posee dentro de ella la esfera del sol, así que la fuente de la luz no la recibe de afuera, sino que la posee dentro, ¿no hay diferencia entre la una y la otra? Esta misma diferencia hay entre mi Mamá y Yo, Ella es la habitación investida por la luz, se hizo presa suya y el Sol de mi Voluntad le daba siempre, siempre, la nutrió de luz y crecía en los rayos interminables del Sol eterno de mi Fiat, en cambio mi Humanidad poseía en Sí misma la esfera del Sol Divino, su fuente que siempre surge sin disminuir jamás, y la Soberana Reina tomaba de Mí la luz que le daba la vida y la gloria de Reina de la luz, porque quien posee un bien se puede llamar reina de aquel bien".

(3) Después de esto seguía a mi Fiat Divino, haciendo mi giro en Él, y habiendo llegado a la casa de Nazaret donde mi amable Jesús había hecho su Vida oculta, para seguir sus actos, estaba diciéndole: "Amor mío, no hay acto que Tú haces en que mi te amo no te siga, para pedirte por medio de tus actos el reino de tu Voluntad; mi te amo te sigue dondequiera, en los pasos que das, en las palabras que dices, en la madera que trabajas, y mientras golpeas la madera golpeas el querer humano, a fin de que sea destruido y resurja tu Querer Divino en medio a las criaturas; mi te amo corre en el agua que bebes, en el alimento que tomas, en el aire que respiras, en los ríos de amor que pasan entre Tú y tu Mamá y San José, en las oraciones que haces, en tu latido ardiente, en el sueño que tomas. ¡Ah, cómo quisiera estar cerca de Ti para susurrarte al oído: "Te amo, te amo, haz que venga tu reino!" Ahora, mientras hubiera querido que mi te amo hiciera corona a todos los actos de Jesús, Él se ha movido en mi interior y me ha dicho:

(4) "Hija mía, toda mi Vida oculta, y tan larga, no fue otra cosa que el llamado del reino de mi Voluntad Divina sobre la tierra, quise rehacer en Mí todos los actos que debían hacer las criaturas en Ella, para después dárselos a ellos, y lo quise hacer junto con mi Mamá, la quise siempre junto en mi Vida oculta para formar este reino. Dos personas habían destruido

este reino de mi Fiat Divino, Adán y Eva; otras dos, Yo y la Soberana Reina debíamos rehacerlo. Así que primero pensé en el reino de mi Voluntad Divina, porque la voluntad humana había sido la primera en ofender a la mía con sustraerse de Ella, todas las otras ofensas vinieron en segundo grado, como consecuencia del primer acto. La voluntad humana es la vida o la muerte de las criaturas, su felicidad o su tiranía y desventura en la cual se precipita, su ángel bueno que la conduce al Cielo, o transformándose en demonio la precipita al infierno; todo el mal está en la voluntad, como también todo el bien, porque ella es como fuente de vida puesta en la criatura, que puede hacer brotar alegrías, felicidad, santidad, paz, virtud, o bien arroja de sí fuentes de penas, de miserias, de pecados, de guerras que destruyen todos los bienes. Por eso en esta Vida oculta de treinta años, primero pensé en el reino de mi Voluntad, y después con la pequeña Vida pública de apenas tres años pensé en la Redención, y mientras que al formar el reino de mi Fiat Divino tuve conmigo siempre junto a la Mamá Celestial, en la Vida pública no la tuve, al menos su presencia corporal, porque para el reino de mi Fiat me constituía Yo Rey y a la Virgen Reina, para ser primero Yo y después Ella el fundamento del reino destruido por la voluntad humana. Mira entonces cómo el reino de mi Querer Divino, por necesidad, por razón y por consecuencia era formado con mi venida sobre la tierra en primer orden, no habría podido formar la Redención si no hubiese satisfecho a mi Padre Celestial del primer acto ofensivo que le había hecho la criatura, así que el reino de mi Voluntad está formado, no queda otra cosa que hacerlo conocer, y por eso no hago otra cosa que seguir junto contigo y dotarte con los actos que hice para formarlo, acompañar tus actos para que corra en ellos el fundamento de los míos, estoy muy atento para que tu querer no tenga vida, a fin de que el mío esté libre. En suma, estoy haciendo contigo como con una segunda madre, llamando todos los actos hechos junto con la Virgen para ponerlos en ti, por eso sé atenta en seguir en todo a mi Voluntad".
+ + + +

Sea todo para gloria de Dios y cumplimiento de su Santísima Voluntad.
Deo Gratias

[1] Este libro ha sido traducido directamente del original manuscrito de Luisa Piccarreta

[1]
I. M. I. A

Fiat!!!

In Voluntate Dei!. Deo Gratias.

24-1
Marzo 19, 1928

**Renuencia de escribir acerca de la pequeñez. Regreso de los escritos. La Voluntad Divina vive como sofocada en medio de las criaturas porque no es conocida. Grave responsabilidad sobre aquellos que deberían hacerla conocer, estos se vuelven ladrones. Preparación de grandes acontecimientos.**

(1) Corazón mío y vida mía, Jesús, heme aquí de nuevo en el gran sacrificio de comenzar a escribir otro volumen, el corazón me sangra por el esfuerzo que hago, especialmente por las condiciones en las cuales se encuentra la pequeña y pobre alma mía. Amor mío, si Tú no me ayudas, si no me arroyas en Ti, si no haces uso de tu potencia y de tu amor sobre de mí, no puedo seguir adelante y seré incapaz de escribir una sola palabra, por eso te ruego que triunfe en mí tu Fiat; y si quieres que continúe escribiendo no me abandones a mí misma, continúa tu oficio de maestro dictando tus enseñanzas a mi pequeña alma, pero si no quieres que yo escriba más, beso y adoro tu Querer Divino y te agradezco, y te ruego que saque provecho de tantas lecciones que me has dado, que las medite siempre y que modele mi vida según tus enseñanzas. Mamá Celestial, Soberana Reina, extiende sobre mí tu manto azul para protegerme, guía mi mano mientras escribo a fin de que pueda cumplir la Divina Voluntad.

(2) Ahora, habiendo terminado de escribir el vigésimo tercer volumen, y sólo Jesús sabe con cuánto trabajo y sacrificio, me lamentaba con Él porque había disminuido sus enseñanzas y me había hecho fatigar demasiado para escribir tan solo pocas palabras, y pensaba entre mí: "Yo no tengo nada que escribir, porque si Jesús no habla, yo no tengo nada que decir, y parece que Jesús no tiene nada más que decirme, es verdad que la historia de su Fiat no tiene límites, no termina jamás, aun en el Cielo tendrá siempre qué decir sobre su eterno Querer, y siendo eterno encierra lo infinito, y el infinito tiene cosas y conocimientos infinitos que decir, de manera que no termina jamás, se parece al sol que mientras da luz, tiene siempre luz para dar, su luz no se agota jamás, pero, ¿no podrá ser que sea por mí por lo que ponga un límite a su hablar y haga una pausa en el narrar la gran historia de su eterna Voluntad?" Ahora, mientras esto pensaba, mi dulce Jesús se ha movido en mi interior en acto de salir y me ha dicho:

(3) "Hija mía, ¡cómo eres pequeña! Y se nota que por cuanto más estás en Ella, más pequeña te haces, y como pequeña quieres medir con tu pequeñez nuestra grandeza, quieres medir con tus límites en el decir nuestro

eterno decir, y como pequeña niña que eres te contentas porque tu Jesús no tiene más nada qué decirte, quisieras reposarte y regresar a nuestros primeros entretenimientos, ya que no tienes nada más que hacer. Pobre pequeña, pero tú no sabes que solamente son breves pausas que tu celestial Jesús permite para sus fines, que no te manifiesto, y cuando menos lo pienses retomará su hablar tan importante sobre la larga historia de mi eterno Querer".

(4) Después de tanto trabajar y luchar, finalmente me han llegado de Messina los escritos sobre la Divina Voluntad, y yo sentía un contento en mí porque finalmente los tenía de nuevo junto a mí y agradecía de corazón a mi dulce Jesús. Pero Jesús moviéndose en mi interior, haciéndose ver con un aire de tristeza me ha dicho:

(5) "Hija mía, tú estás contenta y Yo estoy afligido, si tú supieras que peso enorme gravitaba sobre aquellos de Messina, pues mientras tenían interés de tenerlos los tenían para dormir, ellos eran reos de una Voluntad Divina, y viendo la inactividad con la cual los tenían he permitido que los regresaran. Ahora este peso gravita sobre aquellos que con tanto interés los han hecho venir, si no se ocupan, también ellos serán reos de una Voluntad Divina, y si supieras lo que significa ser reo de una Voluntad tan Santa, significa tenerla obstaculizada, mientras que Ella anhela, suspira que sean quitados los impedimentos, y éstos se quitarán con hacerla conocer. Ella está llena de Vida, se mueve por doquier, envuelve todo, y esta Vida vive como sofocada en medio de las criaturas porque no es conocida, y Ella gime porque quiere la libertad de su Vida y está obligada a tener en Ella misma los rayos de su luz interminable, porque no es conocida. Ahora, ¿quién es el culpable de tantas penas de mi Voluntad Divina? Quien debe interesarse en hacerla conocer y no lo hace. ¿Será que tal vez mi finalidad ha sido dar tantas noticias acerca de mi Fiat, sin el fruto deseado de hacerla conocer? No, no, quiero la vida de lo que he dicho, quiero hacer resplandecer el nuevo sol, quiero el fruto de tantos conocimientos que he manifestado, quiero que mi trabajo reciba el suspirado efecto. En efecto, ¿cuánto no he trabajado para disponerte a recibir conocimientos tan importantes sobre mi Voluntad? Y tú misma, ¿cuántos sacrificios no has hecho y cuántas gracias no te he dado para hacértelos hacer? Mi trabajo ha sido largo, y cuando te veía sacrificada, miraba al gran bien que habrían hecho mis conocimientos sobre el Fiat en medio de las criaturas, la nueva era que debía despuntar en virtud de ellos, y mi tierno corazón mientras sufría en sacrificarte, tomaba un inmenso placer al ver el bien, la paz, el orden, la felicidad, que en virtud de ello debían recibir mis otros hijos. Cuando Yo hago cosas grandes a un alma, le manifiesto verdades importantes y las renovaciones que quiero hacer en medio de la familia humana, no es sólo para la criatura que lo manifiesto, sino porque quiero encerrar a todos en aquel bien, quiero que

mis verdades resplandezcan sobre de cada uno, a fin de que, quien quiera tome la luz de ellas. ¿No hice esto con mi Mamá Celestial? Si Ella hubiera querido tener oculta la encarnación del Verbo, ¿qué bien habría traído mi venida a la tierra? Ninguno, habría partido al Cielo sin dar a ninguno mi Vida, y la Soberana Reina, si me hubiera escondido, habría sido rea y ladrona de todo el bien y de tantas Vidas Divinas que debían recibir las criaturas. Así se harán reos y ladrones de todo el bien que llevarán los conocimientos sobre mi Fiat Divino, porque Él llevará tantas vidas de luz, de gracia, y los bienes inmensos que contiene una Voluntad Divina. Por esto, grave peso gravita sobre aquellos que deberían ocuparse si es que continúan dejando inoperantes a los soles tan benéficos de tantas verdades sobre mi eterno Querer, y si tú, por primera, te quisieras oponer a hacer conocer lo que respecta a mi Voluntad, la primera ladrona de tantos soles y de tantos bienes que deben recibir las criaturas por medio de estos conocimientos, serías tú".

(6) Después, con un acento más tierno ha agregado:

(7) "Hija mía, el mundo está como quemado, no hay quien vierta sobre él aquella agua pura que les quite la sed, y si beben es el agua turbia de su voluntad que los quema de más. Los mismos buenos, los hijos de mi Iglesia que buscan hacer el bien, después de haber hecho el bien no sienten la felicidad del bien, sino más bien el peso del bien que les lleva la tristeza y el cansancio, ¿sabes por qué? Porque falta en el mismo bien la Vida de mi Fiat, que contiene la fuerza divina que quita cualquier cansancio, falta la luz y el calor de mi Voluntad que tienen virtud de vaciar cualquier peso y de endulzar todas las amarguras, falta el rocío benéfico de mi Fiat que embellece las acciones de las criaturas y las hace aparecer tan bellas que le llevan la vida de la felicidad, falta el agua de mi Querer que siempre surge y que mientras fecunda en modo divino, da vida y apaga la sed, y por eso, beben y se queman de más. Mira entonces cómo es necesario que sus conocimientos sean conocidos y se abran camino en medio de las criaturas, para llevar a cada una la Vida de mi Voluntad, con la fuente de los bienes que Ella contiene. Todos sienten, aun aquellos que se dicen los más buenos, que les falta una cosa necesaria, sienten sus obras no completas, y todos suspiran otro bien, pero ellos mismos no saben qué cosa sea. Es la plenitud y totalidad de mi Fiat Divino que falta en sus actos, y por eso sus obras están como a mitad, porque sólo con mi Querer, y en Él, se pueden hacer obras completas. Por eso Él suspira ser conocido para llevar su Vida y el cumplimiento a las obras de sus criaturas, mucho más, que grandes acontecimientos estoy preparando, dolorosos y prósperos, castigos y gracias, guerras imprevistas e inesperadas, todo para disponer a recibir el bien de los conocimientos de mi Fiat; pero si a estos conocimientos los dejan dormir sin ponerlos en medio de las criaturas, dejarán sin fruto los

acontecimientos que estoy preparando; ¿qué cuentas me darán? Mientras que con estos conocimientos estoy preparando la renovación y la restauración de la familia humana. Por lo tanto, por parte tuya no pongas ningún obstáculo y continúa rogando que pronto venga el reino de mi Divina Voluntad".

24-2
Marzo 25, 1928

### Los conocimientos sobre el Divino Querer son tantos pasos que Él ha hecho para regresar en medio de las criaturas. Estos pasos llevarán vida, luz, santidad. Suspiros de Jesús por hacerlos conocer.

(1) Mi pobre mente mientras seguía al Fiat Divino para acompañar sus actos, iba pensando en las tantas verdades que mi amado Jesús me había dicho sobre la Divina Voluntad, y con cuánto amor e interés me las había manifestado. Entonces pensaba entre mí: "Las primeras verdades que Él me dijo, parecían destellos de luz que salían de dentro de una luz interminable, después, poco a poco, no más destellos sino fuentes de luz, y mi pobre alma quedaba bajo el continuo flujo de estas fuentes de luz, finalmente me parecen mares de luz, de verdades, en las que yo quedaba tan sumergida, que mi pequeña capacidad no podía tomar todo y dejaba muchas verdades en aquel mismo mar en el cual yo me sentía inmersa, pero no me era dado el restringir en mí toda aquella luz interminable, que convirtiéndose en palabras me manifestaban la armonía, la belleza, la potencia del Supremo Querer. Ahora me parece que estoy en la luz, pero la luz no habla y yo, mientras bebo mares de luz, no sé decir nada". Mientras esto pensaba, mi siempre amable Jesús se ha movido en mi interior y todo amor me ha dicho:

(2) "Hija mía, tú debes saber que nuestra paterna bondad en cuanto el hombre se separó de nuestra Voluntad, retiró la vida obrante de Ella de en medio de las criaturas, por eso poquísimo han sabido decir de Ella, porque no corría en ellos, como vida, el mar de la luz obrante de mi Fiat Divino, porque ellos mismos, ingratamente lo habían rechazado, y por suma bondad nuestra les dejamos el bien de poder seguir las ordenes de nuestro Querer, no la Vida, con lo cual podían esperar su salvación, porque sin Ella no hay ni salvación ni santidad; pero nuestra paterna bondad, nuestro Querer y nuestro amor deseaban, suspiraban, anhelaban fuertemente el regreso como Vida obrante en medio de las criaturas, veían que ellas no podían alcanzar la finalidad perfecta de la Creación, ni formar la imagen querida por Nosotros, toda a nuestra semejanza, como fue creada por Nosotros sin la Vida obrante de nuestro Fiat, porque Él, siendo acto primero de la criatura,

faltando Él la criatura queda desordenada, contrahecha, porque le falta el primer acto de su existencia. Ahora, tú debes saber que nuestro Ser Supremo, después de tantos siglos de escondidos suspiros, desbordó más fuerte en amor, más que en la misma Creación y Redención, sentimos la necesidad de amor, porque este amor regurgitando se desbordaba fuera de Nosotros para hacer los primeros pasos hacia la criatura, y en cuanto Yo comencé a manifestarte las primeras verdades sobre mi Querer Divino, así lo atraía a hacer los primeros pasos en medio de las criaturas, y estos pasos los concentraba en ti por medio de sus conocimientos, y conforme veía que tú ponías tus pasos en los del Fiat Divino, Yo me regocijaba, hacía fiesta y manifestándote otras verdades sobre Él, lo atraía a hacer otros pasos, así que por cuantas verdades te he dicho acerca de mi Voluntad, tantos pasos he hecho hacer a mi Fiat para hacerlo regresar como vida obrante en medio de las criaturas. Por eso te he dicho tanto acerca de Él, que se puede decir que Cielo y tierra están llenos de los pasos de los conocimientos de mi Querer, que uniéndose juntos forman el mar de luz en tu alma, que queriendo desbordar de dentro de ti quiere hacer su camino en medio de las criaturas, y estos pasos serán multiplicados a medida que sean conocidas las verdades sobre mi Voluntad, porque Yo no manifiesto jamás una verdad, sino cuando quiero hacer don de ella, dando la vida y el bien que esa verdad contiene. Por eso, hasta en tanto que mi Voluntad Divina no sea conocida con todos sus conocimientos, sus pasos estarán obstaculizados y suspendido el bien que quiere hacer a las criaturas. Si tú supieras cómo es doloroso poder hacer el bien, ponerse en acto de hacerlo, y porque no se conoce tenerlo suspendido, y esperar y volver a esperar, y suspirar por quien lo haga conocer para aligerarse del peso del bien que quiere dar, ¡oh! cómo te apresurarías para hacer conocer todos los pasos de mi Fiat, mucho más porque ellos son pasos que llevarán, no remedios, ayudas, medicinas, sino plenitud de vida, de luz, de santidad y totalidad de bienes, y mi amor regurgitando e inundando a todo el mundo, restablecerá el orden de la Creación y el dominio de mi Querer en medio de la familia humana".

(3) Después de esto mi dulce Jesús hacía ver que de dentro de su corazón divino salían muchos rayos de luz, en el punto de donde partían estaba impreso cada uno de los conocimientos sobre la Divina Voluntad, de modo que formaban la más bella corona de luz en torno a aquel corazón divino, y mi amado Jesús ha agregado:

(4) "Hija mía, mira que bella corona de gloria y de luz posee mi corazón divino, corona más bella y refulgente no podía poseer, estos rayos son todos los conocimientos sobre mi Voluntad, sin embargo estos rayos están obstaculizados, no pueden extenderse porque sus conocimientos no son conocidos, por eso no pueden extenderse y ensancharse para llenar de luz toda la tierra. Sucede como le sucedería al sol si le fuese impedido el que

sus rayos, saliendo del centro de su esfera, quedaran en el aire sin poderse extender para tocar la tierra e investirla con su luz y con su calor, y así, el sol no pudiendo extender sus rayos, no podría dar los efectos que la luz contiene, ni la tierra podría recibirlos, habría una cierta lejanía entre la tierra y la luz del sol, y este alejamiento impediría al sol el hacer el bien a la tierra, y ella sería estéril e infecunda. Así son los conocimientos sobre mi Fiat, si no se hacen conocer, sus rayos no se pueden extender y tomar como de la mano a las almas para calentarlas, para quitarles el entorpecimiento del querer humano, plasmarlas de nuevo para transformarlas en la Vida que mi Fiat les quiere infundir, porque estos conocimientos son, y contienen la nueva creación, de transformar a la criatura en como salió de nuestras manos creadoras".

24-3
Abril 1, 1928

**Necesidad de la prueba. Cuál será la prueba de los hijos del reino Divino. Quien vive en la Divina Voluntad ofrece a Dios actos Dignos de un rey. La larga historia de la Divina Voluntad.**

(1) Mi abandono en el Querer Divino es continuo, pero mientras estaba toda abandonada en Él pensaba entre mí: ¿Cuál será la prueba que Jesús querrá para aquellos que vivirán en el reino de la Divina Voluntad? Si Jesús quiere de todos una prueba de fidelidad para confirmar el estado al cual lo llama y para estar seguro de poder confiar a la criatura los bienes que le quiere dar, mucho más a estos hijos de su reino, que será el estado más sublime que pueda existir, les pedirá esta prueba". Pero mientras esto pensaba, mi siempre amable Jesús se ha movido en mi interior y me ha dicho:

(2) "Hija mía, cierto que no hay seguridad sin una prueba, y cuando el alma resiste a la prueba recibe la confirmación de mis designios y todo lo que le es de necesidad y conviene para desarrollar el estado al cual es llamada por Mí. Por eso quise probar a Adán, para confirmar su estado feliz y el derecho de rey sobre toda la Creación, pero como no fue fiel en la prueba, por justicia no podía recibir la confirmación de los bienes que quería darle su Creador, porque en la prueba el hombre adquiere el sello de la fidelidad, el cual lo pone en derecho de recibir los bienes que Dios había establecido darle en el estado al cual el alma era llamada por Él. Quien no es probado, se puede decir que no tiene ningún valor, ni ante Dios, ni ante los hombres, ni siquiera ante sí mismo; Dios no puede fiarse de un hombre sin prueba, él mismo, esto es, el hombre, no sabe qué fuerza tiene. Entonces, si Adán hubiese resistido a la prueba, todas las generaciones humanas habrían sido

confirmadas en su estado feliz y de realeza. Ahora, Yo, amando con amor todo especial a estos hijos de mi Querer Divino, quise Yo mismo sostener la prueba por todos ellos en mi Humanidad, reservando para ellos la sola prueba de no hacerlos hacer jamás su voluntad, sino solo y siempre la mía, para reconfirmarles todos los bienes que se necesitan para vivir en el reino de mi Fiat Divino; con esto les cerré todas las puertas de salida, los ungía de una fuerza invencible, de manera que nadie podrá entrar en los recintos altísimos de mi reino, porque cuando Yo mando que esta cosa no se haga, es una puerta que dejo por donde el querer humano puede hacer su salida, es una ocasión que la criatura tiene siempre, para poder salir de dentro de mi Voluntad, pero cuando digo: 'De aquí no se sale', todas las puertas quedan cerradas, la debilidad viene fortificada, y sólo le queda la decisión de entrar para no salir más, o bien, de hecho no entrar. Por tanto, para vivir en el reino de mi Querer estará sólo la decisión, y la decisión llevará el acto cumplido. ¿No lo estoy haciendo así contigo? ¿No grito siempre desde el fondo de tu corazón que nada ose entrar en él, sino solamente mi Voluntad? Ella, como centro de vida, con su fuerza omnipotente, con su luz deslumbrante, tiene todo fuera de ti, y eclipsándolo todo hace correr su primer movimiento de vida en todos tus actos y domina y reina como Reina".

(3) Después de esto estaba siguiendo los actos de la Divina Voluntad en toda la Creación, para llevarlos como homenaje a mi Creador, y en todas las cosas creadas corría un movimiento de vida que las reunía a todas y movía todo. Yo he quedado sorprendida y mi dulce Jesús ha agregado:

(4) "Hija mía, este movimiento de vida en toda la Creación es mi Voluntad, que mueve todo y tiene como en su propio puño de vida todas las cosas. Cómo es grande su movimiento, y mientras es múltiple es uno, por eso la historia de mi Voluntad es larga, y tu trabajo de escribir su historia se vuelve larguísimo, y por cuanto quisieras restringir tu decir te resulta difícil, porque su movimiento que todo mueve continuamente, tiene tanto que decir de lo que ha hecho en su larguísima historia, que por cuanto ha dicho le parece que no ha dicho nada, y como los movimientos, todas las vidas, todos los campos son suyos, tiene tantos caminos para narrar su larga historia, y tú serás la narradora y portadora de la historia de un Querer eterno, que mientras dice su historia te pone dentro para darte la vida de sus actos y comunicarte, por cuanto te es posible, su movimiento y los bienes que Él contiene. Por eso tú debes saber que quien vive en mi Querer ofrece a la Majestad Eterna actos reales, actos que sólo se encuentran en la morada divina de mi Voluntad, y entonces Nosotros nos sentimos verdaderamente honrados por la criatura, cuando viene delante a Nosotros con los actos reales que hace nuestra Voluntad en toda la Creación, ellos son actos divinos y dignos de nuestra Majestad, en cambio quien no vive en nuestro Querer, por cuantos bienes pueda hacer, son siempre actos humanos que

nos ofrece, no divinos, inferiores a Nosotros porque no corre en ellos el acto real de nuestro Fiat Divino. Sucede como a un rey que es servido por un paje, el cual le ofrece todas las cosas que se encuentran en la morada del rey, éste, a pesar de que son cosas suyas se siente honrado, porque si bebe, bebe su agua pura en vasos de oro, tersos y limpios; si come, el alimento es digno de él y le es servido en platos de plata; si viste, le son llevados vestidos reales como conviene a un rey; el rey se siente complacido y satisfecho porque es servido con las cosas reales que le pertenecen; en cambio otro paje que sirve al rey, cuando el rey quiere beber, va a su vil habitación a tomar agua turbia, la lleva en vasos de barro, no limpios; si come, va a tomar su alimento vulgar, vil y en platos que dan asco; si viste, le lleva vestidos sin adornos y no dignos de un rey; el rey no queda complacido ni honrado al ser servido por este paje, más bien queda con un dolor en el corazón y dice: '¿Cómo, tengo mis cosas reales y este paje se atreve a servirme con las cosas viles de su casa?' El primer paje es quien vive en mi Voluntad, el segundo quien vive de voluntad humana, ¡qué gran diferencia entre el uno y el otro!"

24-4
Abril 4, 1928

**En Dios la palabra lo es todo. El conocimiento es el portador del acto divino y de la posesión de los bienes divinos por las criaturas. Cuidado que prescribe Jesús.**

(1) Estaba haciendo mi giro en el Fiat Divino, y en mi mente se formaban tantos pensamientos sobre el Querer Supremo y pensaba entre mí: "¿Cómo puede ser que solamente con conocer las criaturas los conocimientos sobre la Divina Voluntad pueda venir su reino? Si para venir el reino de la Redención hizo tanto, no bastó el sólo conocer, sino que obró, sufrió, murió, hizo milagros, y ahora para el reino del Fiat Divino, que es más que la Redención, ¿bastarán solamente los conocimientos?" Mientras esto pensaba, mi amable Jesús se ha movido en mi interior y me ha dicho:
(2) "Hija mía, las criaturas, para formar la más pequeña cosa tienen necesidad de obras, de pasos y de materias primas, pero Dios, tu Jesús, no tiene necesidad de nada para crear y formar las obras más grandes, aun el universo entero; para Nosotros la palabra es todo, ¿no fue creado todo el universo sólo con la palabra? Y al hombre para gozar de todo este universo sólo le bastó el conocerlo; son los caminos que tiene nuestra Sabiduría, que para dar nos servimos de la palabra, y el hombre para recibir se debe servir del conocimiento de lo que Nosotros hemos dicho y hecho con nuestra palabra, en efecto, si alguien no conoce todas las variedades de las plantas

que están esparcidas por toda la tierra, no goza ni es dueño de los frutos de las plantas que desconoce, porque en nuestra palabra está no sólo la fuerza creadora, sino que unida a ella está la fuerza comunicativa que sirve para comunicar a las criaturas lo que hemos dicho y hecho, pero si no conocen nada les viene dado. ¿Qué cosa agregó el hombre para gozar la luz del sol y recibir sus efectos? Nada, ni agregó nada al agua que bebe, al fuego que lo calienta y a tantas otras cosas creadas por Mí, pero las necesitaba conocer, de otra manera habría sido para el hombre como si no existieran. El conocimiento es el portador de la vida de nuestro acto y el portador de la posesión por la criatura de nuestros bienes, así que los conocimientos sobre mi Voluntad tienen virtud de formar su reino en medio de las criaturas, porque tal ha sido nuestra finalidad al haberlos manifestado y si en la Redención quise descender del Cielo para tomar carne humana, fue porque quise descender en todos los actos humanos para reordenarlos, mucho más, pues Adán se sustrajo de nuestra Voluntad Divina para contentar su humanidad, y con esto se desordenó todo, perdió su estado de origen, y Yo debí hacer el mismo camino, descender en una Humanidad para reordenarlo de nuevo, y todo lo que hice en Ella debía servir como remedio, medicina, ejemplo, espejo, luz, para poder poner en orden a la humanidad decaída. Ahora, habiendo hecho todo lo que era necesario, y aun de más, tanto que Yo no tenía ya que más hacer, hice todo y lo hice como Dios, con medios sorprendentes y con amor invencible para reordenar a esta humanidad decaída, el hombre no puede decir que esto Jesús no lo ha hecho para curarlo, para reordenarlo y ponerlo a salvo. Todo lo que Yo hice en mi Humanidad no fue otra cosa que preparación y remedios que prescribía para que sanara la familia humana, para regresar de nuevo en el orden de mi Divina Voluntad. Por lo tanto, después de cerca de dos mil años de cuidados, es justo y decoroso para Nosotros y para el hombre, que éste ya no esté enfermo, sino que regrese sano para entrar en el reino de nuestra Voluntad, y por eso se necesitaban los conocimientos de Ella, para hacer que nuestra palabra creadora, que habla y crea, habla y comunica, habla y transforma, habla y vence, habla y hace surgir nuevos horizontes, nuevos soles por cuantos conocimientos manifiesta, de modo que formarán tantos dulces encantos, que la criatura, sorprendida quedará conquistada e investida por la luz de mi eterno Querer, porque no se necesita otra cosa para que venga su reino que el que las dos voluntades se besen, que una se pierda en la otra, la mía para dar y la voluntad humana para recibir. Por eso mi palabra creadora así como bastó para crear el universo, así será suficiente para formar el reino de mi Fiat, pero es necesario que se conozcan las palabras que he dicho, los conocimientos que he manifestado, para poder comunicar el bien que contiene mi palabra creadora, por eso insisto tanto en que sean conocidos los conocimientos sobre mi Voluntad, la finalidad por la cual los he manifestado, para poder realizar mi reino que tanto suspiro darlo a las criaturas, y Yo arrollaré Cielo y tierra para obtener mi intento".

24-5
Abril 6, 1928

**Cómo se puede poner el alma en la unidad Divina. Ejemplo del sol. La repetidora del Creador. Cómo Dios da sorbo a sorbo. Necesidad de que los conocimientos hagan su camino.**

(1) Estaba pensando en el Fiat Divino para unirme a su unidad, para poder suplir a aquella unidad de voluntad que falta entre Creador y criatura y pensaba entre mí: "¿Será que puedo llegar a tanto, de poder penetrar en la unidad de mi Creador?" Y Jesús moviéndose en mi interior me ha dicho:
(2) "Hija mía, el alma que se pone en la unidad de mi Voluntad, es como si se pusiera en la esfera del sol. Mira el sol, es uno, de la altura donde se encuentra su esfera hace un solo acto, pero la luz que desciende hasta lo bajo abraza toda la tierra y por los efectos de su luz produce múltiples e innumerables actos, casi a cada cosa, a cada planta, las inviste, les da su abrazo de luz y les dice: '¿Qué quieres tú, la dulzura? Te la doy; y tú, ¿qué quieres, el color? Te lo doy; y tú, ¿quieres el perfume? Te lo doy también.' Casi a cada cosa la luz saca de sí y le da lo que a su naturaleza le conviene para formar su vida y crecer según el orden creado por Dios. Ahora, ¿por qué todo esto? Porque aquella esfera contiene tanta luz y todos los gérmenes y efectos de todas las cosas y plantas que hay esparcidas sobre la faz de la tierra. Ahora, símbolo de esto es el alma que quiere vivir en la unidad de nuestro Querer, ella se eleva en la esfera del Sol del eterno Fiat, que contiene tanta luz que no hay quien pueda huir de ella, posee todos los gérmenes de las vidas de las criaturas, su luz va invistiendo y plasmando a todos, y ruega para que reciban cada uno la vida, la belleza, la santidad querida por su Creador; y el alma desde aquella esfera se hace de todos y se da a todos, y repite nuestro acto, que mientras es uno, éste uno tiene virtud de hacer todo y de darse a todos, como si cada uno lo tuviese a su disposición y fuese todo suyo, porque en Nosotros la unidad es naturaleza, en el alma puede ser gracia, y Nosotros nos sentimos bilocados en la criatura que vive en nuestra unidad, y ¡oh! cómo nos deleitamos al ver la pequeñez de la criatura que se eleva, desciende, se ensancha en nuestra unidad para ser la repetidora de su Creador".
(3) Después de esto estaba pensando en cómo Jesús bendito debía hacer venir el reino de su Voluntad, cómo podía la criatura abrazar todos juntos sus conocimientos, y casi todo de un solo golpe, bienes tan grandes, modos

divinos, belleza y santidad que contienen los reflejos y la semejanza de su Creador. Pero mientras esto pensaba, mi amado Jesús se ha movido en mi interior y me ha dicho:

(4) "Hija mía, la criatura, es por naturaleza suya que no puede recibir un bien grande, una luz que no tiene confines, todo junto, sino que lo debe tomar sorbo a sorbo, esperando que se pase el primer sorbo para tomar el siguiente y si quisiera tomar todo junto, pobrecita, se ahogaría y sería obligada a sacar fuera lo que no puede contener, esperando que primero digiera aquél poco que ha tomado, que corra como sangre en sus venas, que se extienda aquel humor vital en toda su persona, y después se disponga a tomar otro sorbo. ¿No ha sido éste el orden que he tenido contigo, manifestarte poco a poco, comenzando por las primeras lecciones, después las segundas, las terceras, y así poco a poco lo demás que respecta a mi eterno Fiat? Y cuando tú habiendo masticado la primera la pasabas y corriendo como sangre en tu alma, Yo te preparaba la segunda lección y mi Voluntad formaba los primeros actos de vida en ti, y Yo festejaba la gloria de Ella y realizaba la finalidad de la Creación y estaba esperando con ansia el poder darte otras lecciones más sublimes, de llenarte tanto, que tú misma no sabías de dónde tomar para poderlas decir. Así haré para formar el reino de mi Querer Divino, comenzaré por las primeras lecciones que te he dado a ti, y por eso quiero que se comience a conocer, a fin de que hagan el camino, preparen y dispongan a las almas para hacer que poco a poco suspiren por escuchar otras lecciones en vista del gran bien que han recibido de las primeras, por eso he preparado lecciones tan largas sobre mi Voluntad, porque Ella encierra la finalidad primaria por la que fue creado el hombre, y todas las cosas y la vida del mismo hombre que debe desenvolver en Ella, así que sin Ella es como si el hombre no tuviera la verdadera vida, sino una vida casi extraña a él, y por eso llena de peligros, de infelicidad y de miserias; pobre hombre sin la Vida de mi Querer, hubiera sido mejor para él si no hubiera nacido, y por suma desventura suya ni siquiera conoce su verdadera vida, porque hasta ahora no ha habido quién haya partido el verdadero pan de sus conocimientos para formar la sangre pura y poder hacer crecer su verdadera Vida en la criatura, le han partido un pan corrompido, contaminado, que si no lo ha hecho morir, no ha crecido sano, robusto, y fuerte de una fuerza divina, como hace crecer el pan de mi Voluntad; Ella es vida y tiene virtud de dar su Vida, es luz y expulsa las tinieblas, es inmensa y toma al hombre por todos lados para darle fuerza, felicidad, santidad, de modo que todo está al seguro en torno a él. ¡Ah, tú no sabes qué tesoros de gracia esconden estos conocimientos, qué bien llevarán a las criaturas, y por eso no tienes interés en que comiencen a hacer su camino para dar principio a formar el reino de mi Voluntad!".

24-6
Abril 12, 1928

**Analogía entre el Edén y el Calvario. No se forma un reino con un solo acto. Necesidad de la muerte y resurrección de nuestro Señor.**

(1) Estaba haciendo mi giro en el Fiat Divino y acompañaba a mi dulce Jesús en las penas de su Pasión, y siguiéndolo en el Calvario mi pobre mente se ha detenido a pensar en las penas desgarradoras de Jesús sobre la cruz, y Él moviéndose en mi interior me ha dicho:

(2) "Hija mía, el Calvario es el nuevo Edén donde le venía restituido al genero humano lo que perdió al sustraerse de mi Voluntad.
Analogía entre el Calvario y el Edén: En el Edén el hombre perdió la gracia, sobre el Calvario la adquiere; en el Edén le fue cerrado el Cielo, perdió su felicidad y se volvió esclavo del enemigo infernal, aquí en el nuevo Edén le viene reabierto el Cielo, readquiere la paz, la felicidad perdida, queda encadenado el demonio y el hombre queda libre de su esclavitud; en el Edén se oscureció y se retiró el Sol del Fiat Divino y para el hombre fue siempre noche, símbolo del sol que se retiró de la faz de la tierra en las tres horas de mi tremenda agonía sobre la cruz, porque no pudiendo sostener la vista del desgarro de su Creador, causado por el querer humano que con tanta perfidia había reducido a mi Humanidad a este estado, horrorizado se retiró, y cuando Yo expiré reapareció de nuevo y continuó su curso de luz; así el Sol de mi Fiat, mis dolores, mi muerte, llamaron nuevamente al Sol de mi Querer a reinar en medio de las criaturas, así que el Calvario formó la aurora que llamaba al Sol de mi Eterno Querer a resplandecer de nuevo en medio a las criaturas. La aurora es certeza de que debe salir el sol, así la aurora que formé en el Calvario asegura, si bien han pasado cerca de dos mil años, que llamará al Sol de mi Querer a reinar de nuevo en medio a las criaturas. En el Edén mi amor quedó derrotado por parte de las criaturas, aquí en el Calvario triunfa y vence a la criatura; en el primer Edén el hombre recibe la condena de muerte para el alma y el cuerpo, en el segundo queda libre de la condena y viene reconfirmada la resurrección de los cuerpos con la resurrección de mi Humanidad. Hay muchas relaciones entre el Edén y el Calvario, lo que el hombre perdió en el prmero, en el segundo lo readquiere; en el reino de mis dolores todo le viene dado y reconfirmado el honor, la gloria de la pobre criatura por medio de mis penas y de mi muerte.

(3) El hombre con sustraerse de mi Voluntad formó el reino de sus males, de sus debilidades, pasiones y miserias, y Yo quise venir a la tierra, quise sufrir tanto, permití que mi Humanidad fuese lacerada, le fuera arrancada a pedazos su carne toda llena de llagas, y quise también morir para formar por

medio de mis tantas penas y de mi muerte, el reino opuesto a los tantos males que se había formado la criatura. Un reino no se forma con un solo acto, sino con muchos y muchos actos, y por cuantos más actos tanto más grande y glorioso se vuelve un reino, así que mi muerte era necesaria a mi amor, con mi muerte debía dar el beso de vida a las criaturas, y de mis tantas heridas debía hacer salir todos los bienes para formar el reino de los bienes a las criaturas; por eso mis llagas son fuentes que desbordan bienes, y mi muerte es fuente de donde brota la Vida a provecho de todos.

(4) Así como fue necesaria mi muerte, fue necesaria a mi amor la Resurrección, porque el hombre con hacer su voluntad perdió la Vida de mi Querer, y Yo quise resucitar para formar no sólo la resurrección de los cuerpos, sino la resurrección de la Vida de mi Voluntad en ellos, así que si Yo no hubiese resucitado, la criatura no podría resurgir de nuevo en mi Fiat, le faltaría la virtud, el vínculo de la resurrección en la mía y por tanto mi amor se sentiría incompleto, sentiría que podría hacer más y no lo hacía y habría quedado con el duro martirio de un amor no completado; que después el hombre ingrato no se sirva de todo lo que he hecho, el mal es todo suyo, pero mi amor posee y goza su pleno triunfo".

24-7
Abril 16, 1928

### La voluntad humana es símbolo de una semilla dañada. La Divina Voluntad tiene virtud de restituir la vida inicial al germen. El eco divino en medio de las criaturas.

(1) Estaba pensando en el Santo Querer Divino, y miles de pensamientos se agolpaban en mi cabeza, especialmente sobre cómo podrá venir su reino, cómo las criaturas podrán recibir tanto bien y elevarse tanto de entrar en aquel Fiat de donde salió la Creación. Pero mientras esto y otras cosas pensaba, mi amado Jesús moviéndose en mi interior me ha dicho:

(2) "Hija mía, mi Voluntad tiene virtud de purificar, despejar la niebla, embellecer y cambiar la misma naturaleza. La voluntad humana es como una semilla deteriorada por dentro, mientras que por fuera parece buena, la vestidura que cubre la semilla parece en buenas condiciones, pero si se quita la vestidura, se encuentra que la semilla está medio podrida, alguna está vacía, y alguna mientras posee la vida, sin exponerla al sol, al viento, terminará de pudrirse; en cambio si se expone al sol, al viento, con la luz, calor y viento, le será quitada la parte mala, la purificarán y le darán la nueva vida. Tal es la voluntad humana, una semilla dañada, llena de humo, de pus y medio podrida, pero no están todos muertos del todo, tienen un hilo de vida, y si estas semillas que contienen este resto de vida se exponen al Sol

de mi Querer Divino, su luz, su calor y su viento penetrante e imperante, investirá el germen del querer humano, y la luz y el calor quitarán la niebla del germen, quitándole lo que está dañado, lo llenarán de vida y el viento imperante de mi Fiat lo elevará tan alto, de llegar a encerrarlo en aquel Fiat de donde salió, con su virtud cambiará la naturaleza del germen dándole su vida primera. Todo está en exponerse al Sol de mi Querer y a los rayos ardientes y radiantes de sus conocimientos, hacerse investir por ellos y acariciar por su luz, calentar por su calor, dejarse llevar por el imperio de su viento, para hacer que el reino de mi Voluntad venga sobre la tierra. Mira, también en el orden natural hay estas prerrogativas, si se siente un aire pesado, que oprime, basta un viento para vaciar al aire de aquel peso y respirarlo como aire puro; si se siente un calor excesivo o un frío que congela, basta un viento para mitigar aquel calor y otro viento tibio para mitigar el frío; si densas nubes cubren el horizonte, basta el viento y el sol para retirarlas y hacer reaparecer más bello el cielo azul; si un campo está por pudrirse por las continuas aguas, basta un viento vigoroso para secarlo, y la luz y el calor del sol para volver a darle vida; si esto lo puede hacer la naturaleza animada por la potencia de mi Querer, mucho más lo puede hacer sobre las almas que se harán investir por mi Voluntad, Ella, con su calor las formará de nuevo, destruirá en ellas lo dañado y dándoles su aliento, con su luz las vaciará del peso del querer humano, dándoles nuevamente su naturaleza primera. Y si Adán cuando pecó, corrompiendo el germen de su querer, mi Voluntad no se hubiese retirado de él, la luz y el calor de mi Querer inmediatamente lo hubieran rehecho, pero la Justicia quiso que él sintiera los efectos de su germen corrupto, y por eso al retirarse mi Voluntad no sintió más ni luz ni calor en su alma para poderse rehacer, para mantener incorrupto el germen de su querer. ¿No es tal vez esto el reino de mi Voluntad, que Ella quiere regresar de nuevo en medio de las criaturas y más que sol quitar la corrupción al germen de ellas para poder reinar y dominar en medio de la familia humana?"

(3) Después de esto continuaba pensando en el Fiat Supremo, y mi amable Jesús ha agregado:

(4) "Hija mía, La Voluntad Divina, en cuanto pronunció el Fiat en la Creación formó un eco, este eco divino llevó consigo, conforme resonó en el vacío de todo el universo, todas nuestras cualidades y llenó cielo y tierra de nuestro amor; este eco conforme salía de nuestro Fiat, creaba las cosas más bellas: Cielos, soles, vientos, mares y tantas otras cosas; el eco permaneció en cada una de las cosas creadas y mantiene la vida del cielo azul con todas las estrellas, la vida del sol y continuando su eco de luz y de calor lo conserva lleno de luz, íntegro y bello como lo creó. Así que cada cosa creada tiene como principio y como conservación el eco de nuestro Fiat, por eso conservan el orden, la armonía, la magnificencia, la potencia de

nuestras obras. Cuando la Divinidad quiere obrar y reproducir aun nuestra misma Vida, nuestro Fiat forma el eco, y el eco crea y forma lo que Nosotros queremos; mira, también al instituir el Sacramento de la Eucaristía, nuestro Fiat formó el eco, el eco invistió el pan y el vino y formó en ellos el cuerpo, la sangre, el alma y mi Divinidad, aquel eco resuena aún en cada hostia y se perpetúa continuamente mi Vida Sacramental. Ahora, este eco resonó en la creación del hombre, y éste con sustraerse de nuestro Querer perdió el eco, no oyó más dentro y fuera de él su sonido dulce, potente, armonizador, que tenía virtud de conservarlo tal y como salió de nuestras manos creadoras, y por eso se volvió débil y desarmonizado. Pobre hombre sin el eco de nuestro Fiat que le había dado la vida, no supo más reordenarse, no sentía más en él el eco de la luz de su Creador, el eco del amor, el eco del orden, de la potencia, de la sabiduría, de la dulzura y bondad divina; sin el eco de nuestro Fiat el hombre se volvió como un niño que crece sin mamá, que no tiene quién le enseñe las palabras, quién le enseñe cómo actuar, los pasos; o bien como un estudiante que no tiene maestro que le enseñe a leer, a escribir, y si alguna cosa logra por sí mismo, lo hará desordenado. Así es el hombre sin el eco de nuestro Fiat, como un niño sin mamá, como un estudiante sin maestro. Ahora el alma, según llame a mi Voluntad como principio, de todo su ser, así sentirá su eco divino, este eco la llamará a su principio y resonando en ella la reordenará nuevamente. Así como nuestro eco se retiró del hombre porque éste se sustrajo de nuestra Voluntad Divina, así con reconocerla, amarla y no querer otra cosa que nuestro Fiat Divino, regresará el eco de nuestra Voluntad en medio de las criaturas; es propiamente esto el reino de nuestro Fiat, el regreso de nuestro eco divino, no más el eco lejano que a menudo ha resonado al oído del hombre desde que se sustrajo de nuestro Querer, sino el eco continuo que resonará en el fondo de su alma y que transmutándola formará en ella la Vida Divina, restituyéndole el orden de cómo había sido creado".

24-8
Abril 22, 1928

**Cuando no se pone atención a las verdades, se aborta la luz de ellas. El amor de la Soberana Reina está difundido en todo lo creado, porque el Fiat lo extendía por doquier. Males del querer humano.**

(1) Continúo mi abandono en el Querer Divino, con el desgarro casi continuo de la privación de mi dulce Jesús. En mi pobre mente sentía correr el mar de luz del Fiat, que me parecía que quería decir alguna verdad concerniente a Él, y yo, era tanta la pena que sentía por la privación de Jesús, que no

prestaba atención a la luz que quería hablarme, y mi amado Jesús moviéndose en mi interior y estrechándome entre sus brazos me ha dicho:

(2) "Hija mía, cuando la luz de mi Fiat quiere manifestarse y el alma no le presta atención, el parto que Él quiere poner fuera para comunicarlo a las criaturas queda abortado, y no reciben la vida de nuestro parto de luz, ¡y si tú supieras lo que significa hacer abortar nuestra luz! Debes saber que cuando nuestro Fiat quiere manifestar una verdad, pone en actividad a todo nuestro Ser, y regurgitando de amor, de luz, de potencia, de sabiduría, de belleza y bondad, forma el parto de la verdad que quiere poner fuera, y como todas nuestras cualidades se ponen en acto de surgir, no podemos contenerlo y desbordamos fuera nuestro parto para hacer don de él a la criatura, y si ella no le presta atención, hace abortar nuestro amor, nuestra luz, hace abortar nuestra potencia, sabiduría, belleza y bondad, las hace morir en el momento de nacer y ella pierde nuestro amado parto y no recibe nuestra Vida que por medio de la verdad le queríamos dar, y Nosotros quedamos con el dolor de haber abortado y sentimos reentrar en Nosotros el bien que queríamos dar a las criaturas, porque si la criatura aborta pierde el parto, en cambio Nosotros no lo perdemos, sino que reentra en Nosotros, es para la criatura que queda abortado. Por eso sé atenta cuando sientas que el mar de luz de mi Fiat forma sus olas para desbordar fuera, para sacar el parto de sus verdades".

(3) Después de esto sentía que no era buena para nada y rogaba a la Soberana Reina que viniera en mi ayuda, que me prestara su amor para poder amar con su amor de Madre a mi dulce Jesús, y Él ha agregado:

(4) "Hija mía, el amor de la Soberana Celestial está difundido en todo lo creado, porque aquel Fiat que sólo con pronunciarse había puesto en todo el universo tanta variedad de nuestras obras y les había dado la vida, habitaba en Ella; su amor y todos sus actos los hacía en el Fiat Divino, el cual no sabiendo hacer cosas pequeñas, sino grandes y sin límites, en su arrojo infinito difundía el amor y todos los actos de la Mamá Celestial en el cielo, en las estrellas, en el sol, en el viento, en el mar, dondequiera y en cada cosa; su amor está difundido por doquier, sus actos se encuentran por todas partes, porque mi Fiat dondequiera los difundía y animaba todo con el amor y actos de Ella; ni Yo habría estado contento ni me sentiría amado y honrado si no encontrara en todas las cosas, hasta debajo de la tierra, el amor y la gloria que me daba mi Mamá, habría sido un amor roto, a intervalos y una gloria dividida si no la encontrara en toda la Creación, mucho más que en todas las cosas la había amado, era justo que en todo encontrase difundido su amor y siempre en acto de amarme y glorificarme, no habría podido hacer brecha en Mí un amor despedazado, que no corriera junto Conmigo dondequiera, y por lo tanto no podría haberme traído del Cielo a la tierra en la estrecha prisión de su seno materno. Sus cadenas de amor fueron tantas

por cuantas cosas creé, de modo que Yo descendí del Cielo como un rey, todo rodeado y cercado por las cadenas de amor de la Reina del Cielo, y si su amor llegó a tanto, lo debe a mi Fiat Divino, que reinando en Ella como soberano, raptaba su amor en mi Querer y lo ensanchaba por todas partes, y todos los actos de Ella recibían las tintas de los actos divinos. Por eso, si quieres el amor de la Mamá Reina, haz que mi Fiat te domine, difunde tu amor y toda tú misma en Él, a fin de que mi Fiat raptando a tu pequeño amor y todo lo que tú haces, lo ensanche y llevándolo a dondequiera que Él se encuentra, que es por todas partes, encuentre unido al amor de mi Mamá tu amor y me darás el contento de que la pequeña hija de mi Querer no me dé un amor roto y dividido, sino amor en todas las cosas y por doquier".

(5) Después pensaba entre mí: "¿Pero qué mal hace la criatura cuando hace la voluntad humana?" Y Jesús ha agregado:

(6) "Hija mía, el mal es grande, mi Voluntad es luz y la humana es tinieblas; la mía es santidad, y el querer humano es pecado; la mía es belleza y contiene todo bien, la humana es fealdad y contiene todo mal; así que el alma con no hacer mi Voluntad hace morir la luz, da muerte a la santidad, a la belleza y a todos los bienes, y con hacer la suya hace nacer las tinieblas, da la vida al pecado, a la fealdad y a todos los males; sin embargo a las criaturas les parece nada el hacer la propia voluntad, mientras que se forman un abismo de males que las lleva al precipicio; y además, ¿te parece nada que mientras mi Voluntad les lleva su luz, su santidad, su belleza y todos sus bienes, sólo porque ama a estas criaturas, reciba la afrenta de que vea morir en ellas su luz, su santidad, su belleza y todos sus bienes? Mi Humanidad sintió tanto esta muerte que el querer humano daba a la luz, a la santidad de su Querer en ellas, que se puede decir que fue la verdadera muerte que sintió, porque sintió el desgarro y el peso de una muerte de una luz y una santidad infinita, que la criatura había osado destruir en ella, y mi Humanidad gemía y se sentía triturar por tantas muertes por cuantas veces habían osado dar muerte en ellas a la luz y santidad de mi Querer Divino. ¿Qué mal no harían a la naturaleza si hicieran morir la luz del sol, el viento que purifica, el aire que respiran? Habría tal desorden, que morirían todas las criaturas. No obstante la luz de mi Voluntad es más que sol para las almas, viento que purifica, aire que forma la respiración de ellas, así que del desorden que podría suceder si pudiesen hacer morir la luz del sol, el viento y el aire, puedes comprender el mal que sucede con no hacer mi adorable Voluntad, acto de vida primaria y centro de todas las criaturas".

24-9
Abril 26, 1928

**Qué cosa se da a Dios con el te amo. El prodigioso secreto**

**del te amo. Cómo nada escapaba a la Virgen Santísima
de lo que hacía Nuestro Señor. La Divina
Voluntad es el respiro del alma.**

(1) Estaba haciendo mi giro en el Fiat Divino, y según mi costumbre iba invistiendo a toda la Creación con mi estribillo: "Te amo, te adoro, te bendigo". Mientras esto hacía pensaba entre mí: "¿Qué cosa doy a mi Dios con esta larga historia de te amo?" Y mi dulce Jesús moviéndose en mi interior me ha dicho:

(2) "Hija mía, el puro, santo y recto amor es parto divino, sale de Dios y tiene la virtud de elevarse y entrar en Dios, para multiplicar sus partos y llevar a Dios mismo a cada criatura que suspira por amarlo; entonces, cuando el alma está investida por este amor y recibe este parto, puede formar tantos otros partos por cuantas veces diga su te amo, de manera que su te amo vuela delante a Dios, y el Ente Supremo mira en el te amo que le manda la criatura, y encuentra en aquel pequeño te amo a todo Sí mismo, y se siente dar por ella a todo Sí mismo; aquel pequeño te amo tiene un prodigioso secreto, el que en su pequeñez encierra el infinito, lo inmenso, la potencia, tanto que puede decir: 'Doy Dios a Dios'. Y el Ser infinito siente darse en aquel pequeño te amo de la criatura todas sus cualidades divinas, porque como parto suyo, se encuentra a todo Sí mismo. He aquí qué cosa me das con tus tantos te amo, me das tantas veces a Mí mismo; cosa más bella, más grande y que más me da placer no podrías darme, que el darme todo Yo mismo. Mi Fiat que forma la vida de tu te amo en ti para Mí, se deleita en formar tantos partos nuestros y por eso mantiene la batuta del te amo en ti, anhelando poner siempre la moneda divina de tu te amo en cada cosa creada, y después ve si todas las cosas creadas por Nosotros están adornadas del prodigioso secreto del tu te amo. Hija mía, Nosotros no miramos si lo que hace la criatura es grande o pequeño, más bien miramos si está el prodigio de nuestro secreto, y sus más pequeños actos, pensamientos y suspiros están investidos por la potencia de nuestra Voluntad. En esto está todo y es todo para Nosotros".

(3) Después de esto seguía mi giro en el Fiat para acompañar todo lo que había hecho Jesús en la Redención, y pensaba entre mí: "Cómo habría querido hacer lo que hacía la Soberana Mamá cuando estaba con Jesús, porque ciertamente seguía todos sus actos, nada dejaba que se le escapara". Pero mientras esto y otras cosas pensaba, mi siempre amable Jesús ha agregado:

(4) "Hija mía, cierto que nada se le escapaba a mi Mamá, porque todo lo que Yo hacía y sufría resonaba como eco profundo en el fondo de su alma, y Ella estaba tan atenta para esperar el eco de mis actos, que quedaba sellado en Ella el eco con todo lo que Yo hacía y sufría, y la Soberana Reina emitía su

eco en el mío y lo hacía resonar en el fondo de mi interior, de modo que entre Ella y Yo eran torrentes que corrían, mares de luz y de amor que descargaban el uno en el otro y Yo hacía el depósito de todos mis actos en su corazón materno. No habría estado contento si no la hubiera tenido siempre conmigo, si no oyera su eco continuo que resonando en el mío, atraía hasta mis latidos y respiros para ponerlos en Ella; así como no habría estado contento si desde entonces no te tuviese a ti que debías seguir todos mis actos en mi Querer Divino, porque desde entonces hacía en ti el depósito de ellos, pasando el eco de la Mamá Reina al fondo de tu alma, y Yo miraba en la extensión de los siglos el eco de mi Mamá en ti, para llevar a efecto el reino de mi Divina Voluntad, por eso tú te sientes como atraída a seguir mis actos, es su eco materno que resuena en ti, y Yo tomo ocasión para hacer el depósito de ellos en el fondo de tu interior, para darte la gracia de hacer reinar mi eterno Fiat en ti".

(5) Después, mi mente me la sentía inmersa en el mar del Fiat Divino, su luz me investía toda y no veía ni la altura ni el fondo donde ella terminaba, me la sentía más que vida que me corría dondequiera y mi amado Jesús moviéndose en mi interior me ha dicho:

(6) "Hija mía, mi Voluntad es vida, es aire, es respiro de la criatura, Ella no es como las otras virtudes que no son ni vida continua ni respiro de la criatura, y por eso se ejercitan a tiempo y circunstancia, no siempre se ejercita la paciencia, porque muchas veces falta quien la haga ejercitar y la virtud de la paciencia queda inoperante, sin dar su vida continua a la criatura; ni la obediencia, ni la caridad forman la vida de ellas, porque puede faltar quien tiene el acto continuo de ordenar y a quien poder ejercitar la caridad. Por eso las virtudes pueden formar el adorno del alma, pero no la vida; en cambio mi Voluntad es acto primero de todos los actos de la criatura, así que si piensa, si habla, si respira, es Ella la que forma el pensamiento, la palabra, y dándole el respiro mantiene la circulación, el latido, el calor, y como no se puede vivir sin respiro, así no se puede vivir sin mi Querer Divino, se vuelve necesidad continua para poder vivir, y mientras se recibe su respiro continuo, no se reconoce, es tan necesaria que no se puede hacer menos de Ella, ni siquiera un instante, porque Ella no sólo es portadora de todos los actos humanos, sino también es portadora de todas las cosas creadas. Mi Fiat es acto primero del sol y la hace respirar la luz, es acto primero del aire, del agua, del fuego, del viento, y respiran mi Voluntad Divina en el aire que respiran, en el agua que beben, en el fuego que los calienta, en el viento que los purifica, no hay cosa donde no respiren mi Querer, por eso en todas las cosas, sean pequeñas o grandes, hasta en el respiro, la criatura puede hacer siempre mi Voluntad, y no haciéndola es un acto de Vida de Voluntad Divina que pierde, es su respiro que sofoca

continuamente, recibe su vida, su respiro, para convertirlo en humano no para trasmutarse ella en mi Querer Divino".

24-10
Abril 29, 1928

### Las virtudes son semillas, plantas, flores y frutos; la Divina Voluntad es Vida. Las maravillas del "te amo". El amor no se cansa jamás. Quien vive en el Querer Divino no puede ir al purgatorio, todo el universo se rebelaría.

(1) Mi pobre mente está siempre en poder del Fiat Supremo, me parece que no sé pensar en otra cosa, ni quiero ocuparme de nada más, siento una corriente en mí, que ahora me detiene en un punto y ahora en otro del Querer Divino, pero siempre en Él voy a terminar, sin tomar jamás toda su luz interminable, pues soy incapaz de hacerlo. Y mi amable Jesús, moviéndose en mi interior me ha dicho, dándome una sorpresa:

(2) "Hija mía, cuando el alma practica una virtud, el primer acto que hace forma el germen, y conforme hace el segundo, el tercero y así todos los demás, cultiva el germen, lo riega, lo hace que se transforme en planta y en sus frutos; si se practica una sola vez, o sólo algunas veces, la semilla no es regada, ni cultivada, muere y el alma queda sin planta y sin fruto, porque jamás un acto solo forma una virtud, sino la forman los actos repetidos. Sucede como con la tierra, que no basta arrojar la semilla en su seno, sino que conviene cultivarla, regarla frecuentemente si se quiere la planta y los frutos de aquella semilla, de otra manera la tierra se hace dura sobre la semilla y la sepulta sin darle vida. Ahora, quien quiera la virtud de la paciencia, de la obediencia o alguna otra, debe arrojar la primera semilla, y después con otros actos regarla y cultivarla, y así formará tantas bellas y diversas plantas en su alma; en cambio mi Voluntad no es germen como las virtudes, sino vida, y a medida que el alma comienza a resignarse, a mirarla en todo y a vivir en Ella, así viene formada en ella la pequeña Vida Divina, y conforme se va adentrando en la práctica del vivir en mi Querer, así crece y se va engrandeciendo esta Vida Divina, hasta llenar al alma de toda esta Vida, de modo que no queda de ella más que el solo velo que la cubre y la esconde dentro de sí. Y así como con las virtudes, así con mi Voluntad, si la criatura no da el alimento continuo de sus actos en Ella a la pequeña Vida Divina, ésta no crece y no la llena toda entera. Sucede como a un niño recién nacido, que si no se alimenta muere al nacer; porque mi Voluntad siendo Vida, tiene más necesidad que las virtudes, que son imágenes de las plantas, del continuo alimento para crecer y formarse Vida entera, por cuanto es capaz una criatura. He aquí la necesidad de que tú vivas siempre en Ella,

para tomar su alimento exquisito de mi mismo Querer para alimentar su Vida Divina en ti. Ve entonces qué gran diferencia hay entre las virtudes y mi Voluntad, las primeras son plantas, flores y frutos que embellecen la tierra y deleitan a las criaturas, en cambio mi Fiat es cielo, sol, aire, calor, latido, cosas todas que forman vida y Vida Divina en la criatura. Por eso ama esta Vida y dale alimento continuo, a fin de que te llene toda y nada quede de ti".

(3) Después de esto seguía mi giro en el Querer Divino, y repitiendo mi estribillo del "te amo" estaba diciendo: "Jesús, amor mío, quiero dejar todo mi ser en tu Fiat para poderme encontrar en todas las cosas creadas para adornarlas con mi 'te amo'. Es más, quiero poner mi corazón en el centro de la tierra, y conforme palpita así quiero abrazar a todos sus habitantes, y siguiendo todos sus latidos con mi te amo, quiero darte el amor de cada uno de ellos, y conforme se repite mi latido desde dentro del centro de la tierra, así quiero poner mi te amo en todas las semillas que encierra en su seno, y en cuanto despunten estas semillas y se formen las plantas, las hierbas, las flores, así quiero poner mi te amo para poderlas ver encerradas en mi te amo a Jesús". Pero mientras esto decía, mi pensamiento ha interrumpido mi estribillo del te amo diciéndome: "Cuántas locuras dices, Jesús mismo estará cansado de oír tu larga cantaleta: "Te amo, te amo". Y Jesús moviéndose de prisa en mi interior, y mirando toda la Creación para ver si en todas las cosas, pequeñas y grandes, estaba la vida de mi te amo, me ha dicho:

(4) "Hija mía, ¡qué maravilla, qué encanto ver todas las cosas adornadas con tu te amo! Si todas las criaturas pudieran ver adornadas todas las plantas, los átomos de la tierra, las piedras, las gotas del agua con tu te amo; si pudieran ver llena la luz del sol, el aire que respiran, el cielo que ven, con tu te amo; si vieran que las estrellas centellean tu te amo, ¿qué maravilla no suscitaría en ellas, qué dulce encanto no atraería sus ojos para mirar tu estribillo y tu larga cantaleta de tu te amo? Dirían: '¿Será posible que no se le haya escapado nada? Nosotros mismos nos sentimos adornados con su te amo'. E irían curioseando e indagando todo para ver si en realidad no se te había escapado nada, para gozar el encanto de tu te amo. Ahora, si este encanto maravilloso queda inobservado por las criaturas terrestres, no queda inobservado para el Cielo y para los habitantes de allá arriba, gozan el encanto y las maravillas de ver la Creación toda, llena y adornada con tu te amo, sienten armonizar su te amo con el tuyo, no se sienten separados de la tierra porque el amor los une junto y forma las mismas notas y las mismas armonías, y además, tú debes saber que Yo no me cansé de adornar con mis repetidos e incesantes te amo para ti todas las cosas, pequeñas o grandes, cuando fueron creadas; y así como no me cansé al poner mis te amo, tampoco me canso al oírlos repetir por ti, más bien gozo porque mi te amo no queda aislado, sino que tiene la compañía del tuyo, que haciendo

eco en el mío, se funden juntos y hacen vida común. Y además el amor no cansa jamás, por el contrario me es portador de alegría y felicidad".

(5) Entonces, sin saber cómo, me ha venido un pensamiento: "Si yo muriera y fuera al purgatorio, ¿cómo haría? Si aquí estando aprisionada en mi cuerpo, porque es más que una estrecha prisión, está cercada mi pobre alma, y la siente tanto cuando Jesús me priva de su adorable presencia, que no sé que haría y sufriría para reencontrarlo, ahora, ¿qué será cuando rota la cárcel de mi cuerpo y mi alma sin ataduras y libre tome su rápido vuelo y no encuentre a mi Jesús, centro en el cual debo refugiarme para no salir jamás de él, y en vez de encontrar a mi vida, el centro de mi reposo, me encontrase arrojada en el purgatorio? ¿Cuál será mi pena y mi tormento?" Mientras me sentía oprimida por estos pensamientos, mi amado Jesús me ha estrechado toda a Sí y ha agregado:

(6) "Hija mía, por qué te quieres oprimir, ¿no sabes que quien vive en mi Voluntad tiene un vínculo de unión con el cielo, con el sol, con el mar, con el viento, con toda la Creación? Sus actos están fundidos en todas las cosas creadas, porque mi Voluntad, como cosas suyas las ha puesto todas en común, de manera que toda la Creación siente la vida de esta criatura, y si pudiera ir al purgatorio, todas se sentirían ofendidas y el universo entero se rebelaría y no la dejarían ir sola al purgatorio, el cielo, el sol, el viento, el mar, todos la seguirían quitándose de sus puestos y ofendidos dirían a su Creador: 'Es Vuestra y nuestra, la vida que nos anima a todos nosotros la anima a ella, ¿cómo es que va al purgatorio?' El cielo la reclamaría con su amor, el sol hablaría con su luz, el viento con sus voces lastimeras, el mar con sus olas ruidosas, todos tendrían una palabra para defender a aquélla que ha hecho vida común con ellas. Y como quien vive en mi Voluntad, absolutamente no puede ir al purgatorio, por eso el universo estará en su puesto y mi Voluntad tendrá el triunfo de llevar al Cielo a quien ha vivido en Ella en esta tierra de exilio, por eso sigue viviendo en mi Querer y no quieras entristecer tu mente y oprimirte por cosas que a ti no pertenecen".

24-11
Abril 30, 1928

### Desorden y reordenamiento. Cómo está establecido el reino de la Divina Voluntad. Cómo la Redención es el ejército; la palabra divina es generadora.

(1) Estaba pensando en la Divina Voluntad y, ¡oh! cuántos pensamientos se agolpaban en mi mente, y habiéndome transportado fuera de mí misma, mi siempre amable Jesús me hizo ver los muchos castigos con los cuales quiere golpear a las humanas generaciones, y yo impresionada pensaba

entre mí: "¿Cómo podrá venir el reino del Fiat Divino si la tierra abunda en males y la Justicia divina arma a todos los elementos para destruir al hombre y lo que sirve al hombre?" Y además, si este reino no vino cuando Jesús vino a la tierra con su presencia visible, ¿cómo podrá venir ahora? Así como están las cosas parece difícil. Y mi dulce Jesús moviéndose en mi interior me ha dicho:

(2) "Hija mía, todo lo que tú has visto servirá para purificar y preparar a la familia humana; los trastornos servirán para reordenar, y las destrucciones para edificar cosas más bellas; si un edificio en mal estado no cae por tierra, no se puede formar el nuevo que será más bello sobre aquellas mismas ruinas; Yo todo lo dirigiré hacia el cumplimiento de mi Divina Voluntad. Y además, cuando Yo vine a la tierra no había sido establecido por nuestra Divinidad que debiera venir el reino de mi Voluntad, sino el de la Redención, y a pesar de la ingratitud humana la Redención fue efectuada, pero no ha hecho aún todo su camino, muchos pueblos y regiones viven como si Yo no hubiera venido, por eso es necesario que haga su camino, que camine por todas partes, porque la Redención es el camino preparatorio para el reino de mi Voluntad, Ella es el ejército que va por delante para preparar a los pueblos para recibir el régimen, la vida, al Rey que es mi Querer Divino. Ahora, lo que no fue establecido para entonces, lo establecimos para hoy, para llevar a cabo el cumplimiento del reino de nuestro Fiat, y cuando Nosotros establecemos algo, todo está hecho, en Nosotros basta establecer para efectuar lo que queremos. He aquí el por qué lo que a ti te parece difícil, para Nosotros es muy fácil, nuestra potencia facilitará todo y hará como aquellos vientos impetuosos después de largos días lluviosos y de densas nubes, en que la fuerza del viento hace desaparecer las nubes y se lleva la lluvia y hace regresar lo sereno y el sol a abrazar la tierra. Así nuestra potencia, más que viento imperante hará huir las densas tinieblas del querer humano y hará reaparecer el Sol de mi Eterno Querer y lo hará abrazar a las criaturas; y todas las verdades que te manifiesto acerca de Él, no son otra cosa que la confirmación de lo que Nosotros hemos establecido.

(3) Además de esto, si no hubiese estado primero establecido por la Divinidad el reino de mi Fiat Divino y el tiempo cuando debería de llegar el cercano cumplimiento, no habría ninguna razón, ni necesidad, ni finalidad de elegirte a ti, de tenerte sacrificada por tan largos años, de confiarte no sólo sus conocimientos, sus admirables verdades y sus secretos y escondidos dolores, como a su pequeña hija, Ella ha tenido contigo un modo todo paterno y materno, a fin de poner en ti el germen de la filiación divina y que tú tuvieras cuidado de sus intereses más que si fueran tuyos, esto significa la realidad de lo que había sido establecido por Nosotros, tanto, que llegamos a escoger el sujeto y a usar los medios, dar las enseñanzas para descender en lo bajo de la familia humana y establecer en medio de ellos lo que estaba

establecido en el Cielo. Si no estuviera establecido el reino de mi Voluntad no te habría dicho tanto acerca de él, ni te habría elegido en modo todo especial para tal finalidad; mi palabra habría estado sin vida y sin fruto si esto no fuera, y sin virtud generadora y fecundadora, lo que no puede ser; mi palabra tiene la virtud generadora y la potencia de formarse con su fecundidad su séquito de vidas interminables. Esto sucedió en la Redención; porque estaba establecida por Nosotros en el Cielo fue creada una Virgen que debía ser la Madre del Verbo Eterno, si no hubiera estado establecido, no había ninguna razón, ni necesidad de crear y de elegir a esta Virgen toda singular y especial, ni de hacer tantas manifestaciones a los profetas que detallaron tan a lo vivo la vida del Verbo en su Humanidad, describiendo sus penas como si lo tuvieran presente; así que cuando nuestra benignidad divina se complace en elegir y manifestarse, es señal segura y principio del desarrollo de sus obras que tiene establecidas. Por eso sé atenta y deja hacer el todo a tu Jesús, porque no me faltan ni potencia ni medios para hacer lo que quiero, y realizar lo que he establecido".

24-12
Mayo 6, 1928

### Los hijos de la Divina Voluntad no tocarán la tierra. Amarguras de Jesús. El hilo eléctrico.

(1) Estaba según mi costumbre toda inmersa en aquel Fiat Divino que más que sol resplandece en mi pobre alma, y mi siempre amable Jesús, moviéndose en mi interior me ha dicho:

(2) "Hija mía, será tal y tanto mi amor hacia los hijos de mi Voluntad, que no permitiré que toquen la tierra, extenderé mis pasos debajo de sus pies a fin de que si caminan, toquen mis pasos, no la tierra, de modo que sientan la vida de mis pasos, los cuales comunicarán la vida de los pasos de mi Querer Divino a los pasos de los hijos de mi Voluntad; si obran, sentirán el toque de mis obras, que comunicarán la virtud de mi Voluntad a las obras de ellos; si hablan, si piensan, sentirán la vida de mis palabras y de mis pensamientos, que investiéndolos les comunicarán la virtud de mi Fiat a la mente y a las palabras, así que seré Yo mismo el portador de los hijos de mi Querer, seré celoso de que nada toquen, a fin de que en nada tomen parte y sientan mi Vida correr continuamente en ellos, que forma la Vida del Eterno Querer en la suya. Por eso ellos serán las más bellas obras de mis manos creadoras. ¡Oh, cómo se reflejará en ellos la obra de la Creación y serán el triunfo de mi Redención, todo triunfará en ellos! Por eso, entonces podré decir: Mis

obras están completas y tomaré reposo en medio de mis hijos de mi Fiat Supremo".

(3) Ahora, después de haber puesto en el papel lo que está escrito en estos días pasados, mi pobre mente era molestada por temores y dudas, todavía; pensaba que no era verdad que Jesús bendito me había dicho tantas cosas, sino más bien eran fruto de mi imaginación, y decía entre mí: "Si no ha sido Jesús que me ha hablado, serán escritos sin vida, porque sólo cuando habla Jesús corre la vida en su palabra, y yo escribiéndola, queda la vida de las verdades que Él me ha dicho, de modo que quienes las leerán, sentirán la virtud comunicativa de una vida que se infunde en ellos y se sentirán transformados en la vida de la verdad que leerán. En cambio si no es Jesús, serán escritos sin vida, vacíos de luz y de bienes, y entonces, ¿en qué aprovechará hacer el sacrificio de escribir?" Ahora mientras esto pensaba, mi dulce Jesús ha salido de dentro de mi interior y poniendo su cabeza cerca de la mía se ponía en actitud de tristeza y me ha dicho:

(4) "Hija mía, tú amargas mi fiesta, porque cuando Yo manifiesto una verdad, lo hago porque quiero festejar con la criatura, y si ella no me da plena confianza, y se pone en dudas, la fiesta viene interrumpida y se convierte en amargura. Yo hago como dos íntimos amigos, uno de los cuales, amando mucho al amigo, quiere poner en el corazón del amigo todo lo que él contiene, y mientras le confía sus secretos, sus escondidas alegrías, lo pone al día de lo que posee; el amigo que escucha muestra no creerle, y pone en duda lo que el amigo le está diciendo, éste amarga al amigo y convierte su desahogo en amargura, y doliéndose casi se arrepiente de haberse confiado, y lleno de amargura se retira. En cambio si el amigo le cree, no sólo no lo amarga, sino que toma parte en sus bienes y festejan juntos las alegrías que el amigo posee, y su amistad queda vinculada con dobles vínculos de amor. Tal soy Yo, más bien, más que amigo, amando mucho a aquélla que he elegido como mi pequeña secretaria, quiero vaciar mi corazón y confiar a ella mis secretos, mis alegrías, mis escondidos dolores, mis verdades sorprendentes, para festejar junto con ella y comunicarle tantas Vidas Divinas por cuantas verdades le voy manifestando. Si veo que ella me cree, Yo festejo y pongo fuera y en fiesta las alegrías, la felicidad que puede poseer una Vida Divina que posee la infinitud de todos los bienes, y el alma queda llena y festeja junto Conmigo, pero si la veo titubeante quedo amargado, y ella queda vacía de la Vida que quisiera confiarle. Tú frecuentemente me repites estas escenas de desconfianza, por eso sé atenta y no quieras convertir mis alegrías en amarguras".

(5) Yo he quedado toda confundida y no he sabido qué responder. Después de esto seguía mi giro en el Querer Divino y mi dulce Jesús ha agregado:

(6) "Hija mía, en cuanto el alma entra en mi Querer, así pone en Él su hilo eléctrico, el cual llega hasta donde se quiere formar la luz, porque la luz no

es formada donde se pone el hilo, sino donde termina, concentrando la electricidad de la luz en una lamparita. La voluntad humana conforme entra en la mía, a los reflejos del Sol de mi Fiat se convierte en luz y ahí forma su pequeña luz, y la electricidad de mi Voluntad alarga el hilo de la voluntad humana y forma su pequeña luz, más que lamparita eléctrica, hasta donde el alma quisiera llegar, delante a Dios, el cual viendo la pequeña luz de la voluntad humana la inviste y con la electricidad de su luz divina la convierte en sol, y con ella forma el más bello adorno de su trono divino. También es bello y deleitable el ver que el alma desde la tierra, conforme entra en mi Querer Divino, pone en Él su hilo eléctrico para el Cielo, y se alarga tanto, que llega hasta su centro que es Dios, y ahí forma su adorno de luz y estas luces son convertidas en sol".

24-13
Mayo 10, 1928

### Quien hace la Divina Voluntad entra en el orden divino. Cómo en la Divinidad no pueden entrar las penas. Ejemplo del sol.

(1) Me sentía bajo la opresión de un peso infinito, mi pobre alma gemía con gemidos ahogados por la privación de mi dulce Jesús, sin el desahogo de poderlos sacar, y mientras me sentía consumir por el dolor de estar privada de mi Vida y de mi Todo, el mismo dolor mientras me dejaba impávida, destruía en mí la vida del dolor, y al mismo tiempo me sentía inmersa en un dolor incapaz de poder expresarlo, era dolor sin dolor, pena sin pena, y en mi amargura pensaba para mí: "¿Y por qué no puedo dolerme? Siento en mí un dolor infinito, como infinito Aquél que me ha dejado, no obstante queriendo penetrar en un dolor tan justo y santo, como lo es el de estar privada de Jesús, para abrevar a mi pobre alma, el dolor me huye y quedo sin la vida del dolor". Mi Jesús, ten piedad de mí, no me dejes en un estado tan infeliz. Pero mientras esto pensaba, mi amable Jesús moviéndose en mi interior me ha dicho:

(2) "Hija mía, quien vive en mi Voluntad entra en el orden divino, y así como nuestra Divinidad es incapaz de dolor, ninguna cosa, aún mínima, puede ensombrecer mínimamente nuestra perenne e infinita felicidad, y por cuanto las criaturas nos ofendan, el dolor, las ofensas, quedan fuera de Nosotros, jamás dentro, y si el dolor pudiese entrar en Nosotros, súbitamente perdería la naturaleza del dolor y se convertiría en felicidad, así para quien vive en mi Voluntad el dolor no puede entrar en su alma, y mucho más, pues sintiendo en ella la luz, la fuerza, la felicidad de la naturaleza de mi Voluntad Divina, se siente ya en posesión de aquel Jesús del que le parece estar privada; ¿cómo puede dolerse si ya lo posee? Por eso el dolor queda fuera del alma,

esto es en la naturaleza humana, y mientras siente todo el desgarro de mi privación y el peso de un dolor infinito, cual es el de mi privación, el alma por estar investida por el Fiat Divino parece que no puede dolerse, por eso siente dolor sin dolor, pena sin pena, porque el dolor, las penas, no pueden entrar en el sagrario de mi Voluntad y están obligadas a quedar fuera, y el alma las siente, las ve, las toca, pero no entran a su centro, y si esto fuera, mi Voluntad perdería su naturaleza feliz en ti, lo que no puede ser. Sucede como le sucede al sol, que es incapaz de tinieblas, todas las fuerzas humanas no pueden hacer entrar un átomo de tinieblas en su luz, sin embargo las tinieblas sí se pueden extender por fuera de la luz, pero el sol nada pierde, ni su calor ni sus admirables efectos, es siempre triunfante en su estado de luz, ni las tinieblas lo hacen descender, ni nada quitan a su luz, pero si el sol se pudiera doler, se sentiría mal al ser circundado por tinieblas a pesar de que no le causaran daño ni a su centro ni a su estado feliz. Sin embargo esto es un dolor que sobrepasa todos los otros dolores, porque es dolor de orden divino; ¡cuántas veces lo sintió mi Humanidad! Ella se sentía triturar, todas las penas pasaban sobre de Mí, pero dentro de Mí mi Voluntad Divina era intangible de todas mis penas, y poseía felicidades inmensas, bienaventuranzas sin fin; se puede decir que en Mí había dos naturalezas, una opuesta a la otra, una de felicidad, la otra de penas, y ¡oh! cómo mi naturaleza humana sentía más a lo vivo las penas ante las inmensas alegrías de mi Naturaleza Divina. Por eso tú no eres capaz de expresarte, porque son penas de orden divino, y si tú antes, cuando Yo me escondía de ti, sentías que todo se convertía en ti en dolor, era porque faltaba en ti la Vida completa de mi Voluntad, y por eso aquellos vacíos se llenaban de dolor y tú sentías la sensibilidad del dolor y te dejaba no imperturbable, pacífica como hoy, sino agitada, sin aquella firmeza que da de divino, y Yo pronto corría a sostenerte porque no veía todos los caracteres incancelables de mi Voluntad, porque lo que Ella pone no se cancela jamás, y Yo, sintiéndome seguro dejo mi trabajo a mi Fiat Divino".

24-14
Mayo 13, 1928

**Quien vive en la Divina Voluntad tiene en su poder todo, es la repetidora de los actos de la Virgen, de los santos y de Nuestro Señor.**

(1) Estaba rezando y sentía que no sabía ni rezar, ni amar, ni dar gracias a Jesús, entonces decía entre mí: "Cómo quisiera el amor y las oraciones de la Soberana Señora y de todos los santos en mi poder, para poder amar y rezar a Jesús con el amor de Ella y con sus oraciones, y con las de todo el Cielo". Y mi Jesús bendito moviéndose en mi interior me ha dicho:

(2) "Hija mía, cuando el alma vive en mi Voluntad Divina, tiene todo en su poder, porque Ella es la depositaria y conservadora de todo lo que ha hecho mi Mamá y todos los santos; basta conque quiera tomar lo que ellos han hecho, para que el amor corra a ella, las oraciones la invistan, las virtudes se ponen en orden para esperar a ver quién tiene el honor de ser llamada, para darle la vida de sus actos, para formarle su bella y radiante corona. Así que la Reina del Cielo siente repetir su amor, sus oraciones, los santos sienten que se repiten sus virtudes, y todo repetido por la criatura desde la tierra, y ¡oh! cómo gozan al ver sus actos repetidos de nuevo, no hay alegría más grande que se pueda dar a los habitantes del Cielo, que repetir su amor, sus oraciones, sus virtudes, y Yo siento como si mi Mamá estuviera nuevamente amándome y rezándome. Su eco resuena en ti, y tú repitiéndolo haces resonar tu eco en el Cielo, y todos reconocen sus actos en tus actos. ¿No te sentirías honrada si alguien repitiera tus actos y modelara sus obras sobre el modelo de las tuyas? ¿Con qué amor no lo mirarías? Y si tú supieras cuánto gozo cuando te oigo decir: 'Quiero unirme con los pensamientos de Jesús, con las palabras, con las obras y pasos, para alinearme junto con sus pensamientos, con sus palabras, etc., sobre cada uno de los pensamientos, palabras, obras y pasos de las criaturas, para repetir junto, por todos y por cada uno lo que hizo Jesús con sus pensamientos, palabras y todo lo demás que hizo; no hay cosa que hayas hecho que no quiera hacer yo, para repetir el amor y el bien que hizo Jesús'. Yo me siento a Mí mismo sobre la tierra y siento repetir por ti mis actos, y estoy esperando con tanto amor la repetición de mis actos, que Yo mismo me hago en ti actor y espectador, para gozarme y tomarme la gloria de mi misma Vida. Por eso la criatura que vive y obra en nuestra Voluntad, es reconocida por todo el Cielo como portadora de alegrías divinas a todo el Cielo, y que manteniendo el Cielo abierto hace descender sobre la tierra el celestial rocío de gracias, de luz, de amor sobre todas las criaturas".

24-15
Mayo 20, 1928

**Mensajeros divinos. Circular celestial. Los actos hechos en el Querer Divino forman el éxtasis al Creador. Necesidad de la continuación de los actos; cómo éstos forman tantas horas para llamar al alba. La Virgen, alba de la Redención.**

(1) Estaba pensativa por una circular que me había llegado acerca de la casa de la Divina Voluntad, tan querida por el venerado padre Di Francia y tan suspirada por él, y que no tuvo el consuelo de verla realizada y abierta para el fin que él quería; y ahora finalmente, por lo que decía la circular,

parecía que despuntaba el día en que se haría realidad. Entonces yo pensaba para mí: "Realmente será verdad que es Voluntad de Dios que yo vaya a ella? ¿Y las religiosas de esta casa serán las verdaderas pequeñas hijas de la Divina Voluntad? ¿Serán ellas el principio de aquella era divina del reino del Fiat Supremo sobre la tierra? Pero mientras esto y otras cosas pensaba, mi dulce Jesús se ha movido en mi interior y me ha dicho:

(2) "Hija mía, cada palabra, obra y sacrificio que se hace en mi Voluntad y para obtener su reino divino, son tantos mensajeros que se envían a la patria celestial, los cuales llevan la circular divina y la hacen llegar a todos los santos, a los ángeles, a la Soberana Reina y al mismo Creador, dando a cada uno el trabajo de preparar las diversas cosas que se necesitan para un reino tan santo, a fin de que todo sea hecho con decoro, con decencia y con nobleza divina. Entonces todos los habitantes de la patria divina con esta circular celeste en sus manos, se ponen todos a la obra de cumplir su trabajo de preparar cada cosa que les ha sido impuesta. Así que la circular de la tierra hace su eco a la circular celestial, y Cielo y tierra se mueven, se ocupan de la única finalidad del reino de mi Voluntad Divina; la tierra de todo lo que se necesita en el orden natural, la corte celestial de todo lo que corresponde al orden sobrenatural, parece que Cielo y tierra se den la mano y hagan competencia a ver quien hace más pronto lo necesario para preparar un reino tan santo. Si tú supieras qué valor tiene un acto hecho en mi Voluntad, cómo sabe mover Cielo y tierra, cómo se sabe abrir el camino por doquier, se pone en comunicación con todos y obtiene todo lo que no se ha obtenido por todos los actos juntos y por tantos siglos, son no un sol, sino tantos soles por cuantos actos se hacen, que forman el día fúlgido y deslumbrante del reino de mi Voluntad sobre la tierra. Los actos hechos en Ella son estímulos al Ente Supremo, son imanes que lo atraen, son dulces cadenas que lo atan, son raptos en los cuales la criatura tiene la fuerza de formar el éxtasis a su Creador, el cual, raptado como en dulce sueño por el éxtasis que le ha formado su amada criatura, concede lo que quería dar desde hace tantos siglos, pero no encontraba a aquélla que extasiándolo con su misma fuerza divina, se volviera raptora del reino de su Voluntad Divina. Conforme la criatura se mueve en mi Fiat y forma su acto, así Dios se siente raptar, y en su dulce sopor se siente desarmado y vencido, y la criatura queda la vencedora de su Creador.

(3) Con estos preparativos sucede como a un esposo, que debiendo hacer su boda, se prepara la casa, la recámara, todos los objetos que se necesitan para hacer que nada les falte, después pasa a los vestidos de la boda, se hacen las invitaciones, todo esto hace que el esposo se decida a cumplir lo que él mismo quería; pero si nada se prepara, el esposo toma tiempo y jamás se decide y él mismo se siente impedido y dice entre sí: 'Debo casarme y no tengo la casa, no tengo la cama donde dormir, no tengo los

vestidos para aparecer como esposo, ¿qué figura voy a hacer?' Y por necesidad se quita cualquier pensamiento de casarse. Así estos preparativos, los actos hechos en mi Voluntad, las circulares, son estímulos para mover mi Querer a que venga a reinar en medio a las criaturas, y mis conocimientos son como el esposo que viene a esposar a las criaturas con nuevos vínculos, tal y como salió de nuestras manos creadoras".

(4) Luego me sentía cansada, agotada por las privaciones de mi dulce Jesús. Mi pobre y pequeña alma me la sentía que no podía más sin Aquél en quien había concentrado mis esperanzas y toda mi misma vida, sin Él todo lo que yo hacía, que me había sido enseñado por Jesús, me parecía un juego, oraciones fantásticas, no de gloria de Dios, y por eso sentía tal desgano en hacer mi giro, que con trabajo seguía adelante. Pero mientras estando agotada continuaba mi giro, he sentido que Jesús sosteniéndome me empujaba por detrás diciéndome:

(5) "Hija mía, adelante, no quieras detenerte, tú debes saber que todo está establecido por el Ente Supremo, oraciones, actos, penas, suspiros que debe hacer la criatura para obtener lo que Nosotros mismos queremos darle y ella suspira por recibir, así que si estos actos no son cumplidos, no despunta para Nosotros el suspirado sol en medio a la larga noche de la voluntad humana para formar el día del reino del Fiat Divino. Por eso muchas veces sucede que se hacen tantos actos y oraciones y nada se obtiene, y después por otro pequeño suspiro u oración se obtiene lo que tanto se suspiraba, ¿tal vez ha sido el último acto el que ha obtenido el reescrito de la gracia? ¡Ah no! Ha sido la continuación de todos los actos y oraciones, y si se ve que se obtiene con aquel último acto es porque se necesitaba un número establecido por Nosotros. Entonces si tú quieres recibir el reino del Querer Divino, no te detengas, de otra manera, faltando la larga cadena de los actos que llega hasta el trono de Dios, no obtendrás lo que tú quieres y Nosotros queremos dar. Los actos son como las horas que forman, o el día o la noche, cada hora tiene su puesto, algunas forman la tarde, otras la noche, otras el alba, otras el despuntar del sol, otras el pleno día; y si es la hora de media noche, en vano es querer ver que despunta el sol, es necesario que al menos venga el alba para anhelar el cercano día, para ver la majestad del sol, que con su imperio de luz hace huir las tinieblas, y poniendo término a la noche adorna y hace resurgir toda la naturaleza en su luz y en su calor, plasmando todo con sus benéficos efectos. Ahora, ¿es tal vez el alba la que tiene todo el honor en hacer despuntar al sol? ¡Ah, no! Ella ha sido la última hora, pero si las otras no la hubieran precedido jamás hubiera podido decir el alba: 'Yo soy aquélla que llamo al día'. Así son los actos, las oraciones, para obtener que despunte el día del reino de mi Voluntad Divina, son como tantas horas y cada una tiene su puesto de honor, y se dan la mano entre ellas para llamar al

resplandeciente Sol de mi Querer Divino, el último acto puede ser como el alba, y si éste no se hace, faltará el alba y es inútil esperar que pronto surja su día de luz sobre la tierra, que plasmando y calentando todo hará sentir más que sol sus benéficos efectos, su régimen divino, régimen de luz, de amor y de santidad. Así sucedió en la Redención, por tantos siglos la Redención no vino porque los patriarcas y los profetas se encontraron con sus actos como en las horas nocturnas, y desde lejos suspiraban el día; en cuanto vino la Virgen Reina formó el alba, y abrazando juntas todas las horas nocturnas hizo despuntar el día del Verbo sobre la tierra, y la Redención fue cumplida. Por eso no te detengas, es tan necesario la serie de los actos, que hay peligro que si no todos son cumplidos no se obtenga el bien deseado".

24-16
Mayo 26, 1928

**Dios es orden y cuando quiere dar un bien, pone en él su orden divino en medio a las criaturas. Nuestro Señor al haber formado el Padre Nuestro, se ponía a la cabeza del reino del Fiat Divino.**

(1) Continúo lo que está escrito arriba. Estando pensativa sobre todo lo que respecta al reino de la Voluntad de Dios, mi siempre amable Jesús ha agregado:
(2) "Hija mía, Dios es orden, y cuando quiere dar un bien a las criaturas, siempre pone en él su orden divino, y todo lo que se hace para obtener el bien comienza de Dios, poniéndose Él a la cabeza para tomar el empeño, y ordena a la criatura al mismo fin. Esto lo hice para dar Yo la Redención y las criaturas para recibirla, y esto estoy haciendo para dar el reino del Fiat Divino y las criaturas para recibirlo. Con formar Yo mismo el Padre Nuestro me ponía a la cabeza y tomaba el empeño de dar este reino, y con haberlo enseñado a mis apóstoles ponía el orden en las criaturas, el cómo poder obtener un bien tan grande; así que toda la Iglesia ruega, no hay alma que a Ella pertenezca que no recite el Padre Nuestro, y si bien muchos lo recitan sin interés de querer y pedir un reino tan santo, esto es, que el Querer Divino se haga como en el Cielo así en la tierra, estando este interés en Aquél que lo enseñó, recitándolo se renueva mi interés y escucho mi oración que pide: 'Venga tu reino a fin de que se haga tu Voluntad como en el Cielo así en la tierra'. Ahora, si la criatura al recitar el Padre Nuestro tuviese este interés de querer y suspirar mi reino, entraría a tomar parte de mi interés, y su voluntad se fundiría en la mía por el mismo fin; pero a pesar de que no tenga este interés, mi valor e interés corre siempre en cada Padre Nuestro. Ve entonces el orden divino, pedir todos una sola cosa. En medio de éstos que

piden están aquellos que quieren hacer mi Voluntad, otros que la hacen, y todo esto viene entretejido junto y tocan a la puerta de mi Querer Divino, repiten los toquidos y golpean, quién fuerte, quién quedo, pero siempre hay alguno que toca y pide que se abran las puertas a fin de que descienda mi Voluntad a reinar sobre la tierra. Y como todo está establecido y ordenado por la Divinidad, espera a quien debe hacer el toquido más fuerte y que forzando las puertas con una fuerza invencible, cual es la misma fuerza de mi Voluntad Divina, abrirá de par en par las puertas, y con sus dulces cadenas de amor atará al Eterno Querer para hacerlo venir a reinar en medio a las criaturas; ella será como la esposa que entretejiendo a su esposo con sus cadenas amorosas lo llevará como en triunfo en medio a las criaturas. Y así como la Virgen Santa puso término a las horas nocturnas de los patriarcas y profetas, y formó el alba para hacer despuntar el Sol del Verbo Eterno, así ésta formará el alba para hacer despuntar el Sol del Fiat Voluntas Tua como en el Cielo así en la tierra. ¿Crees tú que mi Voluntad que con tanto amor se ha hecho conocer y ha manifestado tanto interés de querer venir a reinar sobre la tierra desahogando contigo su dolor, haya sido sin que ninguno la haya suplicado? ¡Ah, no, no! Han sido los continuos llamados de mi Iglesia, y en aquellos llamados era propiamente Yo que llamaba, pero me servía de ellos para tocar a las puertas del Fiat Divino, el cual cansado de oír llamar a sus puertas divinas, se ha servido de ti para hacerse llamar más fuerte, y abriéndote te ha dado parte en sus conocimientos; y cuantas verdades te ha hecho conocer, tantos medios te daba para formar cadenas amorosas para hacerse atar y venir a reinar sobre la tierra, y por cuantas veces te llama a vivir en su Querer Divino haciéndote conocer sus cualidades, su potencia, sus alegrías, sus inmensas riquezas, son tantas garantías que te da, que te aseguran su venida a la tierra, porque en Nosotros hay esta prerrogativa, que si hacemos conocer un bien nuestro, una verdad, un conocimiento que nos pertenece, es porque queremos hacer de ello don a la criatura. Ve entonces cuántos dones te ha hecho mi Querer, cuántos conocimientos suyos te ha hecho conocer, son tales y tantos que tú misma no sabes numerarlos".

(3) Y yo: "Mi amado Jesús, ¿quién sabe cuando vendrá este reino? Y Él:

(4) "Hija mía, para venir la Redención se necesitaron cuatro mil años, porque el pueblo que rogaba y suspiraba al futuro Redentor era el más pequeño, de número restringido; en cambio los que pertenecen a mi Iglesia son más pueblos y de número, ¡oh! cuánto más grande que aquél, por eso el número abreviará el tiempo, mucho más que la religión se está abriendo camino dondequiera, lo cual no es otra cosa que la preparación al reino de mi Voluntad Divina".

24-17
Mayo 30, 1928

**La Creación es el ejército divino, el Fiat la bandera celestial. Ejemplo del niño y el padre rico. Cómo Jesús quiere pueblos enteros que rueguen. Quiénes son estos pueblos.**

(1) Estaba haciendo mi giro en el Fiat Divino, y reuniendo a toda la Creación para llevarla delante de la Majestad Suprema como el más bello homenaje, la adoración más profunda y el amor más intenso y más grande a Aquél que la había creado, me parecía que no había cosa más bella que llevar a mi Creador, que la magnificencia y el continuo prodigio de sus mismas obras. Ahora, mientras esto hacía, mi amado Jesús, moviéndose en mi interior me ha dicho:

(2) "Hija mía, no hay homenaje más bello y digno de nuestra Majestad adorable, que el ofrecernos nuestras mismas obras; conforme tú giras en la Creación, así reúnes nuestro ejército divino para dárnoslo como gloria nuestra y como ejército aguerrido que pide con insistencia y violencia el reino de la Divina Voluntad, por eso conforme tú giras, pones delante a cada cosa creada el Fiat Divino como bandera noble y divina, que con su oculto hablar piden con fuerza divina el reino de mi Voluntad sobre la tierra. ¡Oh, cómo es bello ver a toda la Creación abanderada con el Fiat Divino, desde la más pequeña cosa a la más grande, todas poseen la bandera del Fiat puesta por mi pequeña hija, parece un ejército formidable que agitando con imponencia su noble bandera, piden con repetidas instancias lo que ellos poseen, esto es, el reino de mi Voluntad sobre la tierra".

(3) Después he continuado mi giro y no sólo en toda la Creación, sino también en todos los actos hechos por Adán en el estado de inocencia, en todos aquellos hechos por la Virgen reina, como también en aquellos hechos por Nuestro Señor, y yo ponía en ellos mi Fiat Divino mandándolos como un ejército ordenado en torno a la Divinidad para que pidiesen su reino, y Jesús ha agregado:

(4) "Hija mía, Cielos y tierra ruegan, todos mis actos, los de la Soberana Reina, como también los de Adán inocente, que estaban todos investidos por mi Fiat Divino, tienen todos una voz que resonando entre ellos como un eco dulcísimo y fuerte, piden: 'Venga tu reino'. Hija mía, al crear al hombre Yo hice como un padre riquísimo, que habiendo tenido su niño quisiera entretenerse con su pequeño dándole todas sus riquezas y le dice continuamente: 'Hijo, toma lo que quieras, y cuanto más puedas'. El pequeño se llena las bolsas, sus pequeñas manitas, pero tanto, que no pudiendo contenerlas se le caen por tierra, y el padre instigándolo le dice: '¿Esto es todo lo que has tomado? Vamos, toma más, toma todo'. Y el niño

se ve apurado y regresa a tomar, pero su pequeña capacidad no puede tomar más, y el padre sonríe y se entretiene con su pequeño. Así hice Yo con el hombre, le hice don de todas mis riquezas, y él como pequeño niño, era incapaz de poderlas tomar todas, y Yo animándolo le decía: 'Toma, toma hijo mío, toma mucho, toma todo si puedes, cuanto más tomes tanto más gozaré y haré fiesta'. ¿No lo estoy haciendo así contigo, hasta querer darte el reino de mi Voluntad Divina? Por eso te hago girar en toda la Creación, en las obras de mi Redención, ni siquiera te privo de los dominios de la Soberana del Cielo, y mientras tú giras en nuestras obras y dominios te voy susurrando al oído: 'Toma lo que quieras mi pequeña hija'. Y para darte el derecho te hago marcar todas nuestras obras y nuestros dominios con tu te amo, con este tu te amo que repite su estribillo: 'Dame tu Fiat Divino', y parece que estén entretejidos juntos, Fiat, y te amo, y Yo conozco que lo que tú quieres y pides es la cosa más grande y un reino divino en el cual no sólo tú, sino todos aquellos que estarán en este reino, sean todos reyes y reinas. ¡Si tú supieras qué cosa me pides! Cielos y tierra están por eso maravillados y están todos mirando la audacia de tu petición, y mi bondad toda paterna, que con amor excesivo te contempla, te sonríe para darte más confianza para pedirlo con más audacia, porque hija mía, siendo un reino tan grande que debo dar, Yo quiero un pueblo entero que me lo pida, y el primer pueblo es toda la Creación, que tú con girar en medio de ella mueves a todos a pedir que venga el reino de mi Voluntad Divina sobre la tierra; el segundo pueblo son todas mis obras y las de mi Mamá Celestial que fueron hechas sobre la tierra, estos pueblos son pueblos divinos e interminables; después está el pueblo de la baja tierra, que es quien recita el Padre Nuestro, y los pocos que conocen en algún modo mi Voluntad Divina piden que venga a reinar sobre la tierra. Y cuando pueblos enteros me piden, y a la cabeza de ellos está aquélla a la cual ha sido confiada una misión tan grande, con más facilidad se concede lo que Nosotros queremos dar y con insistencia nos es pedido. ¿No sucede así en el bajo mundo? Si se debe elegir un rey, un jefe de un país, hay quien mueve al pueblo a gritar: 'Queremos a tal por rey, a aquél otro por dirigente de un país'. Si se quiere una guerra se hace gritar al pueblo: 'Queremos guerra'. No hay cosa importante que se haga dentro de un reino, en que no se recurra al pueblo para hacerlo gritar y aun hacer tumulto para darse la razón y decir: 'Es el pueblo que lo quiere'. Y muchas veces el pueblo mientras dice que lo quiere, no sabe lo que quiere, ni todas las buenas o tristes consecuencias que de eso vendrán. Si esto hacen en el bajo mundo, mucho más Yo. Cuando debo dar cosas importantes, bienes universales, quiero que pueblos enteros me lo pidan, y tú debes formar estos pueblos, primero con hacer conocer todos los conocimientos sobre mi Fiat Divino, segundo girando por todas partes, moviendo Cielos y tierra a pedir el reino de mi Divina Voluntad".

24-18
Junio 3, 1928

### Las verdades son escalera para subir a Dios. El aislamiento. La Voluntad Divina es la que revelará al hombre los secretos de la Creación. Ejemplo del niño que duerme.

(1) Continúo mi abandono en el Querer Divino, y girando en Él mi pobre mente se ha transportado al Edén, en el acto en el cual Dios estaba formando la naturaleza del hombre antes de infundirle el alma, y pensando en el gran amor con el cual el Supremo Creador formaba el cuerpo humano, y que antes de que Adán existiese, al formar su cuerpo lo amaba con amor de Padre que ama su parto, y que no existiendo aún la vida del alma de Adán no le correspondía con su amor, y por lo tanto el amor divino quedaba aislado sin la compañía del amor de su criatura. Entonces no era justo que su amor quedase sin la correspondencia del pequeño amor de quien tanto amaba, y por eso pensaba entre mí: "La Voluntad Divina es eterna, y lo que se hace en Ella está siempre en acto y no pierde jamás el acto presente", por eso, en el Fiat yo quiero anticipar el amor de Adán y acariciar a mi Creador con mi amor, y en el acto en que forma el cuerpo humano quiero hacer eco a su amor para decirle: "En tu Querer siempre te he amado, aun antes de que todas las cosas existieran". Entonces mientras esto y otras cosas pensaba, mi siempre amable Jesús me ha estrechado fuertemente en sus brazos diciéndome:

(2) "Hija mía, cómo estoy contento por haberte manifestado tantas verdades sobre mi Querer Divino, todas mis verdades que te he dicho sobre Él son escaleras que sirven, a ti para subir en los actos de mi Eterno Querer para encontrar en acto el primer acto nuestro, que tiene virtud de ser siempre presente y darnos la alegría, la felicidad de la correspondencia de tu amor, y nos sirven a Nosotros para descender hacia ti, para buscar la compañía de aquélla por la cual obrábamos y amábamos tanto. Cómo es dulce la compañía de quien se ama, está llena de alegrías inolvidables, y cómo es amargo el aislamiento y no gozar de la presencia de quien tanto se suspira, se ama, y por la cual se obra. Nosotros mientras formábamos la naturaleza del hombre, antes de infundirle la vida, hacíamos como un padre o una madre cuando duermen a su hijo, que llevados por la ternura, por amor irresistible, contemplan, besan y estrechan a su seno al hijo que duerme, y el hijo, como duerme no sabe nada. Si supieras hija mía cuántos besos, cuántos abrazos amorosos dimos a la naturaleza humana antes que le diéramos la vida, y fue en la hoguera de nuestro amor que infundiéndole el aliento le dimos la vida dándole el alma, y al cuerpo el respiro, el latido, el

calor, así que el respiro que tú sientes es nuestro, el latido que te late en el corazón es nuestro, el calor que tú sientes es el toque de nuestras manos creadoras, que tocándote te infunde el calor, y conforme respiras Nosotros sentimos nuestro respiro que respira en ti, conforme late tu corazón así sentimos nuestro latido de vida eterna que late en ti, y conforme sientes el calor, es nuestro amor que circula en ti y continúa su obra creadora y conservadora para calentarte...

(3) Tú debes saber hija mía, que nuestro Querer es el revelador de la obra de la Creación, sólo Él puede revelar todos los secretos de amor escondido en la Creación, Adán no supo todo, cuántas estratagemas y finezas amorosas pusimos al crearlo, el alma y el cuerpo; Nosotros hicimos como un padre que no dice todo junto a su pequeño hijo, sino que conforme crece quiere darle las sorpresas diciéndole cuánto lo ama; cuánto ha hecho por él; cuántas finezas amorosas, besos escondidos cuando él, pequeño, era incapaz de comprenderlos; que cosa le ha dado y que le puede dar, y ahora le hace una sorpresa, ahora otra, y esto sirve para mantener la vida de amor entre padre e hijo y en cada sorpresa aumentar su alegría y felicidad. Qué dolor no sería para este padre, que mientras que el hijo duerme lo ha cubierto de besos, se lo ha estrechado al corazón, y era tal y tanta su ternura amorosa, que ha llegado a bañar de tierno llanto el rostro del niño durmiendo, y el niño despertándose no sonríe al padre, no se arroja a su cuello para besarlo, y si lo mira es con frialdad, ¡qué dolor para este pobre padre! Todas las sorpresas que ha preparado para manifestárselas al hijo, las encierra en el corazón con el dolor de no poder compartir con él su felicidad, sus alegrías más puras, hasta no poderle decir cuánto lo ha amado y ama. Así fue para Nosotros hija mía, nuestra más que Paterna Bondad preparaba tantas nuevas sorpresas a nuestro hijo amado, y nuestro Querer Divino tomaba el empeño de hacerle de revelador; en cuanto se sustrajo de Él, Adán perdió al revelador y por eso no se sabe cuánto lo amamos y todo lo que hicimos por él al crearlo, por eso sentimos un amor irresistible de que nuestro Fiat venga a reinar como en el Cielo así en la tierra, a fin de que después de tantos años de silencio y de secretos, dé desahogo a sus llamas y regrese a hacerla de revelador de la Creación, porque poco se conoce de todo lo que hicimos al crear al hombre. ¡Cuántas sorpresas tiene por decir, cuántas alegrías y felicidad por comunicar! Tú misma, ¿no oyes cuántas cosas te dice, tanto sobre lo que respecta a mi Querer Divino, como al amor sorprendente de toda la Creación, y en modo especial la creación del hombre?

(4) Mi Voluntad es el libro de la Creación, pero es necesario para saberse y poderlo leer, su reinar en medio de las criaturas. La voluntad humana tiene como adormilado al pobre hombre, él duerme y el sueño le impide sentir y ver todas las caricias y finezas de amor que le hace su Padre Celestial, sus

sorpresas que le quiere hacer conocer, el sueño le impide recibir las alegrías, la felicidad que le quiere dar su Creador y le impide comprender el estado sublime de su creación. Pobre hombre, adormilado para el verdadero bien y sordo para escuchar de mi Divina Voluntad, que es la reveladora de su noble historia, su origen, su dignidad y belleza maravillosa, y si permanece despierto escucha, pero por el pecado, por sus pasiones o por cosas que no tienen un principio eterno, hace propiamente como el niño que duerme, que si se despierta, llora, hace berrinches y pone en cruz al pobre padre que está casi doliente por tener un hijo tan afligido; es por eso que mi Querer Divino está revelando tantos conocimientos suyos, para despertar al hombre de su largo sueño, a fin de que despertándose en mi Fiat pierda el sueño de la voluntad humana, y readquiera lo que perdió y pueda sentir los besos, el amor, las estrechuras amorosas que le hace a su seno su Creador. Así que cada conocimiento que respecta a mi Voluntad Divina es un reclamo, es una voz que emito, es un grito que doy para despertar al hombre del sueño del querer humano".

24-19
Junio 7, 1928

### Dios al crear al hombre le infundió tres soles; arrebato de su Amor. Ejemplo del sol.

(1) Mi giro en los actos de la Divina Voluntad continúa siempre, y habiendo llegado al Edén, me parecía que Jesús tenía deseos de decir alguna cosa, el recuerdo, el lugar donde su Voluntad creante creó al hombre, su amor exuberante, las prerrogativas, la belleza con la cual creó al hombre, los bienes, la gracia con la cual lo enriqueció. Estos son los más dulces y amados recuerdos a su corazón paterno que lo hacen ahogarse de amor, y para dar desahogo a sus llamas quiere hablar de lo que hizo al crearlo, tanto, que mientras escribo oigo su corazón que late fuertemente, y exultando de alegría me pone los brazos en el cuello y besándome con tal énfasis de afecto se ha encerrado en mi corazón, como herido por el arrebato de aquel amor que tuvo en la Creación, y poniéndose en actitud mezclada de fiesta y de dolor, quería ser espectador de lo que estaba por escribir. Entonces, Jesús me ha dicho:
(2) "Hija mía, cuántos prodigios nuestros concurrieron al crear al hombre, con nuestro aliento le fue infundida el alma, en la cual nuestra Paterna Bondad le infundía tres soles con los cuales formaba en ella el perenne y brillante día, no sujeto a ninguna noche. Estos tres soles venían formados por la potencia del Padre, por la sabiduría del Hijo, por el amor del Espíritu Santo. Estos tres soles mientras venían formados en el alma, quedaban en

comunicación con las Tres Divinas Personas, de modo que el hombre tenía el camino para subir hasta Nosotros, y Nosotros teníamos el camino para descender en él. Estos tres soles son las tres potencias: Inteligencia, memoria y voluntad, que mientras son distintas entre ellas, se dan la mano y llegan a formar una sola, símbolo de nuestra Trinidad adorable, que mientras somos distintos en las Personas formamos una sola potencia, un solo intelecto y una única Voluntad. Fue tanto el amor al crear al hombre, que nuestro amor sólo se contentó cuando le comunicamos nuestra semejanza. Estos tres soles fueron puestos en el fondo del alma humana, como el sol en el fondo de la bóveda del cielo, que con su luz tiene en fiesta a la tierra y con sus admirables efectos da vida a todas las plantas, y a cada una el gusto, la dulzura, el color y la sustancia que le conviene. El sol en su tácito silencio guía la tierra, enseña a todos, no con las palabras sino con los hechos, y con tal elocuencia que ningún otro lo puede igualar, y con su luz penetrante se hace vida de todo lo que produce la tierra. Mira, un sol para toda la tierra, pero para el alma humana nuestro amor no estuvo contento con uno solo, y como nos encontrábamos en el arrebato de nuestro amor, de dar y de volver a dar, formamos tres soles, por los cuales debían ser dirigidos, animados y recibir la vida todos los actos humanos. ¡Qué orden, qué armonía pusimos en nuestro amado y querido hijo! Ahora hija mía, estos tres soles existen en el hombre, pero se encuentran en las mismas condiciones como cuando el sol que resplandece en el cielo se encuentra circundado por densas nubes y no puede llenar la tierra con la viveza de su luz, y si bien las comunicaciones no están ni interrumpidas ni rotas en virtud de las nubes, sin embargo los efectos la tierra los recibe con dificultad y no goza todo el bien que le podría hacer el sol, así que como no recibe toda la vida del sol, está como enferma, sus frutos son insípidos y no maduros, muchas plantas sin frutos, por lo tanto la tierra está melancólica, sin fiesta, porque las nubes han impedido que reciba toda la plenitud de la luz del sol para coronarse de gloria y de honor. Así se encuentra el hombre, todas las cosas están en su lugar, entre Nosotros y él nada se ha roto ni interrumpido, pero el querer humano ha formado densas nubes, y por eso se ve el hombre sin la gloria, el orden y la armonía de su creación, y por lo tanto sus obras están sin frutos, viciadas y sin belleza, sus pasos son vacilantes, se puede decir que es el pobre enfermo porque no se hace dirigir por los tres soles que posee en su alma. Entonces viniendo a reinar mi Voluntad, la primera cosa que abatirá será el querer humano, y soplando pondrá en fuga las nubes, y el hombre se hará dirigir por los tres soles que tiene en el fondo del alma, que poseen nuestra comunicación, y pronto subirá a nuestro origen y todo será fiesta y gloria para Nosotros y para él".

24-20

Junio 12, 1928

**Cómo Dios se siente renovar las alegrías de los primeros tiempos de la Creación. El encanto que hará la Divina Voluntad a la voluntad humana; ejemplo del sol. Cuándo y dónde fue hecho el esponsalicio con la humanidad, y cuándo será renovado de nuevo.**

(1) Continúo mi giro en los actos que hizo en la Creación el Fiat Divino y que aún conserva en su propio puño, con tal potencia y sabiduría como si en cada acto repitiese el acto ya hecho, mientras que no es otra cosa que la continuación de un solo acto. Ahora, mientras mi mente se ponía en el Edén, mi dulce Jesús me ha dicho:

(2) "Hija mía, cuando haces tu giro en mi Voluntad para encontrar todos sus actos, para cortejarlos, amarlos, para hacerlos uno con los tuyos y llegas al Edén, Yo me siento repetir las alegrías, las fiestas, la felicidad que nuestra Divinidad sintió en la Creación. ¡Oh! cómo nos recuerda a lo vivo el verte correr en el sol, en el viento, en el mar, en el cielo, los vuelos rápidos de la primera criatura salida de nuestras manos creadoras, porque él, estando en la unidad de nuestro Querer, de todos nuestros actos hechos en la Creación por amor suyo hacía uno solo, y en ese solo acto nos llevaba como en triunfo todos nuestros actos, es por eso que Adán nos llevaba todas las alegrías de todas las cosas que Nosotros habíamos como desarrollado, ordenado y armonizado en todo el universo y, ¡oh! cómo nos sentíamos felices al verlo tan rico, fuerte, potente, con una belleza encantadora, venir delante a Nosotros dotado de todas nuestras obras, y que nos las llevaba para felicitarnos, glorificarnos, y felicitarse él junto con Nosotros. Entonces, al verte retomar sus vuelos y girar por todas partes, vemos cómo es bella la vida de la criatura en nuestra Voluntad, parece que quiere entrar en todos nuestros actos, todo quiere tomar, ¿pero para hacer qué? Para darnos todo y para felicitarnos, y Nosotros en correspondencia le damos todo, le decimos: 'Son cosas tuyas, por ti las hemos creado y sacado de Nosotros'. Ahora, al ver esto sentimos el deseo de restablecer la creación del hombre y de dar el reino de nuestra Voluntad".

(3) Después, con un énfasis más tierno ha agregado: "Hija mía, potencia no me falta, tampoco Voluntad, por eso Yo debo levantar al hombre caído y restablecerlo, porque el querer humano dejó en ruinas la obra de nuestras manos creadoras".

(4) Luego, conmovido y doliente por el pobre hombre ha hecho silencio, y yo pensaba entre mí: "¿Cómo se podrá regresar al estado primero de la Creación, siendo que la voluntad humana ha hecho caer al hombre en un abismo de miserias y casi deformándolo de como había sido creado?" Y mi dulce Jesús ha agregado:

(5) "Hija mía, mi Voluntad lo puede todo, y así como de la nada hizo al hombre, así puede de sus miserias sacar al nuevo hombre, y sin cambiar sistema de como lo creamos, dejándole su libre arbitrio usaremos otra industria amorosa, la luz de nuestra Voluntad hará vibrar más fuerte sus rayos brillantísimos, se acercará en modo de mirar a la cara a la voluntad humana, la cual recibirá el encanto de una luz penetrante, que deslumbrándola dulcemente la atrae a sí, y ésta, atraída por una luz tan resplandeciente y de rara belleza, tendrá deseos de ver qué cosa hay de bello en aquella luz, con mirar sufrirá el encanto, se sentirá feliz y amará, no forzada, sino espontánea el vivir en nuestra Voluntad. ¿No tiene acaso esta virtud la luz del sol, que si se quiere mirarla fijamente, la pupila del ojo humano queda deslumbrada en la luz, y si quiere mirar no verá otra cosa que luz, y la fuerza de la luz impide a la pupila el mirar las cosas que le hay alrededor? Y si el hombre es obligado a bajar los ojos para deshacerse de la luz, es porque la demasiada luz lo vuelve inútil y no se siente feliz, pero si se sintiera feliz, no fácilmente retiraría la pupila de dentro de la luz del sol. En cambio la luz de mi Querer no obstaculizará la pupila del alma, más bien, tendrá el bien de ver los mismos actos humanos convertidos en luz, y amará el que esta luz haga vibrar más fuerte sus rayos para ver sus actos con el encanto y belleza de esta luz divina; mi Voluntad tiene potencia de resolver el problema del hombre, pero debe usar un acto más excesivo de magnanimidad más grande de nuestro Fiat Supremo, por eso ruega e implora una causa tan santa para las pobres criaturas".

(6) Después de esto, siendo la fiesta del Corpus Domine, estaba pensando entre mí que aquel día era la fiesta de esponsalicio que Jesús bendito hacía con las almas en el Santísimo Sacramento de amor, y mi amado Jesús moviéndose en mi interior me ha dicho:

(7) "Hija mía, el verdadero esponsalicio con la humanidad fue en la Creación, nada faltó ni al alma ni al cuerpo, todo fue hecho con suntuosidad real, a la naturaleza humana le fue preparado un palacio grandísimo, que ningún rey ni emperador puede tener uno igual, el cual es todo el universo, un cielo estrellado y su bóveda; un sol que no se debía extinguir jamás por luz; amenos jardines donde la pareja feliz, Dios y el hombre, debía pasear, recrearse y mantener la fiesta continua, no interrumpida jamás de nuestro esponsalicio; vestidos no tejidos de materia, sino formados por nuestra potencia de purísima luz, como convenía a personas reales; todo era belleza en el hombre, alma y cuerpo, porque Aquél que preparaba el esponsalicio y lo formaba era de una belleza inalcanzable, así que por la suntuosidad externa de las tantas bellezas encantadoras que hay en toda la Creación, puedes imaginar los mares interiores de santidad, de belleza, de luz, de ciencia, etc., que poseía el interior del hombre. Todos los actos del hombre, internos y externos, eran tantas teclas musicales que formaban las más

bellas músicas, dulces, melodiosas, armoniosas, que mantenían la alegría al esponsalicio, y en cada acto de más que se disponía a hacer, era una nueva cancioncita que preparaba para llamar al esposo a recrearse con él. Mi Voluntad Divina que dominaba a la humanidad, le llevaba el acto nuevo continuado y la semejanza de Aquél que lo había creado y esposado, pero en tanta fiesta el hombre rompió el anillo más fuerte, en el cual estaba toda la validez y por el cual había tenido vigor nuestro esponsalicio, que fue el de sustraerse de nuestra Voluntad, el cual, en virtud de esto, quedó libre, y perdidos todos los derechos quedó el solo recuerdo del esponsalicio, pero la sustancia, la vida, los efectos, no existían más. Ahora, en el Sacramento de la Eucaristía, en el cual sobreabundó mi amor en todos los modos posibles e imaginables, no se puede llamar ni el primer esponsalicio de la Creación, ni el verdadero, y Yo no hago otra cosa que continuar lo que hice estando sobre la tierra, según las necesidades que hay en las almas: Para quién me hago médico piadoso para curarle, para quién maestro para instruirle, para quién padre para perdonarlos, para quién luz para darle la vista, doy la fuerza a los débiles, el coraje a los tímidos, la paz a los inquietos, en suma, continúo mi Vida y virtud redentora, pero todas estas miserias excluyen el verdadero esponsalicio. Ningún joven toma por esposa a una joven enferma, a lo más espera que se cure, ni a una joven débil y que frecuentemente lo ofenda; y si el esposo es un rey y la ama, a lo más espera que la esposa cure, que lo ame y que las condiciones de ella sean en algún modo satisfactorias y no tan inferiores a las de él. Ahora, las condiciones en las cuales se encuentra la pobre humanidad es aún de una pobre enferma, y espero que mi Voluntad sea conocida y reine en medio de las criaturas, la cual les dará la verdadera santidad, los vestidos reales, la belleza digna de él, y entonces formaré de nuevo el verdadero y primer esponsalicio".

24-21
Junio 16, 1928

**Ejemplo de un esposo cuando se divide en corte, como Dios desde el principio de la caída del hombre. El nuevo compromiso del esponsalicio fue hecho sobre la cruz. El cumplimiento en la Divina Voluntad.**

(1) Estaba pensando en lo que está escrito en el capítulo anterior, y el bendito Jesús ha continuado diciéndome:

(2) "Hija mía, realmente es verdad que el Ente Supremo en el principio de la Creación tuvo su esponsalicio con la humanidad, pero sucedió como a un esposo cuando su esposa perversa lo induce a separarse, pero a pesar de esto; en el esposo queda un afecto en su corazón y piensa y suspira que si

su elegida cambiara, quién sabe si podré reunirme y vincularme con ella con el lazo de esposos, y por eso frecuentemente le hace llegar al oído por medio de mensajeros, que él la ama. Así hizo Dios, a pesar de que el esponsalicio con la humanidad fue disuelto en la corte divina, reservó un afecto y anhelaba, si bien lejano, el nuevo lazo de esposos con la humanidad; tan es verdad que no destruyó el palacio que con tanta suntuosidad y magnificencia había formado, ni le quitó el bien del sol que formaba el día, sino todo quedó para que se sirviera de ello quien lo había ofendido. Es más, mantuvo la correspondencia con escoger desde el principio del mundo, ahora a uno, ahora a otro de los buenos, los cuales eran como mensajeros, como tantos carteros que llevaban, quién las cartitas, quién los telegramas, quién los telefonemas del Cielo, en los cuales venía anunciado que el esposo lejano no se había olvidado; que los amaba y que quería el regreso de su esposa ingrata. Por eso en el antiguo testamento, cuanto más multiplicaba los buenos, los patriarcas y los profetas, tanto más apremiantes eran las invitaciones y el correo que corría entre el Cielo y la tierra, porque Dios expedía noticias que deseaba la nueva unión. Tan es verdad, que no pudiendo contener más la vehemencia de su amor y no estando aún dispuesta la humanidad caída, hizo una excepción esposando a la Virgen Reina y a la Humanidad del Verbo con lazo de verdadero esponsalicio, a fin de que en virtud de Ellos fuese realzada la caída humanidad y pudiese formar el esponsalicio con la humanidad entera. Después mi Humanidad formó el nuevo compromiso sobre la cruz con ella, y todo lo que Yo hice, sufrí, hasta morir sobre la cruz, eran todos preparativos para efectuar el esponsalicio deseado en el reino de mi Divina Voluntad. Ahora, después del compromiso, quedan las prendas y los dones para darse, y éstos son los conocimientos sobre mi Fiat Divino, y en ellos les viene dado el gran don que me rechazó el hombre en el Edén, esto es, el don eterno, infinito e interminable de mi Querer, cuyo don atraerá tanto a la humanidad caída, que nos dará la correspondencia con el don de su pobre querer, que será como confirmación y sello de la unión de los esposos después de tan larga cadena de correspondencia, de fidelidad por parte de Dios, y de inconstancia, de ingratitud, de frialdad por parte de las criaturas. Así que, hija mía, el hombre se degradó, perdió todos los bienes porque salió de mi Voluntad Divina; ahora, para ennoblecerse, para readquirir todo y para recibir la rehabilitación del esponsalicio con su Creador, debe reentrar de nuevo en el Fiat Divino de donde salió, no hay caminos intermedios, ni siquiera mi misma Redención es suficiente para hacer regresar al hombre al principio de la era feliz de su creación; mi Redención es medio, camino, luz, ayuda, pero no fin, el fin es mi Voluntad, porque Ella fue el principio, y por justicia quien es el principio debe ser el fin. Así que la humanidad debe ser encerrada en mi Querer Divino para que le sea restituido su noble origen, su felicidad, y poner de nuevo en vigor el esponsalicio con su Creador. Así que no basta a nuestro amor el gran bien que hizo al hombre mi Redención, sino que suspira ir más allá; el verdadero amor no se contenta jamás, sólo está contento cuando puede decir: 'No tengo más que darle'. Y conociendo que el hombre me puede regresar feliz, victorioso, glorioso, en el noble estado con el cual fue creado por Dios, y esto con reinar mi Voluntad en medio de ellos, he aquí el por qué todas las ansias divinas, los suspiros, las manifestaciones son dirigidas a hacer conocer nuestra Voluntad, para hacerla reinar, para poder decir a nuestro amor: ¡Cálmate, que nuestro hijo amado ha llegado a su destino, ya está en posesión de nuestra herencia que le fue dada en la Creación, cual es nuestro Fiat, y mientras él posee lo nuestro, Nosotros lo poseemos a él. Por tanto las nupcias están concluidas de nuevo, los esposos han regresado a su puesto de honor, no queda otra cosa que hacer más que festejar y gozar un tanto bien después de un tan largo dolor!"

24-22
Junio 20, 1928

**Dios es un acto único. Ejemplo del sol. Quien vive en la Divina Voluntad vive en este acto único y siente todos sus efectos. Valor de los actos hechos en la Divina Voluntad. Cómo Jesús estuvo siempre con su Madre y se alejó cuando hizo su Vida pública. Aplicación al alma.**

(1) Mi abandono en el Fiat Supremo y mi vuelo en todos sus actos es continuo, y mientras giraba en la Creación pensaba en el orden y armonía de todas las cosas, y en la multiplicidad de los actos del eterno Querer en todo el universo, pero mientras esto pensaba, mi siempre amable Jesús me ha dicho:

(2) "Hija mía, Dios es un acto único, y si se ven tantos actos en la Creación, no son otra cosa que los efectos del acto único de Dios; sucede como al sol, el sol es uno, su luz es una sola, pero los efectos de él, en cuanto su luz toca la tierra y con rapidez se extiende sobre de ella, son innumerables, se puede decir que produce un efecto distinto sobre cada una de las cosas que toca, distinto en el color, en la dulzura y en la sustancia que infunde sobre cada una de las cosas que toca con sus manos de luz; parece que el sol crea tantos actos sucesivos, uno más bello que el otro, pero no es verdad, no son otra cosa que los efectos de su acto único de luz, porque la fuerza de un acto único tiene virtud de producir tantos efectos como si fueran tantos actos sucesivos y distintos, como en efecto son, así que todo lo que tú ves en todo el universo no son otra cosa que los efectos del acto único de Dios, y porque

es único en el acto, tiene virtud de orden y armonía en todos los efectos que produce. Así sucede para el alma que vive en mi Divina Voluntad, viviendo en el acto único de Dios, siente todos los efectos de aquel acto único en todos sus actos, siente en sí el orden, la armonía, la belleza, la fuerza del acto único divino, que más que luz produce tantos efectos, que siente producirse en sus actos tantos cielos, soles, mares, prados floridos y todo lo que de bien hay en el cielo y en la tierra; ¿qué no puede encerrar de grande, de bien, quien vive en mi Voluntad? Todo, es el verdadero sol, que cualquier cosa que hace y toca produce varias tintas de belleza, de dulzura, de bondad y de múltiples efectos, porque todos sus actos penden del acto único de Aquél que lo ha creado".

(3) Después de esto estaba pensando en el gran bien que encierra el obrar en la Divina Voluntad y mi dulce Jesús ha agregado:

(4) "Hija mía, el obrar en mi Divina Voluntad encierra un valor incalculable, es como si el alma tuviera dos balanzas en la mano, y pone en cada una de las balanzas un objeto de igual peso y de igual valor, estos objetos uno es el peso, uno el valor, uno el precio que se puede conseguir; ahora, en estas balanzas, en una pone Dios su Voluntad, en la otra pone el alma su obrar en Ella, alzándose estas balanzas, quedan perfectamente equilibradas, y se elevan las dos a la misma altura, porque siendo la Voluntad de Dios y la del alma una sola, dondequiera que obra, o en Dios o en la criatura, uno es el valor, por eso sólo mi Voluntad eleva al alma a la semejanza de su Creador, el obrar en Ella la pone en el orden de las obras divinas".

(5) Después de esto me sentía oprimida y pensaba entre mí: "Qué cambio, primero mi dulce Jesús venía siempre, parecía que no sabía ni podía estar sin mí, y ahora, días y días, no se da ninguna prisa, ni corre hacia mí como hacía primero cuando veía que no podía más, parece que cuando viene es para decir cosas que conciernen a su Fiat, parece que éste es el único interés; mi extrema necesidad de Él no le hace más mella". Mientras esto y otras cosas pensaba, se ha movido en mi interior y me ha dicho:

(6) "Hija mía, estoy comportándome contigo como me comporté con mi Mamá, durante mi Vida hicimos vida siempre juntos, salvo los tres días del extravío, porque el resto, donde se encontraba la Mamá se encontraba el Hijo, y donde estaba el Hijo se encontraba la Mamá, éramos inseparables, después, cuando vino el cumplimiento de la Redención y debiendo hacer la Vida pública nos separamos, si bien la Voluntad única que nos animaba nos tenía siempre fundidos, pero es cierto que nuestras personas se encontraban lejanas, quién en un punto y quién en otro, y no sabiendo estar, y no pudiendo estar el verdadero amor por mucho tiempo separado, porque siente la irresistible necesidad de reposarse uno en el otro y de confiarse sus secretos, el éxito de sus empresas y sus dolores, por eso ahora Yo me daba mis escapadas para verla, ahora la Reina Madre salía de su nido para volver

a ver a su Hijo que desde lejos la hería, y de nuevo nos separábamos para dar el curso a la obra de la Redención. Así estoy haciendo contigo, primero estaba siempre contigo, como lo estoy todavía, pero debiendo trabajar para el reino de mi Voluntad Divina y tú debiendo lanzarte en los actos de Ella, el trabajo parece que nos aleje, y mientras tú trabajas, Yo trabajo preparándote el otro trabajo que tú debes hacer con el hacerte conocer otras cosas que respectan a mi Fiat y lo que tú debes continuar en Él, pero frecuentemente regreso para recibir y darte reposo, por eso no te maravilles, esto lo requiere el gran trabajo del Fiat Voluntas Tua come in Cielo così in Terra, por eso fíate de Mí y no temas".

24-23
Junio 25, 1928

### Todo lo que se hace en el Fiat adquiere el acto continuado sin cesar jamás. Ejemplo del sol. Finalidad de la ida de Jesús al desierto, penas del aislamiento.

(1) Estaba rezando, y sintiendo mi extrema miseria rogaba a mi Mamá Celestial que me diera su amor para suplir mi mísero amor, pero mientras esto hacía, mi dulce Jesús moviéndose en mi interior me ha dicho:

(2) "Hija mía, mi Mamá, el primer amor y su primer acto lo hizo en el Querer Divino, y como fue hecho en Él tiene la continuidad, como si en acto estuviese siempre amando y obrando, su amor no termina jamás, sus obras se repiten continuamente, de modo que quien quiere tomar su amor lo encuentra siempre en acto, mientras que es el efecto del primer amor que repite, repite siempre. Así es quien obra en mi Voluntad, sus actos adquieren la continuidad, son repetidos siempre sin cesar jamás, son el verdadero sol, que desde que fue creado por Dios dio su primer acto de luz, pero tan grande que llenó con un solo acto cielo y tierra, y este acto lo repite siempre sin cesar jamás, de modo que todos pueden tomar su acto de luz, pero uno fue el acto que se constituía acto de luz perenne por todos, y si el sol pudiese repetir su acto de luz, se verían tantos soles por cuantos actos pudiese repetir, pero como uno fue el acto de luz que hizo, por eso se ve un solo sol y no más. Pero lo que no hizo el sol lo hizo la Soberana Reina y lo hace quien obra en mi Voluntad, por cuantos actos, tantos soles, y estos soles fundidos juntos, pero distintos entre ellos por la belleza, por luz, por gloria que dan a su Creador y por el bien universal que hacen descender sobre todas las criaturas; estos actos tienen una Potencia divina, y en virtud de estos actos la Virgen Santísima pudo obtener la venida del Verbo a la tierra, y en virtud de ellos vendrá mi reino a la tierra. Un acto repetido incesantemente en mi Fiat tiene virtud conquistadora, raptora y encantadora

hacia nuestra Divinidad, ese repetir siempre en el Querer Divino es la fuerza del alma, el arma invencible que debilita con armas de amor a su Creador y lo vence, y se siente honrado con hacerse vencer por la criatura".

(3) Después de esto estaba siguiendo mi giro en el Fiat Divino, y siguiendo a Jesús cuando tomó el camino del desierto pensaba entre mí: "¿Y por qué Jesús tomó el camino del desierto? Aquí no había almas que convertir, sino soledad profunda, mientras que eran almas lo que Él buscaba". Pero mientras esto pensaba, mi dulce Jesús moviéndose en mi interior me ha dicho:

(4) "Hija mía, la compañía rompe la pena y la disminuye, en cambio el aislamiento la concentra, la duplica y la recrudece, y Yo quise ir solo al desierto para sentir en mi Humanidad toda la crudeza del aislamiento que había sufrido mi Divina Voluntad por tantos siglos por parte de las criaturas. Mi Humanidad debía ascender en el orden divino y descender en el orden humano para poder encerrar las penas del uno y del otro, y tomando Yo toda la parte penosa que dividía al hombre y a Dios, hacerlos entrar de nuevo al abrazo, al beso de su Creador. Pero no fue sólo esta la finalidad de mi ida al desierto, tú debes saber que nuestra Majestad adorable al formar la Creación, establecía que todo debía estar poblado de habitantes, la tierra debía ser fertilísima, rica de abundantes plantas, de modo que todos debían abundar de sus bienes. En cuanto pecó el hombre, se atrajo la indignación de la Justicia divina, y la tierra permaneció desértica, infecunda, y en muchos lugares despoblada, imagen de aquellas familias estériles donde no hay sonrisas, ni fiestas, ni armonía, porque sin prole no hay quien rompa la monotonía de dos cónyuges, y sobre su animo pesa la opresión del aislamiento que les lleva la tristeza, en cambio donde hay prole hay siempre qué hacer, qué decir y ocasión de festejar, tal fue la familia humana. Mira cómo el cielo está poblado de estrellas, la tierra debía ser el eco del cielo, llena de habitantes y debía producir tanto, de volverlos ricos y felices a todos. Entonces, en cuanto el hombre se sustrajo de mi Voluntad cambió su suerte, y Yo quise ir al desierto para volver a llamar las bendiciones de mi Padre Celestial, y volviendo a llamar a mi Voluntad a reinar, restablecer la tierra, poblarla en todas partes y fecundarla, de modo que la tierra producirá otras semillas más bellas para volverla centuplicada, más fecunda y de belleza deslumbrante. ¡Cuántas cosas grandes hará el reino de mi Fiat Divino, tanto, que todos los elementos están a la espera, el sol, el viento, el mar, la tierra y toda la Creación, para poner fuera de su seno todos los bienes y efectos que contienen, porque no reinando en medio de las criaturas aquella Divina Voluntad que domina en ellos, no ponen fuera todos los bienes que encierran en ellos, dándoles sólo lo que les conviene a título de limosna y de siervos, así que la tierra no ha producido todos los gérmenes, el sol, no encontrando todos los gérmenes, no produce todos los

efectos y bienes que posee, y así de todo lo demás, por eso todos esperan el reino del Fiat, para hacer ver a éstos cuan ricos son y cuántas cosas admirables ha puesto en ellos su Creador por amor de aquellos que debían ser los hijos de su Querer".

24-24
Junio 29, 1928

**El te amo forma el calor, la Divina Voluntad forma la luz para formar el sol. La gran prole que forma quien vive en el Fiat. Sus tres reinos, tres soles y tres coronas. Cómo la fe no será más ensombrecida.**

(1) Estaba haciendo mis acostumbrados actos en el Fiat Divino, y por cada cosa creada repetía mi largo estribillo de mi te amo, pero mientras esto hacía pensaba entre mí: "Es tanta la costumbre que he hecho, que me parece que no sé hacer otra cosa que decir, te amo, te amo". Mientras me encontraba en esto, mi dulce Jesús se ha movido en mi interior diciéndome:
(2) "Hija mía, este tu continuo te amo no es otra cosa que la continuidad del primer te amo dicho en mi Divina Voluntad, que dicho una vez, tiene virtud de repetir con los hechos lo que una vez fue dicho. El te amo forma el calor y mi Voluntad Divina forma la luz, que invadiendo el te amo forma el sol, uno más refulgente que el otro. ¡Cómo es bella la vida del alma en mi Voluntad Divina! Ella adquiere una gran prole casi interminable, porque si piensa, da a luz en la mente divina sus pensamientos y forma la larga generación de sus hijos en la mente de su Padre Celestial; si habla, da a luz sus palabras en la palabra de Dios, y forma la gran generación de los hijos de su palabra; si obra, si camina, si palpita, da a luz sus obras en las manos de su Creador, sus pasos en los pies divinos, su latido en el corazón paterno, y forma la larga generación de los hijos de sus obras, de sus pasos y de sus latidos; qué generación interminable forma quien vive en mi Voluntad a su Creador, ella es la pobladora y la madre fecunda que tiene siempre en fiesta a Aquél que la ha creado, porque cada hijo es una fiesta que Dios se siente parir en su propio seno por aquélla que vive en su Voluntad".
(3) Y todo conmovido repetía:
(4) ¡Cómo es bella! Cómo es bella la recién nacida de mi Querer. En su pequeñez quisiera ponerse en competencia con su Creador, quisiera hacerlo sonreír siempre y con sorpresas infantiles raptarlo para hacerse siempre mirar, para hacerle ver la larga generación de sus hijos".
(5) Y como desfalleciendo por amor ha hecho silencio, pero poco después ha agregado:
(6) "Hija mía, la criatura tiene en su alma tres reinos, que son las tres potencias, éstas se pueden llamar las capitales de estos tres reinos, todo el

resto de la criatura, palabras, ojos, obras, pasos, son ciudades, pueblos, ríos, mares y territorios que forman estos reinos, el mismo corazón no se puede llamar capital, sino una ciudad más importante de comunicación para las otras; ahora, en una guerra, si se vence la capital, la guerra termina, porque todas las otras ciudades quedan vencidas junto con la capital; así que si mi Voluntad llega a tomar las tres capitales de estos reinos, erigiéndose su trono en ellos, todas las otras ciudades serán vencidas y dominadas por el Fiat Supremo. Cuánta gloria adquirirán estos reinos, estos serán los más felices, los más ricos y los más poblados, porque Aquél que los rige y domina es el invencible, el fuerte y el potente, ninguno tendrá la osadía de molestar y turbar el orden de ellos, todo será paz, alegría y fiesta perenne, así que quien viva en mi Fiat Divino poseerá tres soles, uno más bello que el otro, tres reinos pacíficos, enriquecidos de todas las alegrías, armonías y felicidad, y serán coronados con tres coronas, ¿pero sabes tú quien coronará la frente de los hijos de mi Querer? La Trinidad Sacrosanta, que raptada por su semejanza que infundió al crearlos, y viendo que nuestro Fiat los ha hecho crecer y los ha formado como Nosotros los queríamos, y quedando herida al ver en ellos nuestros lineamientos, será tanto el arrebato de nuestro amor, que cada una de las Tres Divinas Personas pondrá, cada una, su corona como distintivo especial que mostrará que ellos son los hijos de nuestra Voluntad Divina".

(7) Después me sentía tan inmersa en el Fiat Supremo, que me sentía como una esponja empapada en la Luz de Él, me parecía que todas las cosas creadas me llevaban el beso del Querer Divino, y en aquel beso sentía los labios de mi Creador que me lo lanzaba, me parecía que el Fiat transportaba Consigo a la Tres Divinas Personas. Ahora, mientras mi mente me la sentía perdida en la luz del Fiat, mi dulce Jesús ha salido de dentro de mi interior y me ha dicho:

(8) "Hija mía, cuando mi Querer tenga su reino sobre la tierra y las almas vivan en él, la fe no tendrá más sombra, no más enigmas, sino todo será claridad y certeza, la Luz de mi Querer pondrá en las mismas cosas creadas la visión clara de su Creador, lo tocarán con la mano en todo lo que ha hecho por amor de ellos. Entonces, el querer humano es sombra a la fe, las pasiones son nubes que obscurecen la luz clara de ella, y sucede como al sol cuando densas nubes se forman en el aire, que a pesar de que el sol está, la nubes se ponen contra la luz y parece oscuro como si fuera de noche, y a quien no hubiese visto jamás el sol, le costaría trabajo creer que está el sol, pero si un viento impetuoso hiciera desaparecer las nubes, tocando con su mano su brillante luz, ¿quién osaría decir que no existe el sol? Así se encuentra la fe porque no reina mi Voluntad, son casi como ciegos que deben creer a los demás que existe un Dios, en cambio reinando mi Fiat Divino, su luz los hará tocar con la mano la existencia de su Creador,

por lo tanto no será más necesario que otros lo digan, así que las sombras, las nubes, no existirán más".

(9) Pero mientras esto decía, Jesús hacía salir una oleada de alegría y de luz de su corazón, que dará otra vida a las criaturas y con énfasis de amor ha agregado:

(10) "¡Cómo suspiro el reino de mi Querer, él pondrá término a los males de las criaturas y a nuestros dolores, Cielo y tierra sonreirán juntos, nuestras fiestas y las de ellos retomarán el orden del principio de la Creación, pondremos un velo sobre todo, a fin de que las fiestas no sean interrumpidas más".

24-25
Julio 4, 1928

### Necesidad de los anticipos para obtener el reino de la Divina Voluntad. La Divina Voluntad vuelve ligero todo, como si fuese una pluma, y por eso todo se puede abrazar.

(1) Continuando mi giro en el Fiat Divino pensaba entre mí: "¿Para qué sirven estas repeticiones continuas de pedir y pedir el reino de la Divina Voluntad, y la repetición de girar en Ella para comprometerla a ceder su reino, a fin de que venga a dominar en medio de las criaturas?" Mientras estaba en esto mi amado Jesús se ha movido en mi interior y me ha dicho:

(2) "Hija mía, cuando se quiere hacer una compra se dan los anticipos, y por cuantos más anticipos se dan, tanto más queda asegurada la compra y menos queda por pagar cuando se hace la compra definitiva. Ahora, queriendo tú el reino de mi Voluntad, es necesario que des los anticipos, y cada vez que tú giras en Ella y pides y vuelves a pedir su reino y haces tus actos por todos con el mismo fin, tantos anticipos agregas para asegurarte la adquisición del reino de mi Fiat Divino, y como es su adquisición lo que quieres hacer, es necesario que tus actos sean hechos en Ella, que adquieran el valor de moneda acuñada por mi Voluntad Divina, de otra manera no sería moneda válida y que pueda tener curso para la adquisición de Ella, sería como una moneda fuera del reino, porque quien Voluntad Divina quiere adquirir, debe dar actos de anticipo hechos en Ella, y Ella se digna acuñarlos con el valor de su Fiat, de modo que el alma puede dar los anticipos necesarios para su adquisición. He aquí para qué sirven tus giros en mi Fiat, los actos que haces en Él, el pedir y volver a pedir que venga su reino, todas son cosas necesarias y que se requieren para su gran adquisición, ¿no hice Yo lo mismo para la Redención? Debí pagar el anticipo de mis actos ante a mi Padre Celestial, y debí pagar por todos para obtener el reino de la Redención, y cuando desembolsé todo el pago,

entonces me fue firmado por la Divinidad que el reino era mío, por eso continúa poniendo tus anticipos si quieres que te sea firmado que el reino de mi Fiat es tuyo".

(3) Después de esto estaba diciendo a mi Jesús: "En tu Voluntad tomo en mis brazos la Creación toda, el cielo, el sol, las estrellas y todo, para llevarlos delante a la Majestad Suprema como adoración y una petición más bella para pedirle el reino del Fiat". Pero mientras esto hacía pensaba entre mí: "¿Cómo puedo abrazar todo si mi pequeñez es tanta, que ni siquiera una estrella podría abrazar, cómo podré abrazarlo todo? Por lo tanto son cosas irrealizables". Y mi amable Jesús moviéndose en mi interior me ha dicho:

(4) "Hija mía, quien tiene mi Divina Voluntad puede tomar todo, Ella tiene virtud de volver ligera cualquier cosa, vuelve ligero como pluma cielos, estrellas, soles, todo lo creado, ángeles, santos, la Virgen Reina y al mismo Dios, porque corriendo en todo como vida primaria mi Querer Divino, una es la vida, uno el peso, así que cuanto pesan todos juntos, tanto pesa cada una, por eso sólo quien tiene mi Fiat puede tomar todo y darme todo, porque teniendo virtud de extender cielos, de formar soles, etc., donde Él se encuentra tiene virtud de tomar todo y de abrazar todo, porque éste es el gran prodigio del vivir en mi Querer, que la pequeñez puede llevar y abrazar la inmensidad, la debilidad puede llevar la fuerza, la nada puede poseer el todo, la criatura al Creador. Donde está la Vida de mi Voluntad Divina están todos los prodigios unidos juntos, el infinito, lo eterno se hace llevar como en triunfo en los pequeños brazos de aquella que vive en Ella, porque mirando en ella, no a ella, sino a la Divina Voluntad que tiene derecho de todo, puede todo y abraza todo, y todo puede dar como suyo a su Creador; en efecto, ¿no fue tal vez mi Fiat el que distendió el cielo, lo pobló de estrellas? Si tiene virtud de hacerlo, tiene virtud de abrazarlo, y como ligera pluma hacerlo llevar en triunfo por la criatura que vive en su Querer Divino, por eso sigue tu vuelo en Él y todo harás para darme todo y pedirme todo".

24-26
Julio 7, 1928

**Bienes que produce la Divina Voluntad, males que produce la humana. Cómo todos los males cesarán como por encanto si llega a reinar la Divina Voluntad. Cómo en la casa de Nazaret reinaba la Divina Voluntad.**

(1) Estaba siguiendo a mi dulce Jesús en su Vida pública, y pensando en las tantas enfermedades humanas que Jesús curó, pensaba entre mí: "¿Y por qué la naturaleza humana se transformó tanto, hasta llegar a ser: Quiénes

mudos, quiénes sordos, quiénes ciegos, quiénes cubiertos de llagas y tantos otros males? Si el mal lo hizo la voluntad humana, ¿por qué sufrió tanto también el cuerpo? Y mi dulce Jesús moviéndose en mi interior me ha dicho:

(2) "Hija mía, tú debes saber que lo físico nada hizo de mal, sino que todo el mal lo hizo la voluntad humana; pero como Adán antes de pecar poseía en su alma la vida total de mi Voluntad Divina, se puede decir que estaba llena hasta el borde, hasta desbordar fuera, por lo tanto la voluntad humana en virtud de la mía traslucía fuera luz, exhalaba todos los perfumes de su Creador, perfumes de belleza, de santidad y de plena salud, perfumes de candidez, de fortaleza, de modo que como tantas nubes luminosas salían de dentro de su voluntad, y el cuerpo quedaba de tal manera embellecido en virtud de estas exhalaciones, que era un amor el verlo bello, luminoso, sanísimo, con una gracia que raptaba. Ahora, en cuanto Adán pecó, la voluntad humana quedó sola y no tenía más quien esparcía en la suya la luz, la variedad de tantos perfumes, que trasluciendo fuera conservaban el alma y el cuerpo como había sido creado por Dios, en cambio comenzó a exhalar de dentro de la voluntad humana densas nubes, aire corrompido, aromas de debilidad, de miserias, de modo que también el cuerpo perdió su frescura, su belleza, se debilitó y quedó sujeto a todos los males, participando como participó en el bien, así en los males de la voluntad humana, así que si sana esta voluntad humana con darle de nuevo la vida de mi Querer Divino, como por encanto todos los males de la naturaleza humana no tendrán más vida. ¿No sucede lo mismo cuando un aire pútrido, malo, maloliente, circunda a las criaturas, cuántos otros males no trae? Este hedor llega a quitar el respiro y penetra hasta en las vísceras, hasta producir males contagiosos que llevan a la tumba. Y si tanto mal puede hacer un aire de fuera, mucho más mal puede hacer el aire brumoso y corrompido de la voluntad humana que viene de dentro de la criatura, del fondo de todo su ser, y además está el ejemplo palpable de las plantas, cuántas veces un jardín, un campo floreciente, que el agricultor estaba todo en fiesta por la esperanza de la abundante cosecha y por tantos bellos frutos que debía recoger, y basta una niebla para despojar a los árboles y hacer caer por tierra todos los frutos, un aire demasiado helado para arrojar el luto sobre un campo floreciente, entristecerlo y hacerlo morir y poner en luto al pobre agricultor. Si el aire es bueno comunica la vida del bien, si es malo comunica la vida del mal y la misma muerte; la exhalación del aire, si es bueno se puede llamar vida, si es malo se puede llamar muerte para las pobres criaturas. Si tú supieras cuánto sufría Yo en mi vida pública cuando se presentaban delante a Mí ciegos, mudos, leprosos, etc., porque reconocía en ellos todas las exhalaciones del querer humano y cómo el hombre sin mi Querer se deforma en el alma y en el cuerpo, porque sólo mi Fiat tiene virtud de

conservar nuestras obras íntegras, frescas y bellas como salieron de nuestras manos creadoras".

(3) Después pensaba entre mí mientras estaba acompañando a mi dulce Jesús en la casita de Nazaret para seguir sus actos: "Mi amado Jesús tuvo con certeza el reino de su Voluntad en su Vida escondida, porque la Soberana Señora poseía su Fiat, Él era la misma Voluntad Divina, San José en medio de estos mares de luz interminable, ¿cómo no podía hacerse dominar por esta Santísima Voluntad?" Mientras esto pensaba, mi sumo bien Jesús suspirando de dolor en mi interior me ha dicho:

(4) "Hija mía, cierto que en esta casa de Nazaret reinaba mi Voluntad Divina como en el Cielo así en la tierra, Yo y mi Mamá Celestial no conocíamos otra Voluntad, San José vivía a los reflejos de la nuestra, pero Yo era como un rey sin pueblo, aislado, sin séquito, sin ejército, y mi Mamá como reina sin prole, porque no estaba rodeada por otros hijos dignos de Ella, a los cuales podría confiar su corona de reina para tener su estirpe de sus nobles hijos todos reyes y reinas, y Yo tenía el dolor de ser rey sin pueblo, y si pueblo se puede llamar a aquellos que me circundaban, era un pueblo enfermo, quién ciego, quién mudo, quién sordo, quién cojo, quién cubierto de llagas, era un pueblo que me hacía deshonor, no honor, más bien ni siquiera me conocía, ni quería conocerme, así que era rey para Mí solo, y mi Mamá era reina sin la gran generación de su estirpe de sus hijos reales. En cambio, para poder decir que tuviese mi reino y gobernar, debía tener los ministros, y si bien tuve a San José como primer ministro, un solo ministro no constituye ministerio, debía tener un gran ejército, todo atento a combatir para defender los derechos del reino de mi Voluntad Divina y un pueblo fiel que tuviese sólo por ley, la ley de mi Voluntad; esto no estaba hija mía, por eso no puedo decir que cuando vine sobre la tierra tuve el reino de mi Fiat, nuestro reino fue para Nosotros solos, porque no fue restablecido el orden de la Creación, la realeza del hombre, pero con el vivir Yo y la Madre Celestial todo de Voluntad de Dios, fue arrojado el germen, formada la levadura para hacer despuntar y crecer nuestro reino sobre la tierra; así que fueron hechos todos los preparativos, conseguidas todas las gracias, sufridas todas las penas, para que el reino de mi Querer viniese a reinar sobre la tierra, entonces Nazaret se puede llamar el punto de llamada del reino de nuestra Voluntad".

24-27
Julio 10, 1928

**La Divina Voluntad quiere extender su dominio en todo. Cómo el Fiat pondrá en común Cielo y tierra. Infelicidad del querer humano.**

(1) Estaba escribiendo, y mientras escribía sentía que me venía el sueño y no era capaz de escribir, entonces pensaba entre mí: "¿Y por qué este sueño? Hasta ahora tanto desvelo, tanto, que si yo quería dormir no podía, ahora todo al contrario, cuántos cambios se deben sufrir, ahora de un modo, ahora de otro, se ve que también con Jesús se necesita paciencia, en la vigilia podía hacer más, sin embargo ahora también al sueño debo decir Fiat". Mientras estaba en esto mi dulce Jesús se ha movido en mi interior y me ha dicho:

(2) "Hija mía, no te maravilles, mi Fiat Divino quiere tomar su dominio en todos los actos humanos, quiere que todo sea propiedad y territorio suyo, Él es celoso de que aun una 'coma' le sea quitada, por lo tanto ha tomado su dominio en tu vigilia, trabajando Él mismo junto contigo para poner en eso el sello de su Fiat como dominio y propiedad suya, así quiere poner el sello de su Fiat sobre tu sueño como propiedad de su reposo eterno, quiere encontrar todas sus semejanzas, su trabajo incesante, y te ha dado la vigilia; te hace abrazar todo, y te da su inmensidad; te hace dormir, y te da su reposo eterno; en suma, debe poder decir y hacer: 'Lo que hago por Mí mismo en mi Voluntad, lo debo poder hacer junto con mi pequeña hija, porque dándome el dominio de todo, todo se vuelve Voluntad mía'. Así que puedo decir: Todo es propiedad de mi Fiat en ella, nada le queda que sea suyo, todo a Mí me pertenece, y Yo en correspondencia le doy a ella lo que pertenece a mi Voluntad Divina".

(3) Después de esto estaba siguiendo con mis actos al Querer Divino, y el cielo, las estrellas, el sol, me parecían tan bellos, que desde el fondo de mi corazón iba repitiendo: "Cómo son bellas las obras de mi Creador, el orden, la armonía que tiene el Fiat omnipotente en toda la Creación, ¡oh! si estuviera en medio de las criaturas este orden y armonía, la faz de la tierra se cambiaría". Y mi amado Jesús ha agregado:

(4) "Hija mía, cuando mi Voluntad llegue a dominar sobre la tierra, entonces habrá una unión perfecta entre el Cielo y la tierra, uno será el orden, una la armonía, uno el eco, una la vida, porque una será la Voluntad; es más, en el Cielo se verán como tantos espejos en los cuales las criaturas, espejeándose en ellos, mirarán lo que hacen los bienaventurados en el Cielo, oirán sus cantos, sus músicas celestiales, e imitando lo que hacen, sus cantos, sus músicas, estará la vida del Cielo en medio de las criaturas, mi Fiat pondrá todo en común y será la verdadera vida del Fiat Voluntas Tua come in Cielo così in Terra, entonces mi Querer cantará victoria y la criatura cantará el himno de su triunfo".

(5) Y ha hecho silencio. Después de un poco ha agregado:

(6) "Hija mía, el querer humano ha producido tanto mal, que ha llegado a formar el estado infeliz de la pobre criatura, cambió su suerte, su fortuna. Ahora, Yo siendo feliz por Mí mismo, todo lo que salió en la Creación de

nuestras manos creadoras, salió con la plenitud de la felicidad, así que por todas partes, dentro y fuera del hombre corría la alegría y la felicidad perenne, pero el querer humano hizo huir de él este mar de verdadera y perpetua felicidad, la cual una vez desterrada se refugió en el seno de su Creador que la había puesto fuera para hacer que todas sus obras fueran felices; y por cuanto somos felices por Nosotros mismos, que ninguno puede ensombrecer nuestra felicidad, estamos obligados a ver infeliz al hombre, al cual le había sido dado el primado en la Creación, y ver a nuestros hijos infelices, y si bien a Nosotros no nos daña, es siempre un dolor ver que el mar de nuestra felicidad no es gozado por quien era el dueño de él. Ahora, quien vive en mi Voluntad Divina llama en sí a este mar de felicidad, y nos quita la vista de la infelicidad en las pobres criaturas y nos vuelve doblemente felices, porque vemos que nuestra felicidad toma su camino hacia nuestros hijos, por eso mi Voluntad Divina pondrá todas las cosas en su lugar y quitará la infelicidad que ha producido el querer humano, que con su baba venenosa sabe amargar y enturbiar todo. ¡Cómo es bello el ver a todos felices! Qué consuelo para un padre el tener y ver la corona de sus hijos, todos felices, ricos, sanos, bellos, siempre sonrientes, jamás llorando, ¡oh! cómo goza y se siente nadar en su felicidad y la de sus hijos; más que padre soy Yo, que siento en Mí la felicidad de mis hijos, porque esa felicidad es cosa mía y puede entrar en Mí, mientras que la infelicidad es cosa extraña a Mí, que no me pertenece y no tiene el camino para entrar en Mí, siento el dolor de verla, pero no de sentirla, y como padre amo y quiero que todos sean felices".

24-28
Julio 14, 1928

**Cómo quien vive en el Querer Divino forma sus pequeños mares en Dios mismo. La Voluntad Divina es luz y va encontrando luz, y cómo todos los males se esfuman delante de su luz. Prodigio del Fiat.**

(1) Me siento toda en el Fiat Divino, y mi adorable Jesús me hacía ver ante mi mente un mar interminable de luz, y dentro de este mar se veían tantos otros pequeños mares, pequeños ríos formados en el mismo mar, era bello, deleitable, encantador, el ver repetidamente formados en el mar divino estos pequeños marecitos, cuál más pequeño, cuál más grandecito, me parecía como cuando nosotros nos encontramos en el mar y arrojándonos en él, el agua se abre y haciéndose cerco a nuestro alrededor, nos da el lugar para podernos estar en el mar, de modo que se ven en él tantas personas que no son mares, porque el mar no tiene virtud de convertirnos en agua, mientras que nuestro Dios tiene virtud de convertirnos en su misma luz, pero a pesar

de esto se ve que una voluntad humana ha ido a arrojarse en el mar divino para tomar en él su puesto, y según el mucho o el poco obrar forma el pequeño o el más grande marecillo en el mar divino. Ahora, mientras me deleitaba en ver una escena tan bella y raptora, mi dulce Jesús me ha dicho:

(2) "Hija mía, estos pequeños marecitos y ríos que tú ves en el mar eterno de la Majestad Divina, son de aquellos que obran en la Voluntad Divina. El Creador da y hace lugar en su mismo mar a aquellos que quieren vivir en el Fiat, los admite en su casa y ahí hace que formen sus propiedades, y mientras las forman, gozan de todos los bienes del mar interminable del Ente Supremo, el cual da amplia libertad a estos sus hijos de ensanchar sus marecitos en su mar por cuanto más puedan. En este mar están los mares de mi Humanidad y los de la Soberana del Cielo, como también estarán aquellos de quienes vivan en mi Querer, ningún acto de ellos será hecho fuera del mar divino, y ésta será la más grande gloria de Dios y el más grande honor para los hijos de mi Fiat Divino".

(3) Después de esto, estando más que nunca inmersa en el Querer Divino, estaba ofreciendo todo mi ser y todos mis actos en Él, ¡oh! cómo habría querido que ni siquiera un pensamiento, una palabra, un latido, huyera de la luz del Fiat, es más, habría querido hacer corona sobre todos los actos de las criaturas, alinearme sobre cada acto humano para investir todo y a todos con su luz, a fin de que una fuera la palabra, uno el latido: 'Voluntad Divina'. Pero mientras mi mente se perdía en Ella, mi dulce Jesús haciéndose ver me ha estrechado fuertemente entre sus brazos, después ha puesto su rostro santísimo sobre mi corazón, lo soplaba fuerte y yo no sé decir qué cosa sentía, y luego me ha dicho:

(4) "Hija de mi Voluntad Divina, mi Fiat es luz, y nada puede entrar en Él, ni siquiera la sombra o un átomo que no sea luz, las tinieblas no encuentran el camino, se extravían ante su luz interminable, y el alma para entrar en mi Querer Divino debe ponerse a los reflejos de su luz, esto es, en cuanto quiere hacer sus actos en mi Querer, se pone ante sus reflejos, los cuales tienen virtud de cambiar en luz los actos del alma, y mi Voluntad cumple un prodigio, invistiendo cada uno de los rayos de ella, quién los latidos, quién los pensamientos, quién las palabras, en cada rayo suyo contiene la corona de todos los actos de la criatura, y como mi Fiat abraza todo y a todos, Cielo y tierra, así hace tocar a todos y da a todos, los actos de la criatura que se hacen en Ella; si se pudiese ver por todos las maravillas del vivir y el obrar en mi Querer, verían la escena más bella, encantadora y raptora, y la que más hace el bien y que lleva el beso de la vida, de la luz, de la gloria".

(5) Después, con voz tierna y conmovedora, con un énfasis más fuerte de amor ha agregado:

(6) "¡Oh Voluntad Divina, cómo eres potente! Tú sola eres la transformadora de la criatura en Dios. ¡Oh Voluntad mía, Tú sola eres la destructora de

todos los males y la productora de todos los bienes! ¡Oh Voluntad mía, Tú sola posees la fuerza raptora, y quien se hace raptar por Ti se vuelve luz, quien por Ti se hace dominar es la más afortunada del Cielo y de la tierra, es la más amada por Dios, es aquélla que todo recibe y todo da".

24-29
Julio 19, 1928

**Cómo en la Creación concurrieron tres actos por parte de Dios, y cómose necesitan tres voluntades sacrificadas para el reino de la Divina Voluntad. Quien vive en Ella la festejan y es la fiesta de todos.**

(1) Estaba haciendo mi acostumbrado giro en el Querer Divino, y habiendo llegado al momento cuando la Celestial Reina fue concebida, y tuvo el uso de razón e hizo el heroico sacrificio de ofrecer su voluntad a su Dios, sin quererla conocer jamás para vivir sólo de Voluntad de Dios, pensaba entre mí: "Cómo quisiera que mi Mamá Celestial tomase mi voluntad, la uniese con la suya y de ella hiciera don a la Majestad Suprema, a fin de que también yo no conociera la mía, para vivir sólo de Voluntad de Dios". Mientras esto pensaba, mi amado Jesús se ha movido en mi interior y con una luz, más que relámpago me ha dicho:

(2) "Hija mía, en la Creación concurrieron tres actos por parte de la Trinidad, que fueron la potencia, la sabiduría, el amor, y todas nuestras obras están siempre acompañadas por estos tres actos, porque siendo perfecto nuestro obrar, son ejecutadas con suma potencia, con sabiduría infinita y con amor perfecto, comunicando tres inmensos bienes en la obra que hacemos, como en efecto dimos al hombre el gran bien de la inteligencia, memoria y voluntad. Ahora, para venir el reino de mi Divina Voluntad, son necesarias tres voluntades sacrificadas en holocausto a la Divinidad, que no teniendo vida propia den lugar a la mía para hacerla reinar y dominar libremente para poder tomar su puesto regio en todos los actos humanos, cual le conviene, porque así estaba establecido por Nosotros desde el principio de la creación del hombre, que ingrato dio el puesto a su querer humano y lo hizo perder a la mía. Delante a Nosotros no hay sacrificio mayor de una voluntad humana, que mientras tiene la vida no la ejercita, para dar vida libre a mi Fiat, pero con gran ganancia del alma, porque da una voluntad humana y por ello recibe una Divina, da una voluntad finita y limitada, y recibe a cambio una infinita y sin límite".

(3) Ahora, mientras Jesús decía esto, pensaba entre mí: "La primera fue ciertamente la Reina del Cielo, que hizo el heroico sacrificio de no dar vida a su voluntad, y las otras dos voluntades, ¿quiénes serán?" Y Jesús ha agregado:

(4) "Hija mía, ¿y a Mí me quieres poner a un lado? ¿No sabes tú que Yo tenía una voluntad humana, la cual no tuvo ni siquiera un respiro de vida, cediendo en todo el puesto a mi Voluntad Divina? Así que la tenía para tenerla sacrificada, a fin de que la Voluntad Divina extendiese en mi querer humano toda la extensión de su reino, ¿y tú has olvidado que tu querer humano lo tienes sacrificado a fin de que no tenga jamás vida, y que mi Voluntad Divina tiene a tu voluntad como escabel a sus pies a fin de que sobre de ella extienda mi reino? Ahora, tú debes saber que en medio a la voluntad de la Madre Celestial y a la tuya, está mi voluntad humana que hace de primera, y sostiene a la una y a la otra, a fin de que fuesen constantes en el sacrificio de no dar jamás vida al querer humano, a fin de que el reino de mi Voluntad Divina se extendiese sobre de las tres voluntades, para tener la triple gloria a nuestra potencia, sabiduría y amor, y la triple reparación de las tres potencias del hombre, que concurrieron las tres a sustraerse del gran bien de nuestra Voluntad Divina. Y si la Soberana del Cielo fue agraciada en virtud de los méritos del futuro Redentor, tú fuiste agraciada en virtud del Redentor ya venido, y como los milenios son para Mí como un punto solo, desde entonces pensé en todo y sostenía las tres voluntades sobre las cuales debía triunfar mi eterno Querer, por eso te digo siempre, sé atenta y sabe que tienes dos voluntades que sostienen la tuya, la de la Mamá Celestial y la de tu Jesús, que fortifican la debilidad de tu querer, a fin de que resista a tenerse sacrificado por una causa tan santa y por el triunfo del reino de mi Fiat".

(5) Ahora, mientras mi mente hacía presente la Concepción de la Soberana Señora, yo decía entre mí: "Inmaculada Reina, esta pequeña hija del Querer Divino viene a postrarse a tus pies para festejar tu Concepción y darte los honores de Reina, y junto conmigo llamo a toda la Creación a hacerte corona, a los ángeles, a los santos, al cielo, a las estrellas, al sol y a todos a reconocerte por nuestra Reina y honrar y amar tu nobleza, y a declararnos todos súbditos tuyos, ¿no ves oh Madre y Reina Celestial cómo todas las cosas creadas corren en torno a Ti para decirte: 'Te saludamos Reina nuestra, finalmente después de tantos siglos hemos tenido a nuestra Emperatriz'. Y el sol te saluda Reina de la luz, el cielo Reina de la inmensidad y de las estrellas, el viento Reina del imperio, el mar Reina de la pureza, fuerza y justicia, la tierra te saluda Reina de las flores, todos en coro te saludan: Eres la bienvenida, nuestra Reina, Tú serás nuestra sonrisa, nuestra gloria, nuestra felicidad, de ahora en adelante todos estaremos atentos a tus órdenes". Pero mientras esto decía pensaba entre mí (ciertamente es una de mis tonterías): "Yo festejo a mi Mamá Celestial, ¿y Ella no se da ningún pensamiento de festejar a la pequeña hija del Querer Divino? Yo no quisiera otra cosa, que la fiesta que me hiciera fuera tenerme en su regazo como pequeña niña para darme el aire, el respiro, el alimento,

la Vida de la Divina Voluntad". Pero mientras esto y otras cosas pensaba, mi dulce Jesús se ha movido en mi interior y me ha dicho:

(6) "Hija pequeña de mi Querer, a quien vive en mi Fiat Divino la festejamos y es la fiesta de todos; ¿quieres saber por qué tú festejas desde su Concepción el estado de Reina de mi Mamá? Porque su vida la comenzó en la Voluntad Divina, y Ella te hace presente su estado glorioso de Reina y te la hace festejar con todas las cosas creadas, como fue festejada en su Concepción, las fiestas iniciadas en el Fiat son perennes, no terminan jamás, y quien vive en la Voluntad Divina las encuentra presentes y festeja junto, y si bien la pequeña Reina del Cielo desde su Concepción advertía que todos la reverenciaban, le sonreían, la suspiraban, era la estimada de todos, pero no sabía el misterio desde el principio, que debía ser mi Madre, de Aquél que Ella misma suspiraba, lo supo cuando el ángel lo anunció, sólo sabía que la realeza, el imperio y tantas demostraciones de respetos, le venían porque en Ella reinaba mi Divina Voluntad. Ahora, tú debes saber que así como tú festejas a mi Mamá, la Mamá festeja a la hija, a la recién nacida de aquel Fiat que Ella amó tanto, que lo tuvo por vida, y festeja en ti lo que tú misma no conoces por ahora, pero lo conocerás después, ¿no sabes tú que Ella suspira por las pequeñas reinas, que son las pequeñas hijas de mi Querer para hacerles la fiesta que Ella recibe?

24-30
Julio 23, 1928

### El alma que vive en el Fiat es el punto luminoso en el mundo. Todo fue creado para el alma.

(1) Continuando mi acostumbrado abandono en el Fiat Supremo, hubiera querido abrazar a todos y a todo para hacer que todo se volviera Voluntad Divina, y mi dulce Jesús saliendo de dentro de mi interior me ha dicho:

(2) "Hija mía, el alma en que está mi Voluntad es el punto luminoso en el mundo, y así como se ve un sol bajo la bóveda del cielo, que con sus rayos inviste la tierra y con su vida de luz, penetrando por todas partes embellece, colorea, fecunda toda la tierra, así se ve otro sol más bello, más resplandeciente en el punto del mundo, esto es en el alma donde reina mi Querer Divino, y sus rayos se agrandan y se ensanchan tanto, que abrazan todo y a todos; cómo es bello ver desde el Cielo estos puntos luminosos en el fondo de la tierra, no parece más tierra sino Cielo, porque está el Sol de mi Fiat, sus rayos embellecen, fecundan y ponen tal variedad de colores divinos, que comunican con su vida de luz la variedad de las bellezas del Creador; donde están estos puntos luminosos viene impedida la corriente del mal, mi misma justicia se siente desarmar por la fuerza de esta luz y cambia

los flagelos en gracia, estos puntos son la sonrisa de la tierra, su luz es anunciadora y portadora de paz, de belleza, de santidad, de vida que jamás muere, se pueden llamar los puntos afortunados de la tierra, porque está en medio a ellos la luz que jamás tiene ocaso, la vida que siempre surge, en cambio donde no están estos puntos luminosos la tierra es oscura, y si algún bien hacen, son como aquellas pequeñas luces que no tienen rayos, porque falta en aquel bien la fuente de la luz, y por eso no tiene fuerza ni virtud de ensancharse y de alargarse, y faltando la fuente están sujetas a apagarse y la tierra queda oscura, como sepultada en densas tinieblas, porque la voluntad humana es anunciadora y portadora de males, de turbaciones, de desorden y similares. Así que el alma donde no reina mi Querer exhala tinieblas, sombras e inquietudes, y si hace algún bien, es un bien investido de niebla, su aire siempre es malsano, sus frutos inmaduros, su belleza descolorida, todo al contrario donde reina mi Voluntad, ésta es la verdadera reina que domina todo, da paz a todos, hace bien a todos y es la bien querida por todos, y mientras hace bien a todos no tiene necesidad de ninguno, porque la fuente de mi Querer que posee le suministra todos los bienes".

(3) Después seguía mi giro en el Querer Divino para llevar todas las cosas creadas a mi Creador, cielo, sol y todo, como adoración profunda a mi Dios y poderle decir: "Cielo me has dado, estrellas, sol, mar, y yo todo te lo devuelvo como correspondencia de mi amor". Pero mientras esto pensaba, mi dulce Jesús me ha dicho:

(4) "Hija mía, ¡ah! sí, todo lo he creado para ti y todo te lo he dado, cada cosa que creaba pensaba primero en hacerte el don y después la hacía salir, te hice tantos de estos dones que no tienes donde tenerlos, y mi amor para no tenerte tan llena y estorbada te dio el espacio dónde tenerlos, en modo que mientras te los gozas, ahora una cosa, ahora otra, a tu placer, no estás obstruida, teniendo cada uno su puesto para estarse a tu disposición. Ahora, si tú supieras nuestro contento cuando vemos a nuestra pequeña hija tomar su vuelo en nuestra Voluntad para traernos el cielo, las estrellas, el sol y todo lo demás para correspondernos con los mismos dones que le hemos dado, Nosotros sentimos nuestra misma gloria, nuestro amor, la repetición de nuestras obras, y conociendo que si ella tuviese poder de hacerlas, las haría para tener siempre la primacía en nuestro amor hacia quien vive en nuestro Fiat, le damos el mérito como si la criatura hubiese hecho el cielo por amor nuestro, el sol, el mar, el viento, en suma, todo, le correspondemos como si ella nos mantuviera toda la Creación para darnos gloria y decirnos que nos ama. Mi Voluntad ama tanto a quien vive en Ella, que no hay cosa que ha hecho o pudiese hacer que no dice al alma: 'Hagámoslo juntos'. A fin de que pueda decir: Lo que he hecho Yo por amor suyo, ella lo ha hecho por amor mío".

24-31
Julio 29, 1928

## Significado de la bendición y de la señal de la cruz.

(1) Mis días se vuelven más amargos y largos por la privación de mi dulce Jesús, las horas son siglos, los días no terminan jamás, y mientras hago mis acostumbrados giros en la Creación, quiero e invito a todos a llorar a Aquél que alejándose de mí me deja sola y abandonada en mi duro martirio de vivir como si no tuviese vida, porque Aquél que formaba la verdadera vida mía no está más conmigo, y por eso en mi amargura llamo al sol para que llore lágrimas de luz para enternecer a Jesús, para que regrese a su pequeña exiliada; llamo al viento para que derrame lágrimas de gemidos, de aullidos, y con su imperio impetuoso ensordezca el oído de Jesús, a fin de que lo haga retornar a mí; llamo al mar en mi ayuda, a fin de que todas sus aguas las convierta en lágrimas, y murmurando lágrimas y haciendo estruendo con sus olas haga alboroto hasta dentro de su corazón divino, para que mi todo se decida pronto a darme nuevamente su vida; ¿pero quién puede decir mis desatinos? Buscaba ayuda de todos para que hicieran regresar a Jesús, pero Él no venía, y yo seguía mi giro en su adorable Voluntad, y siguiendo sus actos que hizo estando sobre esta tierra, me he detenido cuando Jesús bendecía a los niños, bendecía a su Mamá Celestial, bendecía a las turbas y demás, y yo rogaba a Jesús que bendijera a esta su pequeña hija que tanto tenía necesidad, y Él, moviéndose en mi interior y alzando su brazo en acto de bendecirme me ha dicho:

(2) "Hija mía, te bendigo de corazón en el alma y en el cuerpo, mi bendición sea la confirmación de nuestra semejanza en ti, ella te confirma lo que la Divinidad hizo en la creación del hombre, esto es, nuestra semejanza, por eso tú debes saber que en el curso de mi Vida mortal, en cada cosa que Yo hacía bendecía siempre, era el primer acto de la Creación que Yo llamaba nuevamente sobre las criaturas, y para confirmarlo, bendiciendo invocaba al Padre, al Verbo y al Espíritu Santo. Los mismos Sacramentos están animados por estas bendiciones e invocaciones, así que mientras ésta llama la semejanza del Creador en las almas, llama junto la Vida de mi Divina Voluntad, para que regrese como en el principio de la Creación a reinar en las almas, porque sólo Ella tiene virtud de pintar en ellas, a lo vivo, la semejanza de Aquél que las ha creado, de hacerlas crecer y conservarlas con los vivos colores divinos. Mira entonces qué significa bendición: 'Confirmación de nuestra obra creadora, porque la obra que Nosotros hacemos una vez, está tan llena de sabiduría, de sublimidad y belleza, que amamos el repetirla siempre'. Y si nuestra bendición no es otra cosa que el

suspiro de nuestro corazón de ver reintegrada nuestra imagen en las criaturas, y la repetición de nuestra confirmación de lo que queremos hacer, la señal de la cruz que la Iglesia enseña a los fieles, no es otra cosa que impetrar por parte de las criaturas nuestra semejanza, y por eso haciendo eco a nuestra bendición repite: 'En nombre del Padre, del Hijo y del Espíritu Santo'. Así que sin conocerlo, la Iglesia con todos los fieles armonizan con el Eterno Creador y quieren la misma cosa; Dios con bendecir y pronunciar las palabras Padre, Hijo y Espíritu Santo quiere dar su semejanza, las criaturas la impetran con el hacerse la señal de la cruz pronunciando las misma palabras".

24-32
Agosto 2, 1928

### Es Voluntad absoluta de Dios que deben salir los escritos. La obra de la Redención y el reino del Fiat Divino están unidos. El campo del Querer Divino. Explicaciones.

(1) Me sentía toda pensativa por estos benditos escritos, el pensamiento de publicarlos es siempre un tormento para mí, y además, los tantos incidentes que se dan, ahora de un modo, ahora de otro, muchas veces me hace pensar que tal vez no es Voluntad de Dios que se publiquen, de otra forma no sucederían tantas cosas, quién sabe por qué el Señor no quiere mi sacrificio en palabras, sino que con los hechos, y no quiere ahorrarme un dolor tan grande, que sólo el pensamiento de oponerme a su Querer Divino me hace decir Fiat, Fiat. Pero mientras esto pensaba, mi siempre amable Jesús se ha movido en mi interior y me ha dicho:

(2) "Hija mía, la Voluntad de Dios de que salgan a la luz los escritos de mi Divina Voluntad es absoluta, y por cuantos incidentes se puedan dar, Ella triunfará sobre todo, y aunque pasaran años y años sabrá disponer todo para que su absoluta Voluntad sea cumplida; el tiempo cuando salgan a la luz es relativo y condicionado a cuando se dispongan las criaturas a recibir tanto bien, y a que se dispongan aquellos que se deben ocupar en hacer de pregoneros y hacer el sacrificio para llevar la nueva era de paz, el nuevo sol que despejará todas las nubes de los males. Si tú supieses cuántas gracias y luces tengo preparadas sobre de quien vea dispuesto a ocuparse, serán ellos los primeros en sentir el bálsamo, la luz, la Vida de mi Fiat. Ve cómo tengo preparados en mis manos los vestidos, el alimento, los adornos, los dones para quien debe ocuparse, pero estoy viendo quiénes son los verdaderamente dispuestos para poderlos investir de las prerrogativas que se necesitan para una obra tan santa, que Yo tanto amo y quiero que hagan. Pero debo decirte también: '¡Ay a quien se oponga o pudiera poner

obstáculos'! Tú no te apartes en nada, ni siquiera un milímetro de lo que se necesita para preparar el reino de mi Voluntad Divina, a fin de que por parte mía y por parte tuya, haciendo lo que se necesita para dar este gran bien a las criaturas, nada falte por parte nuestra, para que no apenas las criaturas se dispongan, puedan encontrar todo lo que se necesita en su lugar. ¿No hice Yo lo mismo en la obra de la Redención? Preparé todo, hice y sufrí todo, y a pesar de tantos incidentes en contra que veía, mis mismos apóstoles vacilantes, dudosos, tímidos, hasta llegar a huir de Mí no apenas me vieron en manos de los enemigos, dejado solo, no tuve el bien de ver ningún fruto mientras Yo estaba en la tierra, pero con todo esto no omití nada de lo que se necesitaba para la obra completa de la Redención, a fin de que cuando hubieran abierto los ojos para mirar lo que hice, hubieran encontrado todo el bien para ser redimidos, y nada les faltase para recibir el fruto de mi venida a la tierra. Hija mía, el reino de mi Redención y el de mi Voluntad están tan unidos, que se dan la mano y casi sufren la misma suerte por parte de la ingratitud humana, pero no es necesario detenerse ni prestar atención a esto por parte de quien debe dar y formar tanto bien, es necesario que hagamos obras completas, a fin de que por parte nuestra nada falte, y así, disponiéndose ellos, encuentren todo lo que se requiere para recibir el reino de mi Voluntad".

(3) Después de esto continuaba mis actos en el Divino Querer, pero continuaba sintiéndome oprimida, y mi dulce Jesús haciéndose ver nuevamente, parecía que estrechaba en sus brazos a tres o cuatro sacerdotes, y teniéndolos sobre su pecho como si les quisiera infundir la vida de su corazón divino me ha dicho:

(4) "Hija mía, mira cómo tengo estrechados entre mis brazos a aquellos que deben ocuparse de los escritos sobre mi adorable Voluntad, en cuanto veo en ellos alguna pequeña disposición de ocuparse, Yo me los tomo entre mis brazos para infundir en ellos lo que se necesita para una obra tan santa, por eso ánimo, no temas".

(5) Después se hacía ver en mi interior, yo veía en el fondo un campo grandísimo, pero no de tierra sino de cristal tersísimo, cada dos o tres pasos de este campo estaba el niño Jesús circundado por una luz, ¡oh! cómo era bello este campo con tantos niñitos, cada uno de los cuales tenía su sol resplandeciente y bello, todo suyo. Yo estaba maravillada al ver a tantos Jesús en el fondo de mi alma, todo atento cada uno a gozarse su sol, y mi dulce Jesús viendo mi asombro me ha dicho:

(6) "Hija mía, no te maravilles, este campo que tú ves es mi Divina Voluntad, y los tantos Jesús que ves son mis verdades que conciernen a mi Fiat, en cada una de ellas hay una Vida mía, la cual formando su resplandeciente sol se circunda de luz, para expandir sus interminables rayos para hacer conocer que soy Yo la fuente que surge de mis verdades. Mira entonces

cuántas Vidas mías he puesto fuera, por cuantas verdades te he manifestado, son Vidas mías que he puesto fuera con la fuente del sol, no simple luz, y me he quedado en medio de ellas para hacer que todos sientan la fuerza, la virtud creadora en estas verdades, y las amo tanto a cada una de ellas, cuanto me amo a Mí mismo, y quien no quisiera reconocer mi Vida, mi sol, mi virtud creadora en estas verdades sobre mi Fiat, o es ciego, o bien ha perdido el bien de la inteligencia. Cómo te debería ser de gran consolación el que posees en ti tantas Vidas mías por cuantas verdades te he manifestado, por eso reconoce este gran bien, tesoro más grande no podía confiarte; no te preocupes, el sol sabrá hacer su camino, y como es luz ninguno podrá impedirle el paso".

(7) Después ha agregado con un acento más tierno: "Hija mía, nuestra Majestad Adorable ama tanto a la criatura, que ponemos a su disposición nuestra Vida para hacer de ella un similar a Nosotros, ponemos nuestra Vida como un modelo delante a la criatura, a fin de que modelándose sobre Ella, copie nuestra Vida y forme los facsímiles con su Creador, por eso usamos tantas estratagemas, finezas de amor, damos gracias sorprendentes, para vernos copiados en la criatura. Y sólo estaremos contentos cuando nuestro amor unido con nuestra Divina Voluntad, venciendo a la criatura, podamos reconocer en ella nuestra imagen y semejanza, tal y como salió de nuestras manos creadoras".

24-33
Agosto 6, 1928

**Las obras hechas en el Fiat son fuente de Vida Divina. Diferencia del obrar humano. Cómo su luz vacía al alma de todas las pasiones.**

(1) Estaba siguiendo mis actos en el Fiat Divino, y mientras esto hacía pensaba entre mí: "¿Cuál es la diferencia entre el obrar el bien en el Divino Querer, y el obrar el bien en el querer humano?" Y mi dulce Jesús moviéndose en mi interior me ha dicho:

(2) "Hija mía, ¿qué diferencia hay? Hay tal distancia que tú misma no puedes llegar a comprender todo el valor que hay en el obrar en mi Querer Divino. El obrar en mi Fiat es Vida que el alma toma en sí, es Vida Divina, y esta Vida con la plenitud y fuente de todos los bienes; a cada acto hecho en mi Voluntad el alma encierra en sí una Vida que no tiene principio ni fin, encierra un acto del que todo surge, fuente que jamás se agota, ¿pero qué cosa hace surgir? Hace surgir la continua santidad, surge la felicidad, la belleza, el amor, todas las cualidades divinas están en acto de surgir y crecer continuamente; y el alma que pudiese poseer un solo acto hecho en mi Voluntad, si se pudieran poner juntas todas las obras buenas de todas las

criaturas de todos los siglos, no podrán jamás igualar este solo acto hecho en mi Voluntad, porque en éste reina la Vida; en las otras obras hechas fuera de mi Querer no está la vida dentro, sino la obra sin vida; supón que tú haces un trabajo, en él pones tu obra pero no tu vida dentro, por eso quien pudiese poseer o ver aquel trabajo, poseería o vería tu obra, pero no tu vida, tal es el obrar humano, son trabajos que hacen, no vida que ponen en sus trabajos, por lo tanto sujetos a mancharse, a consumirse y aun a perderse; en cambio mi Voluntad es tanto el amor, el celo que siente por lo que el alma obra en Ella, que pone en medio de la obra, como centro, su Vida Divina, así que el alma que hace todos sus actos en Ella posee tantas Vidas Divinas por cuantos actos hace en mi Fiat Supremo, Ella se puede llamar la bilocadora y la pobladora de la Vida Divina en el mar interminable de mi eterno Querer. Por eso, por cuanto puedan hacer y sacrificarse las otras criaturas, sus obras no pueden jamás agradarme si no veo correr la Vida de mi Voluntad en ellas, porque estando sin Vida, no hay en sus obras el amor que siempre ama, la santidad que siempre crece, la belleza que siempre se embellece, la alegría que siempre sonríe, a lo más, su vida pudo estar en el acto de su obrar, pero en cuanto terminó la obra terminó el ejercicio de su vida en su obra, y Yo no encontrando la continuación de su vida en su obra, no encuentro gusto y placer, y suspiro por el alma que vive en mi Divina Voluntad, para encontrar sus obras llenas de Vidas Divinas que siempre aman, no son obras mudas sino hablantes, y como poseen una Voluntad Divina saben hablar tan bien de su Creador, que tomo todos los gustos al oírlas y me entretengo con ellas con tanto amor, que me resulta imposible el separarme, mucho más que es mi misma Vida que me ata con ellos con nudos inseparables. ¡Oh, si tú supieras el gran bien de haberte llamado a vivir en mi Voluntad, los prodigios, las riquezas infinitas que puedes encerrar, el amor con el cual se siente llevado tu Jesús a amarte, estarías más atenta y agradecida, y amarías que mi Fiat fuese conocido y que formase su reino en medio a las criaturas, porque Él solo será el sembrador de la Vida Divina en la Creación".

(3) Después seguía mi abandono en el Fiat, y mi mente se perdía al ver la interminabilidad de Él, su luz que todo inviste, su potencia que todo hace, su sabiduría que todo ordena y dispone, mi pobre y pequeña mente quería tomar tantas cosas de aquella luz y mar interminable, pero no tomaba más que pocas gotitas, pero lo que es más, sin palabras humanas sino divinas, que mi pequeña capacidad no sabe reducir en palabras; pero mientras estaba inmersa en aquel mar de luz, mi amado Jesús haciéndose ver en aquella luz me ha dicho:

(4) "Hija mía, mi Voluntad es luz, y la prerrogativa y virtud de su luz es vaciar al alma que se hace dominar por Ella de cualquier pasión, porque su luz se mete dentro, como centro, y con su calor y con su luz vivificadora se

deshace de cualquier peso humano y vivifica y convierte todo en germen de luz, y forma en el alma la nueva vida sin germen de mal, toda pura y santa como salió de nuestras manos creadoras, de modo que esta afortunada criatura no puede temer de hacer mal a ninguno, porque la verdadera luz no hace jamás mal a nadie, sino más bien lleva a todos el bien que contiene mi luz vivificadora, ni puede temer de recibirla, porque la verdadera luz es intangible de recibir ni siquiera la sombra del mal, por tanto no debe hacer otra cosa que gozarse su fortuna y expandir a todos la luz que posee".

24-34
Agosto 12, 1928

### Quien vive en el Fiat Divino se remonta en los actos de Adán inocente y posee la virtud universal. El Fiat es orden. La vida de quien vive en Él es preciosa.

(1) Estaba continuando mi giro en la Creación, y ahora me detenía en un punto y ahora en otro para poder seguir y mirar lo que Dios había hecho en la Creación, y llegando a lo que había hecho Adán en el estado de inocencia decía entre mí: "Cómo quisiera saber hacer lo que hizo nuestro padre en el estado de inocencia, para poder también yo amar y glorificar a mi Creador como lo hizo él en su estado primero de su creación". Pero mientras esto pensaba, mi amado Jesús moviéndose en mi interior me ha dicho:

(2) "Hija mía, Adán en el estado de inocencia, poseyendo la Vida de mi Divina Voluntad, poseía la vida y la virtud universal, por eso en su amor y en sus actos Yo encontraba concentrado el amor de todo y de todos, y todos los actos eran unificados todos juntos, ni siquiera mi obrar estaba excluido de su acto, así que Yo encontraba todo en el obrar de Adán, encontraba todas las tintas de las bellezas, plenitud de amor, maestría inalcanzable y admirable, y además a todo y a todos. Ahora, quien vive en mi Querer se remonta en el acto de Adán inocente, y haciendo suya la vida y virtud universal, hace suyo su acto, y no sólo esto, sino que se pone en los actos de la Reina del Cielo, en aquellos de su mismo Creador, y corriendo en todos los actos se concentra en ellos y dice: 'Todo es mío y todo doy a mi Dios, como es mía su Voluntad Divina, así todo es mío, todo lo que ha salido de Ella, y yo no teniendo nada de mí, con su Fiat tengo todo y lo puedo dar a Dios, ¡oh! cómo me siento feliz, gloriosa, victoriosa en el eterno Querer, poseo todo y puedo dar todo, sin agotar en nada mis inmensas riquezas'. Así que no hay acto ni en el Cielo ni en la tierra en el cual no encuentre a quien vive en mi Voluntad".

(3) Después continuaba siguiendo los actos del Fiat Divino, y mi siempre amable Jesús ha agregado:

(4) "Hija mía, mi Voluntad es orden, y en el alma donde Ella reina pone su orden divino, y en virtud de este orden la criatura siente el orden en sus pensamientos, en sus palabras, en sus obras y pasos, todo es armonía. Así como esta Divina Voluntad mantiene el orden a todas las obras salidas del Ser Supremo, en modo que están todas unidas juntas, que son inseparables entre ellas, a pesar de que cada obra tiene su oficio distinto, pero en virtud del orden es tal la unión, que la una no podría ni vivir, ni obrar sin la otra, mucho más que una es la Voluntad que las mueve y les da vida, así el alma, en virtud del Fiat siente en sí el orden de su Creador y de tal manera ligada y unida junto, que se siente inseparable y trasfundida con su Creador, así que ella se siente cielo, en el orden de sus acciones, palabras, pensamientos y pasos, siente correr las estrellas que adornan su bello cielo; se siente sol y quiere correr a dar luz a todos; se siente tierra y goza de las bellas floraciones y de las bellas escenas de su mar de gracia que corre en su alma, y quisiera poner fuera estas escenas encantadoras y sus bellos prados floridos para hacer que todos gozaran y recibieran el gran bien del dominio de mi Querer Divino. Por lo tanto, el verdadero signo si reina mi Fiat en la criatura, es si no se ven cosas discordantes y desordenadas, sino suma armonía y orden perfecto, porque todo lo que ella hace tiene su principio en Aquél que la ha creado, y no hace otra cosa que seguir el orden y las obras de su Creador".

(5) Después ha continuando diciendo: "Por esto hija mía, la vida de quien hace vivir mi Voluntad adorable en ella me es tan preciosa, agradable y de una belleza tan rara, que es imposible encontrar una similar, no veo salir de ella más que obras nuestras, y si fuese necesario a nuestra gloria y a nuestro Amor inextinguible, nos formaría un nuevo cielo y toda la Creación junta, y corriendo en las obras de la Redención y Santificación nos daría nuevas Redenciones y Santificaciones, porque la Divina Voluntad que hizo todo esto en Nosotros mismos, lo puede hacer en la criatura donde Ella domina y reina, y así como llamó de la nada a todas nuestras obras, así puede llamar de la nada de esta criatura, no sólo con repetir todas nuestras obras, sino agregar cosas más sorprendentes aún, y Nosotros, nuestro Ser Supremo, conociendo que esta criatura todo puede darnos en virtud de nuestro Fiat, nos sentimos glorificados y amados como si de hecho nos lo hiciese, porque en ella vemos no sólo lo que hace, sino también lo que nos puede hacer; ves entonces cuánta preciosidad encierra ella, cómo es deleitable en todos sus actos, sus tintas de belleza nos raptan y forman a nuestra mirada divina las escenas más deleitables, tanto, que en nuestro énfasis de amor somos obligados a exclamar: '¡Oh! Voluntad nuestra, cuán prodigiosa eres, admirable, amable y deleitable, en la criatura donde Tú reinas, ella es tu velo en el cual escondiéndote preparas las escenas más bellas y deleitables para hacernos gozar'. Por eso se puede llamar la

criatura más afortunada, porque llega a llamar la atención de su Dios para hacerle fiesta y hacerlo gozar de sus obras, y porque puede llegar a decir: En virtud de tu Querer tengo todo, todo te llevo y nada quiero, porque lo que es vuestro es mío".

24-35
Agosto 15, 1928

### El vivir en el Fiat Divino es comunismo entre Creador y criatura. La gloria de la Virgen es insuperable. Cómo es conocida en el Cielo la santidad del Querer Divino.

(1) Mi abandono en el Fiat es continuo, me parece que me quiere en todos sus actos, o como actora junto con Él, o al menos como espectadora de lo que hace, porque poseyendo el Querer eterno el acto incesante, es naturaleza suya el siempre hacer, jamás cesar de obrar, y yo siendo pequeña niña, se contenta con tal que esté junto, de tenerme o de un modo o en el otro. Después, siguiendo mi giro por toda la Creación pensaba para mí: "¿Será necesario, lo querrá propiamente Jesús que yo gire por todo?" Y mi amado Jesús moviéndose en mi interior me ha dicho:

(2) "Hija mía, el vivir en mi Divina Voluntad es hacerse encontrar por Dios en cada cosa creada, a fin de que el Ser Supremo encuentre en todas sus obras a aquélla que amó y que por amor suyo llamó de la nada y creó tantas variedades de obras bellas y maravillosas. No encontrándote en cada una de sus obras le faltaría el eco de tu amor, de tu reconocimiento y se encontraría como sin ti en aquellas obras en las cuales tú no girases, como si no las hubiera hecho por ti, mientras que es propiamente ésta nuestra finalidad de llamarte a vivir en nuestra Divina Voluntad, a fin de que Nosotros te encontremos a ti en nuestras obras y tú nos encuentres a Nosotros en cada cosa creada, dándonos tú el pequeño amor y Nosotros el gran amor que tuvimos al crear tantas cosas, y uniendo junto tu amor y el nuestro, formar de ellos uno solo para poder decir: 'Cuánto nos ama la pequeña hija de nuestra Voluntad Divina'. De otra manera, nuestro amor y nuestras obras quedarían aisladas y sin la compañía de aquélla por la cual todo creamos, mientras que el vivir en la Divina Voluntad es comunismo [2] entre Creador y criatura, y volviéndose inseparables, donde se encuentra el uno se encuentra el otro, y en todo lo que hace Dios la criatura encuentra su pequeño puesto, ¿no quieres encontrar tú un lugarcito en todas las obras de la Creación y Redención? Por eso continúa tu vuelo y déjate llevar por los brazos de mi Fiat, y Él tendrá cuidado de poner a la pequeña recién nacida en cada una de sus obras".

(3) Después de esto estaba pensando y acompañando a la Soberana Reina cuando fue asunta al Cielo, y mi dulce Jesús moviéndose en mi interior, como ensalzando a su Madre Celeste me ha dicho:

(4) "Hija mía, la gloria de la Mamá en el Cielo es insuperable, ningún otro en las regiones celestiales posee mares de gracia, de luz, mares de belleza y de santidad, mares de potencia, de ciencia y de amor, y mucho más, pues estos mares los posee en el mar interminable de su Creador, los otros habitantes de la bienaventurada patria a lo más poseen, quién los pequeños ríos, quién las gotitas, quién las fuentecitas, sólo Ella es la única, porque fue la única que hizo vida en el Fiat Divino, jamás tuvo lugar en Ella el querer humano, su vida fue toda de Voluntad Divina y en virtud de Ella concentró en Sí a todas las criaturas, concibiéndolas en su materno corazón y bilocando tantas veces a su Hijo Jesús para darlo a cada una de las criaturas que había concebido en su virginal corazón, por eso su Maternidad es extendida a todos, todos pueden presumir y decir: 'La Madre de Jesús es mi Madre, y esta Madre tan dulce, amable, amante, nos da a cada uno a su Hijo amado como prenda de su amor materno'. Sólo mi Voluntad podía darle esta virtud de concebir a todas las criaturas como hijos suyos y de multiplicar tantas veces a su Jesús por cuantos hijos tenía. Ahora en el Cielo la Madre Soberana poseyendo sus mares, no hace otra cosa que elevar olas altísimas de luz, de santidad, de amor, etc., y las descarga sobre el trono del Ente Supremo, el cual para no dejarse vencer por el amor de Ella, de debajo los mares de la Virgen Reina, donde tiene el suyo más extenso, más profundo, forma sus olas más altas y las vierte sobre Ella, y Ella prepara las otras, y Dios las otras, de modo que todo el empíreo queda anegado por estas olas de luz, de bellezas, de amor y similares, tanto, que todos toman parte y gozan, y viendo que ellos, es decir los bienaventurados, no pueden formar estas olas porque no poseen mares, comprenden que su Madre y Reina, si todo esto posee, es porque formó su vida y santidad en la Voluntad Divina, así que los santos, en la Virgen conocen qué significa Santidad de Querer Divino en la criatura, y por eso suspiran a otras criaturas que lleven estos mares a la patria celestial, para ver formar otras olas encantadoras y para su mayor gozo. La tierra no conoce aún la santidad en mi Voluntad, y por eso amo tanto el hacerla conocer, pero al Cielo le es bien conocida porque está la Reina Soberana, que con sólo verla se hace reveladora de la santidad de mi Fiat, así que Ella en virtud de Él, en la tierra fue un portento de gracias para Sí y para toda la familia humana, y es portento de gloria en la patria celestial, ninguna otra criatura se puede decir similar a Ella".

24-36
Agosto 18, 1928

## Las penas en el Fiat son pequeñas gotitas y se llega a desearlas ardientemente; ejemplo. Las verdades acerca de la Divina Voluntad son Vidas Divinas y están todas expectantes para hacer su oficio.

(1) Estaba haciendo mi acostumbrado giro en las obras de la Redención, y deteniéndome ahora en una pena y ahora en otra de las que Jesús y la Celestial Reina habían sufrido, pensaba entre mí: "Quién sabe cómo sus corazones quedaban ahogados en sus penas, y penas no pequeñas: La Virgen que llegaba a sacrificar al propio Hijo, y el Hijo su propia Vida". Y mi dulce Jesús moviéndose en mi interior me ha dicho:

(2) "Hija mía, como en Mí y en mi Madre reinaba el Fiat Divino, comprendíamos qué significaba hacer y sufrir un acto en Él y el gran bien que se adquiría, entonces, en virtud de la gran adquisición la pena parecía pequeña, como una gotita de agua en el inmenso mar, y para hacer otras adquisiciones se suspiraba por otras ocasiones de obras y de penas, porque ante un acto en mi Voluntad Divina, no hay pena, ni siquiera el sacrificio de la propia vida, que pueda igualar una adquisición tan grande. Nosotros nos encontrábamos en las condiciones de una persona a la que le viene ofrecido el bien de un trabajo, si bien fatigoso, pero la ganancia es tan grande que pondría la propia vida para tener ocasión de tener otros trabajos similares, porque ante las grandes adquisiciones las penas se suspiran, se anhelan, y se llega hasta arrebatarlas; si por el trabajo de una jornada se pudiese ganar un reino, volverse él y toda su patria feliz, ¿quien no haría el trabajo de un día? Si bien para Mí y para la Celestial Señora la patria era ya nuestra, éramos más que felices, porque quien posee el Fiat Divino no está sujeto a ninguna infelicidad; todo era nuestro, pero como nuestras obras y penas en nuestro Querer Divino servían para la adquisición del reino a la familia humana, y cada pena de más duplicaba los derechos a ellos para una adquisición tan grande, el amor por ellos y para verlos felices, nos sentíamos gloriosos, victoriosos que la jornada de nuestra vida acá abajo estuviese llena de penas y de obras por causa de ellos, y además no sólo por esto, es decir, por el bien de las criaturas, sino porque el obrar en el Fiat da campo a hacer obrar a un Querer Divino, y obrando en Él son cielos que corren en aquel acto, son soles que se encierran, son bienes inmensos que surgen, en suma es aquel Fiat Divino que todo puede y todo posee".

(3) Después continuaba mi abandono en el Supremo Querer y pensaba en las tantas verdades que mi amado Jesús me ha dicho acerca del Fiat, y Él suspirando ha agregado:

(4) "Hija mía, por cuantas verdades te he manifestado acerca de mi Querer, tantas Vidas Divinas de Voluntad mía he puesto fuera para bien de las criaturas. Ahora, estas Vidas existen y son tantas, que podrían llenar todo el

mundo de Vida de Voluntad Divina, y llevar el bien que ellas contienen en medio de las criaturas, pero como no son conocidas viven escondidas, ociosas, sin llevar el bien que cada una de las Vidas posee, ellas están todas en expectativa, esperando con paciencia divina quien les abra las puertas para hacerlas salir, y esto lo harán aquellos que se ocuparan en hacer conocer al mundo que estas Vidas existen, porque abriéndoles las puertas las ponen en camino en medio a las criaturas para hacerlas hacer a cada una el oficio que tienen, y hacerlas entregar la luz, el bien que poseen, porque ahora se encuentra que estas Vidas tienen pies y no caminan, manos y no obran, boca y no hablan, ¿qué cuenta me darán quienes tienen inactivas tantas Vidas? Míralas hija mía como están todas en acto porque quieren caminar, obrar, hablar, y como no las hacen conocer están como si no tuviesen pies, manos y estuviesen sin voz".

(5) Yo he mirado y ¡oh! cómo era conmovedor ver el número de estas Vidas, que era tan grande que yo no podía numerarlas, todas en acto que querían moverse, hablar, inclinarse sobre cada criatura para darle la mano y hacerla escuchar sus lecciones y entregarles el beso, el bien del Fiat Divino.

24-37
Agosto 23, 1928

**Certeza del reino del Querer Divino sobre la tierra. Derechos de Dios y de la criatura. El nuevo Evangelio: "Las verdades acerca del Fiat Divino". La prudencia humana hace fallar las obras más bellas. Soledad de Jesús y quien le hacía compañía.**

(1) Estaba pensando entre mí: "¿Pero será verdad que vendrá el reino de la Voluntad de Dios sobre la tierra?" Y mi amable Jesús moviéndose en mi interior me ha dicho:

(2) "Hija mía, cómo ¿lo dudas? ¿No sabes tú que están los derechos de Dios para dar este reino, y los derechos de la humanidad para recibirlo? Porque Dios al crear al hombre, con dar su Voluntad al hombre como herencia, daba los derechos que reinase su Divina Voluntad sobre la tierra como reinaba en el Cielo, tan es verdad, que la vida del primer hombre fue comenzada en el Fiat, el cual con haber hecho sus primeros actos en Él, metía sus prendas, sus trabajos en la herencia divina, tanto, que aún ahora existen estas prendas y actos en mi Voluntad, son incancelables, y si el hombre salió de dentro de Ella, sus actos quedaron, y esto constituye un derecho a la humanidad de reentrar de nuevo en el reino perdido, porque Nosotros no vemos al hombre en sí mismo, sino vemos a toda la humana familia como si fuese una sola, y si uno sale y se separa, la humanidad

queda siempre, la cual puede recibir lo que perdió aquél que salió. Así que están los derechos de ambas partes, si esto no fuese, habría sido no una realidad que el hombre viviese en nuestro reino, sino un modo de decir, en cambio cuando Nosotros damos, damos con los hechos, tan es verdad, que la vida humana tiene su principio en el reino de nuestra Voluntad. Si tú supieras qué significa hacer aun un solo acto en Ella, su valor es incalculable y además están los actos de mi Humanidad, los de la Reina del Cielo, hechos todos en el reino de nuestro Querer Divino, que como cabezas de la familia humana reconfirman los derechos a las criaturas de reentrar en nuestro reino".

(3) Después de esto estaba pensativa sobre la publicación de los escritos sobre la Voluntad de Dios, especialmente sobre ciertas oposiciones, y habiéndome puesto a rezar, mi dulce Jesús se hacía ver que con sus manos se detenía el corazón, tanto era el dolor que sentía, y todo afligido me ha dicho:

(4) "Hija mía, cómo me siento doliente, habrían debido sentirse honrados, jactarse y gloriarse por hacerse conocer que son ellos los que tienen este gran honor de publicar las verdades sobre mi Santa Voluntad, honor y gloria más grande no podía darles, que llamarlos a un oficio tan alto, y en cambio quieren esconderse; cómo me duele el corazón, siento tanto dolor que no puedo contenerlo. Las verdades sobre mi Fiat son el nuevo Evangelio del reino de mi Querer Divino, en el cual encontrarán las normas, el sol, las enseñanzas cómo ennoblecerse, elevarse a su origen y tomar el estado dado a ellos por Dios en el principio de la Creación, encontrarán el Evangelio que tomándolos de la mano los conducirá a la verdadera felicidad en la paz constante, la única ley será mi Voluntad, la cual con su pincel de amor entintado en los vivos colores de su luz, restituirá al hombre la semejanza de su Creador. ¡Oh, cómo deberían haber codiciado el recibir y el hacer conocer un bien tan grande, en cambio, todo lo contrario! En la Redención los evangelistas se sintieron honrados de hacer conocer quiénes eran aquellos que ponían fuera el Evangelio, para que fuera conocido por todo el mundo, y con gloria señalaron su nombre, tanto, que al predicar el Evangelio primero se dice el nombre de quien lo escribió y después se dice el Evangelio, así quiero que se haga sobre las verdades de mi Voluntad, que de todos se sepa quiénes son aquellos que han llevado tanto bien al mundo. Pero créelo, todo es por causa de la prudencia humana, ¡ah! cuántas obras divinas ha hecho malograr en medio a las criaturas la prudencia humana, que han llegado como holgazanes a retirarse de las obras más santas, pero mi Voluntad sabrá triunfar sobre todo y burlarse de ellos, pero no puedo esconder el dolor de tanta ingratitud humana a un bien tan grande".

(5) Después seguía mi giro en el Fiat y acompañando a mi amable Jesús en su Vida acá abajo, me daba pena cuando llegaba a aquellos momentos en

que solo, solo se quedaba, ni siquiera su Mamá Celestial, como en el desierto y en las noches de la Vida pública, que apartándose de todos, casi siempre se quedaba al exterior, fuera de lo habitado, solo para rezar y también para llorar por nuestra salvación, y yo decía entre mí: "Jesús mío, tu pequeña hija no siente la fuerza de dejarte solo, quiero ponerme cerca de Ti, y si no sé hacer otra cosa te susurraré al oído: 'te amo, te amo'; por tu soledad, oraciones y lágrimas dame el reino de tu Querer, hazlo pronto, ve como el mundo se precipita, tu Querer lo pondrá a salvo".  Pero mientras esto pensaba, mi amado Jesús ha salido de dentro de mi interior y arrojándose en mis brazos para gozarse mi compañía me ha dicho:

(6) "Hija mía, gracias, en cada acto mío te espero siempre para decir: 'La pequeña hija de mi Querer no me ha dejado jamás solo'.  Tú debes saber que mucho me pesaba mi soledad, porque Aquél que había venido por todos y a buscar a todos, debía ser solicitado por todos, y por cada uno de ellos sentía a lo vivo la pena de la soledad en la cual me dejaban; con mi mirada indagadora iba indagando si alguno me buscaba y amaba mi compañía, y muchas veces inútilmente buscaba este consuelo.  Sin embargo tú debes saber que en tanta soledad en la cual me dejaban las criaturas no quedaba jamás solo, tenía la compañía de los ángeles, la de mi Mamá, que si bien lejana, mi Voluntad Divina me llevaba su latido y todos sus actos en cortejo en torno a Mí, que me hacían compañía, y además, desde entonces me llevaba a la recién nacida de mi Fiat con todo el grupo de los hijos de mi reino para mi compañía, porque para mi Querer Divino todos los tiempos son suyos, y tiene virtud de reducirlos a un solo punto, para tenerlos en todos los tiempos en acto continuo sin cesar jamás.  Además de esto, conforme el alma recuerda lo que Yo hice y quiere estar en torno a Mí, prepara el vacío en ella donde poner el fruto de lo que Yo hice y sufrí".

24-38
Agosto 26, 1928

**La Divina Voluntad es más que madre, cómo crece junto y forma su Vida.  El destello de luz de lo obrado en Ella.  El regreso del aliento de Jesús para hacer reinar la Divina Voluntad.**

(1) Mi vuelo en el eterno Fiat es continuo, me parece que no sé estar, ni sé detenerme en otra parte más que en Él, lo siento más que vida en mí y fuera de mí, y por cuanto corro y vuelo no encuentro más que obras, propiedad interminable y sin confín, y su Vida palpitante en todo y dondequiera, y mientras este Querer Divino se encuentra en lo alto, en lo bajo conserva todo, es actor y espectador de todo.  Ahora, mi pequeñez se perdía en el Fiat Divino, giraba por toda la Creación, y haciendo resonar mi pequeño "te

amo" en cada cosa creada, pedía el reino de la Voluntad Divina sobre la tierra, y mi amable Jesús haciéndose ver que me llevaba en sus brazos para hacerme seguir los actos de su Divina Voluntad, me ha dicho:

(2) "Hija mía, ¡cuánto te ama mi Querer, más que madre te tiene entre sus brazos, y mientras te tiene estrechada a su seno te está dentro para crecer junto contigo, late en tu corazón, circula en tu sangre, camina en tus pies, piensa en tu mente, habla en tu voz, es tanto su amor, su celo, que si eres pequeña se hace pequeña, si creces crece junto contigo, y si obras te engrandece tanto, que te extiende en todas sus obras. La madre puede dejar a su hija, puede dividirse, estar lejana; mi Voluntad jamás, porque haciéndose vida de su hija se vuelve inseparable, así que aun el quererla dejar no lo puede, porque es su misma Vida que vive y ha formado en su hija. ¿Quién puede tener este poder y amor insuperable de formar y hacer crecer su vida junto con su hija? Ninguno, solamente mi Voluntad, que poseyendo un amor eterno y una virtud creadora, crea su Vida en quien renace y quiere ser solamente su hija. He aquí por eso la razón de que tú giras en la Creación, porque esta Madre de mi Voluntad Divina quiere su Vida que ha formado en ti, su hija, en todos sus actos. Así que quien vive en mi Fiat Divino corre junto a la carrera vertiginosa, ordenada y armónica de toda la Creación, y así como la carrera ordenada de todas las esferas forma la más bella música armoniosa, así el alma que corre junto forma su nota de armonía, que haciendo eco en la patria celestial, todos los bienaventurados ponen atención y dicen: '¡Cómo es bello el sonido que se oye en las esferas, porque gira en ellas la pequeña hija del Fiat Divino, es una nota de más y un sonido distinto que oímos y el Querer Divino lo lleva hasta las regiones celestiales!' Por eso no eres tú la que corres, es mi Voluntad que corre y tú corres junto con Ella".

(3) Después continuaba pensando en los grandes prodigios y sublimidad del Fiat Divino, y mientras me sentía perdida en Él, mi amado Jesús ha agregado:

(4) "Hija mía, así como el relámpago sale de las nubes e ilumina la tierra, y después se retira de nuevo en el seno de las nubes para clarificar frecuentemente con su luz la tierra, así el alma que vive en mi Querer, conforme obra hace salir sus destellos desde el seno de su humanidad y forma otras luces en el Sol de mi Fiat Divino, y no sólo eso, sino que aclara la tierra de las tinieblas del querer humano. Sólo que el relámpago que hacen salir las nubes es luz limitada, en cambio la luz del relámpago hecho en mi Querer Divino es sin límites, y en su luz lleva el conocimiento de Él, porque el obrar en mi Querer contiene la fuerza universal, por lo tanto fuerza única, nueva creación, Vida Divina, por eso en cuanto hace su acto de destello, todas las puertas de mis obras se abren para recibir la nueva creación y el destello de luz de lo obrado por la criatura en mi Fiat, por eso

todas mis obras se sienten renovadas y doblemente glorificadas, así que todas festejan al sentir la nueva fuerza creadora sobre ellas".

(5) Después de esto mi siempre amable Jesús se hacía ver como pequeño niño en el fondo de mi pequeña alma, me estrechaba, me besaba, me daba su aliento y yo me sentía infundir nueva vida, nuevo amor, y yo le repetía lo que Él me hacía, y repitiendo sus besos me ha dicho:

(6) "Pequeña hija de mi Querer, mi aliento infundiéndose en ti te renueva, y con su potencia vivificadora destruye en ti la infección del germen del querer humano y vivifica el germen de mi Fiat Divino. Este aliento es el principio de la vida humana de la criatura, la cual en cuanto se alejó de mi Querer perdió mi aliento, y si bien le quedó la vida, pero no sentía más la fuerza vivificadora de mi aliento, que vivificándola la mantenía bella, fresca, a semejanza de su Creador, así que el hombre sin mi aliento permanece como aquella flor que no teniendo más lluvia, viento y sol, se decolora, se seca y declinando su cabeza se dispone a morir. Ahora, para rehabilitar el reino de mi Querer Divino en medio de las criaturas, es necesario que regrese mi aliento continuo en medio de ellas, que soplándoles más que viento les permita entrar el Sol de mi Voluntad, que con su calor destruya el mal germen del querer humano, y así regrese bello y fresco como había sido creado, y la flor enderezando su tallo bajo la lluvia de mi Gracia, levanta su cabeza, se vivifica, se colorea y tiende a la vida de mi Querer, no más a la muerte. ¡Oh, si supieran las criaturas el gran bien que estoy preparando, las sorpresas de amor, las gracias inauditas, cómo estarían más atentos! Y quien conoce los conocimientos de mi Querer, ¡oh, cómo pondría la vida para lanzar estos conocimientos en medio del mundo, a fin de que todos se dispusieran a recibir un bien tan grande, porque estos conocimientos tienen virtud de ayudar y facilitar las disposiciones humanas para un bien tan grande, pero la ingratitud humana es siempre la misma, en vez de preparase piensan en todo lo demás y se precipitan en el pecado".

24-39
Agosto 30, 1928

**Diferencia entre Humanidad y Divinidad de Jesús. Cómo el reino del Fiat está todo preparado por Él, sólo se necesitan aquellos que lo habiten. El lenguaje que Jesús tuvo en la Redención y el que tiene para el reino de la Divina Voluntad, son diferentes uno del otro.**

(1) Mi amable Jesús se hacía ver como pequeño niño, que estrechándose a mí me hacía muchos mimos amorosos. ¡Oh! cómo es bello verlo en su infantil Humanidad, todo amor, todo confianza; el alma siente tal confianza con Jesús porque ve en Él su Humanidad que le asemeja tanto que se

hermanan juntos, se identifican y uno se transforma en el otro, así que el velo de la Humanidad de Jesús en el cual encierra dentro su Divinidad adorable, sirve como medio de confianza, en el cual la pobre criatura pierde todo el temor y se está con su Jesús toda amor, más que hijo entre los brazos de su Padre Celestial, es tanto el amor de Jesús que dice a la criatura: "No temas, soy tuyo, similar a ti, vestido como tú, y es tanto mi amor que escondo la luz interminable de mi Majestad dentro de mi Humanidad, para hacerte estar Conmigo como una pequeña niña en mis brazos". En cambio cuando mi amado Jesús hace salir de Sí su Divinidad, su misma Humanidad queda eclipsada en aquella luz interminable, y yo siento la gran distancia entre yo y mi Creador, su Majestad Divina resplandeciente me aniquila, me hunde en mi polvo y no sé a donde ir para huir de su luz, porque no hay punto donde no se encuentre, yo soy el pequeño átomo que quedo abismado en su misma luz. Me parece que estoy diciendo desatinos, por eso mejor sigo adelante. Entonces mi sumo bien Jesús me ha dicho:

(2) "Hija mía, el reino de mi Voluntad está todo preparado en mi Humanidad, y Yo estoy pronto a ponerlo fuera para darlo a las criaturas; se puede decir que he formado los fundamentos, he erigido las construcciones, las habitaciones son innumerables y todas adornadas e iluminadas no con pequeñas luces, sino con tantos soles por cuantas verdades he manifestado acerca del Fiat Divino; no se necesita otra cosa que aquellos que lo habiten, habrá lugar y habitación para todos, porque es vasto, más que todo el mundo. Con el reino de mi Voluntad todo será renovado en la Creación, las cosas se pondrán en su estado primero, por eso es necesario y vendrán muchos flagelos, para hacer que la divina justicia se ponga en equilibrio con todos mis atributos, a fin de que equilibrándose deje el reino de mi Querer en su paz y felicidad. Por tanto no te maravilles si a este gran bien que estoy preparando y que quiero dar, lo preceden muchos flagelos, es mi Justicia que reclama sus derechos, a fin de que equilibrada, se ponga en paz con las criaturas sin darles más molestia, mucho más que los hijos del reino de mi Fiat Divino no lo ofenderán más, y mi Justicia divina se cambiará para ellos en amor y misericordia".

(3) Después de esto seguía todos los actos que había hecho Jesús en la Redención, y mi dulce Jesús ha agregado:

(4) "Hija mía, mi lenguaje fue muy diferente en la Redención de aquél que he tenido para el reino de mi Divina Voluntad, porque en la Redención mi lenguaje debía adaptarse a personas incapaces, débiles, enfermas, sordas, mudas y ciegas, y muchas sobre el borde de la tumba, por eso para hablar me serví de parábolas, semejanzas del bajo mundo, que ellos mismos podían tocar con la mano, por eso ahora les hablaba como médico y les llevaba las medicinas para curarlos; ahora como padre, que esperaba su

retorno aunque fuesen hijos licenciosos; ahora como pastor que iba en busca de la oveja perdida; ahora como juez que no pudiendo atraerlas por vía de amor, buscaba atraerlas al menos con las amenazas y con el temor; y tantas otras semejanzas. Este mi lenguaje dice que a aquellos a los cuales Yo hablaba no me conocían, no me amaban, mucho menos hacían mi Voluntad, más bien estaban lejanos de Mí, y que Yo con mis parábolas hacía las búsquedas y extendía la red para pescarlos y dar a cada uno el remedio para curarlos, pero cuantos me huían, y Yo aumentaba las búsquedas y las enseñanzas para dar luz a tantos ciegos, a fin de que salieran de su obstinada ceguera.

(5) Ahora ve cómo es diferente mi lenguaje que he tenido al manifestar las verdades sobre mi Divina Voluntad, que deben servir para los hijos del reino de Ella, mi lenguaje sobre el Fiat ha sido como el de un padre en medio a sus queridos y amantes hijos, todos sanos, y que poseyendo cada uno mi misma Vida en ellos, en virtud de mi Querer serán capaces de entender mis lecciones más altas, y por eso he pasado más adelante poniéndoles enfrente las bellas semejanzas del sol, de los cuerpos celestes, del cielo, del mismo modo de obrar divino que se extiende hasta el infinito, porque teniendo en ellos a mi Fiat Divino, tendrán en ellos a Aquél que ha creado el cielo, las astros, el sol y les dará virtud de hacer copiar en ellos todo lo que ha creado y sus mismos modos que tiene en su obrar divino; estos serán los copiadores de su Creador, y por eso Yo he sido tan magnánimo al manifestar las verdades acerca de mi Fiat, lo que no hice en la Redención, porque eran parábolas que contenían modos humanos y finitos, por lo tanto no tenían tanta materia para poderme extender tanto, en cambio las semejanzas que respectan a mi Voluntad son de modos divinos y por lo tanto hay tanta materia para decir que se vuelven inagotables, ¿quién puede medir la vastedad de la luz del sol y la intensidad de su calor? Nadie. ¿Quién puede dar un termino al cielo y a las múltiples obras mías divinas? ¡Oh! si tú supieras cuánta sabiduría, amor, gracia, luz, he puesto al manifestar mis verdades sobre mi Fiat Divino, tú quedarías ahogada de alegría, tanto, que no podrías seguir viviendo, y amarías que el trabajo de tu Jesús fuese conocido, para hacer que un trabajo tan exuberante, que cuesta un precio incalculable, tenga su gloria y comunique sus benéficos efectos a las demás criaturas".

24-40
Septiembre 2, 1928

**Las cosas creadas en virtud del Fiat Divino son como miembros al hombre, y a él le fue dada la razón de ellas; y cómo con sustraerse del**

## Fiat dio un golpe y separó todos estos miembros. Cómo la Divina Voluntad forma sus madres a Jesús.

(1) Estaba según mi costumbre haciendo el giro por toda la Creación, para seguir lo que la Divina Voluntad había hecho en ella, ¡oh, cómo me parecía bella! Cómo el Fiat Divino gozaba su triunfo, recibía su plena gloria, tenía su total dominio y extendía su Vida dondequiera y por todas partes, así que Él es luz y extendía su Vida de luz, es potencia, es orden, es pureza, y distiende su Vida de potencia, de orden, de pureza en todas las cosas creadas, y así de todo el resto de sus cualidades divinas, por lo tanto cada cosa creada es sagrada, más que una reliquia, porque dentro encierran la potencia, la Voluntad creadora, la misma Vida de Aquél que las ha creado, y yo mientras giraba sentía la necesidad de amar, de adorar, de abrazar y besar el sol, el cielo, las estrellas, el viento, el mar, porque dentro encerraban, velaban y formaban como tantas habitaciones a Aquél que las había creado. Pero mientras mi mente se perdía en la Creación, mi dulce Jesús me ha dicho:

(2) "Hija mía, mira cómo son bellas nuestras obras, puras, santas y todas ordenadas, y si nos servimos de la Creación para formar nuestros velos, nuestras vastas habitaciones, sin embargo nos reservamos el no dar a ella ninguna razón, porque la finalidad para la que fueron creadas fue para el hombre, no para ellas, y por eso nos reservamos el dar la capacidad y la razón de toda la Creación al hombre, a fin de que él teniendo la razón de ella, nos diera la gloria de la luz del sol, del cielo, del viento y de todo lo demás, así que poníamos las cosas creadas como miembros del hombre, por lo cual él, teniendo la razón de estos miembros, se serviría de ellos para subir dentro de estos velos para reencontrar a Aquél que como rey habitaba dentro y llevarle la gloria, el amor de estos miembros a él dados, pero el hombre para poseer esto y tener la razón que habría tenido el sol, el cielo, el viento y todo lo demás, y tener las cosas creadas como sus miembros, debía poseer la Vida y el dominio de nuestro Fiat Divino, el cual le habría dado la capacidad y una amplia y suficiente razón de toda la Creación, y habría mantenido la comunicación, la unión y la inseparabilidad de todos estos miembros de las cosas creadas, porque sólo nuestra Voluntad Divina posee la total razón de todo lo que ha hecho, y Nosotros dimos esta nuestra Voluntad al hombre a fin de que le diese la razón de todas nuestras obras, porque todo salió ordenado por Nosotros y unido junto, como miembros al cuerpo del hombre, porque era él nuestro primer amor, la finalidad de toda la Creación, y por eso en él concentramos toda la razón que se necesitaba para ella. Ahora hija mía, el hombre con sustraerse de nuestra Voluntad Divina dio un golpe y separó sus queridos y santos miembros, y por eso poco entiende del valor, de la santidad, de la potencia, de la luz, que como

miembros eran ya suyos, y el Divino Artífice queda sin la gloria, el amor, el reconocimiento de la cabeza de estos miembros. Ve entonces cómo es necesario el regreso de mi Fiat Divino en el hombre, que es la cabeza de toda la Creación, para hacer regresar el orden creado por Nosotros, para poner la cabeza en su lugar y los miembros reunidos de nuevo a quien tan bárbaramente y con su daño los tiene separados. No lo sientes tú misma, que sólo mi Querer tiene virtud de ponerte en comunicación con toda la Creación, y dándote el vuelo te da la razón de la luz, del cielo, del mar, del viento, y queriendo animar con tu voz todas las cosas creadas, desde la más grande hasta la más pequeña, repites tu agradable estribillo: 'Soy yo que te amo y te glorifico en el cielo, en el sol, en el mar, en el viento y también en el pequeño pajarito que canta, en el corderito que bala, en el perfume de la flor que se eleva a Ti'. Y así de todo lo demás. Es la Vida de mi Fiat, que como tiene vida en toda la Creación, teniendo vida en ti te hace amar en todas las cosas que son suyas".

(3) Yo he quedado pensativa al oír que el hombre debía, en virtud del Fiat, poseer la razón que debía poseer el sol, el mar, el viento, y mi amado Jesús ha agregado:

(4) "Hija mía, esto lo hace también el hombre, que en sus obras que hace no deja dentro su razón, si se forma una habitación, si tiene un terreno y en él pone diversas plantas, si hace un trabajo u otra cosa, son obras que no tienen razón, la razón se la reserva en sí, y si da razón la da a su familia, que siendo no obras, sino hijos suyos, quiere que de sus obras tengan la razón, a fin de que de ellas se sirvan según quiere el padre, y entonces recibir de ellos la gloria de sus obras. Si esto hace el hombre, ¿por qué no podría Yo hacer otro tanto? Es más, con más orden y obras múltiples para el bien del hombre y así tenerlo en torno a Mí, junto Conmigo y dentro de Mí, y de tal manera unido, como Dios la cabeza y él los miembros, así como la Creación sus miembros y él la cabeza de ella".

(5) Después de esto seguía mis actos en la Redención, y deteniéndome cuando mi encantador niño Jesús estaba en Egipto, y mi Mamá Celestial arrullándolo en su pobre cuna se ocupaba en preparar los vestidos al pequeño niño, yo, poniéndome junto a la Mamá Reina, hacía correr mi te amo en el hilo que servía al vestido de Jesús, y mecía la cuna para hacer dormir a mi celestial Niño, haciéndole mis cantos de amor y pidiéndole el Fiat Divino, y mientras parecía que cerraba los ojos al sueño, con mi sorpresa lo he visto alzar su cabecita, que mirando a nuestra Mamá Divina y a mí, ha dicho con acento ternísimo:

(6) "Mis dos Mamás, mi Mamá y la pequeña hija de mi Querer, mi Voluntad Divina me las une juntas y me las hace hacer a las dos de Mamá. ¿Por qué la Celestial Reina me es verdadera Madre? Porque poseía la Vida de mi Fiat Divino, sólo Él le podía suministrar el germen de la fecundidad divina

para hacerme concebir en su seno y hacerme hijo suyo, así que sin mi Divina Voluntad, Ella no podía absolutamente ser mi Mamá, porque ningún otro ni en el Cielo ni en la tierra posee este germen de la fecundidad divina, que ni más ni menos es el que da la capacidad de hacer concebir al Creador en la criatura. Mira entonces, mi Querer Divino me formó la Mamá y me hizo su hijo, ahora me está formando a su pequeña hija por mamá mía, y me la hace encontrar cerca de mi primera Madre para hacerla repetir sus actos, entrelazarlos juntos y hacerla impetrar su reino, y por lo tanto hacerla repetir su germen divino y la fecundidad del Fiat Voluntas Tua en las criaturas. Sólo mi Voluntad Divina puede todo y puede darme todo".

(7) Después, cerrando los ojos al sueño, en el sueño repetía: "Mis dos Mamás, mis dos Mamás". Cómo era tierno y conmovedor el oírlo, cómo hería el corazón verlo que interrumpía el sueño para decir: 'Mis dos Mamás'. ¡Oh, Voluntad Divina, cómo eres amable, potente y admirable! ¡Ah, desciende en los corazones de todos y pon en ellos este germen divino, a fin de que su germen fecundo te forme tu reino y te haga reinar como en el Cielo así en la tierra!

24-41
Septiembre 5, 1928

### Penas de Jesús y competencia de luz. Los actos en el Fiat son piedras y viento en el mar de la Divina Voluntad.

(1) Me sentía privada de mi dulce Jesús y deliraba por su regreso, pero ¡ay de mí! Mientras mi pobre corazón era torturado, mi amado Jesús ha redoblado mis penas haciéndose ver todo llagado, coronado de espinas, pero tan encarnadas estas espinas que no se podían ver; qué escena tan conmovedora y dolorosa, se ha arrojado en mis brazos para ser curado, ¡oh, cómo sufría, gemía, se agitaba, yo lo he estrechado entre mis brazos, quería quitarle las espinas, pero me resultaba imposible, tan encarnadas estaban, y Jesús sollozando me ha dicho:

(2) "Hija mía, cuánto sufro, si supieras cuánto me ofenden las criaturas y cómo ellas mismas arman a mi Justicia para hacerse golpear".

(3) Y mientras esto decía parecía que descendían del cielo rayos, llamas, granizo, para golpear a las criaturas; yo he quedado asustada, pero más espanto me daba ver a Jesús tan bárbaramente reducido. Entonces continuaba rezando y decía entre mí: "¡Oh, cómo quisiera convertir todo, pensamientos, palabras, obras, pasos de todas las criaturas en Voluntad de Dios, a fin de que el pecado no existiese más, quisiera eclipsarlas de luz del Querer Divino, a fin de que investidas de luz y encantadas por ella, las criaturas bajo el eclipse de la luz divina perdieran la fuerza, las pasiones, la

voluntad de ofender a mi dulce Jesús". Pero mientras esto pensaba, mi amado Jesús me ha dicho:

(4) "Hija mía, conforme el alma toma el empeño de querer convertir todos los actos humanos en Voluntad mía, así forma sus rayos, que agrandándose toman la tierra como en su propio puño, y elevándose al Cielo más que rayos solares, invisten el Sol de mi Voluntad, y arrojándose en Ella forman un solo Sol, que formando como una competencia de luz, todo, Cielo y tierra sufren el encanto y el eclipse del Sol de mi Voluntad, y también mi justicia sufre el eclipse de esta luz, de modo que muchos flagelos son evitados".

(5) Ahora, después de haber escrito por largo tiempo, mi dulce Jesús ha salido de dentro de mi interior, y tomando mi rostro entre sus manos me ha dicho:

(6) "Hija mía, quiero pagarte por el sacrificio que has hecho de escribir".

(7) Y yo: "Son tres noches que he escrito y no me has dado nada, me parece que ahora mucho escaseas, ni me muestras más aquella gran complacencia que me mostrabas antes cuando escribía, ni me ordenas más el escribir con aquél tu imperio amoroso como hacías antes, a mí me parece que has cambiado".

(8) Y Jesús: "No puedo cambiar, no es de la naturaleza divina el mutarse; la naturaleza humana se cambia, la Divina jamás, por tanto está segura que en Mí nada ha cambiado, ¿pero sabes qué quiero darte por paga? Mi misma Vida. Cada verdad que te manifiesto son dones de Vida Divina que te hago, y te doy la libertad que no sólo tengas para ti este gran don, sino que la puedes multiplicar para darla a quien tú quieras y a quien la quisiera recibir.

(9) Ahora, tú debes saber que cada acto, palabra, pensamiento hecho por la criatura en mi Divina Voluntad, son piedrecillas que arroja en el mar de Ella, el cual encrespándose desborda fuera para bien de todos; otras veces son tantos vientecillos, que haciendo crecer el mar de mi Fiat, forma las olas más o menos altas, según la multiplicidad de los vientecillos que forma la criatura en mi mar, y estas olas mientras se levantan, descienden de nuevo, parte en el mar y parte inundan la tierra. ¡Oh! cómo es deleitable ver a la criatura, que ahora viene a arrojar sus piedrecillas en nuestro mar, ahora que viene como a soplar y forma su vientecillo, y el mar le sonríe con el encresparse, le hace las fiestas con el recibir el vientecillo y formar las olas, así que el alma que vive y obra en mi Fiat, nos da la ocasión de hacer surgir nuestro mar y nos da el campo para inundar la tierra y el Cielo, y como es Voluntad Divina que fluye, dispone a las criaturas a pedir el reino de Ella, y Nosotros nos sentimos que la criatura que vive en nuestro Querer Divino llama nuevamente las fiestas, los entretenimientos, los juegos del principio de la Creación con su Creador. Todo es lícito para quien vive en nuestro Querer, y Nosotros todo la dejamos hacer, porque ella no quiere otra cosa que nuestra Voluntad y que nuestro eco resuene en ella, y ella haciéndose llevar

por nuestro eco divino, ahora arroja la piedra, ahora forma el vientecillo que forma las olas, ahora gime, ahora habla, ahora ruega porque quiere que nuestro Fiat Divino sea conocido, amado y que domine sobre la tierra".

24-42
Septiembre 8, 1928

### Interés de Dios por quien vive en su Divina Voluntad, ejemplo del sol. Todos los sacrificios que ha hecho Luisa para hacer conocer la Divina Voluntad, serán conocidos.

(1) Me sentía oprimida por la privación de mi amado Jesús, ¡oh! cómo habría querido dar un salto a las regiones celestiales para no salir más de ellas, y así terminar para siempre con estas benditas privaciones suyas que me hacen vivir muriendo. ¡Ah! sí, si por su bondad Jesús me hiciera llegar a su patria, no podrá esconderse más de mí, ni yo por un solo instante podré estar privada de Él. Por eso, pronto Amor mío, terminemos de una vez para siempre con estas tus privaciones, que no puedo más; y me sentía tan amargada, porque más que espada cortante me traspasaba mi pobre alma de lado a lado. Ahora, mientras estaba en esto, mi amado Jesús ha salido de dentro de mi interior y me ha dicho:

(2) "Hija mía, ánimo, ¿no sabes tú que para quien hace mi Voluntad y vive en Ella es tanto nuestro interés, que es tenido por Nosotros como cosa nuestra, exclusivamente nuestra, inseparable de Nosotros? Nuestro Querer Divino es inseparable de Nosotros y por cuanto se extienda su luz, el centro de Él es siempre dentro de Nosotros; símbolo de la luz del sol, que mientras se alarga y se ensancha sobre toda la tierra, tomándola en su propio puño de luz, jamás se aleja de su esfera, ni la luz queda dividida, ni pierde ni siquiera una gota de luz, porque ella es inseparable, y si se pudiera dividir no sería más verdadera luz, por eso el sol puede decir: 'Toda la luz es mía'. Así Nosotros, la luz de nuestra Voluntad Divina es interminable e inseparable, y en el alma donde Ella reina la hace nuestra, inseparable de Nosotros. Así que teniéndola como cosa nuestra, es interés nuestro de hacernos honor y de investirla tanto de todas nuestras cualidades divinas, de poder decir Nosotros y todos: 'En esta criatura está la Vida Divina, porque domina la luz de nuestro Fiat'. Por eso nuestro interés de que todo debe ser santo en ella, puro, bello e investida de nuestra felicidad, todo debe dar de Voluntad Divina, como la tierra cuando es investida por la luz del sol, que pierde las tinieblas y da toda de luz, de modo que la luz hace de reina y dominando la tierra se hace alimentadora de ella, comunicándole la vida y los efectos de la luz; así nuestro Querer Divino cuando reina en la criatura, hace que se pierdan los males y pone en fuga las tinieblas, las debilidades,

las miserias, las aflicciones, y como reina se hace alimentadora de luz, de fuerza, de riqueza divina y de felicidad; por lo tanto, para quien vive en nuestro Fiat pierden el lugar las amarguras, las opresiones y todo lo que da de voluntad humana, porque la luz de Él no tolera otra cosa que lo que le pertenece, y como nuestra Divina Voluntad toma todo el interés de la criatura como cosa suya, así ella pierde todos los intereses humanos y adquiere todos los intereses divinos; de aquí se ve si reina mi Voluntad Divina, si no siente más interés propio, y si lo siente significa que el alma no posee toda la plenitud de mi Fiat y hay aún pequeños huecos privados de la luz de Él, y por eso lo humano se hace sentir y llega a tomar los intereses humanos. Por eso, fuera las amarguras, las opresiones de tu alma, pues son cosas que no te pertenecen más, a ti pertenece la luz y todo lo que puede poseer la luz de mi Voluntad".

(3) Después de esto pensaba entre mí: "Cuántos sacrificios se necesitan para este reino del Fiat: Sacrificio de escribir, sacrificio de reposo y de sueño, sufrimientos, oraciones incesantes, muerte continua al querer humano para hacer que la Divina Voluntad tuviese Vida perenne, y tantas otras cosas que sólo Jesús conoce, y después de todo esto, tal vez nada se verá de bien, ninguna gloria de Dios, por lo tanto tantos sacrificios sin utilidad y sin efectos". Pero mientras esto pensaba, mi siempre amable Jesús ha salido de dentro de mi interior, y estrechándome entre sus brazos me ha dicho:

(4) "Hija mía, ¿qué dices? No hay sacrificio que hayas hecho que no tendrá su valor, sus preciosos efectos, porque todo lo que se hace en mi Voluntad y para implorar que sea conocida, adquieren por naturaleza Vida Divina y virtud comunicativa, de modo de comunicar a los demás la Vida Divina y la virtud que poseen, tanto, que ahora, todo lo que has hecho y sufrido está delante a Dios en acto implorante para obtener que las criaturas se dispongan y que Dios conceda un bien tan grande. Cuando después mi Voluntad sea conocida y su reino efectuado, entonces todas las palabras que has escrito, las noches en vela, tus incesantes oraciones, tus giros en la obra de la Creación y Redención, tus largos años de cama, tus penas y sacrificios, brillarán como rayos de sol, como diamantes y piedras preciosas de valor infinito, que poco a poco reconocerán aquellos que tendrán el gran bien de conocer mi Querer, y de vivir en su reino; es más, conocerán que los fundamentos, las construcciones, están cimentadas por los tantos sacrificios de aquélla a quien le ha sido confiada la misión de hacer conocer el reino de mi Querer, todo se conocerá claramente, también aquellos que han contribuido, te han dirigido, te han ordenado escribir y se han interesado en hacer conocer con palabras o con escritos lo que respecta a mi Fiat Divino, y esto es nada, todo el bien que harán aquellos que poseerán el reino de mi Fiat, la gloria que me darán, descenderá y subirá de nuevo a aquellos que

han sido principio y causa de tanto bien, y aunque tú estés en el Cielo, la virtud comunicativa de mi Querer que ha hecho vida en ti sobre la tierra, te pondrá en comunicación, tendrá todas las vías abiertas entre tú y ellos, así que tu vida y todo lo que has hecho y sufrido estará en medio a ellos, y todo lo que harán ellos tendrá su principio en ti, porque una es la Voluntad Divina de la una y del otro, y si tú supieras la gloria, los contentos, las satisfacciones que te vendrán, amarías el sacrificarte de más para que mi Voluntad sea conocida y domine en medio a las criaturas".

24-43
Septiembre 10, 1928

**Quien obra en la Divina Voluntad abre tantas puertas entre el Cielo y la tierra, por cuantos actos hace. Gloria de Adán en el Cielo; cómo sus actos hechos antes de caer en el pecado quedaron íntegros y bellos; él quedó herido. Cómo en Adán se conoce en el Cielo lo que Dios hizo en la Creación.**

(1) Estaba siguiendo todo lo que la Divina Voluntad había hecho en la Creación y Redención, no habría querido dejar ningún acto suyo sin el pequeño acto mío como su compañía y homenaje perenne de gloria y de amor a un Querer tan Santo. Y mi dulce Jesús moviéndose en mi interior me ha dicho:

(2) "Hija mía, cómo estoy contento de que no dejes a mi Voluntad Divina aislada en tantas obras suyas, hechas no para Sí, que no tenía necesidad de ellas, sino sólo por amor de la criatura. Tú debes saber que conforme tú pasas de una obra nuestra a la otra para reconocer nuestro amor en ellas, para darnos amor y gloria, así Nosotros encontramos la correspondencia de nuestro amor en quien reconoce nuestras obras. ¡Cómo es amargo y doloroso hacer el bien por puro amor y no ser reconocido! Y cuando encontramos quien las reconoce, nos sentimos como pagados por lo que hemos hecho, porque amor hemos dado y amor recibimos, y damos libertad a quien vive y obra en nuestra Voluntad Divina de establecer tantos vínculos entre el Cielo y la tierra, de abrir tantas puertas de comunicación, de poner tantas cadenas para hacer subir sus actos al Cielo y hacer descender tantas gracias en provecho de todas las criaturas, porque estas nuestras obras, la de la Creación y la de la Redención, han sido hechas sobre la faz de la tierra y tienen virtud de abrir el Cielo, y nos servimos para hacerlo abrir por medio de ellas, de quien obra en nuestra Divina Voluntad".

(3) Y mientras esto decía me hacía ver tantas puertas abiertas en el Cielo, de las cuales descendían tantas cadenas de oro que vinculaban la tierra por cuantas obras había hecho mi dulce Jesús. Después seguía mi giro en las

obras de la Majestad Suprema, y llegando al punto de la creación del hombre pensaba entre mí: "Adán, el principio de su vida la hizo en la Divina Voluntad, así que sus pensamientos, palabras, obras y pasos estaban animados por la unidad del Fiat, el cual abraza todo y contiene todo sin que nada se le escape, por lo tanto sus actos poseían la totalidad y plenitud de todos, y de todos los bienes, y si un solo acto hecho en este modo, en la unidad del Fiat que abraza todo, es un acto que puesto junto a todos los otros actos de las criaturas, éstos no pueden equivaler a este acto solo, Adán, que tuvo un período de vida en esta unidad del Fiat, ¿quién sabe cuantos actos pudo hacer? Así que su gloria en el Cielo será grande y tal vez supera todo, quitada la Soberana Reina que formó vida completa en la Divina Voluntad. Es verdad que Adán pecó y salió de esta unidad de Voluntad Divina, pero si salió él sus actos quedaron, porque creo que ninguna fuerza, ni divina ni humana puede destruir un solo acto hecho en esta unidad del Fiat que abraza todo y posee todo, Dios mismo no puede aniquilar un acto similar, pues debería destruir su misma Voluntad Divina, lo que no puede hacer, porque siendo eterna e infinita, sin principio y sin fin, es intangible a todo, y ninguno la puede tocar". Luego, mientras mi pobre y pequeña mente se perdía en éstos y otros pensamientos, de los cuales habría querido liberarme para pasar a otra parte, mi amado Jesús, haciéndose ver me ha dicho:

(4) "Hija de mi Supremo Querer, a ti nada quiero esconderte, porque para quien vive en Él, mi mismo Querer se hace revelador de lo que ha hecho por amor de la criatura y de lo que ha hecho la misma criatura en Él, porque la lleva en su seno como triunfo de sus obras. Ahora, tú debes saber que verdaderamente Adán posee en el Cielo una gloria que ningún otro, por cuan santo sea, le es dada, fuera de la Mamá Celestial, porque ningún otro posee un solo acto en la unidad de mi Voluntad Divina; era justo y decoroso para nuestra Majestad Divina que la primera criatura salida de nuestras manos creadoras, poseyera más gloria que todos los demás, mucho más que el primer período de su vida fue hecho como Nosotros queríamos, se puede decir que era Vida nuestra, Voluntad y obras nuestras que corrían en él; ¿cómo poder destruir este primer período de la vida de Adán, si era más nuestra que suya? Es inútil el pensarlo, lo que se hace en nuestra Divina Voluntad queda intangible, ninguno lo puede tocar, porque entran en el orden divino e infinito, y si bien resbaló y cayó, pero sus actos hechos hasta entonces quedaron íntegros y bellos, tal y como los había hecho, entonces él quedó herido, enfermo, desfigurada nuestra imagen en él, porque no estaba más en él nuestra Voluntad Divina que había tomado el empeño de conservarlo bello, fresco, fuerte, santo, todo en orden a Nosotros como lo habíamos creado, porque Adán mismo la había rechazado, pero sus obras hechas hasta que tuvo la desventura de caer, que poseían la unidad de

nuestro Fiat, no sufrieron ningún cambio, porque también Nosotros éramos celosos de estos actos que tanto nos habían glorificado y nos habían puesto en fiesta al ver que el hombre, nuestro hijo, se elevaba hasta Nosotros para absorber en él nuestros modos divinos, nuestra semejanza y llevarnos en la unidad de nuestro Querer alegrías, felicidad, la correspondencia y la sonrisa de todas las cosas creadas; Nosotros estábamos raptados al ver a nuestro amado hijo, la obra de nuestras manos viviendo en nuestra Voluntad, como en casa nuestra, tomando de lo nuestro nos podía llevar nuevas felicidades y alegrías sin fin; hija mía, el primer período de la vida de Adán es un período inolvidable para Nosotros, para él y para todo el Cielo. Después de caído en la culpa, él quedó como un ciego que antes de perder la vista ha hecho tantas obras bellas de llenar cielo y tierra, ¿quién puede decir que no son obras hechas por él, sólo porque voluntariamente perdió la vista, y que no pudiéndolas repetir más, porque es ciego, quedan sin valor aquéllas que ha hecho? Ciertamente que no; o bien una persona que se aplica a estudiar las ciencias, y a mitad del estudio no quiere seguir adelante, y sólo porque no sigue adelante se pueden quitar o destruir el bien de las ciencias que ha adquirido? Ciertamente que no. Si esto sucede en el orden humano, mucho más y con más validez y certeza en el orden divino. Entonces Adán en virtud del primer período de su vida inocente y hecha toda en la unidad de nuestro Fiat, posee tal gloria y belleza que ninguno lo puede igualar, y sólo al verlo, todos los bienaventurados reconocen cuan bella fue, majestuosa, enriquecida de tanta gracia, la creación del primer hombre, al mirarlo se ve en él el bien incalculable de la Divina Voluntad en la criatura, la alegría y la felicidad que puede poseer, y sólo en él, como dentro de un espejo, ven los bienaventurados cómo fue creado el hombre, el amor exuberante que le dimos, las riquezas con las que lo enriquecimos, cómo todo le dimos, por cuanto la criatura podía contener, hasta desbordar fuera y poder inundar toda la tierra. Si esto no fuese, que en Adán no se viera toda la magnificencia de la obra de nuestras manos creadoras, ni siquiera en el Cielo se podría conocer lo que hicimos de grande en la Creación y lo que hace y puede hacer la criatura en nuestra Divina Voluntad, es nuestro Amor que lo exige y también nuestra justicia que quiere tener en el Cielo la realidad de aquella imagen, cómo fue creado el hombre y no algún otro, sino aquél mismo que salió de nuestras manos creadoras, a fin de que si no lo conoce en la tierra, lo conozca en el Cielo, miran su origen en Adán, y agradecidos me dan las gracias y ruegan que venga a reinar mi Fiat sobre la tierra y forme otras imágenes más bellas que Adán, porque él no fue obra completa en mi Querer Divino, sino período de vida, sólo la Soberana Reina posee vida y obras completas en mi Fiat, por eso no hay quien la pueda igualar, y mi Querer quiere hacer otras vidas completas en Él para repetir lo que hizo en la Creación y hacer conocer a la tierra en qué modo y orden fue creada la criatura y lo que puede hacer de grande, de bello, de santo mi Divina Voluntad en ella.

(5) Además de esto tú debes saber que hasta ahora no he manifestado a ninguno, ni las grandes dotes de Adán, ni la sublimidad, grandeza y santidad suyas, porque vivió en su primer período de su vida en la unidad de mi Querer, y en virtud de estos actos suyos hechos en Él, su gran gloria que goza en el Cielo; más bien pensaban muchos que como se deslizó en la culpa, a lo más pudiera tener una gloria común a todos los demás bienaventurados, o tal vez menos que los demás, pero queriendo restablecer de nuevo el reino de mi Divina Voluntad, siento en Mí una necesidad de amor de manifestar la primera época de la Creación y el primer período de la vida de Adán, toda de Voluntad Divina y su gloria que goza en el Cielo en virtud de Ella, a fin de que conociendo las otras criaturas tanto bien, se dispongan y suspiren el Fiat Divino como en el Cielo así en la tierra".

24-44
Septiembre 16, 1928

**La Virgen al concebir, concibió el reino del Fiat; al nacer nos restituyó los derechos de poseerlo. Dificultad en el escribir. Heridas que recibe Jesús.**

(1) Mi abandono en el Fiat es continuo, y mientras seguía sus actos, mi pobre mente se ha detenido a pensar en la Concepción de la Celestial Reina y en su gran fortuna de ser preservada de la mancha original, y mi amado Jesús moviéndose en mi interior me ha dicho:

(2) "Hija mía, el germen con el cual fue concebida la Soberana Celestial fue tomado de la estirpe humana, porque también Ella tuvo su vida humana como todas las otras criaturas, como la tuve también Yo, pero con esta gran diferencia, no concedida a ninguna otra criatura, que en este germen humano, antes de que fuera concebida su bella alma, mi Fiat, con su Omnipotencia, concentró sus rayos en este germen y con su luz y calor aniquiló e hizo morir lo que de mal había en él, purificándolo del todo y volviéndolo puro y santo y exento de la mancha de origen, y después fue concebida en este germen la Inmaculada Niña. Así que todo el portento de la Inmaculada Concepción fue obrado por mi Divina Voluntad, no hizo otro germen humano, ni lo destruyó, sino lo purificó y con su calor y luz le quitó todos los humores que había contraído este germen por el pecado de Adán, e hizo regresar el germen humano en Ella tal como había salido de nuestras manos creadoras; por eso en cuanto fue concebida la pequeña Virgen Reina, así fue concebido en Ella y en las generaciones humanas el reino de

mi Divina Voluntad, porque Nosotros al formar y dar a una criatura gracias sorprendentes, miramos en ella la humanidad de toda la familia humana como si fuera una sola. Mira entonces, en cuanto fue concebida la Virgen en este germen exento de toda mancha, que fue obra del Fiat Divino, así quedó concebido de nuevo en la humanidad su reino divino, y en cuanto la Inmaculada Virgen nació, así fue restituido el derecho de poderlo poseer. Ahora, al venir Yo a la tierra a tomar carne humana me serví del germen de la Soberana del Cielo, y se puede decir que junto con Ella trabajamos para formar de nuevo este nuestro reino en las generaciones humanas, por lo tanto no queda otra cosa que conocerlo para poseerlo, y por eso estoy manifestando lo que pertenece al reino y a mi Voluntad Divina, a fin de que la criatura recorra sus caminos, siga nuestros pasos y entre en posesión de Ella, y mi Divina Voluntad con su calor y luz repetirá el prodigio de quitar los humores nocivos que posee el germen humano, y para estar segura, pondrá el germen de su luz y calor y se constituirá vida del germen, y así se intercambiarán la posesión: Mi Divina Voluntad tomará posesión del germen para formar en él su Vida de luz, de calor y santidad, y la criatura regresará a tomar de nuevo posesión del reino de mi Fiat Divino. Entonces mira hija mía, todo está preparado, no se necesita otra cosa que hacerlo conocer, y por eso Yo tengo tanta premura de que se conozca lo que respecta a mi Divino Querer, para poner en las criaturas el deseo de poseer un bien tan grande, a fin de que mi Voluntad, atraída por los deseos de ellas, pueda concentrar sus rayos luminosos y con su calor cumplir el prodigio de restituir el derecho de poseer su reino de paz, de felicidad y de santidad".

(3) Después de esto, debiendo escribir lo que Jesús me había dicho, me resultaba casi imposible, y haciendo el primer intento, el segundo y el tercero, y viendo que no lo conseguía, pensaba entre mí que el bendito Jesús no quería que yo escribiera más, y por eso también yo no debía quererlo, así que he quitado el pensamiento de esforzarme más, pero después he querido probar de nuevo y parece que lo he conseguido, y con más facilidad que las otras veces, entonces pensaba entre mí: "¿Y por qué tantos sacrificios, tantas fatigas, pruebas y más pruebas para escribir sin poderlo hacer, y después de tantas fatigas hacerlo con facilidad?" Y mi dulce Jesús saliendo de mi interior me ha dicho:

(4) "Hija mía, no te preocupes, he querido gozar un poco de ti y gustar el dulce extracto de tus sacrificios. Conforme tú intentabas escribir y no podías y volvías a intentarlo, Yo me sentía herido por tu amor al quererte sacrificar en escribir para cumplir mi Divina Voluntad, y Yo para gozar de las heridas que me hacías, te hacía imposible el tener los ojos abiertos para escribir, ¿no quieres que tu Jesús se divierta contigo y goce un poquito? Además de esto, tú debes saber que el sacrificio para cumplir mi Voluntad forma la sangre pura, noble y divina al alma, como el alimento forma la sangre al

cuerpo, y Yo mojando en esta sangre mi pincel de amor, me divierto formando en ella, más bella, más graciosa, mi imagen en la criatura, por eso déjame hacer y piensa sólo en hacer mi Divina Voluntad, y Yo haré alguna cosa de más bello en la pequeña recién nacida de mi adorable Voluntad".

24-45
Septiembre 21, 1928

### Dios desde el principio de la Creación ha hecho siempre el asedio al querer humano. Valor de los actos hechos en el Divino Querer. Ejemplo del sol.

(1) Seguía mi giro en la Creación para hacer compañía a todas las obras del Fiat Divino, y junto con Él, ¡oh, cómo me sentía rica de luz, poseedora de todo, me parecía que todo era mío porque el Querer Divino todo me daba, y yo al girar en Él todo recibía! Y mi dulce Jesús saliendo de dentro de mi interior me ha dicho:

(2) "¡Oh! cómo es rica y dominadora la pequeña hija de mi Querer Divino en medio de nuestras obras, ellas son tantas que no puede abrazarlas todas, y Nosotros gozando al verla en medio de nuestras obras le vamos repitiendo: 'Todo es tuyo, por ti lo hemos creado, para verte rica, bella y dominadora'. Y tú haciéndonos competencia nos dices: 'Cuántas cosas bellas tengo para daros, todas vuestras obras son mías y yo os las regreso en vuestros brazos como gloria y triunfo de vuestras obras'. Así que desde que creamos la Creación hemos dado siempre, siempre al hombre sin cesar jamás, y él nada nos ha dado, y si intentaba darnos eran cosas extrañas a Nosotros, míseras, no dignas de Nosotros. En cambio, cuando sea reconocida nuestra Voluntad Divina y la criatura viva en Ella, tomará posesión de nuestras obras, entonces Nosotros cesaremos en el dar, porque hemos dado bastante, tanto, que ella no podrá abrazarlas todas y la criatura comenzará a dar a su Creador, y nos dará no cosas extrañas e indignas de Nosotros, sino cosas nuestras, los frutos de nuestras obras, ¡oh, cómo nos sentiremos glorificados, amados, honrados! Así que el conocimiento del Fiat Divino, el retorno de su Vida en medio de las criaturas, abrirá la competencia entre Creador y criatura, y ella podrá darnos y Nosotros la podremos hacer poseer, por eso será el retorno de nuestras obras a nuestro seno, por eso tu vuelo en el Fiat Divino sea continuo, a fin de que todo te demos y todo puedas darnos.

(3) Además de esto, quien vive en nuestro Querer vive de luz, y Él tiene virtud, con la fuerza de su luz, de destruir todos los males, de quitar la vida a las pasiones, de hacer huir las tinieblas. Así que la Divina Voluntad con su luz tiene virtud de volver incapaz a la criatura para hacer y recibir algún mal,

¿quién puede guerrear con la luz? Ninguno. ¿Quién puede decir, puedo impedir el paso a la luz? Ninguno, y si alguno intentara hacerlo, la luz se reiría de él y con su virtud triunfadora lo inviste, le pasa por encima, por debajo, por todas partes y burlándose de él, mientras hace su curso lo tiene bajo su fuerza y presión de luz, a menos que vaya a esconderse en algún oscuro abismo, ¿no lo hace así este sol? Mucho más el Sol de mi Voluntad, el alma que vive en esta luz no hace otra cosa que ensanchar la capacidad de su inteligencia para poder recibir más luz, así que cada acto hecho en mi Fiat Divino, forma con su luz el vacío en la mente humana para poderle comunicar otra luz mayor".

(4) Después de esto estaba pensando en cómo podía venir el reino del Fiat Supremo, y mi dulce Jesús ha agregado:

(5) "Hija mía, todas las cosas en mis manos pueden ser medios para obtener el intento de que mi Divina Voluntad sea conocida y reine en medio a las criaturas. Yo haré como un rey cuando quiere que una ciudad se rinda a su dominio, pone el asedio, le hace tocar con la mano que si no se rinden los hará morir de hambre, y aquel pueblo, cuando ve que le faltan los medios de la vida para vivir, se rinden y el rey quitará el asedio, y dominante entrará en la ciudad, y provee en modo sobreabundante a todos los medios de la vida, les da las fiestas, las diversiones y vuelve a aquel pueblo feliz. Así haré Yo, pondré el asedio a la voluntad humana, amargaré y destruiré lo que sirve para alimentarla y por eso sucederán muchos castigos, los cuales no serán otra cosa que el asedio que haré a todo lo que es humano, de modo que cansados, desilusionados, sentirán la necesidad de que mi Fiat Divino reine en medio a ellos, y Él, no apenas vea que lo suspiran, tomará el dominio, los abundará de todo y los volverá felices. Por eso tú no te preocupes, Yo sé cómo debo disponer todos los eventos para obtener el intento".

(6) Después pensaba entre mí en el gran valor de nuestros actos hechos en el Fiat Divino, que mientras es uno el acto se puede extender a todos, y mi dulce Jesús moviéndose en mi interior me ha dicho:

(7) "Hija mía, así como la luz del sol con un solo golpe de luz da luz a toda la criatura, de modo que al mismo instante y con un solo acto da luz a la mirada, a la boca, a las manos, a los pasos, en todas partes, no tiene necesidad de repetir tantas veces su acto de luz por cuantos miembros tiene la criatura, sino basta un solo acto de luz para todo, para hacer que cada miembro y objeto tenga su luz toda propia, así los actos hechos en mi Querer Divino, siendo hijos de la luz de mi Divina Voluntad, con un solo acto pueden hacer luz a todos, se pueden extender dondequiera, porque es virtud y propiedad que tiene en sí misma la luz de mi Fiat Divino, que con un solo acto suyo puede dar luz a todos, y si diferencia puede haber, es por parte de quien la recibe, porque quien está dispuesto toma el bien de la luz y se aprovecha de él, quien no está dispuesto, a pesar de que se siente lleno de

luz no toma el bien que ella contiene, sucede como al sol, el cual da luz a todos sin que ninguno pueda decir: 'A mí no me da su luz'. Y como todos pueden recibirla como les place, no suscita ningún celo, sin embargo puede haber gran diferencia: Quién se sirve de la luz para trabajar y con eso forma su ganancia, quién goza la luz y se queda en ocio y no gana nada, quién se sirve de ella para divertirse, quién para pecar; así que la luz no se cambia, es siempre luz y hace su oficio de luz, pero quienes la reciben no todos se aprovechan de ella, ni le dan el mismo uso. Así es mi Divina Voluntad, y los actos hechos en Ella son siempre luz, pero aquellos que sacan provecho de esta luz son los dispuestos".

24-46
Septiembre 24, 1928

**Cómo es Voluntad de Dios que quiere dar su reino, pero la criatura se debe disponer. Ejemplo de un padre. Finalidad única de toda la Creación: Que el Fiat reine en medio de las criaturas. Modo que tiene Jesús en el decir sus verdades.**

(1) Estaba pensando entre mí: "Jesús ama tanto, suspira, quiere darnos el gran don del reino de su Fiat, ahora, ¿por qué quiere que se le ruegue para dárnoslo? Y mi siempre amable Jesús moviéndose en mi interior me ha dicho:

(2) "Hija mía, es cierto que es Voluntad mía que quiero dar el reino de mi Querer Divino, no puedo hacer menos que querer y suspirar de haceros el gran don de Él, si esto no fuera así, o sea, que no suspirara el regreso del hombre en la morada de mi Divina Voluntad, iría contra el orden de nuestra obra creadora, que con suma sabiduría creó al hombre para que viviese de lo nuestro y morase en el reino de nuestro Fiat, dado a él, por Nosotros, como su herencia. Por eso el hombre saliendo de Él formó el desorden en nuestra obra creadora, ¿y cómo podemos tolerar el que quede desordenada nuestra obra más bella? Han pasado siglos y siglos, pueden pasar otros siglos, pero no nos cambiaremos, será siempre nuestro punto más importante, nuestra única finalidad e interés especial, el que nuestra obra creadora sea restaurada y reordenada tal y como salió de nuestras manos creadoras y viva en el reino de nuestro Querer Divino. Nosotros nos encontramos en nuestra Majestad Adorable como un padre que ya tenía a su hijo feliz, con una gran belleza que le daba alegría y felicidad, y que como dueño vivía de la herencia del padre, dada a él por su padre; este hijo voluntariamente salió de la herencia paterna y se volvió infeliz y despedazó las bellas y puras alegrías entre padre e hijo; ahora, ¿cuál no sería el dolor del padre, los suspiros, las lágrimas, y su voluntad irremovible de que su

amado hijo regresase feliz? Mucho más que la herencia dada al hijo existe, la tiene el padre mismo en consignación y suspira que él tome de nuevo la posesión de ella, pero en tanto dolor de este padre, lágrimas y suspiros, es voluntad decidida, quiere que su hijo infeliz desee, ruegue que le sea regresada su herencia paterna, su felicidad perdida, esto dispone al hijo a recibir y apreciar su estado feliz, el regreso de su herencia, y el padre, ahogado de amor hacia su amado hijo dirá: 'Tu pedir ha formado un derecho sobre mi corazón que se quema por ti, toma de nuevo lo que perdiste, te lo has merecido, estoy contento porque te veo feliz y puedo decir que mi hijo no es más infeliz, sino feliz'. Ahora, más que padre somos Nosotros, más bien el amor del padre es una sombra comparada al nuestro, y nuestra Voluntad Divina es irremovible, ninguno podrá cambiarla, la infelicidad del hombre es un desorden a la obra de la Creación, y queremos nuestros derechos en nuestra obra, tal y como salió queremos que nos regrese, nuestro amor nos ahoga, nuestra justicia lo exige, nuestra bondad lo reclama, nuestra misma felicidad lo suspira y no tolera la infelicidad en nuestra obra, nuestra Divina Voluntad haciéndonos corona nos vuelve inmutables y quiere que su reino sea poseído, pero a pesar de esto queremos que la criatura ruegue, suspire el bien que le queremos dar, y esto forma un derecho sobre nuestro corazón paterno y un apoyo en el corazón de él para poder recibir lo que queremos dar y así poderle decir en nuestro énfasis de amor: 'Hijo mío, te lo has merecido, y Nosotros te hemos dado lo que queríamos darte'. Quien pide se dispone, lo que se obtiene con el rogar se aprecia, se tiene custodiado, y como el conocer mi Querer Divino, el poseer su reino no es un bien individual, sino general, para obtenerlo te hago pedir por todos, a nombre de todos y de cada uno de los pensamientos, palabras y actos de criatura, para hacerte formar el derecho en nuestra Paternidad Divina, de que todos puedan recibir el reino de nuestro Fiat, y las disposiciones en ellos para poseerlo. Así hizo la Reina del Cielo para implorar el reino de la Redención, por todos y por cada uno tuvo una oración, un suspiro, un acto, no dejó que se le escapara ninguno y con esto daba el derecho a cada uno para poder recibir a su Redentor; así hice Yo para redimirlos, y así quiero que hagas tú para el reino de mi Divina Voluntad".
(3) Después de esto pensaba: "¿Y por qué el Señor tiene tanto interés y ama tanto que su Santa Voluntad sea conocida y reine en medio a las criaturas?" Y mi dulce Jesús ha agregado:
(4) "Hija mía, porque la primer finalidad, acto y fin de la Creación, fue que nuestra Divina Voluntad reinase, y para reinar es necesario conocerla; fue Ella la que salió al campo de acción en la Creación, la que con su Fiat creador se imponía sobre la nada y creaba cielos, soles y tantas obras bellas, y también al hombre, y en todas las obras que creaba ponía el sello de su Fiat Omnipotente como señal imborrable, porque dentro de cada una

de sus obras quedaba dentro como rey dominante en su reino, así que el fin de la Creación no fue nuestra potencia, nuestra bondad, nuestra justicia, nuestra inmensidad, y similares, y si todos nuestros atributos concurrieron, fue como consecuencia, pero no como finalidad, y si no obtenemos el fin, es para Nosotros como si nada hubiésemos hecho, y como todas las cosas creadas fueron hechas para el hombre y el hombre para Nosotros, he aquí que por necesidad de amor, por derecho de justicia, por honor y decoro nuestro y de todas nuestras obras y para cumplimiento de nuestra finalidad, queremos que nuestra Voluntad Divina reine en el hombre como principio, vida y fin de todo su ser. Si tú supieras cuánto sufre mi Fiat al mirar al hombre, lo mira y dice en su dolor: 'Lo hice con mis manos creadoras, es obra mía, es él en quien tanto me deleité al crearlo, y sin embargo no estoy dentro de él, como en mi reino, rompió mi sello y poniéndome fuera me destruyó la finalidad por la cual le di la vida'. Mira entonces cómo es de absoluta necesidad el que mi Voluntad Divina sea conocida y reine, y hasta en tanto que esto no sea, nuestras obras más bellas no pueden producir en provecho del hombre los bienes que contienen, la misma obra de la Creación está sin cumplimiento".

(5) Después pensaba: "¿Y por qué mi amado Jesús no habla tan frecuentemente como antes sobre su mismo Fiat?" Y Jesús ha agregado:

(6) "Hija mía, es nuestra costumbre dar poco a poco las verdades que queremos manifestar, porque la criatura es incapaz de recibir juntas en su alma todas nuestra verdades, y al mismo tiempo nos servimos de esto para hacer madurar en ella la vida de la verdad que hemos manifestado, y tomando sumo deleite al ver en la criatura maduradas las obras bellas que producen la vida de nuestras verdades, nos sentimos atraídos por la belleza de nuestras manifestaciones a manifestar otras verdades, y por eso damos el tiempo, para tener tiempo y ocasión de tomar el deleite de hacer otras comunicaciones. ¿No hicimos lo mismo en la Creación? Podíamos crear todo junto y con un solo Fiat todo lo que existe, pero no lo hicimos; cuando nuestro Fiat se pronunciaba y salían nuestras obras, Nosotros nos deleitábamos en mirar la belleza y magnificencia de nuestras obras, y éstas nos atraían para pronunciar otros Fiat para formar otras obras bellas. Así estoy haciendo contigo, ¿no sabes tú que lo que respecta a mi Divina Voluntad, a su reino, no es otra cosa que el seguimiento de la Creación, narración que debería haber sido hecha al hombre si no hubiese pecado, y hubiera poseído el reino del Fiat? Pero como rechazó mi Voluntad Divina, interrumpió la narración de la historia de mi Voluntad, mucho más que no había más razón para hacerla, no poseyendo más su reino. Y después de tantos siglos ha retomado su narración para hacerse conocer, señal de que quiere dar su reino, por eso lo que te manifiesto acerca de mi Divina

Voluntad no es otra cosa que un seguimiento, y seguir el principio de la Creación para narrar la Vida de la Divina Voluntad".

24-47
Septiembre 28, 1928

### Quien vive en el Querer Divino puede formar la luz. Cada verdad acerca de Él contiene una felicidad distinta la una de la otra.

(1) Mi abandono en el Fiat Divino es continuo, me parece que Él no me deja ni siquiera un instante, y yo sintiendo en mí y sobre de mí su luz, su fuerza creadora, su Vida que mientras está en mí tiene siempre qué darme, ¿y qué cosa me da? Me da siempre nueva luz, nueva fuerza creadora, nuevo crecimiento de su misma Vida, de modo que me siento como una esponja empapada de Voluntad Divina, y a pesar de que mi dulce Jesús me tiene casi privada de su adorable presencia, o a lo más se presenta como algún rayo fugitivo, la luz de su Fiat Divino no me deja jamás, y si mi pobre corazón se siente en acto de sofocarse por el dolor de estar privada de Jesús, la luz del Fiat dardea más fuerte y me eclipsa el dolor, y sintiéndome inseparable de Él me hace seguir sus actos divinos. Después, mientras seguía los actos del Querer Divino, mi amado y sumo bien Jesús, saliendo de dentro de la luz de su Fiat me ha dicho:

(2) "Hija mía, en cuanto el alma se pone en acto de hacer su acto en mi Divina Voluntad, se pone en la fuente de la luz de Ella y ahí forma su luz, y si tú supieras qué significa poder formar la luz, qué gloria, qué honor, que la criatura adquiera la virtud de poder formar la luz; a ninguno le es dado el poder formar la luz, sólo para quien vive en mi Querer Divino, porque Él nutre al alma de luz y ella, nutriéndose de luz adquiere el don y la propiedad natural de formar la luz y, ¡oh! cómo es deleitable para Nosotros el ver que la criatura, en la fuente de nuestra luz forma la suya para dárnosla y decirnos: 'Majestad Adorable, luz eterna Tú eres y luz me das, y yo te llevo mi pequeña luz como el más grande homenaje, el amor más intenso que exprimiendo la esponja de mi pequeño ser, impregnada en tu luz, ahí forma la mía para dártela a Ti'. Por eso entre el alma y Dios se forman tantas bellas escenas de luz, con la armonía de todos los colores que la luz posee. ¿Qué cosa no posee la luz? Colores, dulzuras, perfumes, gustos de toda especie, así que las escenas se alternan, una más bella que la otra; he aquí por esto que el vivir en mi Fiat Divino llama en sí el principio de la Creación y nos repite las alegrías, las fiestas del principio de Ella, la criatura entra en el orden nuestro, en nuestros actos y nos da alegría y felicidad, y Nosotros vamos sellando sobre su frente nuestra semejanza".

(3) Después de esto seguía mis actos en el Divino Querer, y mi dulce Jesús ha agregado:

(4) "Hija mía, gracias grandes te he hecho a ti, y por medio tuyo a todo el mundo al manifestarte tantas verdades acerca de mi Divina Voluntad, porque no sólo mis verdades son Vidas Divinas que mi suma bondad pone fuera, y biloca esta su Vida por cuantas verdades manifiesta, sino que cada una de estas Vidas contiene una felicidad distinta la una de la otra para comunicar a las criaturas, y una gloria diversa la una de la otra que las criaturas pueden dar a Aquél que las ha manifestado; pero estas felicidades serán comunicadas a las criaturas cuando conozcan estas verdades. Ellas están como tantas reinas, cada una de las cuales posee propiedades extensas y distintas la una de la otra, y están esperando que los pueblos conozcan que existen estas reinas, y que contienen sus propiedades y suspiran y quieren enriquecer y volver feliz a aquellos por causa de los cuales han sido puestas fuera de nuestro seno divino. Y si tú supieras cómo queda sofocado nuestro amor al haber sacado tanta felicidad de nuestro seno paterno, por cuantas verdades hemos manifestado, y ver que las criaturas no gozan estas felicidades, ni nos dan la gloria que deberían darnos, porque ellas ignoran tanto bien, y sólo porque no quieren ocuparse en hacer un bien y gracias tan grandes, esto es un dolor para Nosotros que tú no puedes comprender, por eso ruega, ruega incesantemente que mi Divina Voluntad sea conocida y reine en medio a las criaturas, a fin de que como padre pueda partir el pan de la felicidad a mis hijos".

24-48
Octubre 3, 1928

**Intercambio entre Jerusalén y Roma. Dios al crear al hombre puso en él tantos gérmenes de felicidad por cuantas cosas creaba.**

(1) Mi pobre mente pensaba en tantas cosas acerca de la Divina Voluntad, especialmente en cómo podía venir su reino, cómo podía difundirse y tantas otras cosas que no es necesario escribirlas en el papel, y mi amado Jesús moviéndose en mi interior me ha dicho:

(2) "Hija mía, si Roma tiene el primado de mi Iglesia, se lo debe a Jerusalén, porque el principio de la Redención fue propiamente en Jerusalén; de aquella patria escogí de la pequeña ciudad de Nazaret a mi Madre Virgen; Yo nací en la pequeña ciudad de Belén; todos mis apóstoles fueron de dicha patria, y si bien ésta, ingrata, no quiso conocerme y rechazó los bienes de mi Redención, no se puede negar que el origen, el principio, las primeras personas que recibieron el bien de Ella fueron de esta patria; los primeros anunciadores del evangelio, aquellos que fundaron en Roma el catolicismo,

fueron mis apóstoles, todos de Jerusalén, esto es, de aquella patria. Ahora habrá un intercambio, si Jerusalén dio la vida de la religión y por lo tanto de la Redención a Roma, Roma dará a Jerusalén el reino de la Divina Voluntad, y es tan cierto esto, que así como escogí una virgen de la pequeña ciudad de Nazaret para la Redención, así he escogido otra virgen en una pequeña población de Italia perteneciente a Roma, a la cual le ha sido confiada la misión del reino del Fiat Divino, que debiéndose conocer en Roma, al igual que se conoció en Jerusalén mi venida a la tierra, Roma tendrá el gran honor de corresponder a Jerusalén del gran bien recibido por ella, esto es, la Redención, con hacerle conocer el reino de mi Voluntad. Y entonces Jerusalén se arrepentirá de su ingratitud y abrazará la vida de la religión que le dio a Roma, y agradecida recibirá de Roma la Vida y el gran don del reino de mi Voluntad Divina, y no sólo Jerusalén, sino todas las otras naciones recibirán de Roma el gran don del reino de mi Fiat, los primeros pregoneros de Él, su evangelio todo lleno de paz, de felicidad, y de restablecimiento de la creación del hombre. Y no sólo mis manifestaciones llevarán santidad, alegrías, paz y felicidad, sino que toda la Creación haciendo competencia con ellas, hará salir de cada cosa creada cada una de las felicidades que contiene, y las verterá sobre las criaturas, porque Nosotros al crear al hombre poníamos en su ser todos los gérmenes de las felicidades que cada una de las cosas creadas poseía, disponiendo el interior del hombre como un terreno en el cual contenía todos los gérmenes de las felicidades, tanto, de tener en sí todos los gustos para saborear y recibir en sí todas las felicidades de las cosas creadas; si el hombre no poseyese estos gérmenes, le faltaría el gusto, el olfato para poder gustar lo que Dios había puesto fuera de Él en toda la Creación. Ahora, el hombre al pecar enfermó a todos estos gérmenes de felicidad que Dios al crearlo le había infundido, y por eso perdió el gusto de poder gozar todas las felicidades que hay en la Creación; sucedió como a un pobre enfermo que no goza todos los gustos que hay en los alimentos, más bien siente el peso, el mismo alimento se convierte en dolor, todo le provoca nausea, y si lo toma, es no porque le guste, sino para no morir, en cambio uno sano siente gusto, fuerza, calor, porque su estómago tiene fuerza de asimilar los bienes que hay en los alimentos y goza de ellos. Así sucedió en el hombre, con pecar enfermó los gérmenes, la misma fuerza de poder gustar todas las felicidades que hay en la Creación, y muchas veces se convierten en dolor; ahora, con regresar el hombre en mi Fiat Divino, los gérmenes adquirirán la salud y adquirirá la fuerza de asimilar y gustar todas las felicidades que hay en el orden de la Creación, así que para él se formará una competencia de felicidad, todo le sonreirá y regresará el hombre feliz, como Dios lo había creado".

Deo Gratias

[1] Este libro ha sido traducido directamente del original manuscrito de Luisa Piccarreta

[2] Comunismo según el diccionario de la lengua italiana Zingarelli: Sistema político, económico y social fundado en la abolición de toda forma de propiedad privada mediante la colectivización de los bienes y la distribución de los productos según las necesidades de cada uno

[1]
I. M. I.
In Voluntate Dei. Deo Gratias

25-1
Octubre 7, 1928

**Apertura de la casa de la Divina Voluntad en Corato; entrada de Luisa en ella. Similitud del nacimiento de Jesús en Belén. La lámpara Eucarística y la lámpara viva de quien hace la Divina Voluntad. La prisionera cerca del Divino Prisionero. Agradecimiento de Jesús por tal compañía.**

(1) Mi Jesús, vida de mi pobre corazón, Tú que sabes en qué amargura me encuentro, ven en mi ayuda, arrolla en tus llamas a la pequeña recién nacida de tu Querer Divino, a fin de que me des la fuerza para poder comenzar otro volumen y tu Fiat Divino eclipse mi mísera voluntad, a fin de que no tenga más vida y la reemplace tu Voluntad Divina, y Ella misma escriba con los caracteres de su luz lo que Tú, amor mío, quieres que escriba. Y para no equivocarme, sugiéreme Tú las palabras, y sólo que Tú aceptes comprometerte a serme palabra, pensamiento, latido, y a conducir mi mano con la tuya, puedo hacer el sacrificio de regresar a escribir lo que Tú quieres. Jesús mío, estoy aquí cerca del tabernáculo de amor, de aquella puertecita adorada que yo tengo el gran honor de mirar, siento tus fibras divinas, tu corazón palpitando, que en cada latido hace salir llamas, rayos de luz interminable, y en aquellas llamas oigo tus gemidos, tus suspiros, tus súplicas incesantes y tus repetidos sollozos porque quieres hacer conocer tu Voluntad para dar su Vida a todos, y yo me siento consumir junto Contigo y repetir lo que haces Tú. Por eso te ruego que mientras Tú me miras a mí desde dentro del tabernáculo, y yo te miro a Ti desde dentro de mi lecho, refuerces mi debilidad a fin de que pueda hacer el sacrificio de continuar escribiendo.

(2) Ahora, antes de decir lo que me ha dicho Jesús, debo hacer un pequeño paréntesis, que aquí en Corato se ha fundado una casa querida e iniciada por el padre canónigo Annibale Maria di Francia, de venerable memoria, la cual, sus hijos, fieles a la voluntad de su fundador, han seguido y dado el nombre de casa de la Divina Voluntad, como lo quería el venerable padre, el cual quería que yo entrase en dicha casa, y sus hijos e hijas por su bondad, el primer día que la han abierto, las reverendas madres han venido por mí y me han conducido a una habitación, donde abriendo la puerta de dicha habitación yo veo el tabernáculo, escucho la santa misa, estoy propiamente bajo la mirada de mi Sacramentado Jesús. ¡Oh! cómo me siento feliz, porque de ahora en adelante, si Jesús quiere que continúe escribiendo, escribiré siempre poniendo un ojo al tabernáculo y el otro al papel donde escribo. Así que te ruego amor mío que me asistas y dame la fuerza de cumplir el sacrificio que Tú mismo quieres.

(3) Ahora, debiéndose abrir esta casa, se veían personas, religiosas, niñas, un ir y venir de gente, todos en movimiento. Yo me sentía toda impresionada, y mi dulce Jesús moviéndose en mi interior me ha dicho:

(4) "Hija mía, este núcleo de gente que tú ves todo en movimiento por la apertura de la casa de mi Divina Voluntad, es símbolo de aquel núcleo de gente cuando quise nacer en Belén, y los pastores iban y venían para visitarme a Mí, pequeño niño, esto señalaba a todos la certeza de mi nacimiento; así este núcleo de gente todo en movimiento, señala el nuevo nacimiento del reino de mi Divina Voluntad. Mira cómo todo el Cielo hace eco a mi nacimiento, el cual, los ángeles festejándolo, me anunciaron a los pastores y poniéndolos en movimiento los hacían ir y venir a Mí, y Yo reconocía en ellos a las primicias del reino de la Redención, así reconozco en este núcleo de personas, de niñas y religiosas, el inicio del reino de mi Divina Voluntad. ¡Oh, cómo exulta mi corazón y goza, y todo el Cielo hace fiesta, así como los ángeles festejaron mi nacimiento, así ellos festejan el inicio del renacimiento de mi Fiat en medio a las criaturas. Pero mira cómo mi nacimiento fue más descuidado, más pobre, no tuve ni siquiera un sacerdote cerca a Mí, sino sólo pobres pastores. En cambio en el inicio de mi Querer no sólo hay un núcleo de religiosas y niñas extranjeras, un pueblo que acude a festejar la apertura, sino que hay un Arzobispo y sacerdotes representantes de mi Iglesia, esto es símbolo y anuncio a todos, que el reino de mi Querer Divino será formado con más magnificencia, con pompa y esplendor mayor que el mismo reino de la Redención, y todos, reyes y príncipes, obispos, sacerdotes y pueblos, conocerán el reino de mi Fiat y lo poseerán, por eso también tú festeja este día en el cual, mis, y tus suspiros y sacrificios por hacer conocer mi Divina Voluntad ven los primeros albores y esperan que pronto surja el Sol de mi Fiat Divino".

(5) Luego, habiendo llegado la noche de este día consagrado a la Reina del Rosario, Reina de las victorias y de los triunfos, pensaba que éste es otro bello signo, que así como la Soberana Señora venció a su Creador, y entretejiéndolo con sus cadenas de amor lo atrajo del Cielo a la tierra para hacerle formar el reino de la Redención, así la corona dulce y potente de su Rosario la hará de nuevo victoriosa y triunfadora hacia la Divinidad, tanto, de conquistar el reino del Fiat Divino para hacerlo venir en medio a las criaturas.

(6) Yo no pensaba de hecho que aquella misma noche debiera ir a la casa de la Divina Voluntad junto a mi prisionero Jesús, sólo le rogaba que no me hiciera saber cuándo sucedería para no profanar con mi voluntad humana este acto, que nada metiese de mío, sino que en todo obrase el Divino Querer. Eran las 8 de la noche, y fuera de lo acostumbrado vino el confesor, al cual le habían rogado las reverendas madres superioras se impusiera sobre mí, por obediencia, para que yo cediera a consentir con ellas. Resistí cuanto pude, porque pensaba que si el Señor quisiera que fuera en el mes de abril, estación más caliente, entonces lo pensaría. Pero el confesor insistió tanto, que debí ceder. Hacia las nueve y media de la noche fui llevada a esta casa, cerca de mi prisionero Jesús. Esta es la pequeña historia del por qué me encuentro en esta casa de la Divina Voluntad.

(7) Ahora retomo mi narración: En la noche quedé sola con mi Sacramentado Jesús, mis ojos estaban fijos en la puertecita del tabernáculo, la lámpara con su temblor continuo me parecía que ahora se quisiera apagar, pero después se reavivaba, y yo sentía un sobresalto en el corazón temiendo que Jesús pudiese quedar a oscuras. Y mi siempre amable Jesús, moviéndose en mi interior me ha estrechado entre sus brazos y me ha dicho:

(8) "Hija mía, no temas, que la lámpara no se apaga, y si se apagara te tengo a ti, lámpara viva, lámpara que con tu temblor, más que temblor de la lámpara eucarística me dice 'te amo, te amo, te amo.' ¡Oh, cómo es bello el temblor de tu te amo, me dice amor, y uniéndose con mi Voluntad, de dos voluntades formamos una sola! ¡Oh, cómo es bella tu lámpara y el temblor de tu te amo, no se puede comparar con la lámpara que arde ante mi tabernáculo de amor. Mucho más que estando en ti mi Divina Voluntad, formas el temblor de tu te amo en el centro del Sol de mi Fiat, y Yo veo y siento que no una lámpara, sino un sol me está delante. Sea bienvenida mi prisionera, has venido a hacer compañía a tu Prisionero, los dos estamos en prisión, tú en la cama y Yo en el tabernáculo, es justo que estemos juntos, mucho más que una es la finalidad que nos tiene en prisión, la Voluntad Divina, el amor y las almas. Cómo me será agradable la compañía de mi prisionera, estaremos juntos para preparar el reino de mi Fiat Supremo. Pero debes saber hija mía, que mi Amor te ha precedido, Yo me he puesto primero en esta custodia, prisionero, para esperar a mi prisionera y tu dulce compañía. Mira entonces cómo mi Amor ha sido el primero en correr hacia

ti, cómo te he amado y te amo, porque después de tantos siglos de prisión en este tabernáculo no he tenido jamás una prisionera que me hiciera compañía, que me estuviera cerca, cerca, he estado siempre solo, o a lo más en compañía de almas no prisioneras, en las cuales no veo mis mismas cadenas; ahora finalmente ha llegado el tiempo de tener una prisionera, para tenerla continuamente cercana, bajo mis miradas sacramentales, y que sólo las cadenas de mi Voluntad Divina la tienen prisionera. Compañía más dulce y más agradable no podía tener, por lo tanto, mientras estemos en prisión nos ocuparemos del reino del Fiat Divino y trabajaremos juntos y nos sacrificaremos para hacerlo conocer a las criaturas".

25-2
Octubre 10, 1928

**Cuarenta años y más de exilio, virtud y fuerza de un sacrificio prolongado. Recopilación de materiales para ordenarlos. Felicidad de Jesús al bendecir a su pequeña hija prisionera, besos en el Querer Divino. Decisión de los sacerdotes de preparar los escritos para la publicación. Gracias sorprendentes que Jesús dará a los sacerdotes.**

(1) Mi vida se desenvuelve ante mi Sacramentado Jesús, y ¡oh! cuántos pensamientos se acumulan en mi mente. Pensaba entre mí: "Después de cuarenta años y meses que no había visto el tabernáculo, que no me era dado el estarme ante su adorable presencia Sacramental, cuarenta años no sólo de prisión sino de exilio, y después de tan largo exilio finalmente he regresado, si bien prisionera, pero no más exiliada, como en patria, cerca de mi Sacramentado Jesús, y no una vez al día como lo hacía antes que Jesús me hiciera prisionera, sino siempre, siempre. Mi pobre corazón, si bien lo tengo en el pecho, se siente consumir ante tanto amor de Jesús." Pero mientras esto y otras cosas pensaba, mi Sumo Bien Jesús, moviéndose en mi interior me ha dicho:

(2) "Hija mía, ¿crees tú que sea intrascendente el haberte tenido prisionera por cuarenta años y más, sin un gran designio mío? ¡No, no! El número cuarenta ha sido siempre significativo y preparativo para obras grandes. Cuarenta años los hebreos caminaron el desierto sin poder alcanzar la tierra prometida, su patria, pero después de cuarenta años de sacrificios tuvieron el bien de tomar posesión de ella, pero cuántos milagros, cuántas gracias, hasta llegar a alimentarlos con el maná celestial en tal tiempo; un sacrificio prolongado tiene virtud y fuerza de obtener cosas grandes de Dios. Yo mismo en mi vida acá abajo quise estar cuarenta días en el desierto, apartado de todos, hasta de mi Mamá, para salir en público a anunciar el Evangelio que debía formar la vida de mi Iglesia, esto es, el reino de la

Redención; cuarenta días quise permanecer resucitado para confirmar mi Resurrección y poner el sello a todos los bienes de la Redención. Así he querido para ti hija mía, para manifestar el reino de mi Divina Voluntad he querido cuarenta años de sacrificios, pero cuántas gracias no te he hecho, cuántas manifestaciones, puedo decir que en esta prolijidad de tiempo he puesto en ti todo el capital del reino de mi Querer y todo lo que es necesario para hacerlo comprender a las criaturas. Así que tu larga prisión ha sido el arma continua, siempre en acto de combatir con tu mismo Creador, para hacer que te manifestara mi reino.

(3) Ahora, tú debes saber que todo lo que he manifestado a tu alma, las gracias que te he hecho, las tantas verdades que has escrito acerca de mi Divina Voluntad, tus penas y todo lo que has hecho, no ha sido otra cosa que una recopilación de materiales para edificar, y ahora es necesario ordenarlos y poner todo en orden. Y así como no te he dejado sola en recopilar las cosas necesarias que deben servir a mi reino, sino que he estado siempre contigo, así no te dejaré sola para ponerlas en orden y hacer ver el gran edificio que por tantos años he estado preparando junto contigo, por eso nuestro sacrificio y trabajo no ha terminado, debemos seguir adelante hasta que esté terminada la obra".

(4) Luego, estando cerca de mi Sacramentado Jesús, cada mañana se da la bendición con el Santísimo, y mientras rezaba, mi dulce Jesús que me bendice, moviéndose en mi interior me ha dicho:

(5) "Hija mía, de todo corazón te bendigo, más bien bendigo a mi misma Voluntad en ti, bendigo tus pensamientos, respiros y latidos, a fin de que pienses siempre en mi Querer, lo respires continuamente y sea tu latido mi sola Voluntad, y por amor tuyo bendigo a todas las voluntades humanas, a fin de que se dispongan a recibir la Vida de mi Eterno Querer. Hija mía amadísima, si tú supieras cómo es dulce, cómo me siento feliz de bendecir a la pequeña hija de mi Querer; mi corazón exulta al bendecir a aquélla que posee el origen, la Vida de nuestro Fiat, que llevará el inicio, el principio del reino de mi Divina Voluntad. Y mientras te bendigo, vierto en ti el rocío benéfico de la luz de mi Querer Divino, que adornándote toda, te hará aparecer más bella a mis miradas sacramentales, y Yo me sentiré más feliz en esta custodia al mirar a la pequeña hija mía prisionera, investida y atada por las dulces cadenas de mi Voluntad. Y cada vez que te bendiga, haré crecer la Vida de mi Querer Divino en ti. Cómo es bella la compañía de quien hace mi Divina Voluntad, Ella pone el eco en el fondo del alma, de todo lo que hago en esta hostia santa, y Yo no me siento solo en mis actos, siento que reza junto Conmigo, y uniéndose juntas nuestras súplicas, nuestros suspiros, pedimos una sola cosa: Que la Divina Voluntad sea conocida y que pronto venga su reino".

(6) Después, desarrollándose mi vida cerca de mi prisionero Jesús, cada vez que se abre la puerta de la capilla, lo que sucede frecuentemente, le mando tres besos o bien cinco a mi Sacramentado Jesús, o bien una pequeña visita, y Él moviéndose en mi interior me dice:

(7) "Hija mía, cómo me son agradables tus besos, siento besarme por ti con los besos de mi mismo Querer, siento dármelos sobre mis labios, sobre mi rostro, en mis manos y corazón, mis mismos besos divinos, todo es divino en el alma donde reina mi Divina Voluntad, y Yo siento en tus actos mi amor que me refrigera, la frescura, la suavidad de mi misma Voluntad Divina que me abraza, me besa y me ama. ¡Oh, cómo me es agradable mi Divina Voluntad obrante en la criatura, siento que bilocándome en ella me da y pone ante Mí toda la belleza y santidad de mis actos, por eso tanto suspiro el que mi Voluntad sea conocida, para poder encontrar en las criaturas todos mis actos divinos y dignos de Mí".

(8) Ahora paso a decir que mi dulce Jesús parece que me esperaba aquí, en esta casa, cerca de su tabernáculo de amor, para dar principio a que los sacerdotes se decidieran a preparar los escritos para la publicación, y mientras se aconsejaban entre ellos el modo cómo hacerlo, leían los nueve excesos que tuvo Jesús en la encarnación, que están narrados en el primer volumen de mis escritos. Ahora, mientras leían, Jesús en mi interior era todo atención para escuchar, y me parecía que lo mismo hacía Jesús en el tabernáculo. En cada palabra que oía, su corazón latía más fuerte, y en cada exceso de su amor tenía un sobresalto más fuerte aún, como si la fuerza de su amor le hiciese repetir todos aquellos excesos que tuvo en la encarnación, y como si no pudiese contener sus llamas me ha dicho:

(9) "Hija mía, todo lo que te he dicho, tanto sobre mi Encarnación como sobre mi Divina Voluntad y otras cosas, no han sido otra cosa que desahogos de mi amor contenido, pero después de haber desahogado contigo, mi amor continuó quedando reprimido, porque quería levantar más altas sus llamas para investir todos los corazones y hacer conocer lo que he hecho y quiero hacer por las criaturas. Y como todo lo que te he dicho yace en el anonimato, Yo siento una opresión sobre mi corazón que me comprime e impide que mis llamas se eleven y hagan su camino. Por eso en cuanto oía leer y tomar la decisión de ocuparse para publicarlos, me sentía quitar la pesadumbre y quitar el peso que comprimen las llamas de mi corazón, por eso latía más fuerte y exultaba y te hacía sentir la repetición de todos aquellos excesos de amor, mucho más que lo que Yo hago una vez lo repito siempre. Mi amor reprimido es una pena para Mí de las más grandes, que me vuelve taciturno y triste, porque no teniendo vida mis primeras llamas, no puedo sacar fuera las otras que me devoran y me consumen; y por eso a aquellos sacerdotes que se quieren ocupar en quitarme esta pesadumbre con el hacer conocer mis tantos secretos con publicarlos, Yo les daré tanta

gracia sorprendente, fuerza para hacerlo y luz para conocer, ellos por primeros, lo que harán conocer a los demás. Yo estaré en medio a ellos y guiaré todo".

(10) Ahora me parece que cada vez que los reverendos sacerdotes se ocupan en revisar los escritos para prepararlos, mi dulce Jesús se pone atento para ver lo que hacen y cómo lo hacen. Yo no hago otra cosa que admirar la bondad, el amor de mi amado Jesús, que mientras se pone atento en mi corazón, hace eco en el tabernáculo y desde allí adentro, en aquella custodia, hace lo que hace en mi corazón. Yo quedo confundida al ver esto y le agradezco con todo el corazón".

25-3
Octubre 17, 1928

**Cómo cada verdad del Fiat posee un encanto sobre el querer humano. Guerra del Fiat. Analogía entre la concepción de Jesús, entre la Eucaristía y entre el Prisionero y la prisionera.**

(1) Mi pobre mente se perdía en el Querer Divino, todas las verdades que mi sumo bien Jesús me había dicho las sentía como tantos soles, que investían a mi pequeño querer humano, el cual raptado por tanta variedad de luz, no sentía más deseos de obrar. Y mi Sumo Bien Jesús, moviéndose en mi interior me ha dicho:

(2) "Hija mía, cada verdad que he manifestado acerca de mi Divina Voluntad, no sólo es una Vida Divina que he puesto fuera de Mí, sino que posee un dulce embeleso para embelesar al querer humano, el cual, embelesado por el mío, se sentirá bajo el embeleso de una actividad y dará libre campo de acción a mi Divina Voluntad. Así que cada verdad sobre mi Divina Voluntad será un ejército aguerrido contra el querer humano, ¿pero sabes tú con qué armas estará dotado este aguerrido ejército? Con armas de luz, de fuerza, de amor, de belleza, de santidad, para hacer la guerra con todas estas armas a la voluntad humana; ella, de frente a estas armas sufrirá un dulce embeleso y se hará vencer por el Fiat Divino. Así que cada verdad de más sobre Él es un embeleso mayor que sufrirá el querer humano. Se puede decir que cada verdad que te he dicho sobre mi Divina Voluntad, son tantas vías para hacerse camino en la voluntad humana, que primero prepararán y después formarán mi reino en medio a las criaturas.

(3) Ahora, así como cada verdad contiene un embeleso, así cada acto hecho por la criatura en mi Voluntad es un encuentro que hace a mi Querer, para recibir toda la fuerza de este embeleso divino, por eso, por cuantos más actos hace de mi Voluntad, tanto terreno humano pierde y adquiere el divino;

y si toda se arroja en Ella, le quedará sólo el recordar que tiene un querer, pero que lo tiene en reposo y embelesado por mi Divina Voluntad".

(4) Después de esto seguía mis actos en el Fiat Divino, y siguiendo sus actos estaba acompañando la concepción de Jesús en el seno materno, y Jesús moviéndose en mi interior me ha dicho:

(5) "Hija mía, cuánta analogía hay entre la concepción que hice en el seno materno y entre aquélla que hago en cada hostia consagrada. Mira, del Cielo descendí para concebirme en el seno de la Mamá Celestial, del Cielo desciendo para quedar consagrado, escondido dentro de los velos de las especies del pan. A oscuras, inmóvil, quedé en el seno materno; a oscuras, inmóvil y más empequeñecido quedo en cada hostia. Mírame, estoy aquí escondido en este tabernáculo, rezo, lloro y no hago oír ni siquiera mi respiro, en los velos sacramentales mi misma Divina Voluntad me tiene como muerto, aniquilado, restringido, comprimido, mientras estoy vivo y doy vida a todos. ¡Oh abismo de mi amor, cómo eres inmensurable! En el seno materno estaba oprimido por el peso de todas las almas y de todos los pecados, aquí, en cada hostia, por cuan pequeña sea, siento el peso enorme del fardo de los pecados de cada una de las criaturas, y mientras me siento aplastado bajo la enormidad de tantas culpas, no me canso, porque el verdadero amor no se cansa jamás y quiere vencer con los sacrificios más grandes, quiere exponer su vida por quien ama, es por esto que continúo mi Vida, desde mi concepción hasta que morí, en cada hostia sacramental.

(6) Ahora quiero decirte el agrado que siento porque te tengo cerca de mi tabernáculo, bajo mis miradas sacramentales, y la analogía que hay entre Yo y tú. Mira, Yo estoy aquí escondido bajo el imperio de mi Voluntad Divina, ¡ah!, es propiamente Ella, su Potencia, lo que contiene el prodigio de esconderme en cada hostia con la consagración. Tú estás en tu lecho, sólo por imperio de mi Fiat, ¡ah! no son los males corporales los que te tienen impedida, no, sino sólo mi Voluntad que así quiere, que formando de ti un velo me esconde a Mí y me forma una hostia viva, un tabernáculo viviente. Yo aquí, en este tabernáculo, ruego continuamente, ¿pero sabes tú cuál es mi primera petición? Que mi Voluntad sea conocida, que su imperio que me tiene escondido impere sobre todas las criaturas y reine y domine en ellas, porque entonces mi Vida Sacramental tendrá su fruto completo, el cumplimiento de tantos sacrificios, el restablecimiento de mi Vida en las criaturas, cuando mi Voluntad sea conocida y forme en ellas su reino. Y estoy aquí escondido haciendo tantos sacrificios, para esperar el triunfo, el reino de mi Divina Voluntad. También tú ruegas, y haciendo eco a mi plegaria oigo tu continuo decir, poniendo en movimiento todos mis actos y a todas las cosas creadas, y a nombre de todos y de todo, me pides que mi Voluntad sea conocida y forme su reino; tu eco y el mío es uno solo y una sola cosa pedimos, que todo regrese en el Eterno Fiat, que le sean

restituidos sus justos derechos. Mira entonces cuánta analogía hay entre tú y Yo, pero lo más bello es que lo que quiero Yo, lo quieres tú, estamos los dos sacrificados por una causa tan santa, por eso tu compañía me es dulce y en tantas penas que sufro me vuelve feliz".

25-4
Octubre 25, 1928

### El alma que vive en el Fiat hace surgir y pone en campo todas las obras divinas. Ejemplo. La bienvenida del Padre Celestial.

(1) Mi pequeña y pobre mente me la siento como fija en el Fiat Divino, siento toda la fuerza del dulce encanto de la luz de sus verdades, las encantadoras escenas de todos los prodigios y variedad de bellezas que Él contiene, y aunque quisiera pensar en otra cosa, me falta el tiempo para hacerlo, porque el mar del Querer Divino murmura siempre, y su murmullo ensordece, enmudece a todas las otras cosas y me tiene dentro de su mar para murmurar junto con él. ¡Oh potencia, oh dulce encanto del eterno Querer, cuán admirable y amable eres! Quisiera que todos murmurasen junto conmigo, y pedía a la Soberana Reina que me diera el murmullo de su amor, de sus besos, para dárselos nuevamente a Jesús, porque había recibido la comunión y sentía que para complacerlo quería darle los besos de su Mamá. Y mi siempre amable Jesús moviéndose y haciéndose sentir en mi interior me ha dicho:

(2) "Hija mía, todo lo que hizo la Reina del Cielo, todo está en aquel Fiat Divino, el cual tuvo la gloria, el honor de poseerlo, se puede decir que todos sus actos están incluidos en el mar interminable del Querer Divino y nadan en él como nadan los peces en el mar; ahora, el alma que vive en Él hace surgir no sólo todos los actos de mi Mamá Celestial, sino que hace surgir de nuevo y pone en campo todas las obras de su Creador. Sólo quien vive en mi Querer puede sentarse a la mesa divina, puede abrir todos sus tesoros, puede entrar en el sagrario de los más íntimos secretos de los escondites divinos, y como dueña los toma y los da a su Creador y, ¡oh! cuántas cosas pone en movimiento, las hace surgir y pone en acto todas las obras divinas, y ahora hace una música divina, ahora hace una escena de las más bellas y conmovedoras, ahora pone en movimiento todo su amor y haciéndolo resurgir forma una escena encantadora toda de amor a su Creador; así que ella es la renovadora de todas las alegrías y felicidad a su Creador. Mira, en cuanto tú querías darme los besos de la Mamá Reina, los has puesto en movimiento y han corrido a besarme. Para quien vive en mi Divina Voluntad sucede como a una persona que entrase en un palacio real, el rey que lo habita tiene salones de conciertos musicales, objetos para formar las

escenas más bellas, obras de arte de variada belleza; ahora, la persona que entra se sienta en el salón del concierto musical y toca, el rey seducido por el sonido corre y va a oír la sonata. Ahora, aquella persona viendo que el rey goza, pone en movimiento los objetos y pone en campo la escena, el rey queda raptado y si bien sabe que son cosas suyas, pero aquella persona las ha puesto en movimiento para darle placer. Así es para quien vive en mi Fiat Divino, entra en el palacio real de su Padre Celestial, y encontrando tantas variedades de bellezas las pone todas en movimiento, para regocijar, hacer feliz, amar a Aquél que la ha puesto dentro, y así como no hay bien que no posea mi eterno Querer, así no hay alegría, amor, gloria, que el alma no pueda dar a su Creador y, ¡oh! cómo nos es agradable el ver a esta afortunada criatura en el palacio real de nuestro Querer Divino, que todo quiere tomar, todo quiere poner en movimiento, todo quiere tocar, parece que no está contenta si no toma todo para darnos todo, hacernos las fiestas y renovarnos nuestras alegrías y felicidad. Y al verla le damos la bienvenida y Nosotros mismos le decimos: 'Hija amadísima, pronto, pronto, tócanos una cancioncita divina, repítenos una escena conmovedora de amor, renuévanos nuestra felicidad.' Y ella, ahora nos renueva las alegrías de la Creación, ahora las de la Soberana Reina, ahora las de la Redención, y termina siempre con su, y nuestro agradable estribillo: Tu Querer sea conocido y reine como en el Cielo así en la tierra".

25-5
Octubre 28, 1928

### Todo lo que ha sido hecho por Dios no ha sido tomado por la la criatura. Trabajos de Jesús. La fiesta de Cristo Rey, preludio del reino de la Divina Voluntad.

(1) Estaba siguiendo mi giro en el Querer Divino para seguir todos sus actos, y mi dulce Jesús haciéndose oír en mi interior me ha dicho:
(2) "Hija mía, todo lo que ha sido hecho por nuestra Divinidad, tanto en la Creación como en la Redención y Santificación, no todo ha sido absorbido por la criatura, pero todo está en mi Divina Voluntad en acto expectante para darse a las criaturas. Si tú pudieses ver todo en mi Fiat Divino, encontrarías un ejército de actos nuestros salidos de Nosotros para darlos a las criaturas, pero como no reina nuestro Querer, no tienen espacio donde ponerlos ni capacidad de recibirlos. Esta milicia divina, desde hace veinte siglos está esperando ponerse en oficio de ejercicio para llevar a las criaturas los dones, las indumentarias, las alegrías y las armas divinas que cada acto nuestro posee, para hacer junto con ellos un solo ejército divino, una milicia celestial. Ahora, para hacer que el reino de nuestro Querer Divino reine en medio a las

criaturas, es necesario que la criatura absorba en sí todos estos actos de la Divinidad hechos por amor de ella, y los absorba tanto en sí misma, de encerrar en sí todo lo que posee mi Fiat, asimilándolos y consumándolos en sí misma. Así que mi Divina Voluntad consumada en la criatura, hará reentrar en ella todo este ejército divino, todos los actos nuestros salidos de Nosotros en la Creación, Redención y Santificación por amor de ellas, reentrarán en las criaturas y mi Divina Voluntad asimilada y consumada en ellas se sentirá triunfante y reinará dominante junto con nuestro ejército divino. Por eso Yo no hago otra cosa en ti que hacerte beber a sorbos continuamente todo lo que por Nosotros se hizo y se hace en la Creación, Redención y Santificación, para poder decir de nuevo como dije en la cruz: 'Todo está consumado, no tengo otra cosa qué hacer para redimir al hombre'. Así repetirá mi Voluntad: 'Todo lo he consumado en esta criatura, de modo que todos nuestros actos han sido encerrados en ella, no tengo otra cosa que agregar, todo lo he consumado para que el hombre fuese restaurado y el reino de mi Divina Voluntad tenga su vida y su régimen como en el Cielo así en la tierra'.

(3) ¡Oh! si tú supieras cuántos trabajos estoy haciendo en el fondo de tu alma para formar este primer reino a mi Divina Voluntad, porque cuando haya hecho el primero, de una pasará a la otra, de modo que mi reino será poblado más que todos los demás. Así que, es tanto mi amor en el formar este reino mío, que quiero encerrar en el alma donde debe reinar mi Divino Querer todo lo que Yo mismo hice en la Redención, lo que hace la Soberana Reina, agrega también lo que hicieron y hacen todos los santos, nada debe faltar en ella de todas nuestras obras, y para hacerlo pongo en movimiento toda nuestra potencia, sabiduría y amor".

(4) Después de esto estaba pensando en la fiesta de hoy, esto es la fiesta de Cristo Rey, y mi dulce Jesús moviéndose en mi interior me ha dicho:

(5) "Hija mía, la Iglesia no hace otra cosa que intuir lo que debe conocer sobre mi Divina Voluntad y cómo debe venir su reino. Por eso esta fiesta es el preludio del reino de mi Fiat Divino. Así que la Iglesia no está haciendo otra cosa que honrar a mi Humanidad con aquellos títulos que con justicia se me deben, y cuando me hayan dado todos los honores que me convienen, pasará a honrar y a instituir la fiesta al reino de mi Divina Voluntad, por la cual mi Humanidad estaba animada. La Iglesia va poco a poco, y ahora instituye la fiesta a mi corazón, ahora consagra con toda solemnidad el siglo al Cristo Redentor, y ahora pasa con más solemnidad a instituir la fiesta al Cristo Rey. Cristo Rey significa que debe tener su reino, debe tener pueblos dignos de tal Rey, ¿y quién podrá formarme este reino sino mi Voluntad? Entonces sí podré decir: 'Tengo mi pueblo, mi Fiat me lo ha formado.' ¡Oh, si las cabezas de la Iglesia conocieran lo que te he manifestado sobre mi Divina Voluntad, lo que quiero hacer, sus grandes prodigios, mis ansias, mis

latidos dolientes, mis suspiros angustiosos porque quiero que mi Voluntad reine, que haga felices a todos, restablezca a la familia humana, en esta fiesta de Cristo Rey sentirían no ser otra cosa que el eco secreto de mi corazón, que haciendo eco en el de ellos para atraer su atención y reflexión, sin saberlo me instituyen la fiesta de Cristo Rey. Cristo..., Rey, ¿y su verdadero pueblo dónde está? Y dirían: Apresurémonos a hacer conocer su Voluntad Divina, hagámosla reinar a fin de que demos el pueblo a Cristo que hemos llamado Rey, de otra manera lo habremos honrado con el nombre, pero no con los hechos".

25-6
Noviembre 4, 1928

### La verdad es luz que parte de Dios y se fija en la criatura. Bendiciones de Jesús.

(1) Mi pobre inteligencia se siente como raptada por la luz del Fiat Divino, pero esta luz no lleva sólo calor y luz, sino que es portadora de vida, la cual, concentrándose en el alma forma en ella su vida de luz, de calor y del centro renace la Vida Divina. Cómo es bello ver que la luz del Eterno Querer tiene virtud de hacer renacer en el corazón de la criatura la Vida de su Creador, y tantas veces por cuantas veces esta Divina Voluntad se abaja para hacer conocer a la criatura otras manifestaciones que le pertenecen. Mientras mi mente se perdía en esta luz, mi dulce Jesús moviéndose en ella, que parecía que estaba como abismado en dicha luz, me ha dicho:

(2) "Hija mía, por cuantas verdades te he manifestado sobre mi Divina Voluntad, tantas luces se han desprendido de nuestro seno divino y se han fijado en ti, pero sin separarse del centro de tu Creador, porque la luz es inseparable de Dios, se comunica, se fija en la criatura, pero no pierde jamás su centro de donde ha salido. Cómo es bello ver a la criatura fijada por todas estas luces que tienen virtud de hacer resurgir en la criatura a Aquél que la ha creado, y tantas veces por cuantas verdades le vienen manifestadas. Y como lo que te he manifestado sobre mi Divina Voluntad son verdades innumerables, tantas que tú misma no puedes llegar a numerarlas todas, tantas luces, o sea tantos rayos luminosos son fijados en ti, que descienden de Dios, pero sin separarse de su seno divino. Estas luces forman el más bello adorno en ti y el don más grande que podías recibir de Dios, porque estando estas verdades fijadas en ti, te dan el derecho sobre las propiedades divinas, y tantos derechos por cuantas verdades te ha manifestado. Tú no puedes comprender la gran dote con la cual has sido dotada por Dios con estas verdades, que como tantas luces están fijadas en tu alma. Todo el Cielo está maravillado al ver tantas luces

en ti, todas ellas preñadas de otras tantas Vidas Divinas; y conforme tú las comunicas a las otras criaturas, esta luz se mueve, se fija en los otros corazones pero sin dejarte a ti, y forma la Vida Divina a donde llega. Hija mía, qué gran tesoro te ha sido confiado con tantas verdades que te he dicho sobre mi Divina Voluntad, tesoro que tiene su fuente en el seno divino, que dará siempre luz sin cesar jamás. Más que sol son mis verdades, pues el sol da luz a la tierra, la inviste, la fija y con fijarla da a luz sobre su superficie y a cada cosa, los efectos y los bienes que contiene su luz, pero celoso no separa la luz de su centro, tan es verdad, que en cuanto pasa a iluminar otras regiones la tierra queda a oscuras; en cambio el Sol de mis verdades, mientras no se separa de su centro, fijándose en el alma forma en ella el día perenne"...

(3) Después de esto se daba la bendición con el Santísimo Sacramento, y yo le rogaba de corazón que me bendijera, y Jesús moviéndose en mi interior, haciendo eco a lo que hacía Jesús en el Sacramento, levantaba su mano bendita en acto de bendecirme y me ha dicho:

(4) "Hija mía, te bendigo el corazón y sello mi Divina Voluntad en él, a fin de que palpite en todos los corazones tu latido unido con mi Voluntad Divina, para que llame a todos los corazones a amarla; bendigo tus pensamientos y sello mi Divina Voluntad en ellos, a fin de que llame a todas las inteligencias a conocerla; te bendigo la boca, a fin de que corra mi Divina Voluntad en tu voz, y llame a todas las voces humanas a hablar de mi Fiat; toda te bendigo hija mía, a fin de que todo llame en ti a mi Querer Divino, y corra a todos para hacerlo conocer. ¡Oh! cómo me siento más feliz al obrar, rezar, bendecir, en quien reina mi Querer, en esta alma encuentro la vida, la luz, la compañía, y todo lo que Yo hago súbito surge y veo los efectos de mis actos y no estoy solo si rezo, si obro, sino que tengo la compañía y quien trabaje junto Conmigo. En cambio en esta prisión sacramental, los accidentes de la hostia son mudos, no me dicen una sola palabra, hago todo por Mí solo, no siento un suspiro que se una con el mío, ni un latido que me ame, más bien es un frío de sepulcro para Mí, que no sólo me tiene en prisión, sino que me sepulta, y Yo no tengo a quién decir una palabra, ni con quién hacer un desahogo, porque la hostia no habla, estoy siempre en silencio, y con una paciencia divina espero los corazones que me reciban para romper mi silencio y gozar un poco de compañía. Y en el alma donde encuentro a mi Divina Voluntad me siento repatriarme a mi patria celestial".

25-7
Noviembre 10, 1928

**Quien vive en el Querer Divino tiene su mar y encerrando todo,**

**conforme reza murmura el cielo, el sol y las estrellas. Bendiciones de Jesús. Competencia y fiesta de todos al bendecir a la pequeña hija del Divino Querer.**

(1) Después de haber pasado varios días de privación de mi dulce Jesús, mi pobre corazón no podía más, lo sentía deshecho y recordaba a lo vivo sus tantas visitas, su amable presencia, su belleza raptora, la suavidad de su voz, sus tantas bellas lecciones, eran tantos recuerdos que me herían, me destrozaban y me hacían suspirar, cansada como pobre peregrina de mi largo camino, por la patria celestial y decía entre mí: "Todo ha terminado, no oigo más que un profundo silencio, y no veo más que un mar inmenso que debo recorrer sin detenerme jamás, para pedir dondequiera y en todas partes el reino de la Divina Voluntad". Y cansada me he puesto a hacer mi acostumbrado giro para seguir sus actos, y mi dulce Jesús moviéndose en mi interior me ha estrechado entre sus brazos para darme fuerza y me ha dicho:

(2) "Hija mía, así como el mar murmura continuamente, así oigo en ti el mar de mi Fiat Divino, y tú con tu oración formas tu continuo murmullo en su mar, y mientras murmura, ahora encierras el sol y murmura luz; ahora encierras el cielo, y conforme murmura encierras las estrellas; ahora encierras el viento y murmura gemidos y gritos de amor; ahora encierras la tierra y murmura flores. Así que en tu murmullo, ahora haces correr luz, ahora cielo, ahora estrellas, ahora viento y corren lamentos de amor, gemidos inenarrables de corazón herido y gritos de delirios de amor no apagado, y ahora corren todas las florituras creadas por Mí. ¡Oh, cómo es bello mi, y tu mar! ¡Oh, cómo queda atrás el mar de la tierra, porque él murmura pero no encierra en su murmullo al cielo, al sol, al viento y a todo, sino sólo los peces, en cambio el mar de mi Querer y el murmullo de tu oración en Él, encierra todas mis obras, porque mi Voluntad Divina, el cielo, el sol, las estrellas, el mar, y todo lo demás, lo tiene todo en Sí, como en su propio puño, y murmurando con tu oración en Ella las encuentras todas. Y así como el mar además de su murmullo continuo forma sus olas altísimas, así tú en el mar de mi Querer Divino, además del murmullo continuo de tu oración, cuando concentras mayormente tus ansias, tus suspiros porque quieres el reino de mi Divina Voluntad, formas las olas altísimas de luz, de estrellas, de gemidos y de flores, cómo son bellas estas olas, y Yo desde este tabernáculo oigo tu murmullo, el fragor de tus olas que vienen a descargarse en mi mar, y como aquí en el tabernáculo tengo mi mar donde murmuro continuamente con mis oraciones, sintiendo venir tus olas, uno tu mar y el mío que ya es uno solo y vengo a murmurar junto contigo, y en este tabernáculo no me siento más solo, tengo mi agradable compañía y murmuramos juntos, y en nuestro murmullo se escucha: 'Fiat, Fiat, Fiat, sea Él conocido, restablecido su reino

sobre la tierra". Hija mía, el vivir en mi Querer, el rezar en Él, es transportar el Cielo a la tierra y la tierra al Cielo, por eso es nuestro verdadero y total triunfo, nuestra victoria, nuestras conquistas divinas. Por eso seme fiel y atenta".

(3) Después de esto se daba la bendición con el Santísimo Sacramento, la cual tengo el bien en este último periodo de mi vida acá abajo, que espero que termine cuanto antes este mi largo exilio, de recibirla todos los días, y mi amable Jesús, en el acto en que se daba la bendición se ha movido en mi interior y me ha dicho:

(4) "Hija mía, te bendigo, pero no estoy contento con bendecirte Yo solo, por eso llamo a todos junto Conmigo: Al Padre y al Espíritu Santo, a toda la corte celestial, a fin de que bendigan junto Conmigo a la pequeña hija de mi Querer Divino. Donde reina mi Voluntad, Cielos y tierra, todos sienten una fuerza potente de unirse Conmigo y de hacer lo que hago Yo, para concentrar sobre ella todos los bienes que mi Divina Voluntad contiene; por eso en cuanto ven que Yo te bendigo, todos se ponen a bendecirte, así que en el Cielo hay una competencia, una especie de fiesta en bendecir a aquélla donde reina mi Querer, y Yo para hacerla más solemne llamo a todas las cosas creadas, a fin de que nadie quede excluido, sino que todos bendigan a mi hija; así que llamo al sol a bendecirte, a fin de que la luz que él te da, te la dé bendiciéndote; llamo al agua a bendecirte, a fin de que conforme la bebas te bendiga; llamo al viento, a fin de que a medida que sopla, sople bendiciéndote; en suma llamo a todos, y mientras te bendicen, encontrando en ti a mi Divina Voluntad, se sienten bendecir desde dentro de ti por la Voluntad de su Creador. La fuerza de mi Querer Divino llama a todos, une a toda la familia celestial y da la fiesta a todos cuando debe obrar sobre del alma donde reside y domina, por eso en esta mi prisión sacramental, teniendo cerca a mi prisionera, siento las alegrías que puede darme mi Divina Voluntad en el corazón de nuestra pequeña hija. Así que mis tantos dolores vienen interrumpidos cuando debo bendecirte, cuando desciendo Sacramentado en tu corazón, cuando desde este tabernáculo me siento mirado por ti, y Yo te correspondo con mis miradas pensando que debo hacer o dar alguna cosa a nuestra pequeña recién nacida de nuestro Querer, pongo todo a un lado, aun mis mismos dolores y hago fiesta, porque mi Voluntad Divina posee alegrías sin número y fiesta perenne. Por eso quiero que también tú te regocijes junto Conmigo, y haciendo eco a mi bendición, bendíceme en el sol, en el agua, en el viento, en el aire que respiras, en el latido que te palpita en el corazón, y Yo sentiré que en todas las cosas creadas tú me bendices".

25-8
Noviembre 14, 1928

## Así como la criatura posee la unidad humana, quien vive en el Querer Divino posee la unidad divina. Quien hace la Divina Voluntad se vuelve madre.

(1) Me siento toda abandonada en el santo Querer Divino y a pesar de las privaciones de Jesús, mi pobre mente es llevada por una fuerza irresistible a seguir sus actos. Creo que sea la misma Divina Voluntad que habiendo sojuzgado la mía, hace su curso llamando a todos sus actos, como si en acto los estuviese haciendo, y yo, siguiéndola en sus actos, pensaba en los primeros tiempos de la Creación, cuando todo era felicidad en el hombre, y que estando en la Voluntad de su Creador vivía en su unidad, en la cual todo podía recibir y todo podía dar al Ente Supremo, unidad significa todo. Pero mientras esto pensaba, mi dulce Jesús moviéndose en mi interior me ha dicho:

(2) "Hija mía, Nosotros creamos al hombre con nuestra semejanza, por eso también él posee su unidad humana. Por eso si habla, si obra, si camina y otras cosas, se pueden llamar los efectos de su unidad, porque una es su voluntad, una su cabeza de la cual todos sus actos dependen, por eso se puede decir que es la fuerza de la unidad de su voluntad que habla, que obra, que camina, como efectos de ella; si el hombre no tuviese esta unidad, todos sus actos estarían en contradicción entre ellos. Sucede como al sol, desde la altura de su esfera uno es su acto de luz, y como posee la unidad de la luz, dada a él por su Creador, mientras es un solo acto, sus efectos de luz son innumerables. Ahora, para quien hace y vive en mi Divina Voluntad cesa el querer humano, su vida termina, no tiene más razón de existir, porque comienza la vida de la unidad de la mía, y así como la mía es un solo acto y todo lo que ha creado o puede hacer, se pueden llamar los efectos de este acto solo, por eso el alma viviendo en esta unidad de mi Querer Divino como en su propio centro, se encuentra en todos los efectos del acto único de Él, y ¡oh! cómo es bello ver esta criatura en todos los efectos que sabe y puede producir nuestra Voluntad; ella corre en la luz del sol como efecto de nuestro Querer, en el cielo, en el mar, en el viento, en todo, corre como la voluntad humana corre en todos los actos humanos y como la luz del sol corre en todos sus efectos, así el alma corre en el Fiat en todos los efectos que Él posee y produce. He aquí por qué el vivir en nuestro Querer es el prodigio más grande, y si nuestra Divinidad quisiera hacer algo más grande, no lo podría, ni encontraría otra cosa más grande, más prodigiosa, más potente, más bella, más feliz, que nuestro Querer para poder dar a la criatura, porque con el dar nuestra Divina Voluntad damos todo, y su potencia hace nuestro eco en el fondo del alma y nos forma nuestras imágenes más bellas, y el eco de la pequeñez humana hace uno solo con el

nuestro, de modo que uniéndose a nuestro primer acto, corre y se difunde en todos los efectos que produce el acto único de Dios".

(3) Después de esto mi amable Jesús se hacía ver como pequeño niño, el cual poniéndome los brazos en mi cuello me ha dicho:

(4) "Mamá mía, mamá mía; quien hace mi Divina Voluntad se vuelve madre, mi Fiat Divino me la embellece, la transforma y la vuelve fecunda, de tal modo de darle todas las cualidades para ser verdadera madre; y Yo me voy formando esta madre con los reflejos del Sol del Querer Divino, y me glorío y tomo tanto gusto con llamarla mamá mía, mamá mía. Y no sólo la escojo por madre mía, sino que llamo a tantos otros pequeñitos y les doy a mi madre por madre de ellos".

(5) Y mientras esto decía me hacía ver en torno a mí a tantos pequeños niños y niñas, y el niño Jesús les decía: "Ésta es mi madre y la vuestra". Aquellos pequeños hacían fiesta y se estrechaban todos a mi alrededor junto con Jesús, y Jesús ha continuado:

(6) "Estos pequeños que tú ves no son otra cosa que el primer grupo de hijos de mi Querer Divino, en Él todos serán pequeños, porque mi Divina Voluntad tiene virtud de conservarlos frescos y bellos como han salido de nuestras manos creadoras, y como ha llamado a tu pequeñez a vivir en Ella, es justo que como primera seas la pequeña mamita de los pequeños niños".

25-9
Noviembre 20, 1928

**Quien vive en el Querer Divino está en posesión del día perenne, no conoce la noche y se vuelve dueña de Dios mismo.**

(1) Me sentía toda abismada en el Fiat Supremo, y mi pobre mente se perdía en tantas verdades sorprendentes para mi pequeña capacidad. Todas las manifestaciones que mi dulce Jesús me había dicho sobre su Santo Querer se alineaban en mi pobre alma como tantos soles de belleza encantadora, uno distinto del otro, con la plenitud de cada alegría y felicidad que cada verdad poseía, y que mientras parecían distintos estos soles, formaban uno solo. ¡Qué encanto, qué belleza raptora! Estos soles asediaban a mi pequeña inteligencia y yo nadaba en esta luz interminable, y como sorprendida pensaba en tantas cosas acerca de la Divina Voluntad, y mi siempre amable Jesús moviéndose en mi interior me ha dicho:

(2) "Hija mía, hija amadísima de mi Querer, quien es hija de Él está en posesión del día perenne que no conoce la noche. Todo es luz para quien vive en mi Querer, sus propiedades son luz, belleza, alegría y felicidad. Y esto es nada, Nosotros con dar nuestra Voluntad a la criatura la volvemos dueña de Nosotros mismos, y nos ponemos a su disposición; la hacemos

hacer y vencer lo que quiere, porque no es un querer humano el que nos domina, no, sino nuestro mismo Querer, que habiéndose bilocado en la criatura, su hacer, decir y vencer no es visto por Nosotros como cosa extraña a Nosotros, sino como cosa nuestra, y gozamos en hacerla decir, hacer y vencer, mucho más que ella nos vence a Nosotros y Nosotros la vencemos a ella. Así que con dar nuestra Voluntad a la criatura, y ella con recibirla como vida propia, abrimos una competencia entre ella y Nosotros, ella entra en nuestro campo divino y domina como dueña, y Nosotros gozamos tanto al ver su pequeñez que contiene nuestro eterno Querer, dominadora de nuestros bienes y de Nosotros mismos. ¿Qué cosa podemos negar a nuestro Querer? Nada. Más bien nos deleitamos en poner fuera nuestras más íntimas alegrías, nuestros secretos, nuestras eternas beatitudes para hacer regocijar a la pequeñez de la criatura donde Ella reina, y volviéndola dominadora de ellas, nos entretenemos y abrimos el juego entre ella y Nosotros. Por eso, cosa más grande no podía dar al hombre al crearlo, que nuestra Voluntad, porque sólo con Ella él podía llegar a donde quisiera y hacer lo que quisiera, hasta volverse dominador de lo que a Nosotros nos pertenece. Esto no lo hicimos al crear las otras cosas, ellas son dominadas por Nosotros, no pueden hacer lo que quieren, sus derechos son limitados, porque al crear al hombre hubo una arrebato más intenso de amor, y en este arrebato de amor, el Todo se fundió en la nada, y la nada adquirió su vida en el Todo. Y para tenerlo más seguro le dimos nuestra Divina Voluntad como patrimonio, a fin de que uno fuese el querer, comunes los bienes, por cuanto la criatura es capaz, y tanto el amor del uno y del otro hacerse dominar mutuamente. Por eso la cosa más bella para Nosotros, que más nos rapta y nos glorifica es el alma donde reina nuestro Querer Divino, porque sólo ella es la que no nos hace decir a nuestro amor basta en el dar, sino que tenemos siempre para dar, siempre para decir, y para gozar de más la volvemos vencedora de Nosotros mismos. Por eso sé atenta hija mía, si todo quieres, haz que nuestro Querer reine en ti".

25-10
Diciembre 2, 1928

**El tabernáculo Eucarístico y el tabernáculo de la Divina Voluntad.**

(1) Las privaciones de Jesús se hacen más prolongadas, y viéndome privada de Él no hago otra cosa que suspirar por el Cielo. ¡Oh, Cielo! ¿Cuándo me abrirás las puertas? ¿Cuándo tendrás piedad de mí? ¿Cuándo te llevarás a la pequeña exiliada a su patria? ¡Ah, sí, sólo allá no lloraré más a mi Jesús! Aquí, si se hace ver, mientras se cree poseerlo, como relámpago te huye y te toca hacer la larga etapa sin Él, y sin Jesús todas las cosas se convierten

en dolor, aun las mismas cosas santas, las oraciones, los Sacramentos, son martirios sin Él. Después pensaba entre mí: "¿En qué aprovecha el que Jesús haya permitido hacerme venir cerca de su tabernáculo de amor para estarnos en mudo silencio? Más bien me parece que se ha escondido de más, que no más me da sus lecciones sobre el Fiat Divino, me parecía que tenía su cátedra en el fondo de mi interior y tenía siempre qué decir, ahora no escucho otra cosa que un profundo silencio, sólo que siento en mí el murmullo continuo del mar de luz del Eterno Querer que siempre murmura amor, adoración, gloria y abraza todo y a todos". Mientras esto pensaba, mi dulce Jesús apenas se ha hecho ver en mi interior y me ha dicho:

(2) "Hija mía, ánimo, soy Yo en el fondo de tu alma que muevo las olas del mar de luz de mi Divina Voluntad, y murmuro siempre, siempre, para conseguir de mi Padre Celestial el reino de mi Voluntad sobre la tierra, y tú no haces otra cosa que seguirme, y si tú no me sigues lo haré Yo solo, -pero tú no lo harás, el dejarme solo-, siendo que mi mismo Fiat te tiene abismada en Él. ¡Ah! ¿no sabes tú que eres el tabernáculo de mi Divina Voluntad? ¿Cuántos trabajos no he hecho en ti, cuántas gracias no he derramado para formarme este tabernáculo? Tabernáculo, podría llamarlo único en el mundo, porque tabernáculos eucarísticos tengo en buen número, y en este tabernáculo de mi Fiat Divino no me siento prisionero, poseo el interminable confín de mi Querer, no me siento solo, tengo quien me haga perenne compañía, y ahora hago de maestro y te doy mis lecciones celestiales, ahora hago mis desahogos de amor y de dolor, ahora festejo hasta entretenerme contigo, así que si rezo, si sufro, si lloro y si festejo, no estoy jamás solo, tengo a la pequeña hija de mi Querer Divino junto Conmigo, y además tengo el gran honor y la conquista más bella, que más me agrada, cual es una voluntad humana toda sacrificada por Mí y como escabel de mi Voluntad Divina, podría llamarla mi tabernáculo predilecto, porque encuentro tanto gusto, que no lo cambiaría con mis tabernáculos eucarísticos, porque en ellos estoy solo, la hostia no me da una Voluntad Divina como la encuentro en ti, que bilocándose, mientras la tengo en Mí la encuentro también en ti, en cambio la hostia no es capaz de poseerla, ni me acompaña en mis actos, estoy siempre solo, todo es frío en torno a Mí, el tabernáculo, el copón, la hostia, son sin vida, por lo tanto no me dan compañía. Por eso he sentido tanto gusto en tener cerca de mi tabernáculo eucarístico el de mi Divina Voluntad formado en ti, porque sólo con mirarte siento que se rompe la soledad y siento las puras alegrías que puede darme la criatura que hace reinar en ella a mi Divina Voluntad. He aquí el por qué todas mis miras, mis premuras y mis intereses son por hacer conocer mi Divina Voluntad y hacerla reinar en medio a las criaturas, porque entonces cada criatura será un tabernáculo vivo, no mudo sino hablante, y no estaré más solo, sino que tendré mi perenne compañía, y con mi Divina Voluntad bilocada en ellas

tendré mi compañía divina en la criatura. Entonces tendré mi Cielo en cada una de ellas, porque el tabernáculo de mi Voluntad Divina posee mi Cielo en la tierra".

25-11
Diciembre 5, 1928

### Quien hace y vive en el Querer Divino, es como si hiciera descender el sol a la tierra. Diferencia.

(1) Me sentía toda inmersa en el Querer Divino, mi pobre y pequeña mente me la siento atada a un punto altísimo de luz, que no tiene confines y no se puede ver ni a donde llega su altura, ni donde termina su profundidad; y mientras la mente se llena de luz, está circundada por la luz, tanto, que no ve más que luz, ve que poco toma de esta luz, porque hay tanta, pero su capacidad es tan pequeña que le parece tomar apenas una gotita. ¡Oh! cómo se está bien en medio a esta luz, porque ella es vida, es palabra, es felicidad, el alma siente todos los reflejos de su Creador y siente que se da a luz en su seno a la Vida Divina. ¡Oh Voluntad Divina, cómo eres admirable, sólo Tú eres la fecundadora, la conservadora y la bilocadora de la Vida de Dios en la criatura! Pero mientras mi mente se perdía en la luz del Fiat Supremo, mi dulce Jesús moviéndose en mi interior me ha dicho:
(2) "Hija mía, el alma que vive en mi Voluntad Divina es más que si hiciera descender el sol a la tierra, ¿qué sucedería entonces? La noche sería desterrada de la tierra, sería siempre pleno día. Y con tener siempre contacto con el sol, no sería más un cuerpo oscuro, sino luminoso, y la tierra no mendigaría los efectos del sol, sino que recibiría en sí misma la sustancia de los efectos de la luz, porque sol y tierra harían vida común y formarían una sola vida. ¡Qué diferencia con que el sol esté en la altura de su esfera y la tierra en su bajeza! En este caso la pobre tierra está sujeta a la noche, a las estaciones y a pedir al sol el formar las bellas florituras, los colores, la dulzura, la maduración de sus frutos; y el sol no es libre de poder desahogar todos sus efectos sobre la tierra si ésta no se quisiera prestar a recibirlos, tanto, que en ciertos puntos de la tierra el sol no siempre llega, otros puntos son áridos y sin plantas. Esto no es otra cosa que semejanza de quien hace mi Divina Voluntad y vive en Ella, y de quien vive en la tierra de su querer humano. La primera hace descender no sólo el Sol de mi Divina Voluntad en su alma, sino a todo el Cielo, así que con este Sol posee el día perenne, día que jamás tiene ocaso, porque la luz tiene virtud de poner en fuga las tinieblas. Entonces, con este Sol no puede estar la noche de las pasiones, la noche de las debilidades, de las miserias, de las frialdades, de las tentaciones, y si se quisieran acercar para formar las estaciones del alma,

este Sol con sus rayos pone en precipitosa fuga a todas las noches y dice: 'Aquí estoy Yo, y basta, mis estaciones son estaciones de luz, de paz, de felicidad y de floritura perenne.' Ella es la portadora del Cielo en tierra. En cambio para quien no hace mi Divina Voluntad y no vive en Ella, es más noche que día en su alma, está sujeta a las estaciones y a largos tiempos lluviosos que la vuelven siempre turbada y agitada, o bien a largas sequías, tanto, que llega a faltarle los humores vitales para amar a su Creador, y el mismo Sol de mi Divina Voluntad, siendo que no vive en ella, no es libre de poder darle todo el bien que posee. ¿Ves qué significa poseer mi Querer Divino? Es poseer la fuente de la vida, de la luz y de todos los bienes; en cambio quien no lo posee es como tierra que goza los efectos de la luz, y ciertas tierras que a duras penas quedan iluminadas, pero sin efectos".

25-12
Diciembre 8, 1928

**Por qué toda la Creación festejó la Concepción de la Soberana Reina. Cómo la Virgen espera en sus mares a sus hijas para hacerlas reinas. Verdadero nombre de la Fiesta de la Inmaculada Concepción.**

(1) Estaba pensando: ¿Por qué toda la Creación exultó de alegría y festejó tanto a la Inmaculada Reina en su Inmaculada Concepción? Y mi siempre amable Jesús moviéndose en mi interior me ha dicho:
(2) "Hija mía, ¿quieres saber el por qué? Porque la Divina Voluntad tuvo el principio de su Vida en la niña Celestial, por lo tanto, el principio de todos los bienes en todas las criaturas. No hay bien que en mi Divina Voluntad no comience, descienda y ascienda a su fuente. Entonces, esta Celestial niña habiendo comenzado su vida en el Fiat Divino desde su Inmaculada Concepción, y siendo Ella de la estirpe humana, con mi Voluntad adquirió la Vida Divina y con su humanidad poseía el origen humano. Entonces tuvo la potencia de unir lo divino y lo humano y dio a Dios lo que el humano no le había dado y negado, cual era su voluntad, y dio a los hombres el derecho de poder ascender a los abrazos de su Creador. Con la potencia de nuestro Fiat que tenía en su poder ataba a Dios y a los hombres. Así que toda la Creación, Cielo y tierra, y hasta el infierno, sintieron en la Inmaculada Concepción de esta Virgen niña, recién nacida apenas en el seno de su mamá, la fuerza del orden que Ella ponía en toda la Creación, con mi Voluntad se hermanaba con todos, se abrazaba con todos, amaba todo y a todos, y todos la suspiraban, la amaban y se sentían honrados de adorar en esta privilegiada criatura a la Divina Voluntad. ¿Cómo no debía festejar toda la Creación, pues hasta entonces el hombre había sido el desorden entre todas las cosas creadas, ninguno había tenido el coraje, el heroísmo de

decir a su Creador: 'No quiero conocer mi voluntad, te la entrego en don, quiero por vida solamente a tu Querer Divino?' En cambio esta Virgen Santa donó su voluntad para vivir de la Divina, y por eso toda la Creación sintió la felicidad del orden que por su medio le venía restituida, e hicieron competencia el cielo, el sol, el mar y todos, para honrar a Aquélla que poseyendo mi Fiat, daba el beso del orden a todas las cosas creadas; y mi Querer Divino le ponía en la mano el cetro de Reina Divina y le ceñía la frente con la corona de mando, constituyéndola Emperatriz de todo el universo".

(3) Entonces yo me sentía como aniquilada en mí misma, las largas privaciones de mi dulce Jesús, que me dejan como sin vida, han quemado el pequeño átomo de mi existencia, el cual, estando continuamente expuesto a los rayos ardientes del Sol del Fiat Divino, se siente secar todos los humores, y mientras se seca no muere ni se consume; así que no sólo me sentía oprimida, sino deshecha. Y mi dulce Jesús, como si quisiera aliviarme, haciéndose sentir en mi interior, dándome un beso me ha dicho:

(4) "Hija mía, ánimo, no te abatas, quiero que goces tu suerte feliz, porque mi Querer Divino invistiéndote y dardeándote te quita todos los humores humanos y te los cambia en humores de luz divina. Hoy es la fiesta de la Inmaculada Concepción, mares de amor, de belleza, de potencia y de felicidad desbordan de la Divinidad sobre de esta Celestial criatura, y lo que impide que las criaturas puedan entrar en estos mares es la voluntad humana. Nosotros lo que hacemos una vez, permanece con el acto continuado de hacerse siempre, sin cesar jamás. En la Divinidad es naturaleza el dar, sin que jamás termine el acto. Así que estos mares están desbordando aún, y la Reina Madre espera a sus hijas para hacerlas vivir en estos mares, para convertirlas en tantas pequeñas reinas, pero le está prohibida la entrada a la voluntad humana, no hay lugar para ella, y sólo puede tener acceso quien vive de Voluntad Divina. Por eso hija mía, puedes entrar cuando quieras en los mares de tu Mamá, mi Divina Voluntad te avala y con Ella tendrás libre el paso y la entrada, es más, Ella te espera, te quiere con Ella, y a Nosotros y a Ella nos volverás doblemente felices por causa de tu felicidad. Nosotros nos sentimos más felices con dar, y cuando la criatura no toma nuestros bienes, sofoca en Nosotros la felicidad que queremos darle. Por eso no quiero que estés oprimida, hoy es la fiesta más grande, porque la Divina Voluntad tuvo vida en la Reina del Cielo, fue la fiesta de todas las fiestas, fue el primer beso, el primer abrazo divino que la criatura daba a su Creador en virtud de nuestro Fiat, que la Soberana niña poseía, la criatura que se sentaba a la mesa con su Creador. Así que hoy es también tu fiesta, en modo especial por la misión que te ha dado mi Divina Voluntad. Por eso ven a los mares de la Inmaculada Reina a gozar su, y tu fiesta".

(5) Entonces me he sentido transportar fuera de mí misma en estos mares interminables, pero me faltan palabras para decir lo que he sentido, por eso mejor hago punto y sigo adelante.

(6) Después de esto, el día que el confesor ha leído públicamente lo que está escrito en el 15° volumen sobre la Inmaculada Concepción, mi amado Jesús, conforme oía que leía hacía fiesta en mi interior y me ha dicho:

(7) "Hija mía, cómo estoy contento, se puede decir que hoy mi Mamá Soberana recibe de la Iglesia los honores divinos, honrando en Ella, como primer acto de su vida, la Vida de la Divina Voluntad. Estos son los honores más grandes que se le pueden dar, porque el querer humano no tuvo jamás vida en Ella, sino siempre, siempre la Divina Voluntad. El secreto de su Santidad, de su altura, potencia, belleza y grandeza, y todo lo demás, fue mi Fiat, que con su calor extinguió la mancha de origen y la concibió inmaculada y pura, y mi Iglesia, en vez de honrar a mi Voluntad Divina, causa primaria y acto primero, honraba los efectos de Ella y la proclamaba Inmaculada, concebida sin pecado. Se puede decir que la Iglesia le daba los honores humanos y no los honores divinos, los cuales justamente se merece, porque una Voluntad Divina tuvo Vida continua en Ella. Y esto era un dolor para Mí y para Ella, porque ni Yo recibía de mi Iglesia los honores de una Voluntad Divina habitante en la Reina del Cielo, ni Ella los honores debidos por haber dado en Ella el lugar para formar la Vida del Fiat Supremo. Por eso, hoy, con hacer conocer que todo fue en Ella el prodigio de mi Querer, y que todas sus otras prerrogativas y privilegios fueron en orden secundario y como consecuencia de los efectos de aquella Voluntad Divina que la dominaba, se puede decir que hoy se festeja con decoro, gloria divina y magnificencia la fiesta de la Inmaculada Concepción, que se puede llamar con más verdad: 'La Concepción de la Divina Voluntad en la Soberana del Cielo". Y esta Concepción fue la causa de todo lo que es e hizo, y de los grandes prodigios de esta Celestial Niña".

(8) Después de esto, con un énfasis más tierno ha agregado:

(9) "Hija mía, cómo era bello, deleitable, el ver a esta Celestial niña desde su Inmaculada Concepción, se miraba y se veía su pequeña tierra tomada de la estirpe humana, y dentro de esta pequeña tierra se veía el Sol de nuestro Eterno Querer, que no pudiéndolo contener desbordaba fuera de Ella y se extendía tanto, que llenaba Cielo y tierra. Hicimos un prodigio de nuestra Omnipotencia para hacer que la pequeña tierra de la pequeña Reinita pudiese encerrar el Sol de nuestro Querer Divino. Así que se veía tierra y Sol, por eso todo lo que hacía, si pensaba, si hablaba, si obraba, si caminaba, sus pensamientos eran rayos de luz, sus palabras se convertían en luz, todo era luz que salía de Ella, porque siendo su pequeña tierra más pequeña que el Sol inmenso que encerraba, sus actos se perdían en la luz. Y como esta pequeña tierra de la Soberana Celestial era vivificada, animada

y conservada continuamente por el Sol de mi Fiat, se veía siempre florida, pero de las más bellas florituras, que daban en frutos dulcísimos, de atraer nuestras miradas divinas y quedar raptados, pero tanto, que no podíamos hacer menos que mirarla, tanta era la belleza y la felicidad que nos daba. Toda bella era la Virgencita Inmaculada, su belleza era encantadora y raptora, basta decir que era un prodigio de nuestro Querer para decirlo todo. ¡Oh! si las criaturas conocieran qué significa vivir de Voluntad de Dios, pondrían la vida para conocerla y vivir en Ella".

25-13
Diciembre 13, 1928

## Todas las cosas creadas poseen una dosis de felicidad. Cómo la privación de Jesús hace resurgir la vida.

(1) Estaba fundiéndome en el Santo Querer Divino, acompañando sus actos hechos en la Creación, y mi dulce Jesús moviéndose en mi interior me ha dicho:

(2) "Hija mía, todas las cosas creadas fueron creadas por Nosotros con una dosis de felicidad, distinta la una de la otra, así que cada cosa creada lleva al hombre el beso, el aire felicitante, la vida de nuestra felicidad; ¿pero sabes tú quién siente descender en su interior todos los efectos de nuestras tantas felicidades esparcidas en lo creado, hasta quedar empapado por ellas como una esponja? Quien vive en nuestro Querer Divino, nuestras felicidades no le son extrañas, porque teniendo el gusto purificado por nuestro Fiat y no corrompido por el querer humano, su gusto y todos sus sentidos tienen la virtud de gustar todas las felicidades que hay en las cosas creadas, y Nosotros sentimos tal felicidad y alegría al ver a quien hace nuestro Querer como sentarse a la mesa de nuestras felicidades, y alimentarse con tantos bocados distintos por cuantas felicidades hay en las cosas creadas. ¡Oh, cómo es bello ver feliz a la criatura!"

(3) Mientras estaba en esto Jesús ha hecho silencio, y yo oía el sonido del armonio que tocaba en la capilla, y Jesús ponía atención para oír, y después ha agregado:

(4) "¡Oh, cómo me siento feliz porque este sonido deleita a la pequeña hija de mi Querer, y Yo, oyéndolo también me deleito! ¡Cómo es bello hacernos felices juntos, hacer feliz a quien me ama es la más grande de mis felicidades".

(5) Y yo: "Jesús, Amor mío, mi felicidad para mí eres Tú sólo, todas las otras cosas no tienen ningún atractivo para mí".

(6) Y Jesús: "Ciertamente que para ti la mayor felicidad soy Yo, porque contengo la fuente, el principio de todas las alegrías y felicidades, pero gozo

al darte las pequeñas felicidades, y así como las siento y las gozo Yo, quiero que las sientas y las goces tú junto Conmigo".

(7) Entonces pensaba entre mí: "Si Jesús goza tanto cuando yo gozo de las tantas felicidades que ha esparcido en lo creado, ¿por qué entonces me aflige tanto y me vuelve infeliz, hasta sentirme como si no tuviese vida sin Él? ¡Y sintiéndome sin vida todas las felicidades pierden la vida en mi pobre alma!" Y Jesús ha agregado:

(8) "Hija mía, si tú supieras para qué sirven mis privaciones; tú te sientes sin vida privada de Mí, te sientes muerta, sin embargo sobre de aquel dolor y de aquella muerte viene formada mi nueva Vida, y esta nueva Vida te trae las nuevas manifestaciones de la Vida de mi Divina Voluntad, porque siendo tu pena, pena divina, que tiene la virtud de hacerte sentir la muerte, pero sin morir, tiene virtud de hacer surgir de nuevo mi misma Vida, con el encanto de mis verdades. El dolor de mi privación prepara el lugar a mi nueva Vida y dispone a tu alma a escuchar y comprender las importantes verdades sobre mi Fiat Divino. Si Yo no te privase frecuentemente de Mí, no habrías tenido las nuevas sorpresas de tu Jesús, sus tantas enseñanzas. ¿No has visto tú misma, que después que has estado privada de Mí y tú creías que todo había terminado para ti, mi Vida resurgía de nuevo en ti, y todo amor y festivo me ponía a darte mis lecciones? Así que cuando te privo de Mí, Yo me estoy escondido en ti y preparo el trabajo para darte, y mi nueva Vida para resurgir. También Yo sufrí la pena de la muerte, para hacer resurgir en la pena de mi muerte a todas las criaturas; la muerte sufrida en orden divino y para cumplir la Divina Voluntad produce la Vida Divina, para hacer que esta Vida Divina la pudiesen recibir todas las criaturas. Y además, después de que Yo sufrí tantas muertes, quise morir verdaderamente, ¿cuántos bienes no produjo mi Resurrección? Se puede decir que con mi Resurrección resurgieron todos los bienes de mi Redención, y con ella resurgieron todos los bienes a las criaturas y su misma vida. Por eso sé atenta y déjame hacer".

25-14
Diciembre 14, 1928

### Árbol de la Divina Voluntad. Acto único de Dios. Quien vive en Ella forma el eco en todas las cosas creadas.

(1) Estaba pensando en la publicación de los escritos de la Divina Voluntad, y me sentía fastidiada por las tantas preguntas que hacen, y decía entre mí: "Sólo Jesús sabe mi martirio y cómo me siento torturada cuando se hablaba de personas competentes que querían publicarlos, tanto, que nadie podía llegar a calmar mi interno martirio y a hacerme decir Fiat, sólo Jesús con su encantadora persuasión y con infundirme temor por el gran mal que yo

pudiese hacer si saliera mínimamente de la Divina Voluntad, podía inducirme a decir Fiat, y ahora al verla ir tan lento recuerdo mis luchas internas, mi duro martirio por esta publicación, ¿en qué aprovechan las tantas penas sufridas, quién sabe quién verá esta publicación? Tal vez Jesús me contentará con hacérmela ver desde el Cielo". Pero mientras esto y otras cosas pensaba, me he puesto a rezar, y ante mi mente veía un árbol cargado de frutos que vertían luz, y a mi dulce Jesús crucificado en medio de este árbol, y era tanta la luz de estos frutos que Jesús quedaba eclipsado en ella. Entonces yo he quedado maravillada y Jesús me ha dicho:

(2) "Hija mía, este árbol que tú ves es el árbol de mi Divina Voluntad, y como Ella es Sol, sus frutos se cambian en luz que forman otros tantos soles; el centro de su vida soy Yo y por eso estoy en medio de Él. Ahora, estos frutos que tú ves son todas mis verdades que he manifestado sobre mi Fiat Divino, y están todas en acto de parir su luz en el seno de las generaciones, y quien debería ocuparse y tener prisa y no lo hace, impide que los frutos de este árbol formen sus partos de luz y el gran bien de esta luz. Así que tú debes consolarte de tus torturas y martirios, porque entre tú y Yo estamos en orden, ni Yo habría tolerado ninguna sombra de oposición a mi Voluntad en ti, habría sido mi más grande dolor, ni habría podido decir: 'La pequeña hija de mi Querer me ha hecho don de su querer y Yo le he hecho don del mío'. Mientras que este intercambio de voluntades es una de las más grandes alegrías mías y tuyas, y si culpa hay, es de quien descuida. Por eso no te quieras afligir ni fastidiarte por las preguntas que hacen, Yo estaré en ti para suministrarte la luz y las palabras que se necesitan, tú debes saber que esto es más interés mío que tuyo".

(3) Después seguía pensando en el Fiat Divino, y mi dulce Jesús ha agregado:

(4) "Hija mía, en Nosotros, en nuestra Divinidad, basta un solo acto para hacer todo, aquel acto es voluntad, pensamiento, palabra, obra y paso. Así que un solo acto nuestro es voz que habla, es mano que obra, es pie que camina, y que envolviendo todo, si la criatura piensa, obra, habla y camina, es la virtud de nuestro acto único que haciendo eco en cada acto de criatura comunica el bien del pensamiento, de la palabra y de todo lo demás, por eso se puede decir que somos el portador de todas las criaturas y de todos sus actos. ¡Oh, cómo nos sentimos ofendidos cuando nuestro porta voz, pensamiento, obra y paso, no sólo no es hecho para Nosotros sino para ofendernos, las criaturas se sirven de nuestros mismos actos para formar las armas para herirnos! ¡Ingratitud humana, cómo eres grande!

(5) Ahora, quien hace y vive en nuestro Querer Divino se une a nuestro acto único, y formando un solo acto de voluntad con Nosotros, corre junto con nuestro acto, y junto con Nosotros se hace pensamiento, voz, obra y paso de todos, y ¡oh! cómo gozamos que nuestra virtud invistiendo a la pequeñez

humana la hace junto con Nosotros portadora de todos los actos de las criaturas, y ella se sirve de todos nuestros actos para formar armas, no para herirnos sino para defendernos, para amarnos y para glorificarnos; así que la llamamos nuestra guerrera que defiende nuestros derechos".

(6) Después de esto estaba siguiendo al Fiat Divino en la Creación, sentía que todo quería hacer mío, el sol para darle la gloria de la luz y del calor, el mar para darle la gloria de aquel murmullo que jamás cesa, todo quería en mi poder para poder decir: "Todo me has dado y todo te doy". Pero mientras esto y otras cosas pensaba, mi amado Jesús moviéndose en mi interior me ha dicho:

(7) "Hija mía, cómo es bello el vivir en mi Querer, tu eco llega a todas partes, donde se encuentra mi Voluntad Divina que está por doquier, allá llega el tuyo, así que tu eco resuena en el sol, en el mar, en el viento, en el aire, y penetrando hasta en el Cielo lleva a tu Creador su misma gloria, amor y adoración; y mi Voluntad Divina no se siente sola en todas las cosas creadas, tiene la compañía del eco de quien vive en mi Querer Divino, y se siente dar todo el amor, la gloria que ha esparcido en toda la Creación".

25-15
Diciembre 16, 1928

### Se habla de los nueve excesos de Jesús en la Encarnación. Contentos de Jesús, su palabra es creación. Jesús ve repetir sus escenas. Preludios de su reino.

(1) Estaba haciendo la meditación, y como hoy comenzaba la novena al Niño Jesús, estaba pensando en los nueve excesos que Jesús con tanta ternura me había narrado de su Encarnación, los cuales están escritos en el primer volumen, y sentía una gran repugnancia de recordarlo al confesor, porque él me había dicho al leerlos, que quería leerlos en público en nuestra capilla. Mientras esto pensaba, mi Niñito Jesús se hacía ver en mis brazos, pequeño, pequeño, que acariciándome con sus pequeñas manitas me ha dicho:

(2) "¡Cómo es bella mi pequeña hija, cómo es bella! ¡Cómo debo agradecerte el que me hayas escuchado!"

(3) Y yo: "Amor mío, ¿qué dices? Yo debo agradecerte a Ti el que me hayas hablado, y que con tanto amor haciéndome de maestro me hayas dado tantas lecciones que yo no merecía".

(4) Y Jesús: "Ah hija mía, a cuántos quiero hablar y no me escuchan, me reducen al silencio y sofocan mis llamas, así que debemos agradecernos mutuamente, tú a Mí y Yo a ti. Y además, ¿por qué quieres oponerte a la lectura de los nueve excesos? Ah, tú no sabes cuánta vida, cuánto amor y

gracia contienen, tú debes saber que mi palabra es creación, y que al narrarte los nueve excesos de mi Amor en la Encarnación, Yo no sólo renovaba mi amor que tuve al encarnarme, sino que creaba nuevo amor para investir a las criaturas y vencerlas para darse a Mí. Estos nueve excesos de mi amor que te he manifestado con tanto amor de ternura y simplicidad, formaban el preludio a las tantas lecciones que debía darte acerca de mi Fiat Divino para formar su reino, y ahora con leerlos, mi amor viene renovado y duplicado, ¿no quieres tú entonces que mi amor duplicándose desborde fuera e invista otros corazones, a fin de que como preludio se dispongan a las lecciones de mi Voluntad para hacerla conocer y reinar?"

(5) Y yo: "Mi amado Niño, creo que muchos han hablado acerca de tu Encarnación".

(6) Y Jesús: "Sí, sí han hablado, pero han sido palabras tomadas de la ribera del mar de mi amor, así que son palabras que no poseen ni ternura, ni plenitud de vida. En cambio aquellas pocas palabras que te he dicho, te las he dicho desde dentro de la vida de la fuente de mi amor, y contienen vida, fuerza irresistible y ternuras tales, que sólo los muertos no sentirán moverse a piedad de Mí, pequeño, pequeño, que tantas penas sufrí desde el seno de la Mamá Celestial".

(7) Después de esto el confesor leía en la capilla el primer exceso de amor de Jesús en la Encarnación, y mi dulce Jesús desde dentro de mi interior ponía atención para escuchar, y atrayéndome a Sí me ha dicho:

(8) "Hija mía, cómo me siento feliz al escucharlos, pero mi felicidad se acrecienta al tenerte en esta casa de mi Voluntad, porque los dos somos oyentes, Yo de lo que te he dicho, y tú de lo que de Mí has escuchado, mi amor se inflama, bulle y desborda, ¡escucha, escucha cómo es bello! La palabra contiene el aliento, y conforme se habla, la palabra lleva el aliento, que como aire gira de boca en boca y comunica la fuerza de mi palabra creadora y hace descender en los corazones la nueva creación que mi palabra contiene. Escucha hija mía, en la Redención tuve el cortejo de mis apóstoles, y Yo en medio a ellos era todo amor para instruirlos, no escatimaba fatiga para formar los cimientos de mi Iglesia. Ahora, en esta casa siento el cortejo de los primeros hijos de mi Querer, y siento repetir mis escenas amorosas al verte a ti en medio a ellos, que con todo amor quieres impartir las lecciones sobre mi Fiat Divino para formar los cimientos del reino de mi Divina Voluntad. Si tú supieras cómo me siento feliz al oírte hablar de mi Querer Divino, espero con ansia que tomes la palabra para escucharte, para sentir la felicidad que me trae mi Divina Voluntad".

25-16
Diciembre 21, 1928

### Mar de amor en los excesos de Jesús. Ejemplo del mar.
### El Querer Divino, rayo de sol que lleva la Vida del Cielo.
### La Divina Voluntad obrante. Felicidad de Jesús.

(1) Continúa la novena de la Santa Navidad y continuando a oír los nueve excesos de la Encarnación, mi amado Jesús me ha atraído a Sí, y me hacía ver que cada exceso de su amor era un mar sin confines, y en este mar se levantaban olas altísimas en las cuales se veían correr todas las almas devoradas por estas llamas, cómo los peces se deslizan en las aguas del mar, y así como las aguas del mar forman la vida de los peces, la guía, la defensa, el alimento, el lecho, el palacio de estos peces, tanto que si salen del mar pueden decir: Nuestra vida ha terminado porque hemos salido de nuestra heredad, de la patria que nos dio nuestro Creador. Así estas olas altísimas de llamas que salían de estos mares de fuego, con el devorar a estas criaturas querían ser la vida, la guía, la defensa, el alimento, el lecho, el palacio, la patria de las criaturas, y si salen de este mar de amor encuentran la muerte de un solo golpe, y el pequeño niño Jesús llora, gime, ruega, grita y suspira porque no quiere que ninguno salga de estas sus llamas devoradoras, porque no quiere ver morir a ninguno. ¡Oh, si el mar tuviera razón, más que una tierna madre lloraría por sus peces que le arrancan del mar, porque se siente arrancar una vida que posee y conserva con tanto amor, y con sus olas se arrojaría contra quien osara arrancarle las tantas vidas que posee, que forman su riqueza, su gloria.

(2) "Y si no llora el mar, lloro Yo", dice Jesús, "al ver que mientras mi amor ha devorado a todas las criaturas, ellas, ingratas, no quieren hacer vida en mi mar de amor, sino que separándose por la fuerza de mis llamas se exilian de mi Patria y pierden el palacio, la guía, la defensa, el alimento, el lecho y aun la vida, ¿cómo no debo llorar? Han salido y han sido creadas por Mí, y devoradas por mis llamas de amor que tuve al encarnarme por amor de todas las criaturas. Conforme oigo narrar los nueve excesos, el mar de mi amor se hincha, bulle, y formando olas altísimas forma tanto ruido que quisiera ensordecer a todos, a fin de que nada más pudiesen oír que mis gemidos de amor, mis gritos de dolor, mis sollozos repetidos que dicen: "No me hagas llorar más, démonos el beso de paz, amémonos y seremos todos felices, el Creador y la criatura".

(3) Jesús ha hecho silencio y en ese momento veía el Cielo abierto y un rayo de Sol descender de lo alto, que fijándose sobre mí iluminaba a cuantos estaban a mi alrededor. Y mi siempre amable Jesús ha vuelto a decir:

(4) "Hija de mi Querer, este rayo de Sol que se ha fijado sobre de ti es mi Divina Voluntad que te lleva la Vida del Cielo a tu alma. Cómo es bello este rayo de Sol que no sólo te ilumina a ti y te lleva su Vida, sino que cualquiera

que se te acerca y se queda a tu alrededor siente la Vida de la luz, porque ella como sol se ensancha alrededor y da a aquellos que te circundan el ardiente beso de luz, su respiro, su vida, y Yo me siento feliz dentro de ti, al ver que mi Divina Voluntad se difunde y comienza a recorrer su camino. Mira, los mares de amor que tú has visto no son otra cosa que mi Voluntad obrante, cuando mi Voluntad quiere obrar, los mares de mi amor se hinchan, bullen, forman sus olas altísimas que lloran, gimen, gritan, ruegan, ensordecen; en cambio cuando mi Fiat no quiere obrar, el mar de mi Amor está calmado, sólo murmura tranquilamente, es continuo su curso de alegría y de felicidad inseparable de Él. Por eso tú no puedes comprender la alegría que experimento, la felicidad que siento y el interés que tomo de iluminar, de poner mi misma palabra, mi mismo corazón en quien se ocupa en hacer conocer mi Divina Voluntad, es tanto mi interés, que lo arrollo en Mí, y desbordando Yo fuera de él, tomo Yo la palabra y hablo Yo mismo de mi Voluntad obrante en mi Amor. ¿Crees tú que sea tu confesor quien habla en estas tardes que está hablando al publico sobre los nueve excesos de mi Amor? Soy Yo que tomo su corazón entre mis manos y lo hago hablar".

(5) Pero mientras esto decía se daba la bendición, y Jesús ha agregado:

(6) "Hija, te bendigo, todo es felicidad para Mí cuando se trata de hacer un acto mío sobre quien posee mi Divina Voluntad, porque si te bendigo, mi bendición encuentra el lugar donde poner los bienes y los efectos que contiene mi bendición; si te amo, mi amor encuentra en mi Fiat en ti el lugar donde ponerse y desarrollar su Vida de amor, por eso cada cosa que hago sobre ti, en ti y contigo, es una felicidad que siento, porque sé que mi Divina Voluntad tiene lugar para todo lo que te quiero dar y virtud de multiplicar los bienes que te doy, porque Ella es nuestra representante y se ocupa de formar tantas Vidas por cuantos actos hacemos con la criatura donde Ella reina".

(7) Después de esto estaba haciendo mi giro en el Fiat Divino, y volvía a recorrer los primeros tiempos de la Creación, para unirme a los actos hechos por nuestro padre Adán en el estado de inocencia, para unirme con él y seguir donde él dejó. Y mi amado Jesús moviéndose en mi interior me ha dicho:

(8) "Hija mía, al crear al hombre di un universo visible donde debía moverse, ver las obras de su Creador hechas con tanto orden y armonía, hechas por amor suyo, y en este vacío hacer también sus obras. Y así como le di un vacío visible, así le di un vacío invisible, más bello aún para su alma, donde el hombre debía formar sus obras santas, su sol, su cielo, sus estrellas, y haciendo eco a su Creador debía llenar este vacío con todas sus obras. Pero en cuanto el hombre descendió de mi Divina Voluntad para vivir en la suya, perdió el eco de su Creador, y el modelo para poder copiar nuestras obras. Así que se puede decir que no hay otra cosa en este vacío que los

primeros pasos del hombre, todo el resto está vacío, no obstante debe ser llenado, y por eso espero con tanto amor a quien vive y debe vivir en mi Querer, porque sintiendo la potencia de nuestro eco, y teniendo presentes nuestros modelos, se apresurarán a llenar este vacío invisible que con tanto amor di en la Creación. ¿Pero sabes tú cuál es este vacío? Nuestra Voluntad. Así como di un cielo, un sol a la naturaleza, así di el Cielo, el Sol de mi Fiat al alma. Y cuando te veo poner tus pasos junto a los pasos de Adán inocente digo: 'He aquí que finalmente el vacío de mi Divina Voluntad comienza a recibir las primeras conquistas y las primeras obras de la criatura". Por eso sé atenta y sigue siempre tu vuelo en mi Querer Divino"...

25-17
Diciembre 25, 1928

### La fiesta que prepara la pequeña hija al niño Jesús, cómo lo vuelve feliz. Adán, primer sol. Ejemplo del artífice.

(1) Estaba pensando en el nacimiento del niño Jesús y le pedía que viniera a nacer en mi pobre alma. Y para cantarle himnos de alabanza y hacerle cortejo en el acto de su nacimiento, me fundía en el Santo Querer Divino, y girando en todas las cosas creadas, quería animar el cielo, el sol, las estrellas, el mar, la tierra, y todo, con mi "te amo", quería poner a todas las cosas creadas como expectantes en el momento de nacer Jesús, a fin de que todas le dijeran "te amo, y queremos el reino de tu Querer sobre la tierra". Ahora, mientras esto hacía, me parecía que todas las cosas creadas se ponían atentas en el acto de nacer Jesús, y en cuanto el amado niño salía del seno de su Mamá Celestial, el cielo, el sol y hasta el pequeño pajarito, todos como en coro decían: "Te amo y queremos el reino de tu Voluntad sobre la tierra". Mi te amo en el Querer Divino corría en todas las cosas en las que la Divina Voluntad tenía su vida, y por eso todas alababan el nacimiento de su Creador, y yo veía al niño recién nacido, que arrojándose en mis brazos todo tembloroso me ha dicho:

(2) "Qué bella fiesta me ha preparado la pequeña hija de mi Querer, cómo es bello el coro de todas las cosas creadas que me dicen te amo y quieren que reine mi Voluntad; quien vive en Ella todo puede darme y puede usar todas las estratagemas para volverme feliz y hacerme sonreír aun en medio de las lágrimas, por eso Yo estaba esperándote para tener una sorpresa tuya de amor en virtud de mi Querer Divino. Tú debes saber que mi Vida sobre la tierra no fue otra cosa que sufrir, obrar y preparar todo lo que debía servir para el reino de mi Divina Voluntad, que debe ser reino de felicidad y de posesión, por eso mis trabajos entonces tendrán sus plenos frutos y se

cambiarán para Mí y para las criaturas en dulzuras, en alegrías y en posesión".

(3) Mientras esto decía ha desaparecido, pero después de poco tiempo ha regresado dentro de una cunita de oro, vestido con una pequeña vestidura de luz, y ha agregado:

(4) "Hija mía, hoy es mi nacimiento y he venido para hacerte feliz con mi presencia, me sería demasiado duro no hacer feliz en este día a quien vive en mi Divina Voluntad, no darle mi primer beso y decirte te amo como correspondencia del tuyo, y estrechándote fuertemente a mi pequeño corazón, hacerte sentir mis latidos que hacen salir fuego que quisiera quemar todo lo que no pertenece a mi Voluntad, y tu latido haciendo eco en el mío me repite tu querido estribillo: 'Tu Voluntad reine como en el Cielo así en la tierra'. Repítelo siempre si me quieres hacer feliz y tranquilizar mi llanto infantil. Mira, tu amor me ha preparado la cuna de oro, y los actos en mi Divina Voluntad me han preparado la vestidura de luz, ¿no estás contenta?"

(5) Después de esto continuaba mis actos en el Fiat Divino, me ponía en el Edén, en los primeros actos de la creación del hombre, y mi dulce Jesús moviéndose en mi interior me ha dicho:

(6) "Hija mía, Adán, primer sol humano, investido por nuestro Querer, sus actos eran más que rayos de sol, que alargándose y extendiéndose debían investir a toda la familia humana, en los cuales se debían ver a todos en uno, como palpitantes en estos rayos, concentrados todos en el centro de este primer sol humano, los cuales, todos debían tener virtud de formar su sol sin salir del vinculo del primer sol, porque teniendo principio la vida de cada uno de este sol, cada uno podía ser sol por sí mismo. Cómo fue bella la creación del hombre, ¡oh!, cómo superó al universo entero, el vinculo, la unión de uno en tantos era el más grande prodigio de nuestra Omnipotencia, que nuestra Voluntad, una en sí debía mantener la inseparabilidad de todos, la vida comunicativa y que une de todos. Símbolo e imagen de nuestra Divinidad, que somos inseparables, y que si bien somos Tres Divinas Personas, somos siempre uno, porque una es la Voluntad, una es la santidad, una es nuestra potencia; por eso siempre es visto el hombre, por Nosotros, como si fuera uno solo, a pesar de que debía tener su generación grandísima, pero siempre concentrada en uno, era el Amor increado que venía creado por Nosotros en el hombre y por eso debía dar de Nosotros y semejarse a Nosotros, y nuestra Voluntad única, obrante en Nosotros, debía obrar única en el hombre para formar la unidad de todos y el vinculo inseparable de cada uno. Por eso el hombre con sustraerse de nuestro Fiat Divino se deformó y desordenó, y no sintió más la fuerza de la unidad e inseparabilidad, ni con su Creador ni con todas las generaciones, se sintió como un cuerpo dividido y despedazado en sus miembros, el cual no posee más toda la fuerza de su

cuerpo entero. He aquí por qué mi Divina Voluntad quiere entrar de nuevo como acto primero en la criatura, para reunir los miembros separados y darles la unidad y la inseparabilidad como cuando salió de nuestras manos creadoras. Nosotros nos encontramos en la condición de un artífice que ha hecho su bella estatua que hace quedar admirados al Cielo y a la tierra; el escultor ama tanto esta estatua, que ha puesto su vida dentro de ella, así que cada acto o movimiento que ella hace, el escultor siente en sí la vida, el acto, el movimiento de su bella estatua. El escultor la ama con amor de delirio, no sabe separar su mirada de ella, pero en tanto amor la estatua recibe un encuentro, choca y queda despedazada en los miembros y en la parte vital que la tenía vinculada y unida con el escultor. ¿Cuál no será su dolor, y qué no hará aquél para rehacer a su bella estatua? Mucho más que él la ama aún, y al amor delirante se ha agregado el amor doloroso. Tal se encuentra la Divinidad con respecto al hombre, es nuestro delirio de amor y de dolor porque queremos rehacer la bella estatua del hombre, y como el choque sucedió en la parte vital de nuestra Voluntad, que él poseía, restablecida Ella en él, la bella estatua será rehecha y nuestro amor quedará satisfecho. Por eso no quiero otra cosa de ti, sino que mi Divina Voluntad tenga su vida".

(7) Después ha agregado con un acento más tierno: "Hija mía, en las cosas creadas la Divinidad no creaba el amor, sino las sombras de su luz, de su potencia, de su belleza, etc., así que se puede decir que al crear el cielo, las estrellas, el sol, el viento, el mar, la tierra, eran nuestras obras que poníamos fuera y las flores de nuestras bellas cualidades. Sólo para el hombre este prodigio grandísimo de crear la vida, y la vida de nuestro mismo amor, y por eso está dicho que fue creado a nuestra imagen y semejanza. Por eso lo amamos tanto, porque es vida y obra que ha salido de Nosotros, y la vida cuesta más que todo".

25-18
Diciembre 29, 1928

**Cielos y soles mudos, cielos y soles hablantes. Cómo continúa la creación. Cómo el Cielo no será más extraño a la tierra.**

(1) Estaba siguiendo al Fiat Divino en la Creación para hacer compañía a sus actos, y mi dulce Jesús moviéndose en mi interior me ha dicho:

(2) "Hija mía, mira cómo es bella la Creación, qué orden, qué armonía contiene, pero a pesar de su belleza, los cielos, las estrellas, el sol, todos son mudos, no tienen virtud de decir ni siquiera una palabra. En cambio los cielos, las estrellas, el sol, el viento imperante de mi Divina Voluntad, son todos hablantes y tienen una elocuencia tal, que nadie puede igualar; el

ángel, el santo, el docto, delante a los cielos de mi Voluntad hablante quedan mudos y se sienten ignorantes. Pero, ¿por qué estos cielos y soles son hablantes? Porque contienen la vida. ¿Pero sabes tú cuáles son estos cielos y soles hablantes? Son los conocimientos que te he manifestado sobre mi Divina Voluntad. Ella no sólo es vida, sino que es la fuente, el origen y la vida de todas las vidas, por eso los cielos de sus conocimientos no podían ser mudos. Así que cada conocimiento sobre mi Fiat Divino es un cielo, un sol, es un viento distinto el uno del otro, que teniendo la virtud hablante y poseyendo la Vida Divina, tienen virtud de producir nuevos cielos y soles más bellos, y vientos más impetuosos, para investir los corazones y con su dulce gemido, imperante, conquistarlos. Mira entonces hija mía cómo mi amor ha superado el amor que tuvimos en la Creación, al manifestarte tantos conocimientos sobre mi Divina Voluntad, porque en la Creación un solo cielo, un sol, etc., bastó a nuestro amor; porque queríamos desahogar todo el ahogo de nuestro amor sobre el hombre hablante, y en él queríamos crear los cielos, los soles hablantes en el fondo de su alma, pero con sustraerse de nuestro Querer Divino puso un límite a nuestro amor, y los cielos hablantes no tuvieron más vida en él, pero nuestro amor no dijo basta, a lo más hizo una pausa y esperó, pero no pudiendo contenerse más retomó su creación de los cielos y soles hablantes en la pequeña hija de mi Querer Divino. Míralos en el fondo de tu alma, todos mis conocimientos sobre mi Fiat, todos en orden y armonía y, quién es cielo y habla, y forma otro cielo; quién es sol y habla, y mientras se hace luz y calienta forma otro sol; quién es mar y forma sus olas hablantes, y mientras habla forma otro mar para investir con sus olas hablantes a todo el mundo, y con su palabra creadora imponerse para hacerse escuchar, para llevar a todos el nuevo mar de paz y de alegría de mi Voluntad; quién es viento, y ahora con su imperio habla para derribar por tierra a los corazones más duros, y ahora habla con sus caricias para no infundir temores, ahora habla con gemidos amorosos para hacerse amar, y mientras habla forma otros vientos y su palabra corre para hacer conocer la Vida, la Potencia de mi Divino Querer; en suma, todos mis conocimientos sobre Él son una nueva creación más bella, más variada que la misma Creación, y mucho más bella porque es hablante, y su palabra es la Vida de mi Divina Voluntad que lleva a la criatura. Por eso me siento feliz en tu alma, porque estoy en medio de mis cielos, estrellas y soles hablantes, pero mi felicidad se duplica cuando haces el sacrificio de escribir, porque veo que estos cielos hablantes saldrán fuera, y su palabra formará nuevos cielos que llevarán la Vida de mi Fiat Divino en medio a las criaturas. Entonces el Cielo no será más extraño a la tierra, porque estos soles hablantes formarán la nueva familia celestial sobre la tierra, y su palabra pondrá en comunicación al Creador y a la criatura, los vientos de estos conocimientos pondrán en común las alegrías secretas de la Santísima Trinidad, y volviéndose propietaria de la Santidad y Felicidad divinas, todos los males desaparecerán, y Yo tendré la alegría de ver a la criatura feliz, como salió de nuestras manos creadoras".

25-19
Enero 1, 1929

**Páginas de su vida que formarán una época. Regalo de año nuevo que quiere Jesús. Circuncisión. Decisión por parte de Dios, y espera la decisión por parte de las criaturas.**

(1) Estaba pensando qué cosa podía ofrecer al niño Jesús como regalo de año nuevo, y pensaba que quizá sería bueno darle de nuevo mi voluntad como un pequeño escabel para sus piecitos, o bien como entretenimiento en sus pequeñas manitas. Pero mientras esto pensaba, mi pequeño Jesús se hacía ver en mi interior diciéndome:
(2) "Hija mía, tu voluntad ya es mía, tú ya no eres dueña de ella habiéndomela dado tantas veces, y Yo la tengo ahora como escabel, ahora como entretenimiento en mis manitas, y ahora la encierro en mi corazón como la más bella conquista y como alegría secreta que me alivia mis tantas penas. ¿Quieres saber qué quisiera como regalo en este día? Todos tus actos que has hecho en este año en mi Divina Voluntad, estos actos serán tantos soles que me pondrás a mi alrededor, y Yo, ¡oh! cómo estaré contento al ver que la pequeña hija de mi Querer Divino me ha dado por regalo los tantos soles de sus actos, y Yo por correspondencia te daré la gracia de duplicar estos soles de tus actos hechos en mi Querer, para darte la oportunidad de poderme ofrecer un regalo más bello y más rico".
(3) Después ha agregado: "Hija mía, cada manifestación que te he hecho sobre mi Divina Volunta, es como una página de tu vida, y si tú supieras cuántos bienes encierran estas páginas, cada una de ellas es una corriente entre el Cielo y la tierra, es un sol de más que resplandecerá sobre la cabeza de todos, estas páginas serán portavoces de la patria celestial, son pasos que hace mi Querer Divino para acercarse a las criaturas, por eso estas mis manifestaciones sobre mi Querer, como páginas de vida, formarán una época para las futuras generaciones, en las cuales leerán el reino de mi Fiat, los tantos pasos que ha hecho para venir en medio de ellas, y los nuevos derechos que les cedía para hacerlos reentrar en su reino. Mis manifestaciones son decretos, y sólo me muevo a manifestar un conocimiento cuando quiero dar aquel bien que manifiesto. Por eso todo lo que te he dicho acerca de mi Divina Voluntad, son capitales divinos que he puesto fuera, así que serán las páginas más bellas de tu vida, que

encerrarán la larga historia de mi Voluntad, y entrelazando la historia del mundo, formarán la época más bella de todos los siglos".

(4) Después de esto estaba pensando en el dolor acerbo que sufrió el niñito Jesús en la circuncisión, apenas ocho días de nacido y se somete a un corte tan doloroso, y Jesús moviéndose en mi interior ha agregado:

(5) "Hija mía, en la primera época de su vida, Adán, pecando, hizo una herida a su alma, por donde salió mi Divina Voluntad y por donde entraron las tinieblas, las miserias, las debilidades, que formaron la polilla a todos los bienes del hombre. Así que si bienes tiene sin mi Divina Voluntad, si acaso los tiene, son bienes apolillados, podridos, sin sustancia, por tanto sin fuerza y sin valor. Y Yo que lo amo tanto, en los primeros días de mi vida acá abajo quise someterme a la circuncisión, sufriendo un corte durísimo, que me arrancó mis lágrimas infantiles, y en esta herida Yo abría las puertas a la voluntad humana, para hacerlas reentrar de nuevo en la mía, a fin de que esta mi herida sanase la herida de la voluntad humana y encerrara de nuevo mi Fiat Divino en ella, el cual le habría quitado la polilla, las miserias, las debilidades, las tinieblas, y en virtud de mi Fiat Omnipotente todos sus bienes quedarían rehechos y restablecidos. Hija, desde que fui concebido y desde los primeros días de mi nacimiento, Yo me ocupaba del reino de mi Divina Voluntad, y en cómo ponerlo a salvo en medio a las criaturas; mis suspiros, mis lágrimas, mis sollozos repetidos, mis penas, todo era dirigido a restablecer el reino de mi Fiat sobre la tierra, porque sabía que por cuantos bienes le hubiera dado, el hombre no habría sido jamás feliz, ni poseído plenitud de bienes y de santidad, ni con la divisa de su creación que lo constituye rey y dominador, sino que es siempre el hombre siervo, débil, miserable. En cambio con mi Voluntad y con hacerla reinar en medio a ellos, le habría dado de un solo golpe de fortuna todos los bienes, su morada real y su dominio perdido. Han pasado cerca de veinte siglos y no he cesado, mis suspiros duran aún, y si tantos conocimientos de mi Divina Voluntad te he manifestado, no son otra cosa que mis lágrimas hablantes y los caracteres imborrables de mis penas y suspiros, que formando palabras se manifiestan a ti, para hacerte poner sobre el papel, con los modos más tiernos y convincentes lo que respecta a mi Querer Divino y cómo quiere reinar como en el Cielo así en la tierra. Así que nuestra parte Divina ha decidido con decretos incancelables e imborrables, que nuestra Divina Voluntad venga a reinar sobre la tierra, y no hay quien nos aparte, y como señal de esto hemos enviado del Cielo el ejército de sus conocimientos, si esto no fuera, no valdría la pena poner en riesgo los tantos valores de una Voluntad Divina, y así como por tantos siglos han estado escondidos al hombre, así podrían continuar. Ahora esperamos la parte de las criaturas, que tardan aún en decidirse, especialmente aquellos que difieren el ocuparse en hacer conocer los secretos de mi Querer Divino y el gran bien

de sus conocimientos. Voluntad humana, cómo me eres ingrata, espero tu decisión para darnos el beso y darte el reino que te he preparado, ¿y tú difieres aún? Hija mía, ruega y por parte tuya no pongas ningún obstáculo a un bien tan grande, que será el desahogo más grande de nuestro Amor".

25-20
Enero 6, 1929

### Multitud de gente que no ha llegado a debida estatura porque está fuera de la heredad del Fiat Divino. Donde está el Fiat Divino está la fuerza comunicativa de los bienes divinos.

(1) Continúo mi habitual abandono en el Fiat Divino, y mientras seguía sus actos veía una multitud de gente, todos de baja estatura, mal nutridos, enfermizos, raquíticos y algunos llagados; en esta multitud no había ni frescura infantil, ni belleza de edad juvenil, ni dignidad de hombre maduro, parecía una revoltijo de gente sin régimen, sin alimentos suficientes, hambrientos, y que si comían no se saciaban jamás, ¡cuánta compasión despertaba esta gran muchedumbre, que parecía que fuese todo el mundo! Yo no sabía quiénes eran, ni el significado de su naturaleza por la que ninguno había alcanzado su debida estatura, y mi amado Jesús suspirando ha salido de dentro de mi interior y me ha dicho:

(2) "Hija mía, qué infeliz muchedumbre, no son otra cosa que la gran turba que se salió de la heredad paterna dada a ellos por su Celestial Padre, pobres hijos sin herencia paterna, no tienen tierras donde estar al seguro, no tienen alimentos suficientes para nutrirse y están obligados a vivir de robos, rapiña, y de alimentos sin sustancia, y por eso les resulta muy difícil el crecer a debida estatura, porque sus miembros no tienen fuerza suficiente para desarrollarse, y por eso están raquíticos, enfermos, hambrientos, sin saciarse jamás, todo lo que toman no se adapta a su crecimiento porque no son alimentos adecuados y establecidos para ellos, ni de su herencia. Hija mía, la herencia dada por mi Celestial Padre a esta muchedumbre era mi Divina Voluntad, en Ella debían encontrar alimento para crecer a debida estatura, aire balsámico para volverlos sanos y fuertes, el cual debía pintar sobre sus rostros la frescura infantil, la belleza juvenil y la dignidad y gracia del hombre maduro, no había bien que esta herencia no poseyera, del cual el hombre debía ser el dueño, y tener a su disposición todos los bienes que quisiera, en el alma y en el cuerpo. Por eso, en cuanto el hombre salió de la heredad de mi Divina Voluntad, no encontró más las cosas a su disposición, no fue más dueño, sino siervo y está obligado a vivir con penurias, ¿cómo puede crecer a debida estatura? He aquí el por qué espero con tanto amor la muchedumbre de quienes deben vivir en nuestra heredad del Fiat Divino.

Nuestra Voluntad nos formará la bella muchedumbre de justa estatura, bella y fresca, que será nutrida con alimentos sustanciosos que los volverán fuertes y desarrollados y formarán toda la gloria de nuestra obra creadora. Nuestro dolor es grande al mirar a esta turba infeliz y deformada, y en nuestro dolor repetimos: '¡Ah!, nuestra obra no salió de nuestras manos creadoras enferma, sin belleza y sin frescura, sino que era un amor el sólo mirarla, nos extasiaba, tan bella era'. Pero mientras decimos esto, nuestro amor se inflama, quiere salir fuera, y quiere poner en camino a nuestro Querer Divino para hacerlo reinar en medio a las criaturas, para restablecer bella y graciosa nuestra obra, como salió de nuestras manos creadoras".

(3) Después seguía pensando en el Fiat Supremo, y ¡oh! cuántas cosas comprendía de Él, me parecía verlo todo majestad, todo luz, haciendo salir felicidad, fortaleza, santidad, amor, y estos desahogos formaban mares interminables que querían verterse sobre las criaturas, pero, ¡ay de mí! éstas no pensaban en recibirlos, y estos mares quedaban suspendidos sobre su cabeza. Pero mientras mi mente estaba inmersa en el Fiat Divino, mi dulce Jesús moviéndose en mi interior me ha dicho:

(4) "Hija mía, donde está mi Querer Divino está la fuerza comunicativa de todos los bienes divinos, y como olas impetuosas corren sobre la criatura que lo posee, nuestros desahogos de felicidad, de luz, de fuerza, etc., y tiene virtud de cambiar naturaleza a las cosas más duras, más dolorosas, más amargas, donde está mi Fiat Divino las cosas más duras se hacen blandísimas, los dolores se cambian en alegrías, las amarguras en dulzuras, la tierra se hace Cielo, los sacrificios conquistas. Tu ejemplo es más que suficiente para convencerte de lo que te digo, mira, si no estuviese en ti mi Querer, inmovilizada como estás, por tan largos años dentro de una cama, sin ver y gozar ni sol, ni aire, ni placeres de tierra, es más, puedes decir que no los conoces, habrías sido la criatura más infeliz, ¡oh! cómo te habría sido duro y amargo tu estado. En cambio mi Fiat Divino, poseyendo la fuente de la felicidad, desbordándose sobre de ti y corriendo hasta en la médula de tus huesos, te comunica su felicidad, y con su fuerza te adormece todos los males y te vuelve feliz, y ¿si tú supieras cómo estoy contento al verte feliz? Pero sobre todo verte feliz no en un estado de placer, de diversión, sino confinada dentro de una cama, esto me extasía, me hace llegar a un delirio de amor, me atrae mucho a ti, y en mi delirio de amor te digo: '¡Oh! prodigio de mi Fiat Divino, que vuelve feliz a mi hija en un estado en que el mundo habría gritado infelicidad, desventura, y tal vez que jamás se ha visto y menos entendido. En cambio con mi Querer Divino es la más feliz de las criaturas, la más pacífica, la dominadora de sí misma, porque dentro de ella corre la vena de la felicidad de mi Fiat, que sabe convertir todas las cosas en gozos y felicidad sin fin'. Hija mía, mi único contento es ver feliz a la criatura, y como lo que la vuelve infeliz es el querer humano, quitado éste, todas las

infelicidades terminan, no tienen más razón de existir, pero lo que hace morir todas las infelicidades humanas es sólo mi Voluntad, delante a Ella todos los males se sienten morir, Ella es como el sol que surge en la mañana, que tiene virtud de poner en fuga las tinieblas de la noche, las tinieblas ante la luz mueren, no tienen más derecho de existir. Así es de mi Divina Voluntad".

25-21
Enero 13, 1929

### Los profetas. Cómo el reino de la Redención y el del Fiat se dan la mano. Necesidad de que se conozca lo que respecta al reino de la Divina Voluntad.

(1) Estaba siguiendo mi giro en los actos del Fiat Divino, y habiendo llegado al punto de acompañar a los profetas cuando el Querer Divino manifestaba a ellos el cómo y el cuándo de la venida del futuro Redentor, y ellos lo suspiraban con lágrimas, oraciones y penitencias, y yo haciendo mío todo lo que ellos hacían, siendo todo esto frutos del eterno Fiat Divino, lo ofrecía para pedir su reino sobre la tierra, pero mientras esto hacía, mi dulce Jesús moviéndose en mi interior me ha dicho:

(2) "Hija mía, cuando un bien es universal y debe y puede llevar bien a todos, es necesario que pueblos enteros, y si no en todos, en gran parte, sepan el bien que deben recibir, y con las oraciones, suspiros, deseos y obras impetren un bien tan grande, de manera que el bien que quieren quede concebido primero en las mentes, en los suspiros, en los deseos, en las obras y hasta en los corazones, y después les viene dado en realidad el bien que suspiraban. Cuando un bien que se debe recibir es universal, se requiere la fuerza del pueblo para conseguirlo, en cambio cuando es individual o local, puede bastar uno para obtener el intento. Así que antes de venir sobre la tierra y quedar concebido en el seno de la Soberana del Cielo, puedo decir que fui concebido en las mentes de los profetas, y Yo confirmaba y daba valor a esta especie de concepción en ellos, con mis manifestaciones del cuándo y del cómo debía venir sobre la tierra para redimir al género humano. Y los profetas, fieles ejecutores de mis manifestaciones, hacían de heraldos, manifestando con sus palabras a los pueblos lo que Yo había manifestado de mi venida a la tierra y concibiéndome en las palabras de ellos hacían volar de boca en boca la noticia de que el Verbo quería venir a la tierra, con esto no sólo quedaba concebido en la palabra de los profetas, sino también quedaba concebido en la palabra del pueblo, de modo que todos hablaban de ello y rogaban y suspiraban al futuro Redentor. Y cuando fue difundida en los pueblos la noticia de mi venida sobre la tierra, y un pueblo casi entero, a cuya cabeza

estaban los profetas, rogaba, suspiraba con lágrimas y penitencias quedando en la voluntad de ellos como concebido, entonces hice venir a la vida a la Reina en la cual debía concebirme en realidad, para hacer el ingreso en un pueblo que desde hacía cuarenta siglos me suspiraba y me deseaba. Qué delito no habrían cometido los profetas si hubiesen ocultado, escondido en ellos mismos mis manifestaciones sobre mi venida, habrían impedido mi concepción en las mentes, en las oraciones, palabras y obras del pueblo, condición necesaria para que Dios pudiera conceder un bien universal, como era mi venida a la tierra.

(3) Ahora hija mía, el reino de la Redención y el reino de mi Fiat Divino se dan la mano, y siendo también éste un bien universal, que queriendo, todos pueden entrar en él, es necesario que su noticia la sepan muchos y quede concebido en las mentes, en las palabras, en las obras y corazones de muchos, a fin de que se dispongan con las oraciones, con los deseos y con una vida más santa, a recibir el reino de mi Divina Voluntad en medio de ellos; si la noticia no se divulga, mis manifestaciones no hacen de heraldos, ni vuelan de boca en boca los conocimientos sobre mi Fiat Divino que formarán la concepción de Él en las mentes, oraciones, suspiros y deseos de las criaturas, mi Querer Divino no hará el ingreso triunfal de venir a reinar sobre la tierra. Cómo es necesario que los conocimientos sobre mi Fiat se conozcan, y no sólo eso, sino que se haga conocer que mi Divina Voluntad ya quiere venir a reinar como en el Cielo así en la tierra en medio a las criaturas; y a los sacerdotes, como nuevos profetas les toca el trabajo, y con la palabra, con lo escrito y con las obras, hacer de heraldos para hacer conocer lo que concierne a mi Fiat Divino. No será menor su delito que el de los profetas si éstos hubiesen escondido mi Redención. Con no ocuparse por cuanto puedan de lo que respecta a mi Divina Voluntad, ellos serán la causa de que un bien tan grande no sea conocido ni recibido por las criaturas, y sofocar el reino de mi Divina Voluntad, tener suspendido un bien tan grande que no hay otro similar a él, ¿no es acaso un delito? Por eso te recomiendo, por parte tuya, no omitir nada, y ruega por aquellos que se deben ocupar en hacer conocer tanto bien".

(4) Después ha agregado con un acento más tierno y afligido: "Hija mía, ésta era la finalidad por la cual permitía la necesidad de la venida del sacerdote, a fin de que tú pusieras en ellos como sagrado depósito todas las verdades que te he dicho acerca de mi Fiat Divino, y ellos fuesen atentos y ejecutores fieles de lo que Yo quiero, esto es, que hagan conocer el reino de mi Divina Voluntad; puedes estar segura que no habría permitido su venida si no fuese por cumplir mis grandes designios sobre la familia humana. Y así como en el reino de la Redención dejé a mi Mamá Reina en medio de los apóstoles, a fin de que junto con Ella, ayudados y guiados por Ella pudiesen dar el principio al reino de la Redención; y porque la Soberana Celestial

sabía de él más que todos los apóstoles, era la más interesada, se puede decir que lo tenía formado en su materno corazón, así que podía muy bien instruir a los apóstoles en las dudas, en el modo, en las circunstancias, era el verdadero sol en medio de ellos, bastaba una palabra suya para hacer que mis apóstoles se sintieran fuertes, iluminados y reafirmados. Así para el reino de mi Fiat Divino, habiendo puesto en ti el depósito de él, te tengo aún en el exilio a fin de que como nueva madre, pudiesen los sacerdotes tomar de ti lo que puede servir de luz, de guía, de ayuda, para dar principio a hacer conocer el reino de mi Divina Voluntad. Pero viendo el poco interés, si supieras cuánto sufro, por eso reza, reza".

25-22
Enero 20, 1929

### Cómo la Creación es un ejército divino.
### Donde está el Divino Querer hay vida perenne.

(1) Mi abandono en el Fiat Divino continúa, y siguiendo sus actos que hizo en toda la Creación, quería dar la gloria a mi Creador que cada cosa creada contenía, porque a pesar de que cada cosa creada es gloriosa, noble, santa, de origen divino, porque es formada por el Fiat creador, pero cada cosa posee una propiedad distinta la una de la otra, de modo que cada una da su gloria a Aquél que la ha creado. Entonces, mientras mi pequeña y pobre inteligencia se perdía en la Creación, mi dulce Jesús moviéndose en mi interior me ha dicho:

(2) "Hija mía, cada cosa creada tiene su oficio especial, según como Dios las ha creado, y todas me son fieles en el oficio que cada una posee, dándome gloria continua y distinta la una de la otra; la Creación es mi ejército divino, unida e inseparable mientras son distintas, y todas corren sin detenerse jamás con el único fin de glorificar a su Creador. Es como un ejército: quién la hace de general, quién de capitán, quién de oficial, y quién de pequeño soldado, todos atentos a servir al rey, cada uno en su puesto, en perfecto orden y fieles al ejercicio de cada oficio. Poseyendo cada cosa creada un acto de mi Voluntad Divina, esto le basta para mantenerse en su puesto en orden perfecto, siempre bellas y siempre nuevas y en acto de glorificar a Aquél que las creó. Donde está mi Voluntad Divina hay vida perenne, armonía y orden, firmeza inquebrantable, sin que ningún evento pueda apartarla de su puesto y todos felices en el oficio que cada uno posee. Así habría sido el hombre si la voluntad humana no me lo hubiera arrancado de mi Voluntad, un bello ejército, todo ordenado y cada uno en su oficio, feliz y en acto de glorificarme siempre, y mientras glorificaba a su Creador quedaba él glorificado. Por eso quiero que mi Fiat Divino regrese a reinar en medio a

las criaturas, porque quiero mi ejército, todo ordenado, noble, santo, y con la marca de la gloria de su Creador".

25-23
Febrero 3, 1929

### Reconocer la Creación y Redención, es reconocer el dominio divino. Estrechas uniones que hay entre el Cielo y quien vive en la Voluntad Divina, y cómo quien vive en Ella es todo una unidad.

(1) Mi pobre y pequeña alma nada en el mar amarguísimo de la privación de mi dulce Jesús, y sintiéndome privada de Él, me siento más que nunca suspirar por la patria celestial. ¡Oh, cómo es amarga la tierra sin Jesús, junto con Él es más soportable, pero sin Él, de hecho no se puede vivir, y si no fuera porque junto al mar de su privación corre más extenso el mar del Fiat Divino, que con su luz disminuye en parte la dureza e intensidad del dolor de la privación de Jesús, quién sabe desde hace cuánto tiempo habría, por la fuerza del dolor, emprendido el vuelo a las regiones celestiales, pero ¡Fiat!, ¡Fiat! Después estaba siguiendo mi giro en la Creación y Redención, llamando en mi mente a todos los actos hechos por Dios para seguirlos, dando por cada uno de los actos los homenajes, la adoración, el amor, el agradecimiento debidos. Y mi dulce Jesús moviéndose en mi interior me ha dicho:
(2) "Hija mía, con llamar a los actos de la Creación y Redención para conocerlos, seguirlos y honrarlos, la criatura no hace otra cosa que reconocer el dominio divino en todas las cosas, y mi Divino Querer se siente dar los honores, los homenajes a Él debidos, y atraído forma su reino en medio a las criaturas".
(3) Después de esto sentía que no podía más sin Jesús, me faltaban las fuerzas, estaba de tal manera abatida, que si mis penas internas se pudieran ver habría hecho llorar al Cielo y a la tierra por compasión, pero creo que el Fiat Divino, así como con su Luz me eclipsa a mi dulce Jesús, así eclipsa mis penas, de modo que ninguno sabe nada de mi duro martirio, es un secreto que existe sólo entre mí, Jesús y el Santo Querer Divino, todos los demás ninguno sabe nada, y mirándome bajo la Luz del Fiat, tal vez me crean la más feliz de las criaturas, ¡Oh! potencia de la Divina Voluntad que sabes cambiar las cosas, y donde estás Tú haces ver todo bello y bueno, más bien con tu luz adornas las penas y las haces ver como perlas raras y preciosas, que encierran dentro mares de alegría y de felicidad, cuántas cosas sabes hacer; ¡oh! Voluntad Divina, bajo tu imperio de luz no se puede hacer otra cosa que callar, amarte y seguirte. Pero mientras mi pequeña

mente se perdía en su luz y bajo la opresión tremenda de la privación de Jesús, en cuanto lo he sentido moverse en mi interior me ha dicho:

(4) "Hija mía, ánimo, no te abatas, todo el Cielo está fijo sobre ti, y sienten por la fuerza irresistible de mi Fiat tal unión contigo, que no pueden hacer menos que mirarte, amarte y concurrir a todos tus actos. Tú debes saber que los ángeles, los santos, la Soberana Reina, todos son una unidad, no otra cosa es su ser, que un acto solo de Divina Voluntad, así que no se ve otra cosa en cada uno de ellos que Voluntad Divina, el pensamiento, la mirada, la palabra, la obra, el paso, así que no se ve otra cosa que Fiat, Fiat, y esto constituye toda la plenitud de la felicidad de todos los santos. Ahora, quien hace y vive en mi Voluntad en la tierra, es similar a los habitantes del Cielo, esto es, toda una unidad, y forma un solo bloque con ellos, de modo que si el alma viadora piensa, los santos piensan junto; si ama, si obra, aman y obran junto, hay tal unión entre esta alma y el Cielo, que forman todos juntos un solo acto de mi Voluntad, tanto, que todos los habitantes celestiales están a la espía para ver lo que hace la criatura en la tierra para hacer que nada se le escape. Mi Divina Voluntad donde reina tiene su Cielo y tiene virtud de raptar el Cielo a la tierra y la tierra al Cielo, y de formar una sola cosa. Por eso, ánimo, no te abatas, piensa que tienes que obrar con un Querer Divino, y esto debería volverte contenta".

25-24
Febrero 10, 1929

**Quien vive en el Querer Divino le presta su nada, y el Fiat se sirve de esa nada como espacio para ejercitar su creación.**

(1) Estaba haciendo mi giro en la Creación para seguir todos los actos que el Fiat Divino ha hecho y está continuando en ella, y no sólo eso, sino que mi pobre mente iba buscando todo lo que el Querer Divino había hecho en Adán y en todas las generaciones, antes y después de la Redención. Me parecía que todos los actos hechos por la Divina Voluntad, tanto en la Creación como en las criaturas, eran más que soles a los cuales debía seguir, abrazar y hacerlos míos, y si bien lo hacía, mi pobre corazón no podía hacer menos de sentir las torturas de la privación de mi sumo bien Jesús, y Él, moviéndose en mi interior me ha dicho:

(2) "Hija mía, ánimo, en quien vive en mi Divina Voluntad y sigue sus actos, mi Fiat continua su creación, y en cada acto de mi Fiat que la criatura sigue, Él se pone en actitud de formar sus creaciones, y mi Fiat Divino sólo está contento cuando ve en el alma que vive en Él, alineados y ordenados todos sus actos, como una nueva creación, y por lo tanto un nuevo cielo, un nuevo sol, un mar más bello, una floración más sorprendente. Y después, como el

acto de crear al hombre fue el más bello, el más tierno, hecho en una hoguera de amor, el más intenso, quiere repetir sobre la criatura que vive en mi Querer los actos que hicimos en el acto de crear al hombre y, ¡oh! cómo se pone en fiesta mi Fiat al repetir sus actos, porque solamente en quien vive en Él puede tener su acto de siempre crear cosas que ha hecho y cosas nuevas, porque el alma le presta su nada escombrada, donde mi Querer se sirve de ella como espacio para crear lo que quiere, casi como se sirvió del vacío del universo para extender el cielo, para crear el sol, poner límites al mar, para dar lugar a la tierra de formar sus bellas floraciones. Es esta la causa por la que tú giras en los actos de mi Fiat, y en tu mente pasan como tantas olas de luz, en las cuales tú sigues y sientes impresa en ti, como tantas escenas, la creación del hombre en acto de ser creado, la Reina del Cielo en acto de ser concebida, el Verbo que desciende, y tantos otros actos hechos por mi Querer y la Potencia de mi Fiat creador que quiere siempre hacer, siempre dar, sin cesar jamás. Por eso sé atenta, que se trata de mucho, nada menos debes estar en acto de recibir sobre ti el acto continuado de mi Querer creante; Él no sentirá haber cumplido su trabajo en ti si no ve todos sus actos encerrados en tu alma como testimonio y triunfo de su reinar en ti. Por eso toda su atención es mirar si todos sus actos tienen vida en ti; pero, ¿sabes cómo vienen creados estos actos en ti? Tú, con llamarlos, con reconocerlos y amarlos, y mi Querer con pronunciar su Fiat sobre tu llamado y sobre tu amor, forma la vida de sus actos en ti, y es tanta la continuidad de su trabajo en ti, que no se detiene ni siquiera al verte torturada por el dolor de mi privación, porque tiene mucho que hacer, y por eso sigue adelante, y Yo lo dejo hacer, porque tú y Yo en todo debemos cederle el primado a nuestro Querer, por el justo triunfo de su causa, para darle campo de formar su reino".

25-25
Febrero 17, 1929

### El alma que vive en el Divino Querer es inseparable de Él. Ejemplo de la luz.

(1) Estaba haciendo mi giro en los actos del Fiat Divino, pero con una opresión que me quitaba la vida por las acostumbradas privaciones de mi dulce Jesús. Todo era fatiga y amargura indecible, me parecía que aquella Divina Voluntad que me daba la vida y que posee mares inmensos de luz, de alegría, de felicidad sin término, para mí se habían atravesado nubes de opresión y de amarguras por las privaciones de Aquél que, habiendo vivido y crecido tanto tiempo juntos, ahora su ausencia me forma las nubes para amargarme la luz y la felicidad de su misma Divina Voluntad. ¡Oh Dios, qué

pena! Pero mientras seguía los actos del Fiat Divino en este estado, mi amado Jesús moviéndose apenas en mi interior me ha dicho:

(2) "Hija mía, ánimo, no te oprimas demasiado, tú debes saber que quien vive en mi Divina Voluntad es inseparable de Ella y de Mí. Ella es similar a la luz, la cual contiene luz, calor y colores, los cuales, si bien distintos entre ellos, sin embargo son inseparables, la luz no puede ni estar, ni puede tener vida sin el calor, el calor no puede tener vida sin la luz, y los colores vienen formados por la fuerza de la luz y del calor, el uno no puede estar sin el otro, una es la vida, una es la fuerza. La luz, el calor y los colores comienzan la vida juntos, la continúan sin separase jamás, y si deben morir, todos de un golpe terminan la vida. Así es la inseparabilidad del alma que vive en mi Divina Voluntad, ella es inseparable de Mí y de todos los actos de mi Fiat Divino, ella entra en la vida de la luz y del calor de mi Querer Divino, y adquiere la vida de su luz y de su calor, y así como su acto incesante, se puede llamar a la multiplicidad e infinitud de sus actos, colores que produce mi Divina Voluntad, así el alma forma un solo acto con Ella. Tú debes saber que es tal y tanta la inseparabilidad de quien vive en mi Divino Querer, que cuando la eterna Sabiduría creaba el cielo, el sol y todo el universo, tú estabas junto Conmigo y corrías en mi Fiat Divino como luz, calor y colores; me habría cuidado muy bien de hacer un solo acto de mi Voluntad sin mi pequeña hija, o de quien viva en Ella, sería como si me faltase la fuerza de la luz, del calor y de los colores, esto no me puede faltar, y por eso eres inseparable de Mí, por eso ánimo y no te oprimas".

(3) Entonces yo al oír esto le he dicho: "Amor mío, si esto fuera, que en todos los actos de tu Divina Voluntad entro yo en medio, Adán antes de pecar poseía tu Fiat, así que cuando él pecó también yo estaba, y esto no me gustaría". Y Jesús ha agregado:

(4) "Hija mía, tú debes saber que en mi Divina Voluntad está el acto permisivo y el acto querido; en la caída de Adán estuvo el acto permisivo, pero no querido por Ella; y en el acto permisivo la luz, el calor y multiplicidad de los colores de mi Divina Voluntad se ponen a un lado y quedan intangibles, sin mezclarse en el acto humano, en cambio en el querido forman un solo acto y una sola cosa. ¿Queda tal vez manchada la luz del sol porque pasa sobre inmundicias? Ciertamente que no, la luz queda siempre luz y las inmundicias quedan inmundicias, es más, la luz triunfa sobre todo y queda intangible a todo, sea que la pisen, sea que invista las cosas más sucias, porque en su vida de luz no entran cosas extrañas a la luz. Más que sol es mi Divina Voluntad, Ella, como luz corre en todos los actos humanos, pero queda intangible de todos los males de las criaturas, y sólo entra en Ella quien quiere ser luz, calor y colores, todo lo demás no le pertenece, esto es, quien quiere vivir sólo y siempre de su Divina Voluntad.

Por eso puedes estar segura que tú no entraste en la caída de Adán, porque no fue su caída un acto de luz, sino de tinieblas, las cuales una hace huir a la otra".

25-26
Febrero 22, 1929

### Cuando Luisa escribe, el Querer Divino es el que dicta, se hace actor y espectador. Orden ordinario y orden extraordinario que tiene la Divinidad en la Creación.

(1) Estando en la máxima amargura de la privación de mi dulce Jesús, estaba escribiendo lo que está escrito arriba, y si bien lo hacía con un esfuerzo increíble debido al estado en que me encontraba, sin embargo lo quería hacer para darle como un último testimonio de homenaje a aquel Fiat que con tanto amor se había manifestado conmigo, y ahora, aunque tanto escasea en su decir, no quiero que las pequeñas gotitas de luz que me manifiesta queden perdidas. Y pensaba entre mí: "¿Quién sabe y no sea la última gotita de luz que pongo sobre el papel?" Pero mientras esto pensaba, mi amado Jesús ha salido de dentro de mi interior y poniéndome los brazos al cuello me ha estrechado fuertemente en sus brazos y me ha dicho:

(2) "Hija mía, en cuanto te has puesto a escribir me he sentido atraer tan fuerte, que no he podido resistir, de modo que desbordando de ti mi Fiat, me ha puesto fuera para dirigir, mientras tú escribes, lo que te he manifestado sobre mi Querer Divino, esto es un empeño, es derecho sagrado y divino que Él tiene, de ser el actor, el que dicta y el espectador mientras tú escribes, a fin de que todo sea luz y verdades sorprendentes, en modo que se pueda conocer a claras notas los rasgos divinos de mi Voluntad. Crees que seas tú la que escribe, no, no, tú no eres otra cosa que la parte superficial; la sustancia, la parte primaria, la que dicta, es mi Divina Voluntad, y si tú pudieras ver la ternura, el amor, las ansias con las cuales pone su Vida mi Fiat sobre estas hojas, tú te morirías destrozada de amor".

(3) Dicho esto se ha retirado en mi interior, y yo como reanimándome del encantamiento de Jesús continué escribiendo, pero me sentía toda luz, sentía que todo se me sugería, que se me ponían las palabras en la boca, yo no sé decir lo que sentía al escribir. Después de haber terminado de escribir me he puesto a rezar, pero con el clavo en el corazón porque no sabía cuando regresara nuevamente Jesús, y me lamentaba porque aún no me lleva al Cielo. Entonces recordaba las tantas veces que me había puesto en condiciones de fin de vida, como si estuviera en acto de atravesar las puertas del Cielo, y mientras estaban en acto de abrirse para recibirme en la beata morada, la obediencia se había impuesto sobre mi pobre existencia y

cerrándome las puertas era obligada a permanecer en el duro exilio de la vida. ¡Oh, cómo, si bien santa, es cruel y casi tirana la bendita obediencia en ciertas circunstancias! Y pensaba entre mí: "Quisiera saber si ha sido la obediencia o bien no ha llegado el punto final de mi existencia acá abajo". Pero mientras esto pensaba y tantas otras cosas se amontonaban en mi mente, con una amargura indecible que parecía que me envenenaba, mi Sumo Bien Jesús, mi amada Vida me ha sorprendido y haciéndose ver de nuevo me ha dicho:

(4) "Hija mía, debes saber que en nuestra Divinidad está el orden ordinario para toda la Creación, y esto no es cambiado por cualquier incidente ni un punto, ni un minuto antes, ni un minuto después, la vida termina cuando está establecido por Nosotros, somos inmutables a este respecto; pero también en Nosotros está el orden extraordinario, y como somos dueños de las leyes de toda la Creación, tenemos el derecho de cambiarlas cuando queremos. Pero si las cambiamos debe entrar dentro una gran gloria nuestra y un bien grande a toda la Creación, no por cosas pequeñas cambiamos nuestras leyes. Ahora hija mía, tú sabes que la obra más grande es establecer el reino de mi Voluntad Divina sobre la tierra, hacerlo conocer, no hay bien que la criatura pueda recibir si no lo conoce, que maravilla entonces es la tuya si hemos cedido a la obediencia para no hacerte morir. Mucho más que tú por la conexión que tienes con mi Fiat Divino entras en el orden extraordinario, y siendo cada conocimiento de mi Querer Divino tantas Vidas Divinas salidas de nuestro seno, se necesitaba el sacrificio de tu vida para recibirlas y la privación del mismo Cielo, del cual te arrancaba la obediencia. Además de esto, siendo mi Divina Voluntad, sus conocimientos, su reinar, no sólo el más grande bien a la tierra, sino la gloria completa a todo el Cielo, todo el Cielo rogaba que cedieras a las oraciones de quien te ordenaba, y Yo por atención de mi Querer, mientras te abría las puertas, cedía a sus oraciones. ¿Crees tú que Yo no conozco tu gran sacrificio, tu martirio continuado de estar lejana de la patria celestial y sólo por cumplir mi Querer en quien te ordenaba, y que este sacrificio me ha arrancado las tantas vidas de los conocimientos de mi Fiat? Y además, se necesitaba un alma que conociera el Cielo y cómo se hace mi Voluntad Divina en la morada celestial, para poder confiar sus secretos, su historia, su vida, y que apreciándolos hiciera de ellos vida propia y que estuviera dispuesta a sacrificar su vida, para hacer que otros pudiesen conocer un bien tan grande".

(5) Jesús ha hecho silencio y yo sintiéndome sufriente me lamentaba y reprochaba a Jesús porque no me llevaba con Él al Cielo, y Él:

(6) "Animo hija mía, falta poco de los escritos sobre mi Fiat Divino, mi mismo silencio dice que estoy por cumplir las grandes manifestaciones del Evangelio del reino de mi Divina Voluntad. Esto hice en el reino de la Redención, los últimos días de mi vida no agregué más, más bien me

escondí, y si alguna cosa dije era repetición para confirmar lo que había dicho, porque era suficiente lo que había dicho para hacer que todos pudiesen recibir el bien de ser redimidos, sólo quedaba que lo aprovecharan. Así será del reino de mi Divina Voluntad, cuando haya dicho todo, de modo que nada pueda faltar para poder recibir el bien de conocerlo y para poder poseer todos sus bienes, entonces no tendré más interés de tenerte sobre la tierra, quedará a ellos el aprovecharlo".

25-27
Febrero 27, 1929

### Cómo todos los santos son los efectos de la Divina Voluntad, en cambio quien viva en Ella poseerá su Vida.

(1) Mi abandono en el Fiat Supremo es continuo, y mientras buscaba seguir por cuanto podía los actos del Querer Divino, abrazando todo y a todos, mi dulce Jesús ha salido de dentro de mi interior y me ha dicho:

(2) "Hija mía, toda la Creación, todos los santos, no son otra cosa que los efectos de mi Divina Voluntad, Ella, si habla crea y forma las obras más bellas, cada pequeño movimiento suyo son perfumes de prodigios que pone sobre las criaturas, su pequeño aliento arroja variedad de bellezas sobre quien lo recibe, verdadera imagen del sol, que sólo con que invista la tierra, con su toque de luz da las tantas variedades de los colores, de dulzuras a todas las plantas. Ninguno puede negar que sólo conque se haga tocar por su luz, no ha recibido el bien que ella contiene. Más que sol es mi Divina Voluntad, con solo que se hagan tocar, su toque milagroso debe producir un bien, que perfumándolo y calentándolo con su luz le hará sentir sus benéficos efectos de santidad, de luz y de amor. Ahora, los efectos de mi Fiat son dados a quien hace mi Divina Voluntad, quien adora sus disposiciones, quien con paciencia soporta lo que Ella quiere, haciendo así la criatura reconoce que existe esta Voluntad Suprema, y Ella, viéndose reconocida, no le niega sus admirables efectos; en cambio quien debe vivir en mi Divino Querer, debe poseer en sí toda la Vida y no sólo los efectos, sino la Vida con todos los efectos de mi Fiat Divino. Y como no hay santidad pasada, presente y futura en que mi Divina Voluntad no haya sido la causa primaria, en todas las especies de santidad que hay, por eso Ella retiene en Sí todos los bienes y efectos de santidad que ha sacado a la luz del día, así que en el alma que viva en mi Querer, poseyendo su Vida con todos sus efectos, se verán juntas en ella todas las santidades que ha habido y ella podrá decir: 'Los otros han hecho una parte de la santidad, yo en cambio he hecho todo, he encerrado todo en mí, lo que ningún santo ha hecho'. Por tanto se verá en ella la santidad de los antiguos, la de los profetas, la de los

mártires, se verá la santidad de los penitentes, las santidades grandes y las pequeñas, y no sólo eso, sino que se verá toda la Creación pintada en ella, porque mi Divina Voluntad nada pierde con sacar sus obras, porque mientras las pone fuera las retiene en Sí como fuente primaria. Por eso quien vive en Ella, no hay cosa que haya hecho o que hará mi Divino Querer que ella no tendrá en posesión. Qué encanto y estupor no sería si una criatura pudiese encerrar dentro de sí toda la esfera del sol con toda su luz, ¿quien no diría que ella contiene todos los efectos, los colores, la dulzura, la luz que el sol ha dado y dará a toda la tierra y a todas las plantas, grandes y pequeñas? Si esto pudiera ser, se asombrarían Cielo y tierra, y todos reconocerían que cada uno de sus efectos que poseen están encerrados en aquella criatura que posee la esfera del sol, porque está la vida con todos los efectos; pero humanamente hablando esto no podría suceder, porque la criatura no podría contener ni la fuerza de toda la luz del sol ni de su calor, quedaría quemada, ni el sol tendría virtud de no quemarla; en cambio mi Voluntad tiene virtud de encerrarse, de empequeñecerse, de engrandecerse, como se quiera hacer se hace, y mientras transforma en Sí a la criatura, la conserva en vida, y dándole todas sus tintas de belleza la vuelve dominadora y poseedora de sus dominios divinos. Por eso sé atenta hija mía, reconoce el gran bien de la Vida de mi Fiat en ti, que mientras te posee, te quiere volver poseedora de todo lo que a Él pertenece".

Después de esto ha agregado:

(3) "Hija mía, quien vive en mi Querer Divino no se aparta jamás de los modos de su Creador y de ser nuestra repetidora, porque mientras es una nuestra esencia, una la Voluntad, una la Vida, uno el amor, una la potencia, pero somos distintos en las Tres Personas, así el alma que vive en Ella, uno es su latido, y en cada latido forma tres actos, uno abraza a Dios, el segundo abraza a todas las criaturas, el tercero a sí misma; y así si habla, si obra, en cada cosa que hace forma estos tres actos, que haciendo eco a la Potencia, Sabiduría y Amor de Aquél que la ha creado, abraza todo y a todos".

25-28
Marzo 3, 1929

### La Divina Voluntad está siempre en acto de renovar lo que hizo en la creación del hombre. Ella contiene la virtud cautivadora.

(1) Estaba continuando mi giro en el Fiat Divino, y deteniéndome en el Edén, adoraba a la Voluntad Suprema en el acto de crear al hombre, para unirme a

aquella unión de voluntad que existía entre Creador y criatura cuando fue creada. Y mi sumo Bien Jesús, moviéndose en mi interior me ha dicho:

(2) "Hija mía, la creación del hombre fue el acto más bello, más solemne de toda la Creación. En la plenitud del arrebato de nuestro Amor creante, nuestro Fiat creaba en Adán a todas las otras criaturas, y en él quedaba en acto de crear siempre y de renovar sobre cada criatura lo que hicimos sobre el primer hombre. Porque todos sus descendientes, de él debían tener su origen, y por eso nuestro Querer Divino tomaba el empeño de que conforme las criaturas salían a la luz, renovar nuestros desahogos de amor, poner fuera todas nuestras cualidades divinas y hacer nuevos desahogos de bellezas, de gracias, de santidad, de amor sobre cada una de ellas. Así que cada criatura debía ser una nueva fiesta para Nosotros, la bien salida, la bienvenida, y la feliz agregada en la familia celestial. ¡Oh! cómo nuestro Fiat Divino gozó al ponerse en acto de dar siempre a la criatura y de renovar la magnificencia, la sublimidad y la insuperable maestría que debía tener sobre de cada criatura! Pero como Adán se salió de nuestro Querer Divino, sus descendientes perdieron el camino para venir al primer acto de la creación del hombre, y aunque nuestro Querer Divino no ha interrumpido su acto, porque Nosotros cuando decidimos hacer un acto no hay quién nos aparte, así que está siempre en acto de renovar los prodigios de la Creación, pero a pesar de esto no encuentra sobre quién renovarlos, y espera con una firmeza y paciencia divina que la criatura regrese en su Querer para poder renovar su acto, siempre en acto de poder repetir lo que hizo en la creación del hombre. Y aunque espera a todos, encuentra sólo a su pequeña hija, la recién nacida en mi Querer Divino, que cada día entra en el primer acto de la creación del hombre, cuando nuestro Ser Divino hizo desahogo de todas nuestras cualidades divinas para hacer del hombre el pequeño rey y nuestro hijo inseparable, embelleciéndolo con nuestras divisas divinas, para hacer que todos lo conocieran como el más grande portento de nuestro Amor. ¡Hija mía, si supieras con cuánto amor espera que cada día tú hagas tu pequeña visita en aquel edén donde nuestro Fiat, llevado por un ímpetu de amor se puso en actitud de fiesta para crear al hombre! ¡Oh, cuántos actos reprimidos tiene en sí, cuántos suspiros de amor sofocados, cuántas alegrías contenidas, cuántas bellezas encerradas en sí, porque no hay quién entre en este su acto creante para tomar los bienes inauditos que quiere dar! Y viéndote a ti que en su mismo Querer Divino tienes el camino para llegar al acto de la creación del hombre, ¡oh! cómo se alegra y se siente atraído como por un potente imán para hacerse conocer por las criaturas, a fin de que haciendo reinar mi Divina Voluntad en medio de ellas, encuentren el camino para llegar al primer acto de la creación del hombre, para no tener más reprimidos en sí los bienes que quiere dar a las criaturas. ¡Oh! si supieran las criaturas cuántos nuevos actos creantes, uno más bello que el otro, está

por crear y sacar de sí mi Fiat Divino para verterlos sobre cada una de ellas, cómo se apresurarían por entrar en mi Querer para recomenzar su vida en Él y recibir sus bienes infinitos".

(3) Después seguía al Santo Querer Divino y pensaba entre mí: "¿Pero será verdad que yo poseo este Fiat tan santo? Es verdad que siento que no sé querer ni desear otra cosa, y como un mar que regurgita dentro y fuera de mí, que me envuelve toda en este Fiat Divino y todas las otras cosas siento que no me pertenecen, ¿pero quién sabe si de veras lo poseo?" Mientras esto pensaba, mi amado Jesús ha agregado:

(4) "Hija mía, la señal si un alma posee mi Querer es sentirse dominante de sí misma, de modo que sus pasiones no osan moverse, ante la Luz de mi Fiat se sienten impotentes de obrar, como si no tuvieran vida, porque la potencia y santidad de mi Querer todo derriba, y extiende sobre las mismas miserias de la voluntad humana su luz, su santidad, y las más bellas florituras, de modo que convierte admirablemente las mismas miserias en tierra fecunda y bendita, que no sabe producir más espinas sino flores celestiales, frutos dulces y maduros. Y es tanto el dominio de esta afortunada criatura, que se siente propietaria de Dios mismo, de las criaturas y de todas las cosas creadas; tiene una virtud fascinante, que quien tiene el bien de conocerla, se siente de tal manera unida, que no puede estarse lejano. Es la Potencia de mi Fiat, que encerrada dentro de ella fascina a Dios y se siente feliz de estarse encerrado en ella; fascina a las criaturas, porque sienten el perfume balsámico de mi Fiat Divino que lleva a sus corazones la paz verdadera y el verdadero bien. ¿Qué no harían algunos por tener una palabra de ti, que como vida descienda en sus corazones? Por eso sé atenta y sigue siempre tu vuelo en mi Divina Voluntad".

25-29
Marzo 8, 1929

**La Creación es la banda celestial. El Fiat posee la virtud generativa.**

(1) Continúo girando en los actos del Fiat Divino, y reuniendo toda la Creación, y pidiendo en cada cosa que venga a reinar el Querer Divino sobre la tierra, las llevaba todas juntas a mi Creador para darle la gloria de toda la Creación y decirle: "Majestad adorable, escucha, te ruego, el cielo, las estrellas, el sol, el viento, el mar y toda la Creación, te piden que tu Fiat venga a reinar sobre la tierra, haz que una sea la voluntad de todos". Pero mientras esto hacía, mi adorable Jesús saliendo de dentro de mi interior me ha dicho:

(2) "Hija mía, toda la Creación forma la banda celestial, porque cada cosa creada contiene la luz, la potencia de mi palabra Fiat, que produce la más

bella música. Y así como cada cosa creada es diferente de las otras, así mi Querer Divino, conforme las creaba con su palabra creadora, como las hacía diferentes una de la otra, ponía en ellas un sonido distinto, como tantas notas para formar el más bello concierto que ninguna música terrena puede imitar. La multiplicidad de los sonidos con las notas correspondientes es tanta, por cuantas son las cosas creadas, así que el cielo contiene un sonido, cada estrella tiene su sonido distinto, el sol tiene otro, y así todo lo demás. Estos sonidos no son otra cosa que la participación de la armonía que posee mi Divina Voluntad, porque Ella en cuanto pronuncia su Fiat, poseyendo la virtud generativa, comunicativa y fecundadora, dondequiera que se pronuncia deja sus bellas cualidades de luz, de belleza y de armonía inalcanzable. ¿No es tal vez su virtud comunicativa la que ha comunicado tanta belleza, orden y armonía a todo el universo, y que sólo con su soplo alimenta a toda la Creación, manteniéndola fresca y bella como la creó? ¡Oh! si las criaturas se hicieran alimentar por el soplo de mi Fiat Omnipotente, todos los males no tendrían más vida en ellas, su virtud generativa y alimentadora les comunicaría la luz, la belleza, el orden y la armonía más bella. ¿Qué cosa no puede hacer y dar mi Fiat? Todo. Ahora hija mía, conforme tú recogías todas las cosas creadas para llevárnoslas como el homenaje más bello, para pedirnos nuestro reino sobre la tierra, teniendo cada cosa en sí, como propiedad, las notas y el sonido, pronto han comenzado su música, tan bella y armoniosa que nuestra Divinidad ha escuchado con atención y ha dicho: 'La pequeña hija de nuestro Fiat nos trae nuestra banda celestial, y en su sonido nos dicen, venga el reino de nuestro Querer Divino sobre la tierra.' Oh, cómo nos suena agradable, cómo desciende hasta lo íntimo de nuestro seno divino, y todo nos mueve a compasión por tantas criaturas sin la Vida de nuestro Fiat. ¡Ah! sólo quien vive en Él puede mover Cielo y tierra y subir a nuestras rodillas paternas para arrancarnos un bien tan grande, cual es el Fiat Voluntas Tua come in Cielo così in terra".

(3) Después de esto, seguía a la Divina Voluntad en los múltiples efectos que produce en toda la Creación, y mi siempre amable Jesús ha agregado:

(4) "Hija mía, mi Fiat con un solo acto produce tantos efectos, que sostiene toda la Creación; el acto de Él es la vida que da para formar cada una de las cosas creadas, los efectos son los alimentos que suministra como tantos diversos alimentos a cada cosa para mantenerlas bellas y frescas como las ha creado; así que mi Divina Voluntad es la sostenedora, la alimentadora y la vivificadora de toda la Creación. Ahora, quien vive en mi Querer Divino, junto con Ella sostiene, alimenta y vivifica todas las cosas creadas, es la inseparable de mi Fiat. La criatura en cuanto obra en Él adquiere el soplo, y soplando junto con mi Fiat mantiene siempre en vida lo que una vez fue hecho, es más, tiene virtud de vivificar y llamar a vida a los tantos actos de

mi Voluntad, a los cuales la voluntad humana ha dado la muerte; porque Ella tiene un acto continuado para dar a las criaturas, y cuando estas no han hecho mi Querer, estos actos están muertos para ellos, y quien vive en Él tiene virtud de vivificarlos y conservarlos en vida".

25-30
Marzo 13, 1929

### Cómo el amor divino rebozó en la Creación.
### La Divina Voluntad no sabe hacer cosas a intervalos.
### Cada privación de Jesús es un nuevo dolor.

(1) Siento en mí una fuerza, una potencia divina que me atrae continuamente al eterno Querer, como si me quisiera en continua compañía con sus actos para dar a su pequeña recién nacida la vida de estos actos, y tener el placer de sentírselos repetir o bien de repetirlos junto con ella. Parece que el Fiat Divino goza tanto, festeja, cuando ve en sus brazos de luz a la pequeña recién nacida, o para decirle alguna cosa de su larga historia, o para hacerla repetir junto con Él lo que hace, y el Fiat Divino siente toda la alegría, la felicidad, por haber puesto fuera a la Creación. Después, su luz ha transportado mi pequeña inteligencia al Edén, en el acto cuando nuestro Creador creaba en un ímpetu de amor la vida del amor en Adán, para amarlo siempre sin cesar jamás, como de hecho no cesó jamás, y para ser amado por él con un amor incesante; quiso amarlo con un amor que jamás dice basta, pero quería ser amado. Ahora, mientras mi mente se perdía en el amor del Creador y de la criatura, mi dulce Jesús moviéndose en mi interior me ha dicho:

(2) "Hija mía, en el primer acto de la creación del hombre, nuestro amor regurgitó tan fuerte y levantó tan en alto sus llamas, que hizo oír sus voces arcanas, tan fuertes y penetrantes, que se sintieron investidos el cielo, las estrellas, el sol, el viento, el mar, y todo, por voces misteriosas que gritaban sobre la cabeza del hombre: 'Te amo, te amo, te amo'. Estas voces arcanas y potentes llamaban al hombre, y él sacudido como por un dulce encanto y sintiéndose raptar por cada te amo de Aquél que lo había creado, en su arrebato de amor gritaba también él, en el sol, en el cielo, en el mar y en todo: 'Te amo, te amo, te amo, oh mi Creador'. Nuestra Divina Voluntad que dominaba en Adán, no lo dejaba perder nada, ni siquiera un te amo nuestro que él no respondiese con el suyo; era un amor, un dulce encanto el oírlo, porque la potencia de nuestro Fiat Divino tomaba sobre las alas de su luz el te amo de nuestro hijo, el amado joyel de nuestro corazón, e invadiendo a toda la Creación nos hacía oír en cada cosa creada su te amo continuado, como el nuestro. Nuestra Divina Voluntad no sabe hacer cosas

a intervalos e interrumpidas, sino continuas. Mientras Adán poseyó su amada heredad de nuestro Fiat, poseyó su acto continuo, se puede decir que hacía competencia con Nosotros, que cuando hacemos un acto no se interrumpe jamás, por eso todo era armonía entre él y Nosotros, armonía de amor, de belleza, de santidad, nuestro Fiat no le hacía faltar nada de todas nuestras cosas. En cuanto se sustrajo de nuestro Querer perdió el camino para alcanzar nuestras cosas y formó tantos vacíos entre él y Nosotros, vacíos de amor, vacíos de belleza y de santidad, y formó un abismo de distancia entre Dios y él. Por eso nuestro Fiat quiere regresar como fuente de vida en la criatura, para llenar estos vacíos y hacerla regresar como pequeña recién nacida en sus brazos y darle nuevamente su acto continuo como la creó".

(3) Después de esto me sentía privada de mi sumo bien Jesús, y sentía tal dolor que no sé explicarlo. Por eso después de mucho esperar, mi amada vida ha regresado y yo le he dicho: "Dime amado mío Jesús, ¿por qué la pena de tu privación es siempre nueva? En cuanto Tú te escondes siento surgir en mi alma una pena nueva, una muerte más cruel, más desgarradora, más que aquellas sentidas otras veces cuando Tú te eclipsas de mí". Y mi siempre amable Jesús me ha dicho:

(4) "Hija mía, tú debes saber que cada vez que Yo vengo a ti, Yo te comunico un acto nuevo de mi Divinidad, ahora te comunico un nuevo conocimiento de mi Divina Voluntad, ahora una nueva belleza mía, ahora una nueva santidad mía, y así de todas nuestras divinas cualidades; este acto nuevo que te comunico lleva consigo que cuando quedas privada de Mí, este conocimiento mayor pone en el alma un nuevo dolor, porque por cuanto más se conoce un bien, más se ama; el nuevo amor lleva el nuevo dolor cuando tú quedas privada. He aquí el por qué cuando quedas privada de Mí sientes que un nuevo dolor invade tu alma, pero este alma, pero este nuevo dolor te prepara a recibir, y se forma en ti el vacío donde poner los nuevos conocimientos de la Divina Voluntad. El dolor, la nueva muerte desgarradora que tú sufres por mi privación, es el nuevo reclamo que con voz arcana, misteriosa y raptora me llama, y Yo vengo, y por compensación te manifiesto una nueva verdad que te lleva la nueva vida de tu Jesús. Mucho más que los conocimientos sobre mi Fiat Divino son Vidas Divinas que salen del seno de nuestra Divinidad, y por eso el dolor divino que tú sufres por mi privación tiene virtud de llamar del Cielo a estas Vidas Divinas de los conocimientos de mi Querer a develarse a ti, para hacerlas reinar sobre la faz de la tierra. ¡Oh! si tú supieras qué valor contiene, qué bien puede producir un solo conocimiento sobre mi Divina Voluntad, lo tendrías como la más preciosa reliquia, y la custodiarías más que Sacramento. Por eso déjame hacer y abandónate en mis brazos, esperando que tu Jesús te lleve las Vidas Divinas de los conocimientos de mi Fiat".

25-31
Marzo 17, 1929

**Lo que Jesús ha manifestado sobre su adorable Voluntad son partos divinos. Su dolor cuando ve que no son custodiadas estas verdades.**

(1) Estaba toda abandonada en el Fiat Divino, mi pobre mente me la sentía inmersa en el mar de su luz interminable, y mi adorable Jesús, moviéndose en mi interior me ha dicho:

(2) "Hija mía, mi Divina Voluntad está en acto de formar continuos partos, y en estos partos genera y pare luz, genera y pare otras Vidas similares a Ella, genera y pare santidad y belleza. La primera generación viene formada en nuestro seno divino, y después salen nuestros partos innumerables. ¿Pero quieres saber cuando generamos y formamos estos partos? Cuando queremos poner fuera una verdad, primero como a un amado hijo lo generamos en nuestro seno, y después como parto nuestro lo ponemos fuera, a fin de que descienda en lo bajo de las criaturas en quien la reciba y le dé libertad de hacerla generar, a fin de que produzca otros partos, y entonces todas las criaturas puedan tener a nuestro amado hijo generado en nuestro seno; así que nuestras verdades descienden del Cielo para generar en los corazones y formar la larga generación de mis partos divinos. Mira entonces hija mía, cada verdad que te he manifestado sobre mi Divina Voluntad era un hijo generado en nuestro seno paterno, que poniéndolo fuera te llevaba el hijo de nuestra Luz, el hijo de nuestra belleza, de nuestra santidad y de nuestro amor, y si te ha sido dada la gracia de ponerlos fuera, ha sido porque han encontrado en ti el lugar y libertad de poder generar, de modo que no pudiendo contener en ti los tantos partos de los hijos de nuestras verdades, los has puesto fuera en quien ha tenido el bien de escucharte. Por eso quien no tiene en cuenta estas verdades, no las estima, aprecia y ama, se puede decir que es a un hijo nuestro al que no aprecia y ama, la cosa más grande que existe en el Cielo y en la tierra, y con no amarlo y estimarlo vienen a sofocar a estos nuestros hijos y a impedir su generación. No hay mal más grande que éste, que no se usen todos los cuidados para custodiar una verdad nuestra como al más grande de los tesoros, porque ella es hija nuestra, es la portadora de nuestra Vida en la tierra, y ¿qué bien no puede hacer una verdad nuestra? Ella contiene la Potencia de nuestro Fiat, y tan vasta que tiene el poder de salvar a un mundo entero. Mucho más que cada verdad posee un bien distinto para darlo a las criaturas y una gloria a Aquél que la ha generado; impedir el bien y la gloria que nos deberían dar nuestros amados partos, es el más grande de los delitos. Por eso te he dado tanta gracia, te he suministrado las

palabras, he dirigido tu mano mientras escribías, para hacer que los hijos de mis verdades no fueran sofocados y como sepultados en tu alma, y para hacer que nada omitieras me he puesto junto a ti, te tenía en mis brazos como una tierna madre tiene a su pequeña hija, y ahora te atraía con promesas, ahora te corregía, y ahora te reprendía severamente cuando te veía reacia a escribir las verdades que te había manifestado, y tenía interés porque eran Vidas e hijos míos, y que, si no hoy, mañana habrían salido a la luz. Tú no puedes comprender mi dolor al ver el descuido de quien ha perdido los tres volúmenes de mi Divina Voluntad; ¿cuántas verdades no había dentro de ellos? ¿Cuántas Vidas no han sofocado y formado la tumba a mis hijos que con tanto amor he sacado de mi seno paterno? Por parte de quien no ha tenido cuidado, tanto, de llegar a perderlos, siento que han roto el plano de mi Divina Voluntad y su larga historia, dictados con tanto amor para hacerla conocer, que cada vez que me disponía a decirte lo que a mi Fiat pertenecía, era tanto el ímpetu de mi Amor, que sentía que renovaba el acto de toda la Creación, especialmente cuando en este arrebato de nuestro amor venía creado el hombre".

(3) Yo al oír esto me sentía traspasar el alma y como si me la arrancaran a pedazos y le he dicho: "Amor mío, si Tú quieres puedes hacer un milagro de tu omnipotencia para hacer que los encuentren, y así no tendrás el dolor de tantas verdades sofocadas y como interrumpida la larga historia de tu Divina Voluntad. También yo siento que sufro mucho, y ni siquiera sé decir cómo es este dolor". Y Jesús ha agregado:

(4) "Es mi dolor que hace eco en el tuyo, es el desgarro de tantas Vidas mías que han sofocado lo que sientes en ti. Estas verdades extraviadas están escritas en el fondo de tu alma, porque primero las escribía en ti con mi mano creadora, y después te las hacía escribir en el papel, por eso sientes a lo vivo el desgarro de ellas, es mi mismo desgarro que sientes en tu corazón. ¡Si supieras cuánto sufro! En cada verdad que con tanto descuido han extraviado de estos volúmenes, siento darme la muerte, y tantas muertes por cuantas verdades había dentro, y no sólo eso, sino la muerte a todo el bien que dichas verdades debían llevar, la muerte a la gloria que debían darme. Pero me la pagarán con tanto fuego de más en el purgatorio por cuantas verdades han extraviado. Pero debes saber que si no usan todos los medios para encontrarlos, porque quiero su cooperación, Yo no haré el milagro que algunos quisieran para que los encontraran, y esto por castigo de su negligencia. Pero estos partos, estas verdades, estos nuestros amados hijos y Vidas nuestras que hemos puesto fuera, no las retiramos, porque lo que sale del seno de nuestra Divinidad, como relator y portador de un gran bien a las criaturas, no viene retirado por Nosotros por la ingratitud y descuido de quien ha extraviado tantas verdades nuestras, por eso cuando el reino de nuestra Voluntad sea conocido sobre la tierra y Ella reinará,

entonces haré de modo de manifestar de nuevo lo que ha sido extraviado, porque si no lo hiciera faltaría el enlace, la conexión, y el plano entero del reino del Fiat Divino".

(5) Yo al oír esto he dicho llorando: "Así que, Amor mío, si pasa todo esto y debo esperar, cuán largo será mi exilio en la tierra, pero yo me siento tan torturada por tus privaciones, que no puedo más estar lejana de la patria celestial".

(6) Y Jesús: "Hija, no te aflijas, no es necesario que te diga el modo, el cómo y a quién debo manifestar si no encuentran lo que se ha perdido, si a ti o a otros, lo que te conviene es hacer, por parte tuya, lo que debes hacer por el reino de mi Divina Voluntad, cuando hayas hecho el último acto que queremos de ti para el cumplimiento de Ella, tu Jesús no esperará ni siquiera un minuto para llevarte en mis brazos a las regiones celestiales. ¿No hice Yo otro tanto en el reino de la Redención? Nada omití e hice todo, para que por parte mía no faltase nada para que todos pudiesen recibir el bien de la Redención, y cuando lo hice todo partí para el Cielo sin esperar el resultado, dejando el trabajo a los apóstoles. Así será de ti, por eso sé atenta y ten ánimo".

25-32
Marzo 22, 1929

**Dios en sus obras se sirve de medios humanos. Cómo en la Creación tuvo campo de acción la Divina Voluntad, constituyéndose vida de todo. Cómo la Divinidad hace de concurrente y espectadora.**

(1) Mi pobre mente me la siento fijada en el Querer Divino, y pensaba entre mí: "Pero, ¿cómo podrá venir su reino a la tierra? Y además, ¿cómo puede venir si no se conoce?" Mientras esto pensaba, mi siempre amable Jesús saliendo de mi interior me ha dicho:

(2) "Hija mía, Yo en mis obras me sirvo de medios humanos, si bien hago la primera parte, el fundamento y toda la sustancia de la obra que quiero hacer, y después me sirvo de las criaturas para hacer que mi obra sea conocida y tenga vida en medio a las criaturas. Así hice en la Redención, me serví de los apóstoles para hacerla conocer, para propagarla y recibir y dar los frutos de la Redención. Y si los apóstoles no hubieran querido decir nada de lo que Yo dije e hice al venir a la tierra, y encerrados en su mutismo no hubieran hecho un paso, ni un sacrificio, ni puesto la vida para hacer conocer el gran bien de mi venida a la tierra, habrían hecho morir mi Redención en el momento de nacer, y las generaciones habrían estado privadas del Evangelio, de los Sacramentos y de todos los bienes que ha

hecho y hará mi Redención. Fue esta mi finalidad por la que en los últimos años de mi vida acá abajo llamé a mi alrededor a los apóstoles, para servirme de ellos como pregoneros de lo que había hecho y dicho. ¡Oh, si los apóstoles hubieran callado habrían sido reos por las tantas almas perdidas si no hubieran conocido el bien de la Redención, reos por tanto bien no hecho por las criaturas! En cambio, porque no callaron y pusieron su vida, se pueden llamar, después de Mí, autores y causa de tantas almas salvadas y de todos los bienes que se han hecho en mi Iglesia, que como primeros pregoneros forman sus columnas inquebrantables. Esta es nuestra costumbre divina, primero hacemos nuestro primer acto en nuestras obras, ponemos todo lo que se necesita, y después las confiamos a las criaturas, dándoles gracias suficientes para que puedan continuar lo que Nosotros hemos hecho, y por eso nuestras obras son conocidas según el interés y la buena voluntad que tienen las criaturas. Así será del reino de mi Voluntad Divina, te llamé a ti como a una segunda madre mía, y al tú por tú, como hice con Ella en el reino de la Redención, te he manifestado los tantos secretos de mi Fiat Divino, el gran bien de Él y cómo quiere venir a reinar sobre la tierra. Puedo decir que he hecho todo, y si he llamado a mi ministro a fin de que tú te confiaras con él para hacerle conocer, mi finalidad ha sido para que tuviese interés de hacer conocer tanto bien, y si por parte de quien debiera ocuparse no existiera este interés, el reino de mi Voluntad lo pondría en peligro de hacerlo morir al nacer, quedando ellos como reos de todo el bien que puede traer un reino tan santo; también merecerían que haciéndolos a un lado, llamara a otros como pregoneros y propagadores de los conocimientos de mi Fiat Divino. Hasta en tanto que no encuentre quién tenga interés, y tenga más en cuenta que a su propia vida el hacer conocer sus conocimientos, el reino de mi Voluntad no puede tener su principio, ni su vida sobre la tierra".

(3) Después de esto continuaba mi abandono en el Fiat Divino, y mi sumo bien Jesús ha agregado:

(4) "Hija mía, en la Creación fue mi Divina Voluntad la que tuvo su campo de acción, y si bien nuestra Divinidad fue concurrente, porque somos inseparables de Ella, pero el acto primero, la acción, fue toda de nuestra Voluntad, habló y obró, habló y ordenó, Nosotros éramos espectadores de lo que hacía nuestro Querer Supremo, con tanta maestría, orden y armonía, que nos sentimos dignamente glorificados y doblemente felicitados por nuestra misma Voluntad. Así que siendo obra de Ella toda la fuerza de la Creación y todos los bienes de los cuales fue enriquecida, están todos en mi Suprema Voluntad. Ella es vida primaria de todo, por eso ama tanto la Creación, porque siente y corre su misma Vida en todas las cosas creadas, tanto, que al crear al hombre, queriendo hacer más desahogo de su potencia, de su amor y de su maestría, quiso encerrar en él todo el arte de la

Creación entera, y no sólo eso, sino que quiso superarla dándole tales pinceladas de arte divino, de hacerlo el pequeño dios, y distendiéndose dentro y fuera de él, a la derecha e izquierda, sobre su cabeza y bajo sus pies, lo llevaba en mi Divina Voluntad como desahogo de nuestro amor, y como triunfador y admirador de su maestría insuperable; por eso era derecho de mi Fiat Divino que el hombre viviese sólo y siempre de Voluntad Divina. ¿Qué cosa no había hecho por él? Lo llamó de la nada, lo formó, le dio el ser y le dio doble vida, la vida del hombre y la de mi Divina Voluntad, para llevarlo siempre estrechado en sus brazos creadores, para conservarlo bello, fresco, feliz, como lo había creado. Así que cuando el hombre pecó, mi Fiat se sintió arrancar aquella vida que llevaba en su propio seno, ¿cuál no fue su dolor? Ella quedó con el vacío de este hijo en su seno, que con tanto amor para tenerlo seguro y feliz le había hecho lugar en su misma Vida. ¿Y crees tú que en la Redención no fue mi Divina Voluntad que se encarnó para venir a encontrar al hombre perdido? Fue propiamente Ella, porque Verbo significa palabra, y nuestra palabra es el Fiat, que como en la Creación dijo y creó, así en la Redención quiso y se encarnó, era su seno vacío que reclamaba a este hijo que con tanta crueldad se había arrancado, ¿y qué cosa no hizo en la Redención esta mi Voluntad? Pero no está contenta aún de lo que hizo, quiere llenar su seno, no quiere ver más a su hijo afeado con la culpa, con su desemejanza, sino quiere verlo adornado con la divisa de la Creación, adornado de su belleza y santidad y tomar otra vez su lugar en su seno divino. Esto es propiamente el Fiat Voluntas Tua come in Cielo così in terra, que el hombre regrese a mi Divina Voluntad, y entonces Ella se tranquilizará cuando vea de nuevo a su hijo feliz, vivir en su casa, con la opulencia de sus bienes, y así podrá decir: "Mi hijo ha regresado, está vestido con sus vestidos reales, lleva la corona de rey, hace vida junto Conmigo y le he restituido los derechos que le di al crearlo, así que el desorden en la Creación ha terminado, porque el hombre ha regresado en mi Divina Voluntad".

25-33
Marzo 25, 1929

**Cómo la Creación corre con una carrera vertiginosa hacia su Creador. Quien vive en el Querer Divino es inseparable de Él. Orden que Jesús ha tenido al manifestar las verdades sobre la Divina Voluntad. Renovación de la Creación. Importancia de las verdades.**

(1) Mi abandono en el Fiat Divino continúa, sentía la pequeñez de mi pobre alma en medio de todas las cosas creadas, y yo como si tuviese mi

movimiento, mi carrera continua en toda la Creación, me siento inseparable de ella, mi voluntad y la de ella es una sola, la cual es la sola y única Voluntad Divina. Por eso, siendo una sola la voluntad de todos, hacemos una sola cosa y todos corremos como a nuestro primer centro, a nuestro Creador, para decirle: 'Tu amor nos ha puesto fuera, y tu mismo amor nos llama nuevamente adentro de Ti, con una carrera vertiginosa para decirte: 'Te amamos, te amamos', para alabar tu amor inextinguible e interminable.' De modo que saliendo fuera nuevamente de su centro, para continuar nuestra carrera que jamás se detiene, no hacemos otra cosa que entrar y salir de su seno divino para formar nuestro giro de amor, nuestra carrera amorosa a nuestro Creador. Entonces, mientras corría con toda la Creación para formar mi carrera de amor a la Majestad Divina, mi siempre amable Jesús saliendo de mi interior me ha dicho:

(2) "Hija mía, quien vive en mi Querer Divino está vinculada con toda la Creación, ni ella puede estar sin esta afortunada criatura, ni la criatura se puede desvincular de las cosas creadas, porque siendo la voluntad de una la de la otra, la cual es mi Divina Voluntad, forman un solo cuerpo, como tantos miembros inseparables entre ellos. Así que a quien vive en mi Divina Voluntad, la miro y la veo cielo, vuelvo a mirarla y la veo sol, mis miradas raptadas por tanta belleza se fijan más y la encuentran mar, en suma veo en ella todas las variedades de cada cosa creada y digo: '¡Oh potencia de mi Fiat Divino! Cómo me vuelves bella a aquélla que vive en Ti, Tú le das el primado sobre toda la Creación, Tú le das la carrera tan veloz, más que viento que huye, y sobresaliendo sobre todo es la primera en entrar en mi centro divino para decirme te amo, te glorifico, te adoro, y haciendo su eco en toda la Creación, todos repiten junto a ella sus agradables estribillos'. Hija mía, por eso tengo tanto amor al manifestarte todo lo que corresponde a mi Divina Voluntad; todo lo que te he manifestado sobre Ella, no es otra cosa que el orden de su reino. Todo esto debía haber sido manifestado desde el principio de la Creación si Adán no hubiese pecado, porque en cada manifestación mía sobre mi Fiat Divino el hombre debía crecer en la santidad y belleza de su Creador, y por eso me reservaba de hacerlo poco a poco, dándole como tantos sorbos de Vida Divina, para hacerlo crecer según mi Divina Voluntad lo quisiese ; así que el hombre al pecar interrumpió mi hablar y me redujo al silencio. Después de tantos siglos, queriendo que el hombre regresara en mi Fiat, he vuelto a hablar con tanto amor, más que una tierna madre cuando ama y suspira por dar a luz a su niño, para besarlo, presumirlo, gozárselo y estrecharlo fuertemente a su seno materno, y colmarlo con todos sus bienes y felicidad. Así he hecho Yo con volver a hablar y manifestarte todo el orden del reino de mi Querer Divino, y el modo que la criatura debe tener en mi reino. Por eso el manifestarte tantas verdades sobre mi Fiat, no ha sido otra cosa que sacar de nuevo en campo

todo el orden y el amor que habría tenido si el hombre no hubiera pecado y mi reino hubiese tenido su vida sobre la tierra. En mi hablar he tenido tal orden, que una verdad está tan ligada con la otra, que si se quisiera quitar y ocultar alguna verdad, formaría un vacío al reino de mi Fiat Divino y quitaría una fuerza a las criaturas para inducirlas a vivir en mi reino, porque cada verdad que respecta a mi Querer Divino es un puesto que Él toma para reinar en medio de las criaturas, y un camino en el vacío en que ellas se encuentran para tomar posesión de Él. Por eso todas las verdades que te he dicho tienen tanta conexión entre ellas, que quitando algunas se vería en ese punto como un cielo sin estrellas, o un espacio sin sol, o bien una tierra sin flores, porque en todas estas verdades que te he dicho está la renovación de toda la Creación, y en cada verdad, mi Fiat más que sol quiere salir de nuevo en campo, como salió en la Creación y tomando su campo de acción, con su luz quiere eclipsar todos los males de las criaturas, y extendiendo su velo de luz sobre todos, les quiere dar tanta gracia, de darles su mano creadora para hacerlos entrar de nuevo en el seno de su Querer Divino. Por eso todo lo que te he dicho sobre mi Divina Voluntad tiene tal importancia, que me cuesta más que toda la Creación, porque es una renovación de ella, y un acto cuando se renueva cuesta doble amor, y para estar más seguros ponemos doble gracia y doble luz para darlas a las criaturas, a fin de que no nos toque un segundo dolor, quizá más doloroso que el primero que tuvimos en el principio de la Creación cuando el hombre pecó y formó en él el fallo de nuestro amor, de nuestra luz y de la preciosa herencia de nuestro Supremo Querer. Por eso estoy tan atento de que tú nada pierdas de lo que te digo sobre mi Voluntad Divina, porque hay tanta importancia en estas verdades, que ocultando algunas sería como si se quisiera apartar al sol de su puesto, hacer salir al mar de su lugar, ¿qué sería de la tierra? Piénsalo tú misma. Tal sería si faltasen todas las verdades que con tanto orden te he manifestado sobre mi Divina Voluntad".

25-34
Marzo 31, 1929

**Derechos absolutos del Divino Querer. Cómo la voluntad humana cambió la suerte humana y divina. Si el hombre no hubiera pecado, Jesús hubiera venido a la tierra glorioso, y con el cetro de mando. El hombre debía ser el portador de su Creador.**

(1) Siento en mí la continua potencia del Fiat Divino que me envuelve con tal imperio, que no da tiempo a mi agonizante voluntad de hacer el más mínimo acto, y se gloría no de hacerla morir del todo, porque si esto hiciera perdería su prestigio de obrar sobre una voluntad humana, que mientras está viva se

somete a recibir voluntariamente el acto vital del Fiat Divino y se contenta con vivir muriendo para dar vida y dominio absoluto al Supremo Querer, que victorioso de sus derechos divinos extiende sus confines y canta victoriosa sobre la agonizante voluntad de la criatura, la cual, si bien muriendo, sonríe y se siente feliz y honrada de que un Querer Divino tiene su campo de acción en su alma. Ahora, mientras me sentía bajo el imperio del Fiat Divino, mi dulce Jesús moviéndose en mi interior me ha dicho:

(2) "Pequeña hija de mi Querer, tú debes saber que son derechos absolutos de mi Fiat Divino el tener el primado sobre cada uno de los actos de la criatura, y quien le niega el primado le quita sus derechos divinos que por justicia le son debidos, porque es creador del querer humano. ¿Quién puede decirte hija mía cuánto mal puede hacer una criatura cuando llega a sustraerse de la Voluntad de su Creador? Mira, bastó un acto de sustracción del primer hombre a nuestra Voluntad Divina para cambiar la suerte de las generaciones humanas, y no sólo eso, sino que cambió la misma suerte de nuestra Divina Voluntad. Si Adán no hubiese pecado, el Verbo Eterno, que es la misma Voluntad del Padre Celestial, debía venir a la tierra glorioso, triunfante y dominador, acompañado visiblemente por su ejército angélico, que todos debían ver, y con el esplendor de su gloria debía fascinar a todos y atraer a todos a Sí con su belleza; coronado como rey y con el cetro de mando para ser rey y cabeza de la familia humana, de modo de darle el gran honor de poder decir: 'Tenemos un rey hombre y Dios'. Mucho más que tu Jesús no descendía del Cielo para encontrar al hombre enfermo, porque si no se hubiera sustraído de mi Voluntad Divina, no debían existir enfermedades, ni de alma ni de cuerpo, porque fue la voluntad humana la que casi ahogó de penas a la pobre criatura; el Fiat Divino era intangible de toda pena y tal debía ser el hombre. Por lo tanto Yo debía venir a encontrar al hombre feliz, santo y con la plenitud de los bienes con los cuales lo había creado. En cambio, porque quiso hacer su voluntad cambió nuestra suerte, y como estaba decretado que Yo debía descender sobre la tierra, y cuando la Divinidad decreta, no hay quien la aparte, sólo cambié modo y aspecto, así que descendí, pero bajo vestidos humildísimos, pobre, sin ningún aparato de gloria, sufriente, llorando y cargado con todas las miserias y penas del hombre. La voluntad humana me hacía venir a encontrar al hombre infeliz, ciego, sordo y mudo, lleno de todas las miserias, y Yo para sanarlo lo debía tomar sobre de Mí, y para no infundirle espanto debía mostrarme como uno de ellos, para hermanarlos y darles las medicinas y remedios que se necesitaban. Así que el querer humano tiene la potencia de volverse feliz o infeliz, santo o pecador, sano o enfermo. Entonces mira, si el alma se decide a hacer siempre, siempre mi Divina Voluntad y vivir en Ella, cambiará su suerte y mi Divina Voluntad se lanzará sobre la criatura, la hará su presa y dándole el beso de la Creación cambiará

aspecto y modo, y estrechándola a su seno le dirá: 'Pongamos todo a un lado, para ti y para Mí han regresado los primeros tiempos de la Creación, todo será felicidad entre tú y Yo, vivirás en nuestra casa, como hija nuestra, en la abundancia de los bienes de tu Creador.' Escucha mi pequeña recién nacida de mi Divina Voluntad, si el hombre no hubiese pecado, no se hubiese sustraído de mi Divina Voluntad, Yo habría venido a la tierra, pero ¿sabes como? Lleno de Majestad, como cuando resucité de la muerte, que si bien tenía mi Humanidad similar al hombre, unida al Verbo Eterno, pero con qué diversidad mi Humanidad resucitada era glorificada, vestida de luz, no sujeta ni a sufrir, ni a morir, era el divino triunfador. En cambio mi Humanidad antes de morir estaba sujeta, si bien voluntariamente, a todas las penas, es más, fui el hombre de los dolores. Y como el hombre tenía aún los ojos ofuscados por el querer humano, y por eso aún enfermo, pocos fueron los que me vieron resucitado, lo que sirvió para confirmar mi Resurrección. Después subí al Cielo para dar tiempo al hombre de tomar los remedios y las medicinas, a fin de que curase y se dispusiera a conocer mi Divina Voluntad, para vivir no de la suya, sino de la mía, y así podré hacerme ver lleno de majestad y de gloria en medio a los hijos de mi reino. Por eso mi Resurrección es la confirmación del Fiat Voluntas Tua come in Cielo così in terra. Después de un tan largo dolor sufrido por mi Divina Voluntad por tantos siglos, por no tener su reino sobre la tierra, su absoluto dominio, era justo que mi Humanidad pusiera a salvo sus derechos y realizase mi y su finalidad primaria, la de formar su reino en medio a las criaturas.

(3) Además de esto, tú debes saber, para confirmarte mayormente, cómo la voluntad humana cambió su suerte y la de la Divina Voluntad con relación a él. En toda la historia del mundo sólo dos han vivido de Voluntad Divina sin jamás hacer la suya, y fuimos la Soberana Reina y Yo, y la distancia, la diversidad entre Nosotros y las otras criaturas es infinita, tanto, que ni siquiera nuestros cuerpos quedaron sobre la tierra, habían servido como morada al Fiat Divino y Él se sentía inseparable de nuestros cuerpos y por eso los reclamó, y con su fuerza imperante raptó nuestros cuerpos junto con nuestras almas en su patria celestial. ¿Y por qué todo esto? Toda la razón está en que jamás nuestra voluntad humana tuvo un acto de vida, sino que todo el dominio y el campo de acción fueron sólo de mi Divina Voluntad. Su potencia es infinita, su amor es insuperable".

(4) Después de esto ha hecho silencio y yo sentía que nadaba en el mar del Fiat y, ¡oh, cuántas cosas comprendía, y mi dulce Jesús ha agregado:

(5) "Hija mía, con no hacer mi Divina Voluntad, la criatura pone en desorden el orden que tuvo la Divina Majestad en la Creación, se deshonra a sí misma, desciende en lo bajo, se pone a distancia con su Creador, pierde el principio, el medio y el fin de aquella Vida Divina que con tanto amor le fue

infundida en el acto de ser creada. Nosotros amábamos tanto a este hombre, que poníamos en él, como principio de vida a nuestra Divina Voluntad, queríamos sentirnos raptar por él, queríamos sentir en él nuestra fuerza, nuestra potencia, nuestra felicidad, nuestro mismo eco continuo, y ¿quién más podía hacernos sentir y ver todo esto, sino nuestra Divina Voluntad bilocada en él? Queríamos ver en el hombre al portador de su Creador, el cual debía volverlo feliz en el tiempo y en la eternidad. Por eso al no hacer nuestra Divina Voluntad, sentimos a lo vivo el gran dolor de nuestra obra desordenada, nuestro eco apagado, nuestra fuerza raptora que debía raptarnos para darle nuevas sorpresas de felicidad se convirtió en debilidad, en suma, se trastornó. He aquí por qué no podemos tolerar tal desorden en nuestra obra, y si tanto he dicho sobre mi Fiat Divino, es propiamente ésta la finalidad, que queremos poner al hombre en el orden, a fin de que regrese sobre los primeros pasos de su creación, y corriendo en él el humor vital de nuestro Querer, forme de nuevo a nuestro portador, nuestra morada sobre la tierra, su y nuestra felicidad".

25-35
Abril 4, 1929

### Cómo los primeros que vivirán en el Fiat Divino serán como la levadura del reino de la Divina Voluntad.

(1) Mi abandono es en el Querer Santo, que como potente imán me atrae a Sí para suministrarme sorbo a sorbo su Vida, su luz, sus conocimientos prodigiosos, admirables y adorables. Entonces mi pobre mente se perdía en Él, y mi dulce Jesús moviéndose en mi interior me ha dicho:

(2) "Hija mía, los primeros que harán mi Divina Voluntad y vivirán en Ella, serán como la levadura de su reino. Sus tantos conocimientos que te he manifestado sobre mi Fiat Divino serán como la harina al pan, la cual encontrando la levadura, queda fermentada cuanta harina se ponga, pero no basta la harina, se necesita la levadura y el agua para formar el verdadero pan, para nutrir a las humanas generaciones. Así me es necesaria la levadura de los pocos que viven en mi Querer Divino, y la multiplicidad de sus conocimientos, que servirán como masa de luz que darán todos los bienes que se necesitan para alimentar y hacer felices a aquellos que quieren vivir en el reino de mi Divina Voluntad. Por eso no te preocupes si estás sola y pocos son aquellos que conocen en parte lo que respecta a mi Divina Voluntad, con tal que se forme la pequeña porción de la levadura, unida a sus conocimientos, el resto vendrá por sí solo".

(3) Después de esto estaba siguiendo los actos del Fiat Divino en la Creación, y mientras seguía sus actos en el cielo, en el sol, en el mar, en el viento, mi dulce Jesús, moviéndose en mi interior me ha dicho:

(4) "Hija mía, mira, todo lo que sirve en modo universal a toda la familia humana es siempre uno, en cambio las otras cosas que no sirven en modo universal son múltiples. El cielo es uno y se extiende sobre la cabeza de todos, el sol es uno y sirve de luz a todos, el agua es una y por eso se da a todos, y si bien parece dividida en muchas fuentes, mares, pozos, pero donde desciende tiene la fuerza única; la tierra es una y se extiende bajo los pies de todos. Y así como en el orden natural de la Creación, así en el orden sobrenatural. Dios es el Ser universal y es uno, y como uno es el Dios de todos se da a todos, envuelve a todos, se encuentra en todos, hace bien a todos y es vida de todos. Única la Virgen y por eso Madre y Reina universal de todos. Único tu Jesús, y por eso dondequiera y en modo universal se extiende mi Redención, todo lo que Yo hice y sufrí está a disposición de todos y de cada uno. Única es la pequeña recién nacida de mi Divina Voluntad, y por eso el universo entero recibirá en modo universal todos los bienes de las manifestaciones y conocimientos de mi Fiat Divino, que como sagrado depósito he puesto en ti, a fin de que más que espléndido sol haga resplandecer sus innumerables rayos para iluminar a todo el mundo. Así que todo lo que te digo contiene la virtud universal, que se dará a todos y hará bien a todos. Por eso sé atenta y sigue siempre a mi Divina Voluntad".

Sea todo para gloria de Dios y para cumplimiento de su Fiat!!!
Deo gratias...

[1] Este libro ha sido traducido directamente del original manuscrito de Luisa Piccarreta

[1]
I. M. I
Fiat!!!

Siempre y eternamente en
Voluntad de Dios! Deo Gratias.

26-1
Abril 7, 1929

**Besos al sol, salida al jardín, competencia entre viento y sol. Fiesta de toda la Creación. Nota discordante y nota de acuerdo. La nueva Eva.**

(1) Mi pobre mente está siempre de regreso en el centro del Querer Divino, siento que no puedo hacer menos que navegar su mar interminable y sumergirme siempre más en él, para no ver, sentir y tocar otra cosa que Voluntad Divina. ¡Oh Voluntad adorable! Eleva tus altísimas olas hasta las regiones celestiales y transporta a la pequeña exiliada, tu recién nacida, de tu Voluntad en la tierra hasta tu Voluntad en el Cielo. ¡Ah! ten piedad de mi pequeñez y cumple sobre mí tu último acto en la tierra, para comenzar tu acto continuado en el Cielo.

(2) Ahora, escribo sólo por obedecer y con gran repugnancia. Después de cuarenta años y más que no había salido al exterior, hoy me han querido sacar al jardín sobre una silla de ruedas; en cuanto he salido he encontrado que el sol me investía con sus rayos, como si quisiera darme su primer saludo y su beso de luz. Yo he querido corresponderle dándole mi beso, y he pedido a las niñas y a las religiosas que me acompañaban que todas diesen su beso al sol, besando en él a aquella Divina Voluntad que como Reina estaba velada de luz, y todas lo han besado. Ahora, ¿quién puede decir mi emoción después de tantos años, al encontrarme de frente a aquel sol del cual mi amable Jesús se había servido para darme tantas semejanzas e imágenes de su adorable Voluntad? Me sentía investida no sólo por su luz, sino también por su calor, y el viento queriendo hacer competencia con el sol me besaba con su vientecillo ligero para refrescar los besos ardientes que me daba el sol; así que sentía que no terminaban jamás de besarme, el sol por una parte y el viento por la otra. ¡Oh, cómo sentía a lo vivo el toque, la vida, el respiro, el aire, el amor del Fiat Divino en el sol y en el viento! Tocaba con la mano que las cosas creadas son velos que esconden a aquel Querer que las ha creado. Ahora, mientras me encontraba bajo el imperio del sol, del viento, de la vastedad del cielo azul, mi dulce Jesús se ha movido en modo sensible en mi interior, como si no quisiera ser menos que el sol, que el viento, que el cielo y me ha dicho:

(3) "Amada hija de mi Querer, hoy todos hacen fiesta por tu salida, toda la corte celestial ha sentido el brío del sol, la alegría del viento, la sonrisa del cielo y todos han corrido para ver qué había de nuevo, y al verte a ti investida por la luz del sol que te besaba, al viento que te acariciaba, al cielo que te sonreía, todos han comprendido que la potencia de mi Fiat Divino movía a los elementos a festejar a su pequeña recién nacida. Por eso, toda la corte Celestial uniéndose con toda la Creación, no sólo hacen fiesta, sino que sienten las nuevas alegrías y felicidades que por tu salida les da mi Divina Voluntad. Y Yo, siendo espectador de todo esto, no sólo hago fiesta dentro de ti, sino que no me siento arrepentido por haber creado el cielo, el sol y toda la Creación, más bien me siento más feliz, porque de ella goza mi pequeña hija, se me repiten las alegrías, los contentos, la gloria cuando todo

fue creado, cuando Adán inocente no había hecho resonar la nota del dolor de su voluntad rebelde en toda la Creación, que rompió el brío, la felicidad, la dulce sonrisa que para dar a las criaturas tenía mi Divina Voluntad en el sol, en el viento, en el cielo estrellado, porque, hija mía, el hombre con no hacer mi Divina Voluntad, puso en nuestra obra de la Creación su nota discordante, por eso perdió el acuerdo con todas las cosas creadas y Nosotros sentimos el dolor y el deshonor que en nuestra obra haya una cuerda desafinada, que no emite un bello sonido, y este sonido desafinado aleja de la tierra los besos, las alegrías, las sonrisas que contiene mi Divina Voluntad en la Creación, por eso quien hace mi Voluntad y vive en Ella es la nota de acuerdo con todos, su sonido contiene no una nota de dolor, sino de alegría y de felicidad, y es tan armoniosa que todos advierten, aun los mismos elementos, que es la nota de mi Voluntad en la criatura, y poniendo todo a un lado quieren gozarse a aquélla que tiene esa Voluntad de la cual todos están animados y son conservados".

(4) Jesús ha hecho silencio y yo le he dicho: "Amor mío, Tú me has dicho tantas veces que quien vive en tu Divina Voluntad es hermana con todas las cosas creadas; quiero ver si mi hermana luz me reconoce, y ¿sabes cómo? Si mirándola no me deslumbra la vista".

(5) Y Jesús: "Ciertamente que te reconocerá, prueba y verás".

(6) Yo he mirado fijamente en el centro de la esfera del sol, y la luz parecía que acariciaba mi pupila pero sin deslumbrarme, de modo que he podido mirar en su centro su gran mar de luz; cómo era terso y bello, cómo es verdad que simboliza al infinito, al interminable mar de luz del Fiat Divino. He dicho: "Gracias oh Jesús que me has hecho reconocer por mi hermana luz". Y Jesús ha vuelto a hablarme:

(7) "Hija mía, aun en el respiro es reconocida por toda la Creación quien vive en mi Querer, porque cada cosa creada siente en aquella criatura la potencia del Fiat y la supremacía que Dios le dio sobre toda la Creación. Mira y escucha hija mía, en el principio, cuando Adán y Eva fueron creados, les fue dado el Edén por habitación, en el cual eran felices y santos; este jardín es semejanza de aquel Edén, si bien no es tan florido y bello. Ahora, debes saber que he permitido que vinieras a esta casa que está circundada por jardines, para ser la nueva Eva, no la Eva tentadora que mereció ser puesta fuera del Edén feliz, sino la Eva reformadora y restablecedora, que llamará de nuevo el reino de mi Divina Voluntad sobre la tierra. Ah, sí, tú serás el germen, el cemento a la polilla que tiene el querer humano, tú serás el principio de la era feliz, por eso concentro en ti la alegría, los bienes, la felicidad del principio de la Creación, y amo repetir las conversaciones, las lecciones, las enseñanzas que habría dado si el hombre no se hubiese sustraído de nuestra Divina Voluntad. Por eso sé atenta, y tu vuelo en Ella sea continuo".

26-2
Abril 12, 1929

**La Creación, acto de adoración profunda de la Divina Trinidad.**

(1) Estaba toda abandonada en el Fiat Divino, su luz eclipsaba mi pequeñez y me transportaba arriba, hasta el seno del Eterno, donde no se veía otra cosa que luz, santidad, belleza, que infundía adoración profunda, tanto, de sentir cambiada mi pequeña existencia en un acto solo de adoración hacia aquel Dios que tanto me ha amado y me ama. Entonces, mientras mi mente se perdía en la luz del Divino Querer, mi amable Jesús se ha movido en mi interior y me ha dicho:

(2) "Hija mía, la santidad de nuestro Ser Divino; la potencia única de nuestra Voluntad de la cual estamos investidos, de modo que somos distintos en las Personas, pero nuestra Voluntad es siempre una que obra en Nosotros, que domina, que rige; nuestro amor igual, recíproco e incesante, produce en Nosotros la más profunda adoración entre las Divinas Personas, así que todo lo que sale de Nosotros no es otra cosa que actos de adoración profunda de todo nuestro Ser Divino. Por eso, cuando nuestro Fiat Divino quiso sacar en campo a toda la Creación con su potencia creadora, obradora y vivificadora, en cuanto nuestro Fiat se pronunciaba, así salían de Nosotros actos de adoración profunda, así que el cielo no es otra cosa que un acto de adoración profunda de la inmensidad de nuestro Ser Divino, y por eso por todas partes se ve cielo, de noche y de día, la inmensidad de nuestro Ser hacía salir de nuestro seno la inmensidad de nuestra adoración y extendía sobre el universo el azul cielo para llamar a todos aquellos que habrían habitado la tierra en nuestra única Voluntad, para unificarlos en la inmensidad de nuestra adoración, de modo que en virtud de nuestro Fiat, el hombre se debía extender en la inmensidad de su Creador para formar su cielo de adoración profunda a Aquél que lo había creado. El sol es un acto de adoración de nuestra luz interminable, el cual es tal y tanto el ímpetu de su adoración profunda, que no se contenta con hacerse ver en lo alto, bajo la bóveda del cielo, sino que del centro de su esfera hace descender sus rayos de luz hasta lo bajo de la tierra, plasmando y tocando todo con sus manos de luz, inviste todo y a todos con su adoración de luz, y llama a plantas, flores, árboles, pájaros y criaturas a formar una sola adoración en la Voluntad de quien las ha creado. El mar, el aire, el viento, y todas las cosas creadas, no son otra cosa que actos de adoración profunda de nuestro Ser Divino, que, quién de lejos y quién de cerca llaman a la criatura en la unidad de nuestro Fiat a repetir los actos profundos de nuestra adoración, y haciendo suyo lo que es nuestro, puede darnos el sol, el viento, el mar, la

tierra florida, como adoraciones profundas que sabe y puede producir nuestra Voluntad única en la criatura. ¿Qué cosa no puede hacer nuestro Fiat? Con su fuerza única puede todo, une todo, tiene en acto todo, y une Cielo y tierra, Creador y criatura, y de ellos forma uno solo".

(3) Dicho esto se ha retirado en la profundidad de su luz y ha hecho silencio. Entonces yo he seguido mi giro en la Creación, para seguir aquella adoración profunda de mi Creador en todas las cosas creadas. ¡Oh! cómo se sentía en cada cosa el perfume de la adoración divina, se tocaba con la mano su aliento adorado, se sentía en el viento la adoración penetrante, imperante de nuestro Creador, que invistiendo toda la tierra, ahora como soplo ligero, ahora con oleadas impetuosas, ahora con alientos acariciadores, nos inviste y nos llama a la adoración que el viento posee de su Creador; ¿quién puede decir la fuerza del viento? Él en pocos minutos recorre todo el mundo, y ahora con imperio, ahora con gemidos, ahora con voces débiles y ahora fuertes, nos inviste y nos llama a unirnos a aquella adoración divina que da a su Creador. Y siguiendo mi giro veía el mar, en aquellas aguas cristalinas, en aquel murmullo continuo, en sus olas altísimas, Jesús decía que aquel mar no era otra cosa que un acto de profunda adoración de la pureza divina, adoración de su amor que murmura continuamente, y en las olas la adoración de la fuerza divina que mueve como ligera paja a todo y a todos. ¡Oh! si el Fiat Divino reinase en las criaturas, a todos haría leer en cada cosa creada la adoración distinta que cada cosa posee de nuestro Creador, y unificándonos con toda la Creación, una debía ser la adoración, uno el amor, una la gloria al Ente Supremo. ¡Oh Voluntad Divina, ven a reinar y haz que una sea la Voluntad de todos...

26-3
Abril 16, 1929

**Para quien vive en el Fiat, es intercambio de vida entre el Fiat y el alma. Amor duplicado.**

(1) Las privaciones de mi dulce Jesús se hacen más largas, y yo no hago otra cosa que suspirar y gemir por su regreso. Pero a pesar de que vivo toda abandonada en el Fiat Divino, sus privaciones son heridas tan profundas y amargas, que más que una cierva herida lanzo mis gritos de dolor, para ensordecer Cielos y tierra y mover a todos al llanto por un dolor tan desgarrador y por una privación tan grande, que me hace sentir el peso de un dolor infinito y de una herida siempre abierta, menos en aquellos pocos momentos en que me habla de su Querer Divino, en donde me parece que se cierra, pero para reabrirse con dolor más acerbo, y por eso estoy obligada en mis escritos a poner mi nota doliente de mi pequeña alma, que

más que cierva herida mando mis gritos de dolor para herir a aquel Jesús que me hiere, quién sabe, y a lo mejor herido Él, regrese y ponga tregua a mi nota doliente. Después, mientras me sentía inmersa en el dolor de su privación y toda abandonada en su Querer, se ha movido en mi interior y me ha dicho:

(2) "Animo hija mía, no te abandones a tu dolor, sino sube más en alto. Tú sabes que tienes un trabajo que cumplir, y este trabajo es tan grande, que ni siquiera el dolor de mi privación debe detenerte, más bien debe servirte como medio para subir más en la luz de mi Voluntad. Tu encuentro con Ella debe ser continuo, porque es intercambio de vida que debéis hacer: Ella se debe dar continuamente a ti, y tú a Ella. Y tú sabes que el movimiento, el latido, el respiro, deben ser continuos, de otra manera la vida no puede existir, y tú harías faltar tu vida en mi Fiat, y Él sentiría el dolor de que su pequeña hija, su amada recién nacida, le hace faltar en Él su movimiento, su latido, su respiro, sentiría el arrancarse a su recién nacida, que por sentir su vida como Vida suya, la tiene siempre en acto de nacer, sin ponerla fuera de su seno, ni siquiera para hacerla dar un paso, y tú te sentirías faltar la Vida de su movimiento continuo, de su latido, de su respiro; sentirías el vacío de una Voluntad Divina en tu alma. No, no, hija mía, no quiero ningún vacío de mi Voluntad en ti. Ahora, tú debes saber que cada manifestación sobre mi Fiat Divino que te hago, son como tantos escalones por los cuales desciende mi Querer en el alma para tomar posesión de ella para formar su reino, y el alma sube al Cielo para transportarlo del Cielo a la tierra. Por eso es un trabajo grande y no conviene perder tiempo por cualquier razón, aunque fuese santa. Y tú misma ves cómo Yo mismo me eclipso en mi Querer Divino para darle todo el lugar a Él, y si a veces hago mis escapadas para venir, es sólo para tratar, reordenar y hacerte conocer lo que pertenece a mi Divina Voluntad, por eso sé atenta y tu vuelo en Ella sea continuo".

(3) Después de esto seguía sintiéndome oprimida por las privaciones de Jesús, y pensaba entre mí: "Cómo ha disminuido su amor hacia mí, comparado con aquél que me tenía antes, me parece que apenas las sombras me han quedado del amor de Jesús". Pero mientras esto pensaba se ha movido en mi interior y me ha dicho:

(4) "Hija mía, cada acto hecho en mi Divina Voluntad duplica mi amor hacia ti, así que después de tantos actos que has hecho en Ella, puedo decir que mi amor ha crecido tanto, que debo ensanchar tu capacidad, para poderte hacer recibir mi creciente amor que surge en Mí a cada acto que haces en mi Divina Voluntad. Por eso mi amor es más intenso y centuplicado que el de antes, así que puedes estar segura que mi amor no te faltará jamás, jamás".

Abril 21, 1929

## La Divina Voluntad es plenitud. Adán antes de pecar poseía la plenitud de la santidad. La Virgen y todas las cosas creadas poseen esta plenitud.

(1) Mi abandono en el Fiat Divino continúa, siento que no puedo hacer menos que estarme en la amada heredad que mi dulce Jesús, con tanto amor me dio diciéndome: "Hija, te la confío a ti a fin de que jamás salgas de ella, y hagas resonar tu eco continuo de un punto al otro, de modo que todo el Cielo pueda ver que nuestra interminable heredad de nuestro Fiat sobre la tierra no está aislada, sino habitada por nuestra pequeña hija, ella girará siempre en Ella para hacer compañía a todos los actos de nuestro Querer, y en todos sus apartamentos". Por eso me es amado y dulce vivir en mi celestial heredad, sentiría que me falta la vida sin Ella. Ahora, mientras giraba en Ella, mi siempre amable Jesús giraba junto conmigo y todo amor me ha dicho:

(2) "Hija mía, mi Divina Voluntad es toda plenitud, no hay cosa que no posea: Inmensidad de luz, santidad incomparable, interminabilidad sin confines, generadora incesante, ve todo, siente y plasma todo; todo esto es naturaleza en mi Fiat Divino, por lo que sus actos poseen la plenitud de todos los bienes, por eso, para poder encerrar un solo acto suyo en el fondo del alma, es necesario que se escombre de toda sí misma, regrese al vacío de la nada como en el acto cuando fue creada, a fin de que mi Querer Divino encuentre el espacio de la nada para poder poner un acto suyo de plenitud, el cual poseyendo la virtud generadora incesante, un acto llamará al otro, de modo que nada debe faltar, ni plenitud de luz, de santidad, de amor, de belleza, ni multiplicidad de actos divinos. Por eso la santidad hecha en mi Querer Divino posee toda la plenitud, pero tanto, que si Dios quisiera darle de más, no encontraría lugar dónde poner otra luz, otra belleza, y Nosotros diremos: 'Eres toda bella, no podemos agregarte otra belleza, tan bella eres, eres obra de nuestro Querer y esto basta para ser una obra digna de Nosotros.' Y el alma dirá: 'Soy el triunfo de tu Fiat Divino, por eso soy toda rica y bella, poseo la plenitud de un acto de tu Querer Divino, el cual toda me llena, y si quisieras darme de más no sé donde lo pondría.' Tal fue la plenitud de la santidad de Adán antes de caer en el laberinto de su voluntad humana, porque poseía el primer acto de nuestro Fiat, generador de su creación, y por eso poseía plenitud de luz, de belleza, de fuerza, de gracia, todas las cualidades de nuestro Fiat se reflejaban en él y lo embellecían tanto, que Nosotros mismos nos sentíamos raptados al mirarlo, al ver en él esculpida tan bella nuestra amada imagen que formaba en él nuestro Ser Divino. Por eso, a pesar que cayó no perdió la vida ni la esperanza

regeneradora de nuestro Fiat, porque habiendo poseído en el principio de su vida la plenitud de su acto, no quiso perder a aquél que lo había poseído. La Divinidad se sintió de tal manera ligada con Adán, que no se sintió con fuerza para desterrarlo para siempre; para perder lo que una vez ha sido poseído por nuestro Fiat se necesita mucho, nuestra fuerza se sentiría débil, nuestro amor, el fuego que posee se restringiría para no hacerlo, sería el verdadero embarazo divino, perder a aquél que ha poseído un solo acto de la plenitud de nuestra Voluntad. Tal plenitud de santidad la poseyó la alteza de la Soberana Reina, y por eso ningún vacío hay en Ella, se llenó tanto, que posee mares de luz, de gracias, de belleza, de potencia. Es tal y tanta su plenitud, que no tenemos dónde poner y Ella no tiene dónde recibir, porque es la única celestial criatura que vivió bajo el imperio del acto de nuestro Fiat Divino, y que puede decir: 'Soy un acto de Voluntad Divina, y en esto está todo el secreto de mi belleza, potencia, grandeza, y hasta de mi maternidad.' ¿Qué cosa no puede hacer un acto de nuestro Fiat? Puede hacer todo, su prerrogativa es la plenitud de todo; un acto de Él es el sol y posee la plenitud de la luz, y si se pudiera preguntar al sol, ¿quisieras más luz? Respondería: 'Tengo tanta que puedo dar luz a todos, y mientras la doy no la pierdo, porque poseo la fuente de la luz del acto del Fiat Divino". El cielo es un acto de Él, por eso dondequiera que se extiende, es tanta su plenitud que no encuentra dónde extender de más su cortina azul. El viento es un acto de nuestro Fiat Divino, y por eso posee la plenitud del imperio, de la fuerza; ¿quién puede resistir a la fuerza del viento? Ninguno, hace juego de todo, y con su fuerza imperante destroza ciudades, levanta árboles, y arroja por tierra, como si fueran paja, a todas las cosas. Toda la Creación, cada cosa creada posee la plenitud del acto de nuestro Fiat, y por eso ninguna es miserable, todas son ricas con la plenitud querida por nuestro Querer Divino, ni ninguna cosa tiene necesidad de nada, son por naturaleza ricas por ellas mismas. El mar posee la plenitud de las aguas; la tierra, la plenitud de las plantas y de tanta diversidad de ellas, porque todas son partes del acto de nuestro Querer Divino. Ahora hija mía, el vivir en mi Divina Voluntad es propiamente esto, poseer y gozar la plenitud de los bienes divinos, de modo que nada debe faltar, ni santidad, ni luz, ni belleza; serán los verdaderos partos de mi Fiat adorable".

26-5
Abril 28, 1929

**El Fiat Divino vuelve inseparable a la criatura de Dios. Desbordamiento divino por la criatura. Todo está al seguro en quien vive en el Fiat, y todo está en peligro**

## en quien hace la voluntad humana.

(1) Estaba haciendo mi giro en el Fiat Divino para seguir sus actos en la Creación, y habiendo llegado al Edén, mi pobre mente se ha detenido en el acto cuando creaba al hombre, e infundiéndole el aliento le infundía la vida, y rogaba a Jesús que diera el aliento a mi pobre alma para infundirme el primer aliento divino de la Creación, a fin de que con su aliento regenerador pudiese recomenzar mi vida toda en el Fiat, de acuerdo a la finalidad para la que me habían creado. Pero mientras esto hacía, mi dulce Jesús ha salido de dentro de mi interior, como en acto de querer infundirme su aliento y me ha dicho:

(2) "Hija mía, es nuestra Voluntad que la criatura vuelva a subir a nuestro seno, entre nuestros brazos creadores para darle nuevamente nuestro aliento continuado, y en este aliento darle la corriente que genera todos los bienes, alegrías y felicidad, pero para poder dar este aliento, el hombre debe vivir en nuestro Querer, porque sólo en Él lo puede recibir, y Nosotros darlo. Nuestro Fiat tiene tal virtud, de volver inseparable a la criatura de Nosotros, y lo que Nosotros somos y hacemos por naturaleza, ella lo puede hacer por gracia. Nosotros al crear al hombre no lo poníamos separado de Nosotros, y para tenerlo junto le dábamos nuestra misma Voluntad Divina, la cual le daría el primer acto para obrar junto con su Creador; fue esta la causa de que nuestro amor, nuestra luz, nuestras alegrías, la potencia y belleza nuestras regurgitaron todas juntas, y desbordando fuera de nuestro Ser Divino poníamos la mesa a aquél que habíamos formado con tanto amor con nuestras manos creadoras y generado con nuestro mismo aliento. Queríamos gozarnos nuestra obra, verlo feliz con nuestra misma felicidad, embellecido con nuestra belleza, rico de nuestra riqueza, mucho más que era Voluntad nuestra el estarnos junto con la criatura, obrar juntos y entretenernos junto con ella; los juegos no se pueden hacer de lejos, sino de cerca. Entonces, por necesidad de creación y para mantener integra nuestra obra y la finalidad con la cual la habíamos creado, el único medio era dotar al hombre de Voluntad Divina, la cual lo habría conservado como salió de nuestras manos creadoras, y él habría gozado todos nuestros bienes, y Nosotros debíamos gozar porque él era feliz. Por eso no hay otros medios para hacer que el hombre regrese a su puesto de honor, y que entre de nuevo a obrar junto con su Creador, y que se entretengan mutuamente, que entrar de nuevo en nuestro Fiat, a fin de que nos lo lleve triunfante a nuestros brazos que lo están esperando para estrecharlo fuerte a nuestro seno divino, y decirle: 'Finalmente, después de seis mil años has vuelto, has andado errante, has probado todos los males, porque no hay bien sin nuestro Fiat, has probado suficientemente y tocado con la mano lo que significa salir de Él, por eso no salgas más y ven a reposarte y a gozar lo

que es tuyo, porque en nuestro Querer todo te fue dado'. Por lo tanto hija mía, sé atenta, todo te daremos si vives siempre en nuestro Fiat, nuestro aliento tomará placer en darse siempre a ti, para darte nuestras alegrías, nuestra luz, nuestra santidad, y comunicarte la actitud de nuestras obras, a fin de que siempre podamos tener junto a la pequeña hija regenerada por nuestra Divina Voluntad".

(3) Dicho esto se ha retirado en mi interior, y yo continuaba siguiendo los innumerables actos del Fiat Divino, y el bendito Jesús me ha dicho:

(4) "Hija mía, es prerrogativa de mi Querer Divino poner al seguro todo lo que posee; así que cuando entra en el alma, como poseedor de ella, todas las cosas las pone al seguro: Pone al seguro la santidad, la gracia, la belleza, todas las virtudes, y para hacer que todo esté al seguro, hace sustituir en el alma su santidad divina, su belleza, sus virtudes, todo en modo divino, y poniendo en ello su sello que es intangible de todo cambio, vuelve a la criatura intangible de todo peligro. Así que para quien vive en mi Querer nada hay que temer, porque Él ha asegurado cada cosa con su seguro divino. En cambio la voluntad humana hace que todo quede en peligro, aun la misma santidad, las virtudes que no están bajo el dominio continuo de mi Fiat, están sujetas a peligros continuos y oscilaciones continuas; las pasiones tienen el camino abierto para poner todo en desorden y arrojar por tierra las virtudes, la santidad, formadas con tantos sacrificios. Si no está la virtud vivificadora y alimentadora continua de mi Querer, que cierre todas las puertas y todos los caminos a todos los males, la voluntad humana tiene puertas y caminos para hacer entrar al enemigo, el mundo, la estima propia, las miserias, las turbaciones, que son la polilla de las virtudes y de la santidad, y cuando está la polilla no hay fuerza suficiente para estar firmes y perseverantes en el bien, por eso todo está en peligro cuando no reina mi Divina Voluntad. Además de esto, es tanto el mal que no reine nuestra Divina Voluntad en medio a las criaturas, que todas las cosas están en continua oscilación, nuestra misma Creación, todos los bienes de la Redención, son intermitentes, porque no encontrando en la familia humana nuestro Fiat reinante, no siempre puede dar los mismos bienes, es más, muchas veces nos debemos servir de la Creación y Redención para armarla en contra del hombre, porque el querer humano se pone en contra del nuestro, y Nosotros por justicia debemos golpearlos, para hacerle comprender que no reinando nuestro Querer, el humano rechaza nuestros bienes y nos obliga a castigarlos; la misma gloria que nos da la criatura por medio de la Creación y Redención, no es fija, cambia a cada acto de voluntad humana. Así que el pequeño interés que nos debía dar la criatura, de su amor y de su gloria que nos debería dar, porque tanto le habíamos dado, no es ni siquiera renta fija, sino que todo es intermitente, porque sólo nuestra Voluntad tiene virtud de volver irremovibles y continuados sus actos

y aquellos donde Ella reina. Así que, hasta que no reine nuestro Fiat Divino todo está en peligro; la Creación, la Redención, los sacramentos todos están en peligro, porque el humano querer ahora abusa, ahora no reconoce a Aquél que tanto lo ha amado y beneficiado, ahora pisotea bajo sus pies nuestros mismos bienes; por eso, hasta en tanto no reine nuestro Querer que pondrá en medio a las criaturas el orden divino, su firmeza, armonía y su día perenne de luz, de paz, todo estará en peligro para él y para Nosotros, nuestras mismas cosas estarán bajo la opresión del peligro y no podrán dar a las criaturas los bienes abundantes que ellas contienen".

26-6
Mayo 4, 1929

**Potencia, encanto, imperio de un alma que vive en el Querer Divino, cómo todo gira entorno a ella y domina al mismo Creador.**

(1) Mi abandono en el Fiat Divino continúa, y mi pobre mente ahora se detiene en un punto, ahora en otro de Él, pero no sabe salir de dentro de la inmensidad de sus confines interminables, es más, no encuentra ni caminos ni puertas para salir de Él. Y mientras camino en el Querer Divino, lo dejo detrás de mí, y mientras lo dejo detrás se me pone delante con su Majestad, a la derecha y a la izquierda, hasta debajo de mis pies y me dice: "Soy todo para ti, para darte mi Vida y formarla en ti, así que no hay otra cosa para ti que mi Voluntad Divina y adorable". Mientras mi pobre mente se perdía en Él, mi dulce Jesús se ha movido en mi interior y me ha dicho:

(2) "Hija mía, quien vive en mi Querer Divino, siente en sí el acto continuo y constante del obrar divino de mi Fiat Divino, este acto continuo generado por su potencia en la criatura, tiene tal fuerza, tal imperio sobre todos, que rapta a todos con su dulce encanto, de modo que todos giran en torno a ella, los ángeles, los santos, la Trinidad Sacrosanta, las esferas celestes y toda la Creación, todos quieren ser espectadores para gozar una escena tan dulce, encantadora y bella, del acto continuo de la criatura en el Fiat Divino, ella entra en el banco del Ente Supremo y unificándose en el acto continuo de su Creador, ella no hace otra cosa que poner fuera, con su acto continuo, las innumerables bellezas, los sonidos más dulces, las rarezas insuperables de las cualidades de su Creador. Y lo que más rapta es el ver su pequeñez, que toda osada y animosa, sin temer nada, como si quisiera dominar al mismo Creador para darle placer, para raptarlo a sí, para pedirle el reino de su Querer sobre la tierra, toma y pone fuera del banco divino todas nuestras alegrías y felicidad como si quisiera agotarlas, y viendo que no las agota no se cansa, repite su acto continuado, de modo que todos esperan que termine, y no viéndola terminar se ponen en torno a ella, tanto, que ella se

vuelve el lugar central, y todos giran alrededor para no perder una escena tan consoladora y jamás vista, esto es, el acto continuo de la pequeñez humana en la unidad del Fiat Supremo. Mucho más que el obrar continuo es sólo de Dios, y al verlo repetir por la criatura, despierta las más grandes sorpresas, que hacen asombrar a Cielos y tierra. Pequeña hija mía, si tú supieras qué significa un acto continuo en mi Voluntad, este acto es incomprensible a mente creada, ella es la bilocadora de nuestro acto continuo, ella entra en nuestro acto y hace surgir y pone fuera, mostrando a todos nuestra rara belleza, nuestro amor invencible, nuestra potencia que todo puede, nuestra inmensidad que todo abraza, quisiera decir a todos: 'Miren quién es nuestro Creador.' Y Nosotros la hacemos hacer y gozamos al ver que la pequeñez de la criatura quiere darnos nuestro paraíso, y nuestro Ser Divino, como nuestro y como suyo. ¿Qué cosa no puede hacer y darnos quien vive en nuestro Fiat? ¡Todo! Mucho más, porque estando en la tierra esta feliz criatura, en virtud del libre albedrío tiene la virtud conquistadora, lo que no tienen ni siquiera los santos en el Cielo, y con ésta puede conquistar y multiplicar el bien que quiere. Y nuestro Querer que la tiene dentro de Sí, la vuelve conquistadora de nuestro Ser Divino".

26-7
Mayo 9, 1929

**Cómo era necesario que concentrase en Luisa la santidad humana para consumarla y dar principio a la Santidad del vivir en el Querer Divino. Cómo el sufrir voluntario es algo grande delante a Dios.**

(1) Había leído en el primer volumen de mis escritos, cómo Nuestro Señor me había dicho que quería que yo aceptara entrar en batalla con el enemigo infernal, en las duras pruebas a que me sometió. Entonces yo pensaba entre mí: "Me parece que hay contradicción, porque Jesús me ha dicho tantas veces que quien vive en su Voluntad Divina no está sujeto ni a tentaciones ni a turbaciones, ni el enemigo tiene poder de entrar en el Fiat Divino, porque Éste lo quemaría más que el mismo fuego del infierno, y para no quedar más quemado huye del alma que vive en Él". Mientras esto y tantas otras cosas pensaba, mi dulce Jesús moviéndose en mi interior me ha dicho:

(2) "Hija mía, tú te equivocas, no hay contradicciones. Tú debes saber que debiéndote llamar en modo todo especial a vivir en mi Divina Voluntad, para hacértela conocer, y por medio tuyo hacer conocer a los demás la santidad del vivir en Ella, para hacerla reinar sobre la tierra, era necesario que concentrara en ti toda la santidad humana para consumarla en ti, para dar principio a la verdadera santidad del vivir en mi Querer Divino. La santidad

en el orden humano debía ser el escabel, el trono de la santidad en el orden de mi Divina Voluntad. He aquí el por qué desde el principio en que te llamé al estado de víctima, y a todo lo que sufriste en aquella época, Yo te lo decía antes para preguntarte si tú aceptabas, y después de que aceptabas entonces te ponía en aquel estado de pena, quería de ti el sufrir voluntario, no forzado, porque era a tu voluntad a la que quería hacer morir, y encender sobre tu voluntad, casi como apagada llamita, el gran fuego del Sol de mi Fiat. El sufrir voluntario es algo grande delante a nuestra Majestad Suprema, y por eso sobre la muerte de tu querer, ahogado de penas, podía mi Voluntad tener su dominio y disponerte a recibir el bien más grande de sus conocimientos. ¿No fue mi sufrir todo voluntario –ninguno podía imponerse sobre Mí– lo que formó el gran bien de la Redención? Así que todo lo que tú sufriste entonces, no fue otra cosa que un completar el orden de la santidad en el modo humano, por eso casi nada te decía de la santidad del vivir en mi Querer Divino, quería completar la una para comenzar la otra cuando vi que nada me negaste de lo que Yo quería, aun a costa de tu vida; y mientras nada me negabas y tu voluntad perdía el camino y se encontraba en continuo acto de morir, la mía hacía su camino y readquiría su Vida en ti, y conforme readquiría su Vida, así se manifestaba narrándote su larga historia, su dolor, y cómo suspira el venir a reinar en medio a las criaturas. Mi palabra es vida, y conforme, más que un tierno padre te hablaba de mi Fiat, así iba formando su Vida en ti, porque jamás me habrías entendido lo que respecta a mi Querer si no hubieras tenido su Vida en ti, porque de aquello que forma la vida se tiene verdadero interés de comprender y defender, lo que no forma vida entra en el orden secundario, no primario, y no se siente el verdadero amor que se puede tener a la propia vida. Así que a la misma Vida de mi Fiat formada en ti Yo podía confiar todos sus conocimientos, para poder formar otras tantas Vidas de Él en las criaturas, y después debía hacer de ti lo que hice de Mí: Yo cuando vine a la tierra observé todas las leyes, me sometía a todos los sacrificios de la ley antigua en modo perfecto, como ningún otro hasta entonces había observado, y después de que todo lo completé en Mí, consumando en mi Humanidad todas las leyes y santidades de modo antiguo, las abolí y di principio a la nueva ley de gracia y a la nueva santidad que traje a la tierra. Así he hecho contigo: Concentré en ti las penas, los sacrificios, las batallas de la santidad presente para completarla, y así poder comenzar de nuevo la nueva santidad del vivir en mi Querer, esto es, el 'Fiat Voluntas Tua come in Cielo così in terra.' Ahora, ¿dónde están las contradicciones que tú dices? Cuando el alma entra en mi Querer para hacer en Él vida perenne, el enemigo no puede acercarse más, su vista queda cegada por la luz de mi Fiat, ni puede ver lo que la feliz criatura obra en esta luz divina. La luz se defiende de todo, domina a todos, es intangible, no se deja ofender, ni ofende, y si alguno la quiere tocar o atraparla entre sus manos, con rapidez encantadora huye, y casi burlonamente la salpica de luz; toca todo, abraza a todos para hacer bien a todos, pero no se deja tocar por ninguno. Así es mi Divina Voluntad, encierra al alma en su luz y con su imperio eclipsa todos los males, y ella viviendo de luz, todo se convierte en luz, en santidad y en paz perenne, así que los males se extravían y pierden el camino, las turbaciones, las tentaciones, las pasiones, el pecado, quedan todos con las piernas rotas y no saben más caminar. Por eso sé atenta y tu vivir en mi Fiat sea continuo".

26-8
Mayo 12, 1929

### Quien vive en el Fiat Divino es el narrador de las obras divinas. La Ascensión. Causa por la que no dejó el reino de la Divina Voluntad sobre la tierra.

(1) Continuando mi acostumbrado abandono en el Fiat Divino, estaba siguiendo los actos de Él en la Creación, me parecía que uniéndome a sus actos, ahora hacía un acto de luz, ahora un acto de inmensidad, ahora un acto de potencia, y así de todo lo demás. Pero mientras esto hacía, mi siempre amable Jesús moviéndose en mi interior me ha dicho:

(2) "Hija mía, quien vive en mi Divina Voluntad y sigue sus actos, es la narradora de todas nuestras obras. Así que conforme tú giras en el sol para repetir junto con mi Voluntad lo que hice al crear al sol, nos haces la narración de la historia de su luz, y el Ente Supremo al oír repetir por ti toda la historia del sol, lo que encierra, el bien que hace, siente darse toda la gloria de su luz, y como la luz brilla sobre todas las cosas, inviste todo, llena el aire, así oye tu eco cercano y lejano, en lo bajo y en la altura de los cielos, y susurrando a nuestro oído nos hace la narración de la luz, y nos glorifica tanto, que nos das un sol de gloria; oh, cómo quedamos felicitados por parte de la criatura por haber creado un astro tan benéfico para toda la tierra. ¿Cómo no amar a quien vive en nuestro Fiat Divino? Ella recoge todas nuestras cualidades y felicidad esparcidas en todo lo creado, y ahora nos hace la narración del cielo y nos dice la historia de su inmensidad, y nos da la gloria del cielo entero; ahora nos dice la historia del mar, y murmura junto con las aguas: 'Amor y gloria de todo el mar a mi Creador.' Ahora nos narra la historia de la tierra florida, y todas las plantas y flores elevan su perfume y nos das la gloria de toda la tierra. Ahora nos hace la narración de la historia del viento, ahora del aire, ahora del pajarillo que canta, ahora del cordero que bala, en suma, tiene siempre cosas que narrarnos de las tantas cosas que hemos hecho en la Creación, para darnos el amor y la gloria que

tuvimos al crearla. ¡Oh! cómo es dulce y grato el oírte hacer la narración de nuestras obras, nos sentimos duplicar el amor, nuestra gloria; mucho más que, quien nos hace la narración vive en nuestro Querer, el cual, instruyéndola le hace decir los secretos amorosos que hay en todas las cosas creadas".

(3) Dicho esto ha hecho silencio. Después, como si no pudiera contener el amor de su corazón divino, ha agregado:

(4) "Hija amada mía, tú eres mi esperanza, la esperanza del reino de mi Divina Voluntad sobre la tierra, aquella esperanza que no dice duda, sino certeza, porque ya en ti encuentra su reino; tus modos, tus prerrogativas, tus narraciones, todo pertenece a mi Fiat Divino, en ti están sus fundamentos, sus conocimientos, por eso espero que su reino se formará y se divulgará sobre la tierra".

(5) Después de esto estaba pensando cuando Nuestro Señor subió al Cielo, glorioso y triunfante, con su Humanidad no más humillada, sujeta a las penas, con la divisa de Adán caído, sino intangible de toda pena, con la divisa del nuevo Adán inocente, con todas las prerrogativas más bellas de la Creación, vestido de luz e inmortal. Pero mientras esto pensaba, mi dulcísimo Jesús moviéndose en mi interior me ha dicho:

(6) "Hija mía, mi Humanidad rehizo en sí, y sobre sí misma todos los males de la humanidad caída, hasta morir, para darle virtud de hacerla resurgir de la muerte a la cual estaba sujeta. He aquí la causa por la que no dejé el reino de mi Voluntad Divina sobre la tierra, porque faltaba la humanidad del Adán inocente, gloriosa e inmortal para poder impetrarlo y recibir el gran don de mi Fiat. Por eso era necesario que mi Humanidad primero debía rehacer la humanidad caída y darle todos los remedios para levantarla, después morir y resurgir con las dotes del Adán inocente para poder dar al hombre lo que perdió. No sólo eso, sino quise subir al Cielo con mi Humanidad bella, vestida de luz como salió de nuestras manos creadoras, para decir al Padre Celestial: 'Padre mío, mira cómo mi Humanidad está rehecha, cómo el reino de nuestra Voluntad está al seguro en Ella, soy Yo la cabeza de todos, y quien te ruega tiene todos los derechos de pedir y de dar lo que Yo poseo.' Hija mía, se necesitaba una humanidad inocente, con todas las dotes con las cuales salió de nuestras manos creadoras para conseguir de nuevo el reino de nuestra Voluntad en medio a las criaturas, que hasta entonces faltaba, y Yo lo adquirí con mi muerte, y subí al Cielo para cumplir, después de mi primer trabajo, el segundo trabajo mío de impetrar y dar el reino de mi Divina Voluntad sobre la tierra. Son cerca de dos mil años que esta mi Humanidad ruega, y nuestra Majestad Divina, sintiéndose regurgitar de nuevo, más bien, con más intensidad el amor de la Creación que tuvimos al crear al hombre, y sintiéndose raptar y fascinar por la belleza de mi Humanidad, ha desbordado fuera de nuevo, y abriendo los Cielos ha hecho llover a torrentes la lluvia de

luz de los tantos conocimientos sobre mi Fiat, a fin de que como lluvia descienda sobre las almas, y con su luz vivifique y sane al querer humano, y transformándolo, arroja la raíz de mi Voluntad en los corazones, y ahí extiende su reino sobre la tierra. Para venir mi reino sobre la tierra primero debía hacerlo conocer, debía hacer saber que quiere venir a reinar, y Yo, como un hermano mayor de la familia humana, estoy haciendo todas las diligencias necesarias en el Cielo junto a la Divinidad, para darle una adquisición tan grande. Por eso era necesario que Yo subiera al Cielo con mi Humanidad glorificada, para poder readquirir de nuevo el reino de mi Fiat para mis hermanos e hijos".

26-9
Mayo 16, 1929

**Los conocimientos sobre la Divina Voluntad son el ejército, los actos hechos en Ella son las armas, su luz el palacio real, el Ministro la Trinidad Santísima. Ímpetu divino por establecer su reino. Necesidad divina, silencio de Jesús, dolor de sus secretos.**

(1) Continuando mi acostumbrado abandono en el Fiat Divino, estaba pensativa por las privaciones de mi dulce Jesús. ¡Oh! cómo gemía mi pobre alma bajo el peso infinito de un dolor que hace decir a todas las cosas creadas: "¿Dónde está tu Jesús, Aquél que tanto te amaba? ¡Ah! tú sientes que sostiene todo, tocas su belleza que ha puesto sobre toda la Creación, ves su inmensidad que no puedes alcanzar, pero todo esto que tú ves no son otra cosa que las huellas de sus pasos, que a su paso imprimió sobre todas las cosas creadas por Él, pero no está aquí. Tú, corre, búscalo, y todas nosotras te acompañaremos gimiendo junto contigo para hacerte encontrar a Aquél que tú quieres". Yo siento que todos me hablan de Jesús con notas dolientes, que haciendo eco en mi pobre corazón desgarrado por un dolor que yo misma no sé decir, y era tanta la impresión, como si quisiera salir de mi habitual estado. Pero mientras estaba en esto, mi amable y buen Jesús me ha sorprendido, y poniéndome los brazos en el cuello me ha dicho: (2) "Hija mía, ¿qué pasa? ¿Qué pasa? Cálmate, cálmate, cómo, ¿tal vez tú quieres salir del ejército de mi Divina Voluntad? Mira qué ejército ordenado, formidable y numeroso, que disponiéndose en orden de batalla en tu alma no te será fácil salir; pero, ¿sabes tú quién es este ejército? Todos los conocimientos sobre mi Divina Voluntad, porque Ella habiéndose formado su palacio real en ti, no podía estar, ni era decoroso estar sin su ejército. Este ejército lo hemos sacado de nuestro seno divino para cortejar, defender, y están todos atentos para hacer conocer a todos quién es nuestro Fiat, su Rey divino, cómo quiere descender con todo su ejército celestial en medio a

los pueblos para combatir al querer humano, pero no con las armas que matan, porque en el Cielo no hay estas armas asesinas, sino con las armas de luz que combaten para formar la Vida de mi Querer en las criaturas. Ahora, tú debes saber que las armas de este ejército son los actos hechos en mi Divina Voluntad; ¡mira cómo es bello! El palacio real es la luz de mi Fiat, el Rey que domina es mi Querer, el Ministro la Trinidad Santísima, el ejército sus conocimientos, las armas tus actos hechos en Él. Porque conforme tú tenías el bien de conocer un conocimiento suyo y obrabas en virtud de él, en mi Fiat formabas las armas en las manos de cada conocimiento, para dar la vida de este conocimiento a las otras criaturas. Pero no es todo aún, cada conocimiento posee un arma diversa la una de la otra, así que cada conocimiento que te he dado sobre mi Divina Voluntad posee un arma especial y distinta: Quién posee el arma de la luz para iluminar, calentar y fecundar el germen de mi Fiat; quién posee el arma de la potencia vencedora que domina e impera; quién el arma de la belleza que rapta y conquista; quién el arma de la sabiduría que ordena y dispone; quién el arma del amor que quema, transforma y consume; quién el arma de la fuerza que arroja por tierra, hace morir y hace resurgir en mi Querer Divino; en suma, cada conocimiento mío es un soldado divino que manifestándose a tu alma se ha hecho poner en sus manos, por ti, el arma de cada oficio que poseen. Mira qué orden tienen, como son atentos a su oficio y a manejar el arma que cada uno posee para disponer y formar el pueblo del reino de mi Fiat Divino. Este ejército y estas armas poseen la virtud prodigiosa de lo infinito, de modo que se difunden por dondequiera, y donde hay una luz, aun pequeña, en las criaturas, combaten con armas de luz contra las tinieblas del querer humano para eclipsarlo y darle la Vida de mi Fiat, y donde hay un germen de potencia o de fuerza, corre el soldadito divino con su arma de la potencia y de la fuerza para combatir la potencia y fuerza humana, y hacer resurgir la potencia y la fuerza de mi Divina Voluntad. Este ejército tiene el arma opuesta a todos los actos humanos para combatirlos, para hacer resurgir sobre el acto humano el acto de mi Querer Divino. Por eso hija mía, es necesario que tu permanezcas en mi Divina Voluntad para formar armas suficientes, con tus actos hechos en Ella, al gran ejército de sus conocimientos. Si tú supieras cómo este ejército espera con ansia las armas de tus actos en sus manos para mover batalla y destruir el pobre reino del querer humano, y edificar nuestro Reino de luz, de santidad y de felicidad; mucho más que Yo estoy en ti, en la gran morada de mi Divina Voluntad, en medio a mi ejército, con el continuo consejo del Ministro de las Divinas Personas, como reproductor de nuestras obras, porque Nosotros somos el Ser obrante, y donde estamos queremos obrar siempre, sin cesar jamás. Por eso es de necesidad que tú estés siempre en nuestro Fiat para unirte a Nosotros en nuestro continuo obrar, y darnos el campo de siempre obrar en ti, porque es propiamente ésta la señal del obrar divino: Obrar siempre, siempre, sin cesar jamás".

(3) Después de esto ha hecho silencio, y poco después con un énfasis más tierno ha agregado:

(4) "Hija mía, si tú supieras que ímpetu de amor siento porque quiero establecer el reino de mi Divina Voluntad sobre la tierra, para realizar el único fin por el cual fue creado el hombre; todo lo que ha sido hecho por las Divinas Personas, desde que fue creado el mundo y lo que haremos, nuestro principio será siempre aquél, no lo dejaremos jamás, que el hombre regrese a su herencia del reino de nuestro Fiat que nos rechazó. Tanto, que en mi misma encarnación, cuando descendí del Cielo a la tierra, la primera finalidad fue el reino de mi Divina Voluntad, los primeros pasos los di en el reino de Ella, esto es, en mi Madre Inmaculada que lo poseía, mi primera morada fue en su seno purísimo, en el cual mi Fiat tenía su dominio absoluto y su reino íntegro y bello, y en este reino de mi Querer que poseía mi Mamá Celestial, comencé y formé mi Vida acá abajo, de penas, de lágrimas y de expiaciones. Yo lo sabía, sabía que debía ser el Jesús abandonado, no amado ni buscado, pero quise venir porque veía a través de los siglos que mi venida a la tierra debía servir para formar el reino de mi Querer Divino, y por necesidad debía primero redimirlos para obtener mi primera finalidad. Y Yo desde entonces descendía del Cielo para venir a buscar, encontrar y estrechar a mi seno a los hijos de mi reino, que me habrían buscado, amado, reconocido, hasta llegar a no poder estar sin Mí, y por eso en lo que Yo hacía y sufría, Yo ponía un sello y decía: 'Aquí esperaré a los hijos de mi Querer, los abrazaré, nos amaremos con un solo amor, con una sola Voluntad'; y por amor de ellos, las lágrimas, los pasos, las obras, se me cambian en refrigerio, en alegría para mi corazón ahogado de amor. Hija mía, ¿no sientes tú misma que no puedes estar sin Mí? Y cuando lean en el mundo estos escritos, quedarán maravillados al oír la larga cadena de mis gracias, mis cotidianas visitas, y por tan largo tiempo, lo que no he hecho a ningún otro, mis largas conversaciones que he tenido contigo, las tantas enseñanzas que te he dado, y todo lo que debía servir al reino de mi Divina Voluntad. Sentía la irresistible necesidad de reemprender y rehacer contigo todas las conversaciones, de comunicarte las gracias, las enseñanzas que habría dado a Adán inocente si no hubiera rechazado la preciosa herencia de mi Fiat; él rompió mi hablar y me redujo al silencio, y después de seis mil años de silencio sentía la extrema necesidad de reemprender mi hablar con la criatura. ¡Oh! cómo era doloroso contener tantos secretos en mi corazón, que debía confiarle, y que sólo para ella eran reservados estos secretos, no para otros, y si supieras cuánto me ha costado el callar por tan largo tiempo, mi corazón estaba sofocado y delirante repetía sumisamente: Ay de Mí, creé al hombre para tener con quién hablar, pero debía poseer mi Divina

Voluntad para entenderme, y como me la rechazó me ha vuelto el Dios taciturno, ¡qué dolor siento! ¡Qué amor sofocado que me hacía desfallecer, y deliraba! Por eso no pudiendo soportarlo más, lo he querido romper contigo, he roto mi largo silencio, y por eso la necesidad del ímpetu de mi hablar tan prolongado, frecuente y repetido. Y mientras me desahogo contigo en el decir, siento como si ahora estuviese dando principio a la Creación, y por eso en estos escritos te estoy haciendo escribir el verdadero por qué de la Creación, qué cosa es mi Voluntad, su valor infinito, cómo se debe vivir en Ella, su Reino y cómo quiere reinar para volver a todos santos y felices. Todos quedarán sorprendidos al leer estos escritos y sentirán la necesidad de que mi Fiat viva en medio a ellos. La Divinidad siente una irresistible necesidad de completar la obra de la Creación, y ésta será completada con el reinar nuestra Divina Voluntad en medio a las criaturas. ¿Qué haría una criatura si después de que ha hecho una obra con sacrificios inauditos y por largo tiempo, obra que le cuesta la vida, obra de valor incalculable, y sólo porque le faltase un punto, una pincelada, un color, no puede completar la obra que le cuesta tanto? Y por cuan bella su obra, por cuan preciosa y de valor incalculable, que formaría su fortuna, su gloria y su felicidad completa, no puede presentarla al público, ni puede decir que es una obra completa porque falta un punto. Para esta persona la vida se cambiaría en dolor y sentiría el peso de su obra, bella, sí, pero no completa, y por eso se siente infeliz y en vez de gloria se siente humillada, y ¿qué sacrificios no haría? Pondría la vida para poner aquel punto para dejar completa su obra. Así nos encontramos Nosotros, nada falta a nuestra obra de la Creación: cielos, soles, obras y magnificencia de toda especie, pero falta un punto, un punto que me desfigura una obra tan bella, pero este punto es el más importante, es la pincelada más bella, es el color más vivo que falta a la Creación, todos y todo viven en mi Fiat, pero un punto de ella, esto es, la familia humana, está fuera de Él, fuera de mi reino y vive infeliz. ¡Qué dolor! Hay lugar para todos en mi Querer, no obstante hay quien vive fuera. ¡Oh! cómo nos la desfigura y la vuelve incompleta. Y, ¿qué cosa no haremos para verla completa? Cualquier sacrificio hija mía, todo estamos dispuestos a hacer; ya he puesto mi Vida en la Redención para poner este punto a la obra creadora. Y cuando conozcan qué significa Voluntad de Dios, el gran bien que puede hacer, y cómo a Nosotros la cosa que más nos importa es poner a salvo los derechos de nuestro Fiat Divino, y hacerlo reinar para ver a todos felices en nuestra Voluntad, con nuestra misma felicidad, no más se maravillarán de leer en estos escritos, lo que te he dicho y hecho de grande en tu alma, más bien dirán: 'A una Voluntad tan santa que todo ha hecho, era justo que se necesitara este desahogo de gracias y tantas enseñanzas sublimes para hacérsela comprender, amar y suspirar en quien debía hacer el primer depósito de su Reino' Por eso sé atenta, porque se trata de dar los derechos a una Voluntad Divina, para dejar completa la obra de la Creación".

26-10
Mayo 21, 1929

**La Divina Voluntad, luz; el amor, calor. Alimento y desahogo divino.**

(1) Estoy siempre de regreso en mi amada heredad del Querer Divino, y me parece que voy cosechando en Él, y Jesús muy bueno no deja de darme sus bellas lecciones sobre cada una de aquellas espigas que voy recogiendo; pero mientras giraba iba repitiendo mi estribillo sobre de cada cosa: "Te amo, haz que mi te amo sea dulce cadena que atando al eterno Fiat lo atraiga, lo violente para hacerlo venir a reinar sobre la tierra". Ahora, mientras esto hacía, mi adorado Jesús me ha dicho:

(2) "Hija mía, mi Divina Voluntad es luz, el amor es el calor. Luz y calor son inseparables entre ellos y forman la misma vida; así hay necesidad de la fusión de mi Voluntad y de mi amor, una voluntad que no ama no es operante, una amor que no tiene voluntad está sin vida. Empero mi Voluntad tiene el primer acto, se puede decir que su luz hace surgir el calor, Ella hace el primer acto y llama en su luz la vida del amor, y de ellos forma una sola cosa. ¿Quién puede dividir el calor de la luz? Ninguno. Sin embargo, cuanto más grande es la luz, más fuerte es el calor, así que una pequeña luz, apenas si se siente la fuerza del calor; una luz grande da mucho calor y produce efectos admirables. ¿Cuántos y cuáles efectos produce el sol porque su luz es tanta que abraza toda la tierra? Se puede decir que es el rey de la tierra, con su luz y con su calor acaricia a todos, abraza todo y hace bien a todos, y sin que pida nada a nadie, porque: Primero, no tiene necesidad de nada; segundo, porque todos se sentirían impotentes de corresponder al sol por el gran bien que hace a toda la tierra. He aquí el por qué tú sientes en ti dos potencias infinitas, fundidas en una: Mi Divina Voluntad y mi amor, y la luz de mi Querer te hace correr para hacerte poner su te amo, que hace salir del seno de su luz, sobre todas las cosas creadas, para ver toda la Creación adornada con su y tu te amo.

(3) Además de esto, la vida tiene necesidad de alimento; mi Voluntad Divina es Vida, mi amor es alimento, cada te amo tuyo es un sorbo de alimento que das a mi Fiat en ti, y cada acto tuyo hecho en mi Querer hace crecer la Vida de Él en ti. ¡Oh, cómo goza por ello, y crece admirablemente la Vida de mi Querer en la criatura cuando encuentra mucho amor divino, se puede decir que mi Fiat encuentra su alimento, y mi amor encuentra su vida".

(4) Después de esto continuaba pensando en el Fiat adorable, y mi dulce Jesús ha vuelto a tomar la palabra diciéndome:

(5) "Hija mía, quien vive en mi Querer Divino se encuentra bajo el desahogo continuo de su Creador; es tanto nuestro amor hacia ella, nos rapta tanto al ver nuestro Fiat en la pequeñez de la criatura, que queremos darle siempre, siempre, sin cesar jamás. Ahora este nuestro desahogo divino la llena tanto, que no le deja ningún vacío en sí misma, de modo que dondequiera que se apoya encuentra siempre la plenitud de nuestro desahogo que la sostiene, de manera que no puede replegarse sobre sí misma, porque nuestro desahogo la sostiene y la lleva como en triunfo en sus brazos. ¿Pero sabes tú qué cosa desahogamos? Amor, luz, gracia, santidad, potencia, etc.; ahora, todas estas cualidades nuestras hacen competencia para ver quien lleva en brazos a esta pequeña criatura, parece que se la pelean entre ellas y hacen turno para decir, todos la hemos llevado, y mientras cada una la lleva en sus brazos, si la lleva el amor, la llena tanto de amor, que toma gusto en ver ahogada a la pequeña pequeñita, ahogada en su amor, y sólo se contenta al hacerla pasar a los brazos de la luz cuando la ve desbordar amor, porque quiere ver repetir a la pequeña pequeñita lo que ha hecho su Creador. La luz toma gusto en ahogarla de luz, la gracia en ahogarla de gracia, la potencia en ahogarla de potencia, pero tanta, de raptar al mismo Creador. En suma, esta pequeñita criatura vive bajo el desahogo continuo de Dios, que la llena tanto, de sentirse ahogada sin poderlo contener, de modo que está obligada a desbordarlo fuera, así que lo que tú dices de mi Querer Divino no es otra cosa que el desahogo de lo que contienes dentro".

26-11
Mayo 25, 1929

**Potencia de quien vive en el Fiat Divino. Virtud de los actos hechos en Él. Todas las generaciones dependen de los actos hechos por Adán.**

(1) Continuando mi habitual abandono en el Fiat, me he encontrado fuera de mí misma, y con sorpresa he visto al enemigo infernal junto a mí, como si se quisiera lanzar sobre de mí; yo he sentido tal fuerza, de ponerme sobre de él, y conforme me ponía sobre él así quedaba vencido y hecho pedazos. Yo me impresionaba y pensaba entre mí: "Desde hace mucho tiempo que no veía al enemigo, es más, si me veía huía de mí, y ahora ¿qué cosa quiere con este acercarse?" Y mi amable Jesús moviéndose en mi interior me ha dicho:
(2) "Hija mía, el alma que posee mi Fiat Divino tiene tal potencia, que hace pedazos la potencia diabólica, y Yo he permitido que tocaras con la mano que sólo con el ponerte sobre de él ha quedado destrozado, a fin de que no le temas, y que él sintiese la potencia de quien posee mi Querer, que

dispersa como polvo al viento la fuerza diabólica. Por eso no pienses en él y continúa la vida en mi Fiat, porque tú debes saber que cada oración, cada acto y movimiento de quien vive en Él, encierra dentro una fuerza y un peso infinito e incancelable, y lo infinito se extiende por todas partes, contiene la virtud productora de todos los bienes, abraza la eternidad, encierra al mismo Dios, por eso un acto hecho en mi Querer es un acto que no termina jamás, y tiene tal potencia que encierra Cielo y tierra. Nuestro Fiat con su potencia infinita encierra nuestra Divinidad en el acto de la criatura, formando con sus velos de luz la más bella y deliciosa morada real a nuestro Ser Divino".

(3) Jesús ha desaparecido, y yo me sentía abismada en el abismo de luz del Fiat supremo. Después de esto estaba siguiendo mis actos en el Fiat Divino, y llegando al Edén pensaba entre mí: "En este Edén, nuestro primer padre Adán hizo sus primeros actos en el Fiat Divino, así que toda la Creación tuvo el principio dentro de un acto de Voluntad Divina obrante en todas las cosas creadas, como también el primer hombre; Ella extendía la plenitud de su santidad, potencia, belleza y luz en cada cosa, haciéndose actora y espectadora, encerrando todo en un acto solo de su Voluntad Divina. Cómo era bella la Creación en su principio, una era la Voluntad que obraba, y los diversos actos no eran otra cosa que los efectos de Ella". Pero mientras esto pensaba, mi amable Jesús moviéndose en mi interior me ha dicho:

(4) "Hija mía, todas las generaciones dependen de los primeros actos hechos por Adán en la plenitud de mi Divina Voluntad, porque siendo hechos en Ella, eran actos llenos de vida y podían dar principio y vida a todos los otros actos de todas las criaturas. Y a pesar de que las criaturas no viven de mi Voluntad, sino de la de ellas, es siempre Ella que les da vida, y mientras les da vida la tienen como sofocada y agonizante en sus actos. Por eso todos los actos de Adán hechos en mi Querer están como acto primero de todos los actos de las criaturas; ¿quién puede destruir un acto hecho en mi Divina Voluntad? ¿Quién puede quitarle la soberanía, la potencia, la belleza, la vida? Ninguno. No hay cosa que no dependa del primer acto, todas las cosas creadas dependen del primer acto hecho por Aquél que las ha creado. Y si tanto amo, suspiro y quiero que mi Voluntad sea conocida y reine en medio a las criaturas, es propiamente esta la razón, que sean restituidos sus justos y santos derechos, y que así como tuvo principio la Creación toda, así regrese toda en nuestra Divina Voluntad".

26-12
Mayo 28, 1929

**Cuando Jesús habla de su Querer se abajan los Cielos; fiesta de todo el Cielo. El Divino Querer es corona de la Creación y de la Redención. Dolor de Jesús porque**

**no se conoce el Fiat Divino.**

(1) Mi pequeña inteligencia no hace otra cosa que navegar en el mar interminable del Fiat Divino, y conforme forma sus olas de luz así murmura su lenguaje celestial y divino, y pone fuera sus secretos, y con palabras arcanas se manifiesta a mi pequeña alma, y muchas veces mi dulce Jesús sale de dentro de aquellas olas de luz, corre, me abraza y se pone la mano en su corazón para sostenerlo, tanto es el ímpetu de su amor porque escucha y habla de su Querer Santísimo. Ahora, mientras me encontraba en este estado, mi amado Jesús me ha dicho:

(2) "Hija de mi Querer, si supieras qué amor siento cuando me decido a hablarte de mi Fiat Divino; cada vez que te he hablado de Él, los Cielos se han abajado, tanta era la estima y la veneración que sentían, y haciendo homenaje a lo que Yo debía decir, y abajándose, todos se ponían atentos a escucharme, y mientras Yo hablaba sentían en ellos nuevas creaciones de Vidas Divinas, nuevas alegrías, nuevas bellezas, porque cuando se trata de hablarte de otros conocimientos de mi Fiat Divino, todo el Cielo siente la potencia de Él y hacen competencia en escuchar y en recibir los nuevos efectos de aquellos conocimientos. Así que cuantas veces te he hablado de mi Querer Santísimo, ha sido la fiesta de todo el Cielo, porque se sentía duplicar la felicidad, y sólo el Cielo podía contener todos los admirables efectos, las puras alegrías de un solo conocimiento de mi Fiat. Sólo así podía hablarte de Él, con el Cielo abajado para recibir sus actos reverentes y los homenajes debidos a mi Divina Voluntad. Es tanto el amor y el deseo que siento de hacerla conocer, que si fuera necesario me encarnaría de nuevo para obtener que mi Voluntad fuera conocida y reinase sobre la tierra, pero esto no es necesario, porque habiéndome encarnado una vez, mi encarnación está siempre en acto y tiene virtud de reproducir los mismos efectos como si de nuevo me encarnase. Y ha sido sólo por el decoro de mi Fiat que te he escogido, te he purificado de todo germen de corrupción, me he encerrado en tu alma, no sólo en modo espiritual sino también natural, de modo de servirme de ti como velo para cubrirme, casi como me serví de mi Humanidad como velo para esconder mi Divinidad, y para tenerte a mi disposición te he segregado de todo, te he confinado dentro de una cama y por tan largos años, para darte las sublimes lecciones sobre mi eterno Fiat y hacerte beber sorbo a sorbo sus conocimientos y su Vida. La historia larga de Él requería tiempo para narrártela y hacértela comprender. Yo puedo decir que he hecho más que en la Creación y Redención, porque mi Querer encierra la una y la otra y es principio y medio de ellas, y será fin y corona de la Creación y Redención, en modo que sin mi Voluntad, no conocida ni reinante y dominante sobre la tierra, nuestras obras serán obras sin corona e incompletas, he aquí el por qué tanto interés de hacerla conocer. Nuestras

mismas obras hechas con tanto amor y magnificencia, están bajo la opresión de un gemido inenarrable, y casi bajo una humillación profunda, porque la Vida, la sustancia esencial que esconden, no es conocida aún, se conocen los velos, la exterioridad de la Creación y Redención, pero la Vida que esconden es ignorada; ¿cómo pueden dar la Vida que esconden y los bienes que poseen? Por eso nuestras obras suspiran, reclaman sus justos derechos, que sea conocida mi Divina Voluntad. ¡Ah! sí, sólo Ella será la gloria, la corona imperecedera y el cumplimiento de nuestras obras. Ahora, tú debes saber que Yo me encuentro en ti escondido, con el dolor en el corazón, como me encontraba en los últimos años, cuando mi Humanidad vivía acá abajo sobre la tierra, y Yo, Verbo del Padre estaba escondido en Ella. Después de tantos sacrificios, después de mi tanto decir y ejemplos dados, miraba la tierra, miraba los pueblos y aun a aquellos que me rodeaban sin los efectos de mi venida a la tierra, los frutos, los bienes de mi venida a la tierra escaseaban tanto, que mi corazón era torturado al sentir que me rechazaban los tantos bienes que quería darles, y acrecentaba mi dolor porque veía que habiendo cumplido en mi Humanidad lo que debía hacer para redimirlos, estaba por partir para el Cielo. Cómo es doloroso querer hacer el bien, aun a costa de la propia vida, y no encontrar a quien dar estos bienes. Ahora así me encuentro en ti, miro mis y tus sacrificios, miro el orden que he tenido, las tantas lecciones que te he dado, bastante para hacer conocer mi Divina Voluntad, para formar su reino, y si no termino de decir es porque su historia es eterna, y lo que es eterno tiene su decir eterno que no termina jamás, y que el decir de mi Fiat se eternizará en el Cielo. Miro a aquellos que te circundan y que saben lo que respecta a mi Querer, sin verdadero interés de hacer conocer tanto bien, miro tu misma humanidad que me sirve como cátedra donde imparto mis lecciones, y que tú misma no puedes negar que me sientes mover en ti sensiblemente, hablar, sufrir, y que estoy propiamente en ti para formar mi reino y hacerlo conocer; y mientras te miro veo que ni siquiera tu humanidad debe estar por largo tiempo sobre la tierra, y mi corazón siente la angustia del dolor porque el gran bien que quiere hacer mi Divina Voluntad ni siquiera es conocido, sus conocimientos están como sepultados, y que mientras quieren dar vida, felicidad, luz, quedan como encarcelados entre Yo y tú y en los escritos que con tanta ternura de amor te he hecho escribir. Por eso hija mía compadece mi dolor, adora mis disposiciones de tenerte aún sobre la tierra, Yo sé que te es muy duro y Yo te compadezco, y mientras nos compadecemos mutuamente hagamos cuanto esté en nosotros para hacer conocer mi Divina Voluntad".

(3) Después de esto estaba haciendo mis actos en el Querer Divino, y mi dulce Jesús ha agregado:

(4) "Hija mía, mi Fiat tiene su acto primero en nuestra Divinidad, su acto primero en la Creación y Redención y en todas las cosas, y por eso tiene el justo derecho de dominar todo y de envolver a todos y de ser la primera rueda, que moviéndose, todo mueve en torno a sí y todo gira a su alrededor. Así que quien toma mi Voluntad como vida toma todo, y conforme la primera rueda se mueve, así todas las cosas se dan al alma, tanto, que no tiene necesidad de pedir, todas conforme giran en torno a mi Querer se dan a ella. Por eso la cosa más necesaria es tomar mi Divina Voluntad, y si esto ha hecho, ha hecho todo y ha tomado todo, todo es suyo. Sucede como a una máquina, si se mueve la primera rueda del centro de ella, todas las ruedas secundarias giran, pero si no se mueve la primera rueda, todas quedan detenidas, y no hay potencia o artífice que tenga virtud de mover las ruedas secundarias, pero si se mueve la primera, por sí mismas las otras giran y hacen su oficio. Por eso la atención y el arte deben ser para la primera rueda, todo lo demás viene de por sí. Así es mi Voluntad, quien la posee no tiene necesidad de nada".

26-13
Mayo 31, 1929

**El verdadero amor tiene necesidad de un desahogo. La Creación fue un desahogo de amor, como también la Redención y el Fiat Divino. Qué significa un desahogo divino.**

(1) Mientras escribía pensaba entre mí: "Cuántos sacrificios para escribir, cuántas noches de vigilia, cuánto tiempo empleado, sólo Jesús ha sido testigo, que teniendo compasión de mí me sostenía, me ayudaba, me inspiraba las palabras, y muchas veces Él mismo me dictaba lo que debía escribir, pero, ¿cuál será la utilidad de tantas premuras de Jesús por hacerme escribir, y de tantas luchas internas por poner sobre el papel lo que Jesús me hacía oír dentro de mí? ¿Qué utilidad a tantos sacrificios sostenidos? ¿Quién se tomará el trabajo de leerlos, de hacerlos conocer, a fin de que lleven el bien de tantas verdades sobre la Divina Voluntad en medio a las criaturas? Creo que ninguno, y todos los sacrificios quedarán en el papel. Del resto, si he escrito lo he hecho sólo por temor, para no disgustar a Jesús, y sólo y siempre por obedecer. Luego, con estos pensamientos continuaba escribiendo, y cuando después de haber terminado me puse a rezar, mi dulce Jesús ha salido de mi interior y estrechándome entre sus brazos me ha dicho:

(2) "Hija mía, el amor verdadero tiene necesidad de un desahogo, Yo no podía contener más en Mí este desahogo intenso de hacer conocer mi Voluntad, sus conocimientos, su valor inmenso, y el cómo quiere formar su

reino sobre la tierra. Mi corazón se encuentra en el arrebato de las llamas, porque quiero dar esta sorpresa a las humanas generaciones, el reino de mi Divina Voluntad sobre la tierra; sorpresa no esperada por ellos. Y mi amor contenido gemía, deliraba y era devorado por llamas inextinguibles, porque quería hacer conocer que quería darles este gran bien, bien que sobrepasa todos los demás bienes, cual es el reino de mi Fiat Divino. Este gran bien lo di al principio de la Creación, porque de nuestra Divinidad no salen jamás bienes u obras incompletas, nos fue rechazado por el hombre, y Nosotros tuvimos el dolor de sentir que se nos rechazaba la vida, la sustancia, los bienes, y la parte más esencial de la Creación, y el hombre volvió, para él, todas nuestras obras incompletas, y no se ha dado más pensamiento de readquirir lo que nos rechazó, Pero mientras él no lo pensaba, Nosotros lo pensábamos, y esto formaba nuestro martirio de amor, martirio que nos ha durado cerca de seis mil años, martirio secreto que acrecentaba nuestras llamas y nos devoraban tanto, que no pudiendo contenerlas más, he querido venir a ti para romper el secreto, porque sentía la necesidad de hacerte un desahogo de amor y decirte: 'Quiero dar lo que el hombre me rechazó, quiero que mi Querer reine sobre la tierra'. Y para hacerlo venir a reinar debía hacértelo conocer, por eso la necesidad de manifestarte tantos conocimientos de Él. Entonces, si ningún bien ni utilidad traerán tus sacrificios de escribir, lo que no será, eran necesarios a mi amor y han servido para formar mi desahogo y para aligerarme de las llamas que me devoraban. Así que cada conocimiento sobre mi Fiat Divino era un desahogo de amor contenido que te hacía, era una nueva creación que Yo ponía fuera, era un unir la Divina Voluntad a la humana, para reordenarla de nuevo según el orden creado por Nosotros. Era vida que salía de Mí, sustancia y parte esencial para poder formar el reino de mi Divina Voluntad sobre la tierra. Si tú supieras qué significa un desahogo divino: Desahogo de amor fue la Creación y, ¡oh, cuántos bienes no salieron de este desahogo! Cielos, estrellas, soles, mares, tierra florida, y después el hombre, formado con tal arte, que Cielos y tierra se asombran por el modo como está formado el hombre. Este desahogo habría continuado, y cosas más bellas debían salir de Nosotros, pero el hombre con rechazar nuestra Voluntad Divina nos cerró este desahogo y detuvo nuestras obras, y por cuatro mil años nuestro desahogo no tuvo más salida, pero nuestro amor sentía la necesidad de desahogar, quería sus derechos, quería poner fuera sus llamas vitales, e irrumpiendo su largo desahogo creó a la Virgen Santísima, a la cual siguió la encarnación del Verbo, ¿cuántas maravillas en este segundo desahogo, cuánta utilidad, cuántos bienes no han recibido las criaturas? Pero este nuestro desahogo quedó a la mitad, y nuestro amor debió contentarse con esperar otros dos mil años para poder irrumpir de nuevo su desahogo y poner fuera todos sus secretos, las maravillas más íntimas de nuestra Divinidad, los dones más grandes que se necesitan para hacer reinar nuestra Voluntad Divina en medio a las criaturas. Si tú supieras qué significa un desahogo divino, y así como en la Creación nuestro desahogo hizo obras grandes, magnánimas, y es útil y continua su vida; así en el desahogo de la Redención llevará sus admirables efectos, y la vida redentora a las generaciones humanas; así este desahogo de hacer conocer que mi Fiar Divino quiere formar su reino, y todo lo que has escrito sobre sus conocimientos, tendrán vida en medio a las criaturas. Por eso, por ahora déjame desahogar, y Yo pensaré en cómo volver útil lo que te he manifestado".

26-14
Junio 4, 1929

**Conforme el alma va haciendo la Divina Voluntad, así Ésta se dilata y hace crecer la Vida Divina en el alma, y el alma crece en el seno de su Padre Celestial. Quien vive en Ella, llama a lista a toda la Creación. Quién sale de la Divina Voluntad, él sale pero sus actos quedan.**

(1) Mi abandono en el Fiat continúa, siento en mí tal necesidad de vivir en Él, que para mí se ha vuelto más necesario que mi misma naturaleza, es más, la naturaleza me la siento cambiada en Voluntad de Dios, siento que está perdida en Ella, y en todas las cosas, en vez de encontrarme a mí misma, encuentro a aquel Fiat que me dice: "Yo soy tu vida, corre, corre siempre en Mí, en el mar de mi luz para vivir de mis actos, de mi santidad, de mi felicidad y de todos los bienes que poseo". Pero mientras navegaba el mar del Fiat Divino, mi dulce Jesús se ha movido en mi interior y me ha dicho:
(2) "Hija mía, conforme el alma va obrando en mi Querer Divino, así Él se dilata de más en la criatura, de modo que cada acto de más hecho en Él, tanto crecimiento de más hace en ella, así que se ve crecer en modo admirable la Vida Divina en la criatura. Pero no es todo, conforme crece la Vida Divina en la criatura, al mismo tiempo por cuantos actos de más hace en mi Fiat Divino, tanto más crece la criatura en el seno de su Padre Celestial, el Ser Supremo abre su seno y encierra a esta feliz criatura para hacerla crecer a modo divino, para vestirla con vestidos reales, para proporcionarle el alimento con sus manos, para embellecerla de rara belleza. Todo el Cielo queda sorprendido, raptado al ver que su Creador crece en su seno a una criatura, y dicen entre ellos: 'Alguna cosa grande hará de ella, que la ama tanto y la custodia tanto que la hace crecer en su seno paterno.' Y todos esperan el pleno crecimiento de esta criatura para ver lo que será de ella. Por eso el prodigio de vivir de mi Querer es singular, Él comunica tal

potencia a quien vive en Él, que entra en todas partes, y Dios mismo ama y quiere crecerla en su seno divino. Además de esto, es tal y tanta la potencialidad y difusión del acto hecho en mi Divina Voluntad, que dondequiera se difunde: Se extiende en el cielo y llama como a pasar lista a las estrellas, se extiende en el sol y llama a lista a la luz, inviste el aire, el viento, el mar, y llama a lista a los pájaros, a la fuerza del viento, a las aguas y a los peces, y poniéndolos todos en orden, dice a todos con su acto: Inclínense y adoremos con doble homenaje a nuestro Creador, aquel Fiat que nos creó está en mi acto, y yo quiero crear con Él nuevo amor, nueva adoración y gloria a nuestro Creador. Y no sólo se extiende en todas las cosas creadas, sino se extiende en los actos de la Virgen, en todos los actos que Yo hice en la tierra, en los actos de su Creador, en los de todos los santos, desde el primero hasta el último; a todos los llama para pasarles lista y hace correr dentro de ellos la nueva vida de amor, de adoración, de gloria a Aquél que la ha creado. Se puede decir que dondequiera que está mi Divina Voluntad se extiende el acto de la criatura hecho en la mía, hasta en el infierno sienten la potencia de una criatura que obra en mi Fiat Divino, porque así como todo el Cielo siente la nueva felicidad, la gloria y el nuevo amor del acto de la criatura hecho en mi Querer, así el infierno siente el nuevo tormento de aquella Voluntad Divina que rechazaron, y que mientras está con ellos, con justicia está para atormentarlos, y cada vez que la criatura obra en Ella sienten el peso de la justicia más grave sobre de ellos y se sienten quemar de más. Así como nada huye de mi Fiat Divino, así nada le huye a quien obra en Él, y cada vez que repite sus actos, tantas veces pasa lista para estar segura de que ninguno falta en su acto de dar la nueva gloria, adoración y amor a aquel Dios tres veces santo, y a aquella Voluntad Divina que con tanto amor le hace lugar para hacerla vivir en Ella, y la hace extenderse en su interminabilidad".

(3) Después de esto estaba haciendo mi giro en el Fiat Divino e iba recogiendo todas las cosas creadas, todos los actos de las criaturas para formar de ellos un solo acto en la unidad de Él, y mi amable Jesús ha agregado:

(4) "Hija mía, sólo mi Divina Voluntad posee el acto único, y en su unidad abraza todo, hace todo, da vida a todo, pero mientras hace un solo acto, este acto tiene la fuente de todos los actos juntos, que mientras son efectos del acto único, se esparcen en todo lo creado y descienden a bien de las criaturas como actos reales, mientras en la unidad del acto único del Fiat Divino es siempre un solo acto, tanto, que jamás separa de sí un solo efecto, ni lo puede separar, porque todos los efectos forman la unidad de su acto único. Sucede como al sol, una es la luz, uno es el acto de luz que continuamente manda a la tierra, pero esta única luz en cuanto toca la tierra, los efectos son innumerables y reales, tan es verdad, que conforme la luz

toca la tierra se ven los efectos cambiados en actos, de modo que se ve la variedad de los colores a las flores, la diversidad de las dulzuras a los frutos, y tantas otras cosas, ¿acaso el sol ha perdido uno solo de los tantos efectos que como actos reales ha comunicado a la tierra? Ah, no, celoso los conserva en su solo acto de luz, mucho más que la fuerza, la plenitud y su solo acto de luz está formado por todos los efectos que él posee, así que el sol, símbolo de mi Voluntad Divina, posee innumerables efectos, los da como actos reales a la tierra, sin perder ninguno, y hace siempre un acto solo; si esto hace el sol creado por Nosotros, mucho más lo hace mi Divina Voluntad. Ahora hija mía, el hombre con hacer su voluntad salió de la unidad de la mía, y todos sus actos perdieron la fuerza de la unidad y permanecen esparcidos, quién en un punto, quién en otro, y divididos entre ellos. Estos actos humanos no teniendo unidad, no tienen fuentes de efectos ni plenitud de luz, y por eso son símbolos de aquellas plantas y flores que crecen sin sol, y como están esparcidos y divididos entre ellos, no tienen fuerza duradera y crecen míseros y descoloridos. Así que el hombre con hacer su voluntad pierde la unidad con la mía, pierde la fuente de la vida, pierde la plenitud de la luz. Ahora, quien vive en mi Querer Divino va recogiendo todos los bienes esparcidos por las criaturas, y de ellos forma un solo acto, y estos actos llegan a ser derecho de quien hace y vive en mi Fiat Divino. No hay bien que no pueda tomar quien vive en mi Querer, con la fuerza bilocadora de Él, llama, recoge y une todos los actos juntos, y ordenándolos todos en mi Fiat, me da todo y le doy todo".

(5) Después de esto estaba siguiendo mis actos en el Querer Supremo, y miles de pensamientos se acumulaban en mi mente sobre las tantas maravillas suyas, pero para no extenderme demasiado digo sólo lo que me ha dicho Jesús:

(6) "Hija mía, lo que se hace en mi Divina Voluntad queda perdido en Ella, y así como es inseparable la luz y el calor, y si se extingue la luz queda extinto el calor, y si se da vida a la luz, por su naturaleza la luz hace surgir junto la vida del calor, así los actos de la criatura hechos en Ella son inseparables de mi Querer, mucho más que no está sujeta a extinguirse, porque es luz eterna e inmensa, es por esto por lo que Adán salió de dentro de mi Voluntad cuando pecó, pero sus actos quedaron en Ella, él pudo separarse de sus mismos actos, pero sus actos hechos en mi Querer no pudieron salir, ni separarse, porque ya habían formado su vida de luz y de calor en Ella; lo que entra en mi Voluntad pierde la vida en Ella, forman la misma vida, pierden los derechos de salir y mi Querer dice: 'Estos actos han sido hechos en mi casa, en mi luz, los derechos son míos y no hay fuerza ni humana ni divina que pueda hacer salir y separar un acto hecho por la criatura en mi Voluntad.' He aquí por qué los actos de Adán hechos en Ella antes de pecar, están como acto primero de los cuales depende la Creación y los

actos de las generaciones humanas. Ahora, supón que tú salieras de dentro de mi Voluntad, tú sales y quedas fuera, pero tus actos no salen, ni tienen derecho de salir, ni lo pueden, y hasta en tanto que tú estés en mi Querer, tus actos son míos y son tuyos, pero si tú salieras pierdes los derechos, y como han sido hechos en el reino de mi Divina Voluntad y no en el humano querer, quedan como derechos míos, a pesar de que se ven y son conocidos que han sido hechos por ti. Ahora, tú debes saber que todo lo que tú haces en mi Fiat, servirá como acto primero a las otras criaturas para vivir en el reino de Ella, como orden, régimen y vida de aquellos que vivan en el reino de mi Fiat; por eso te recomiendo tanto el girar en Él, te vigilo, te acompaño, muchas veces lo hago junto contigo, porque no sólo sirven para ti, sino deben servir como actos primeros y como modelos de quien debe vivir en el reino de mi Fiat Divino".

26-15
Junio 9, 1929

### Inseparabilidad de quien vive en la Divina Voluntad. Ejemplo del respiro, del sol, cómo dominan todo, van en busca de todo, así es la Divina Voluntad. Competencia entre la una y la otra.

(1) Mi abandono en el Fiat Divino es continuo, y su luz eclipsa tanto mi pequeña inteligencia, que no sé hacer otra cosa que pensar, ahora en una verdad, ahora en otra verdad de la Divina Voluntad, y por cuanto más la pienso, tanto más bella y majestuosa se hace delante a mí, y con un amor indecible, más que una tierna madre, abre su seno de luz y pone fuera un parto de luz para encerrarlo en su pequeña hija. Mientras me encontraba en este estado, mi dulce Jesús me ha dicho:

(2) "Hija mía, así como un respiro es vida del siguiente, tanto, que mientras se hace por sacar el respiro, antes que se haya expulsado todo, llama al otro respiro, así que se puede decir que el respiro tiene su vida y da vida a la criatura porque es continuo, están de tal manera unidos y estrechados entre ellos, que son inseparables; así también el latido del corazón, un latido llama la vida al otro latido, y el latido continuo forma la vida, tanto, que si cesa el respiro y el latido la vida no existe más. Así es el alma que hace y vive en mi Divina Voluntad, es tal y tanto el ensimismamiento y la unión con Ella, mucho más que como están unidos entre ellos los respiros y los latidos, por eso los actos hechos en mi Fiat Divino son como tantos respiros o latidos que la criatura hace en Dios, de modo que se vuelve el respiro divino, y mi Fiat forma el respiro de ella; por lo tanto son vida que intercambian mutuamente, para formar una sola. Por eso los actos hechos en nuestra Divina Voluntad son inseparables de Nosotros, y sentimos el contento de

respirar nuestra obra, y de sentir nuestra la obra salida de Nosotros, y de hacerla vivir en nuestra casa, y tan unida con Nosotros, de respirar su mismo respiro".

(3) Después continuaba haciendo mis actos en el Fiat adorable, y mi siempre amable Jesús ha agregado:

(4) "Hija mía, así como el sol desde lo alto de su esfera extiende su gran rueda de luz y abraza la tierra, dándole la vida de sus efectos de luz para hacerla germinar, da el beso de vida de su luz a cada planta, a cada flor, a cada árbol, para sellar sobre cada planta, en quién la vida del perfume, en quién el color, en quién la dulzura, a todos quiere dar su abrazo y beso de vida, no se niega a ninguno, no rechaza a nada, cualquiera que sea la cosa, aun el más pequeño hilo de hierba, más bien, la misma luz queriéndola hacer de reina que se quiere desentrañar, va en busca de todos, quiere reconocer todo para formar en todas las cosas la vida que cada una de las plantas requiere; no se sentiría reina, ni derecho de ser reina si su luz no diese su vida a todo, tanto, que en su gran rueda de luz encierra todo y parece que todos toman de la luz del sol la vida, la belleza, la variedad de los colores, el crecimiento; pasa sobre el mar, sobre los ríos, sobre los montes, para formar en ellos sus tintas argentinas y el horizonte de oro y de plata en el fondo de ellas. ¡Oh! cómo el sol con su luz domina todo, pero no para oprimir, ni para hacer mal a ninguno, sino para vivificar, para embellecer y para darse como vida de todo; parece que en su mudo silencio dice a todos: 'Cuánto os amo, mi amor está extendido cuanto está extendida mi gran rueda de luz, mi amor por la tierra es sustancioso y pleno de vida, jamás me cambio, desde la altura de mi esfera estoy siempre en mi puesto para abrazarla, amarla y darle vida'. Así que la tierra vive en la gran rueda de su luz, y cada cosa tiene la boca abierta para recibir la vida de los efectos de la luz del sol. ¡Oh! si jamás sea, el sol se pudiera retirar de la tierra, o la tierra se pudiera oponer a recibir los bienes y la vida de la luz del sol, no habría día, sino noche perenne, y la tierra quedaría sin vida, sin color, lo dulce no existiría, sería más que una escuálida miseria; que cambio funesto, que horror llegaría a ser la tierra. Tal es mi Divina Voluntad, más que sol para las criaturas; en su gran rueda interminable de luz va en busca de todos para hacerse reconocer y formar en cada criatura su vida de belleza, de santidad, de luz y de dulzura infinita; quiere destruir en ellas todas las amarguras, las fealdades, las miserias, y con su beso de vida, dándoles su aliento quiere cambiarlas en bueno, en bello, en santo. Pero, ¡ay de Mí! el sol creado por mi Fiat hace tantos prodigios a la tierra, y con su majestad toda suya extiende su manto de luz, de belleza, y a cada toque suyo da la vida que posee a cada una de las cosas, y mi Fiat queda con el dolor de no poder comunicar los bienes que posee y su Vida Divina en las almas, porque ellas se oponen a recibirla y no quieren tomar la luz de mi Querer, y por eso

se encuentran como la tierra si se pudiese oponer a recibir la luz del sol, en plena noche, escuálidas, débiles, y muchas dan terror al mirarlas. Mi Divina Voluntad está preñada de tantas Vidas Divinas, de tantas bellezas y de tantos bienes que quiere darles, se quisiera desentrañar para encerrar en su seno de luz a las criaturas, y hacer de cada una de ellas un prodigio de santidad, de belleza, distintas una de la otra, para formar su cielo en la tierra, pero la voluntad humana se opone, y mi Fiat siente el intenso dolor, más que madre cuando no puede dar a la luz su parto. He aquí por qué hija mía, mi Voluntad Divina quiere hacerse conocer, quiere formar su reino, porque estos sus hijos vivirán voluntariamente en la suya y de su luz, estarán con las bocas abiertas a recibir sus besos, sus abrazos y sus efectos, para formar su Vida Divina en ellos, entonces sí, se verán los prodigios que sabe hacer y puede hacer mi Querer, todo se cambiará y la tierra se volverá Cielo, y entonces el sol que está bajo la bóveda del cielo y el Sol de mi eterno Querer se darán la mano, es más, se pondrán en competencia para ver quién podrá hacer más prodigios, el sol a la tierra, y mi Voluntad a las almas; pero la mía desahogará de más, tanto, de formar un nuevo encanto de prodigiosas bellezas jamás vistas a todo el Cielo y a toda la tierra".

26-16
Junio 14, 1929

### Cuentas con Jesús. El alma, banco de la Divina Voluntad. Recuerdos inolvidables. El Edén.

(1) Estaba siguiendo mi giro en el Fiat Supremo, y mi pequeña mente habiendo llegado al Edén estaba diciendo: "Majestad adorable, vengo ante Ti para traerte el modesto interés de mi te amo, te adoro, te glorifico, te agradezco, te bendigo, para darte mi pequeño interés porque me has dado un cielo, un sol, un aire, un mar, una tierra florida y todo lo que has creado para mí. Tú me dijiste que cada día quieres hacer las cuentas conmigo y recibir éste mi modesto interés para estar siempre de acuerdo, y tener al seguro en el pequeño banco de mi alma toda la Creación, dada a mí por Ti como pequeña hija de tu Querer". Pero mientras esto hacía, el pensamiento me ha dicho: "¿Pero cómo puedes tú satisfacer un interés tan grande?" Y además, ¿qué gran cosa es un te amo, te adoro, te agradezco?" Mientras esto pensaba, mi dulce Jesús se ha movido en mi interior y me ha dicho:

(2) "Hija mía, esto fue un acuerdo entre Yo y tú, que Yo ponía en el banco de tu alma toda la Creación, y tú deberías darme el interés de llenarla con tu te amo, te adoro, te agradezco; y como te vi abrumada por un capital tan grande, y temiendo que quisieras rechazarme el gran don, Yo para darte valor para recibirlo te dije: 'Me contento con un modesto interés, y haremos

cuentas todos los días aquí en el Edén, así estaremos de acuerdo y siempre en paz, y tú no estarás preocupada porque tu Jesús ha puesto en tu banco un capital tan grande'. Y además, ¿no sabes tú el valor de un te amo dicho en mi Divina Voluntad? Ella llena el cielo, el sol, el mar, el viento, dondequiera extiende su Vida, así que conforme tú dices tu te amo, te adoro y todo lo demás que puedes decir, mi Fiat extiende tu te amo en el cielo, y tu te amo se hace más extenso que el cielo; tu te adoro se extiende en el sol, y se hace más ancho y más grande que su luz; tu te glorifico se extiende en el viento y gira por el aire, por toda la tierra, y sus gemidos, las ráfagas de viento, ahora acariciadoras, ahora impetuosas, dicen te glorifico; tu te agradezco se extiende en el mar, y las gotas del agua y los serpenteos de los peces dicen, te doy las gracias, y Yo veo el cielo, las estrellas, el sol, el mar, el viento, llenos de tu te amo, de tus adoraciones y similares y digo: 'Cómo estoy contento de haber puesto todo en el banco de la pequeña hija de mi Querer, porque ella me paga el interés querido por Mí, y como vive en Él, me da un interés divino y equivalente, porque mi Fiat extiende sus pequeños actos y los vuelve más extensos que toda la Creación'. Y Yo cuando te veo venir al Edén para darme tu modesto interés, te miro y veo en ti a mi Divina Voluntad duplicada, una en ti y la otra en Mí, mientras es una, y me veo pagar el interés por mi misma Voluntad y Yo quedo satisfecho, y ¡oh! cómo estoy contento al ver que mi Fiat ha dado virtud a la criatura para hacerla duplicar mi Voluntad, para hacerla satisfacer a su Creador. Hija mía, cuántas cosas inolvidables hay en este Edén, aquí nuestro Fiat creó al hombre y desahogó tanto en amor, que a torrentes se vertió sobre de él, tanto, que oímos aún el dulce murmullo con el cual nos volcamos sobre de él; aquí comenzó la Vida de nuestro Fiat en la criatura, y el dulce y querido recuerdo de los actos del primer hombre hechos en Él, estos actos existen aún en nuestro Querer y son como prendas, que él renacerá para volver a tener el reino de nuestro Fiat; en este Edén está el doloroso recuerdo de la caída del hombre, la salida que hizo de nuestro reino, oímos aun los pasos cuando salió de nuestro Fiat Divino, y como este Edén le había sido dado a él a fin de que viviera en Él, por eso fuimos obligados a ponerlo fuera, y tuvimos el dolor de ver la obra a Nosotros más querida, sin su reino, errante y dolorido, nuestro único alivio fueron las prendas de sus actos que quedaron en nuestro Querer, éstos daban los derechos a la humanidad para reentrar al lugar de donde salió. He aquí por qué te espero en el Edén, para recibir tu modesto interés, para renovar lo que hicimos en la Creación y recibir la correspondencia de tanto amor no comprendido por las criaturas, y para encontrar un amoroso pretexto para dar el reino de nuestra Divina Voluntad. Por eso quiero que también a ti te sea querido este Edén, a fin de que nos pidas, nos apresures para que regrese el principio de la Creación, la Vida de nuestro Fiat en medio de la familia humana".

26-17
Junio 19, 1929

## La Divina Voluntad y la Vida obrante de Ella en la criatura. Diferencia entre quien vive y quien no vive en el Fiat.

(1) Mi pobre mente se perdía en el Fiat Divino, sentía el dulce encanto de su luz raptora y pensaba entre mí: "¿Pero qué cosa es esta Divina Voluntad en mi pobre alma?" Y mi amado Jesús moviéndose en mi interior me ha dicho:
(2) "Hija mía, qué fortuna la tuya vivir bajo el dulce encanto de mi Querer Divino, ¿y no sabes tú que Ella cuando toma posesión de la criatura forma su Vida obrante en ella, de modo que así como obra en Sí misma así obra en quien reina? Y más que Reina se impone sobre todo, se extiende con su luz en la pequeñez de la criatura, y ahí forma su dulce encanto a la voluntad humana para estar más libre de formar su Vida, y como la Vida Divina de mi Fiat está compuesta de actos repetidos, nunca interrumpidos, no está sujeta a detenerse, por eso sientes en ti un acto que no termina jamás, una luz que jamás se apaga, un amor que siempre arde. No es así para quien no vive en mi Querer, ellos sienten la Vida Divina interrumpida en su interior, sus actos interrumpidos, ahora se sienten de un modo y ahora de otro, su voluntad no está investida por una luz continua que dulcemente la alimente y la arrebate, y que sintiendo lo dulce de mi Querer no se dé ningún pensamiento de salir en campo para obrar humanamente, y si tienen luz es a intervalos. Símbolo de quien vive en mi Divina Voluntad es quien pudiese estar siempre bajo el sol, su luz no termina jamás, ni tiene necesidad de ser alimentada para no apagarse, así que quien pudiese vivir bajo el sol, sentiría que le llueve siempre luz, y como la luz contiene admirables efectos, se alimentaría de dulzuras, de perfumes, de variedad de colores, de luces, de modo que sentiría formarse en sí misma la vida del sol; en cambio para quien no vive en mi Querer, aunque no fuese malo, es símbolo de quien vive bajo la luz del bajo mundo, la cual no tiene virtud ni fuerza de formar un dulce encanto de luz, de eclipsarla tanto de no poder mirar otra cosa que luz, y está sujeta a apagarse frecuentemente porque no posee en su naturaleza la virtud alimentadora continua, y si no se alimenta su luz termina, y como una luz formada por la criatura no posee ni dulzura, ni colores, ni perfumes, no puede sentir que se forma en sí la vida de aquella luz. Qué gran diferencia entre quien vive en mi Querer Divino y entre quien vive fuera de Él".
(3) Sea todo para gloria de Dios, y para bien de mi pobre alma.

26-18

Junio 27, 1929

**Regalo a San Luis. Cómo era necesario que enlazara a Luisa en las manifestaciones sobre la Divina Voluntad. Transmisión de humano y divino. Derechos divinos que adquiere la criatura.**

(1) Habiendo recibido la santa comunión, la estaba ofreciendo para gloria de San Luis, y ofrecía por regalo a él mismo todo lo que había hecho Nuestro Señor en su Divina Voluntad con su mente, con sus palabras, obras y pasos, para la gloria accidental de San Luis en el día de su fiesta. Ahora, mientras esto hacía, mi dulce Jesús moviéndose en mi interior me ha dicho:

(2) "Hija mía, regalo más bello no podías hacerle en el día de la fiesta del querido San Luis, conforme tú ofrecías tu comunión y todos mis actos hechos en mi Divina Voluntad, se formaban tantos soles por cuantos actos hice Yo en Ella estando sobre la tierra, y estos soles han investido a San Luis, de modo que ha recibido tal gloria accidental de la tierra, que más no podía recibir. El solo ofrecimiento de los actos hechos en mi Divina Voluntad, tiene virtud de formar soles, porque conteniendo Ella la plenitud de la luz, no es maravilla que convierta los actos humanos hechos en Ella en soles".

(3) Después de esto estaba pensando entre mí: "¿Cómo será? En todas las cosas que el bendito Jesús me ha dicho sobre su Divina Voluntad, está siempre enlazada mi pobre persona en medio, muy rara vez ha hablado sólo de su Fiat Supremo". Pero mientras esto pensaba, mi dulce Jesús ha salido de dentro de mi interior y me ha dicho:

(4) "Hija mía, era necesario que enlazara tu persona en las manifestaciones que te he hecho sobre mi Fiat Divino; primero, porque cada manifestación que te hacía eran vínculos que hacía entre tú y mi Divina Voluntad, eran dones y propiedades que te confiaba, que dotándote venía vinculada la familia humana a la nueva adquisición del reino de Ella. Si no te enlazara a ti en medio, no hubieran sido ni vínculos, ni dones lo que Yo hacía, sino simples noticias, y por eso para hacerte una manifestación sobre mi Divina Voluntad estaba esperando un acto tuyo, una pequeña pena, aun un solo 'te amo' tuyo, para tomar ocasión de hablarte, quería de lo tuyo para darte de lo mío, y poderte dar el gran don de mi Divino Querer. Y además, todas nuestras obras externas son una transmisión de divino y humano. En la misma Creación hay una transmisión continua: Nuestro Fiat creó el cielo, lo adornó de estrellas, pero llamó a vida la materia para hacerlo; creó el sol, pero llamó a vida la luz y el calor como materia para formarlo; creó al hombre, primero formé su estatua de tierra, infundí el alma humana en él, y después cree la vida de mi amor sobre de esta alma, y después se conectó mi Divina Voluntad con la suya para formar su reino en la criatura; no hay

cosa salida y creada por Nosotros en la cual no haya esta transmisión de humano y divino, en nuestras obras más bellas: la Creación, la Inmaculada Reina, el Verbo Humanado, están de tal manera vinculados lo humano y lo divino, que son inseparables, y por eso los cielos están tan impregnados de Dios, que narran mi gloria, la potencia y sabiduría nuestra; la Virgen mi portadora, mi Humanidad el Verbo encarnado. Ahora, queriendo hacer conocer mi Divina Voluntad, a la primera transmisión que hice en el Edén, que me fue rechazada, para poder salir de nuevo en campo el reino de mi Fiat Divino necesitaba formar la segunda transmisión, y ¿cómo podía hacerla si no enlazaba a otra criatura con vínculos casi inseparables en los conocimientos, en la luz y en la misma Vida de mi Eterno Querer? Y si no te enlazaba con Ella, conectándote a ti en Ella, y a Ella en ti, no habrías sentido en ti, ni su Vida ni su luz permanente, ni habrías sentido en ti la necesidad de amarla y el ansia de conocerla mayormente. He aquí el por qué te ponía a ti y a Mí en condición, tú de darme y Yo a darte, y en ese recíproco dar formaba el conocimiento que quería darte, y venía realizada la transmisión de mi Voluntad Divina con la tuya, con volverte conquistadora del gran bien que te hacía".

(5) Después, continuando mi abandono en el Fiat Divino, que por cuanto me apresuro a recorrerlo todo, no lo logro jamás, más bien veo que me queda tanto por caminar en su mar de luz, que ni siquiera puedo descubrir donde terminan sus confines interminables. Así que por cuanto me apresuro, mi camino no terminará jamás, tendré siempre qué hacer y caminar en el mar del Eterno Querer. Luego mi dulce Jesús ha agregado:

(6) "Hija mía, cómo es grande el mar de mi Querer, no tiene principio ni fin, por eso la pequeñez de la criatura no puede ni recorrerlo ni abrazarlo todo, pero quien vive en Él se encuentra en camino en el centro del mar, que no le será dado jamás salir de dentro de su centro, porque no encontrará jamás ni playa, ni confines de él. Es más, adelante y atrás, a derecha y a izquierda, no encontrará más que mar de Voluntad Divina, y cada acto que haga en Ella le viene dado un derecho divino, porque habiendo sido hecho su acto dentro y junto con mi Querer Divino, Él, con justicia divina comunica al alma el derecho de la luz divina, el derecho de su santidad, el derecho de su belleza, de su bondad, de su amor. Ella vive en el mar de mi Querer con derecho, no como extraña, sino como dueña, porque tiene sus actos cambiados en derechos divinos, que la han vuelto conquistadora de mi Divina Voluntad. Y si tú supieras cuánto gozamos, cómo nos sentimos felices al ver la pequeñez de la criatura vivir en el mar de nuestro Querer, no como extraña, sino como dueña; no como sierva, sino como reina; no pobre sino riquísima, y rica de nuestras conquistas que ha hecho en nuestro Fiat. Por eso quien vive en nuestro Querer Divino sentirá en sí, con derecho, el dominio de la luz, el dominio de la santidad, el dominio de la belleza y de

hacerse bella como quiere, tiene la bondad a su disposición, el amor como sustancia de sus actos, mi Voluntad Divina como vida propia y toda suya, y todo esto con derecho divino dado por Nosotros mismos. Por eso sé atenta en multiplicar tus actos en nuestro adorable Fiat".

26-19
Julio 8, 1929

### Flores que hace surgir la Divina Voluntad. Canto, murmullo de de amor continuo, amor delirante y doliente. Quien hace la Divina Voluntad forma el mar refrescante al amor divino.

(1) Mi pequeñez se pierde y queda sofocada en el mar del dolor de la privación de mi amado Jesús; y sintiéndome sufriente más de lo acostumbrado, suspiraba porque mi naturaleza se deshiciese, para salir de mi cárcel y emprender el vuelo a mi patria celestial; habría querido girar por todas partes en su Santísimo Querer y mover Cielo y tierra, a fin de que todos junto conmigo tuviesen un grito, una lágrima, un suspiro por esta pobre exiliada, a fin de que todos pidiesen el fin de mi exilio. Pero mientras me desahogaba en mis amarguras, mi amable Jesús ha salido de dentro de mi interior, y dándome un beso y estrechándome entre sus brazos me ha dicho:

(2) "Hija mía, tranquilízate, estoy aquí, en ti, pero mientras estoy contigo dejo el campo libre del trabajo a mi Divina Voluntad, y como tiene su acto primero en ti, por eso sucede que adviertes lo que Ella hace en ti, su trabajo, y Yo porque estoy dentro de Ella no sientes que estoy junto en su trabajo, pues soy inseparable de mi Divina Voluntad, y lo que hace Ella hago Yo. Ahora, tú debes saber que no sólo en tu alma quiere hacer mi Divino Querer su obra, tener su campo de acción, su dominio absoluto, todo suyo, sino también en la tierra de tu cuerpo, sobre tus sufrimientos expande su beso de luz y de calor, y con su luz produce la semilla, con su calor la fecunda y forma el brote, y alimentando con el continuo calor y luz este brote hace surgir las flores de luz, con gran variedad de colores, animados siempre por la luz, porque no sabe hacer ninguna cosa, ni grande ni pequeña, en que no hace correr dentro su luz. Estas flores no son como las de la tierra, que no tienen luz y están sujetas a secarse, éstas tienen vida perenne porque son alimentadas por la luz de mi Fiat, y es tal y tanta la variedad de la belleza de ellas, que formará el más bello adorno a la tierra de tu humanidad".

(3) Dicho esto ha hecho silencio, y yo me sentía inmersa en el mar del Querer Divino, y mi dulce Jesús ha vuelto a decir:

(4) "Hija mía, el mar de nuestra Divinidad murmura siempre, sin cesar jamás, ¿pero sabes tú qué dice en su murmullo? ¡Amor, amor hacia la criatura! Y es tanto el ímpetu de nuestro amor, que en nuestro murmullo continuo

hacemos salir amor, y formamos tales olas altísimas, de poder ahogar Cielo y tierra, a todas las criaturas, a todo en amor, y viendo que no se dejan llenar todas de nuestro amor, con el deseo de ver llenas de nuestro amor a las criaturas, se forma en Nosotros el amor delirante, y en nuestro delirio, haciendo a un lado la ingratitud humana y murmurando, repetimos más fuerte: ¡Amor, siempre amor a quien desconoce y no toma nuestro amor para hacerse amar y darnos amor! Ahora, nuestro amor rechazado se pone en actitud de amor doliente, ¿pero sabes tú quién viene a poner refrigerio y calma a nuestros delirios amorosos? ¿Quién endulza y hace sonreír a nuestro amor doliente? El alma que vive en nuestro Querer Divino. Él forma su mar en la criatura, nuestro mar y el suyo se arrojan uno en el otro y uno corre en el otro, y ¡oh! cómo es dulce el murmullo de la criatura en nuestro murmullo, que repite continuamente: Amor, amor, siempre amor a mi Creador, a mi eterna vida, a Aquél que tanto me ama. Entonces mira, quien vive en nuestro Fiat Divino es nuestro refrigerio a nuestro amor que nos devora, y forma el mar dulce a nuestro amor doliente. ¡Oh! prodigio de nuestro Querer Divino, que haciendo uso de su poder forma su mar en la criatura, y poniéndola en competencia con Nosotros, no sólo la hace murmurar continuamente amor, sino que la eleva tanto, que arrojándola en nuestro mar, cuando nos sentimos ahogados, devorados por nuestro amor, que no pudiéndolo contener sentimos necesidad de amor, nos hace desahogar en el mar que nuestro Fiat ha formado en la criatura que vive en Él, y pone tregua a nuestros delirios amorosos, y refrescándonos con su amor nos endulza. ¿Cómo no amar a aquélla que vive en nuestro Querer?"

26-20
Julio 14, 1929

### La Divina Voluntad quiere libertad absoluta para formar su Vida. Diversos modos de obrar de Nuestro Señor.

(1) Continúa mi habitual abandono en el Fiat Supremo, siento que no me da un momento libre, todo quiere para Sí, en modo imperante, pero dulce y fuerte al mismo tiempo, es de tal manera atrayente que el alma se haría poner ella misma sus dulces cadenas para no oponerse en lo más mínimo a lo que el Divino Querer quiere hacer sobre ella y en ella. Ahora, mientras esto pensaba, mi amable Jesús moviéndose en mi interior me ha dicho:

(2) "Hija mía, no te asombres si mi Divina Voluntad no te deja libre en nada, porque Ella no quiere simples actos y obras, sino vida, y quien debe formar una vida necesita actos continuos, y si cesa el acto continuo la vida no puede crecer, ni formarse, ni tener su verdadera existencia. He aquí por qué

mi Voluntad Divina queriendo formar su Vida Divina en ti, quiere ser libre, quiere libertad absoluta, y con su acto incesante que posee en naturaleza, se vierte sobre la criatura, y extendiéndose con sus alas de luz, más que maternas, inviste cada fibra del corazón, cada uno de los latidos, respiros, pensamientos, palabras, obras y pasos, los calienta con su beso de luz e imprime su Vida en cada acto de la criatura, y mientras destruye la humana se constituye Ella misma Vida Divina en ella. Y como de la voluntad humana no pueden salir más que actos tenebrosos, mi Voluntad no quiere hacer mezcla, y por eso está muy atenta para formar su Vida de luz en quien libremente le ha dado libertad de hacerla reinar. Por eso su actitud es admirable, es toda ojo para que nada le huya, y con amor indecible, para ver formada su Vida en la criatura, se hace latido por cada latido, respiro por cada respiro, obra por cada obra, paso por cada paso, también sobre las pequeñas naderías de la criatura corre, se extiende y en ellas pone la potencia de su Fiat, y ahí crea su acto vital. Por eso sé atenta a recibir su acto continuo, porque se trata de vida, y la vida tiene necesidad de respiro, de latido continuo y de alimento diario. Las obras se hacen y se ponen a un lado, no tienen necesidad de que se tengan siempre entre las manos para ser obras, pero la vida no se puede poner a un lado, si cesa el acto continuo muere, por eso se necesita el acto continuo de mi Querer, tú recibiéndolo y Él dándotelo, para hacer que su Vida en ti pueda vivir, formarse y crecer con su plenitud Divina".

(3) Después de esto me sentía oprimida al pensar en mi pobre existencia, especialmente en el estado en el cual me encuentro. ¡Cuántos cambios he debido sufrir, también por parte de Nuestro Señor! Pero mientras esto y otras cosas pensaba, que no es necesario ponerlas por escrito, mi dulce Jesús haciéndose ver en mi interior me ha dicho:

(4) "Hija mía, mi amor por ti ha sido exuberante, y para conducirte a donde mi Querer Divino te quería, he debido tener diversos modos de obrar en los diferentes períodos de tu vida: En el primer período mi amor y mi obrar fue para ti tan tierno, dulce, suave, y tan celoso, que sólo Yo quise hacer todo en tu alma, no quise a ningún otro, ni que ninguno supiese lo que Yo hacía en ti y te decía; era tanto mi celo, que te ponía en la impotencia de abrirte con ninguno, ni siquiera con tu confesor, quería estar solo en mi trabajo, libre, no quería que ningún otro entrase en medio, ni que pudiese juzgar lo que Yo hacía. Me interesaba tanto este período de tu vida, que me estaba al tú por tú contigo, puedo decir que mi amor usó todas las armas divinas, que haciéndote la guerra te asaltaba en todos los modos para que tú no pudieras resistir. Todo esto era necesario a mi amor, porque sabiendo lo que quería hacer de ti, nada menos que restablecer la Creación, dar los derechos de reinar a mi Divina Voluntad, hacer despuntar la nueva era en medio a la humana familia, por eso usó todas las artes y estratagemas para obtener el

intento. Ahora, después de que me aseguré de ti, y aseguré mi trabajo, se cambió mi modo de obrar, te hice romper el silencio, y fue tal y tanto el ímpetu de mis enseñanzas y de mi decir, que puedo llamarte la cátedra de mi Divina Voluntad, la secretaria de sus más íntimos secretos, que no pudiendo contenerlos todos en ti, te ordenaba manifestarlos a mi ministro. Y este mi obrar era necesario, de otra manera, ¿cómo se habría conocido mi Divina Voluntad? Ahora hija mía, en este último período de tu vida, tú sientes otro modo de obrar mío, no te preocupes, déjame hacer, y Yo sabré dar la última mano a mi trabajo. Ánimo pues, tienes la Divina Voluntad en tu poder, ¿de qué temes? Así que siempre adelante en mi Querer".

26-21
Julio 18, 1929

### Trabajo de Jesús por el reino de la Divina Voluntad.

(1) Mientras estaba bajo la opresión de la privación de mi amable Jesús, y resignadísima, ni siquiera pensaba que pudiese manifestarse a mi pequeña alma haciendo su breve visita para darme su sorbo de vida, para no hacerme sucumbir del todo. Mientras estaba en esto, de improviso se ha movido en mi interior, haciéndose ver todo atento y ocupado en el trabajo, y levantando hacia mí sus ojos resplandecientes de luz, sus ojos se han encontrado con los míos, y teniendo compasión de mi aflicción me ha dicho:
(2) "Hija mía, Yo estoy trabajando en tu alma continuamente, y mientras trabajo estoy concretando a fin de que nada falte, reafirmando para dar a mi trabajo la estabilidad e inmutabilidad divina, y esperando con invencible paciencia que mi trabajo sea conocido, a fin de que todos puedan conocer mi gran amor, el gran sacrificio mío y tuyo, y el gran bien que todos, si quieren, pueden recibir. Este mi trabajo es la renovación de toda la Creación, es la concentración de todas nuestras obras, es el establecer mi Voluntad Divina en medio a las criaturas, obrante y dominante en medio de ellas. Cualquiera que conozca este mi trabajo será un reino mío, por lo tanto tendré tantos reinos por cuantos conozcan lo que he hecho y dicho en la pequeñez de tu alma, que fundidos juntos formarán un solo reino; así que mi silencio es concentración de más intenso trabajo que hago en ti. Entonces, si te hablo es nuevo trabajo que emprendo a hacer, llamándote junto al trabajo dándote conocimiento de lo que hacemos, para poner nuevas tintas de bellezas, de magnificencia y de felicidad en el reino de mi Divina Voluntad que deben poseer las criaturas; si hago silencio, reordeno, armonizo, confirmo lo que he hecho. Así que mi silencio no te debe ser causa de aflicción, sino ocasión de más trabajo, para llevarse a cabo el reino de mi Voluntad Divina".

26-22
Julio 24, 1929

**Cómo la Divina Voluntad tiene el acto primario sobre todas las cosas creadas. El Fiat Divino es como la cabeza sobre los miembros.**

(1) Estaba pensando en el Fiat Supremo, y pensaba: "Si el Querer Divino quiere formar su reino en medio a las criaturas, entonces, antes de la venida de Nuestro Señor a la tierra, cuando vino, y después de haber venido, ¿en qué modo se encontraba la Divina Voluntad con relación a las criaturas? Y mi dulce Jesús, moviéndose en mi interior me ha dicho:

(2) "Hija mía, mi Voluntad con su inmensidad ha estado siempre en medio a las criaturas, porque Ella, por su naturaleza, no hay punto donde no se encuentre, y las criaturas no pueden estar sin Ella, sería lo mismo que no tener vida ni percibirla, sin mi Divina Voluntad todas las cosas se resolverían en la nada; mucho más que el acto primero de todas las cosas creadas es mi Fiat Divino, Él es como la cabeza a los miembros, y si uno quisiera decir: 'Puedo vivir sin la cabeza', esto le resultaría imposible, es la más grande de las locuras el sólo pensarlo. Sin embargo el reinar es una cosa, es el ser reconocida, amada, suspirada y depender de Ella como dependen los miembros de la cabeza, esto es reinar; en cambio estar en medio de las criaturas, no es reinar si no se depende del todo de Ella. Ahora, mi Divina Voluntad, antes de mi venida a la tierra, si bien con su inmensidad estaba en medio de las criaturas, pero las relaciones que había entre estas y Ella, eran como si viviese en tierra extranjera, y desde lejos recibían las escasas comunicaciones, las breves noticias que les anunciaban mi venida a la tierra. Qué dolor, estar en medio de ellas y no ser reconocida y tenerla tan lejos de su voluntad como si estuviera en tierra extranjera. Con mi venida, como Yo la poseía como vida, y mi Humanidad la reconocía, la amaba y la hacía reinar, por medio mío se acercó a las criaturas, y las relaciones que Ella tenía con ellas eran como si no más estuviera en tierra extranjera, sino en sus tierras, pero como no la conocieron ni le dieron el dominio de hacerla reinar, por eso no se puede decir que mi Querer Divino haya formado su reino. Por eso mi venida a la tierra sirvió para acercar a las dos voluntades, humana y Divina, y ponerlas en íntimas relaciones y aumentar las noticias para hacerla conocer, tanto, que enseñé el Padre Nuestro para hacerlos decir venga tu reino, hágase tu Voluntad como en el Cielo así en la tierra. Si mi Querer no vive como en el Cielo así en la tierra, no se puede decir que tiene su reino en medio a las criaturas; he aquí por qué en el tiempo del reino de Ella no sólo estará en medio a las criaturas, sino dentro de cada una de ellas como vida perenne, y para llegar a eso debe ser reconocida

como cabeza y vida primaria de cada una de las criaturas, pero como esta cabeza no es reconocida, no fluye en los miembros su fuerza, su santidad, su belleza, ni hace correr en ellos su sangre noble y divina, por eso no se ve la vida del Cielo en las criaturas. He aquí el por qué amo tanto que mi Divina Voluntad sea conocida, el conocimiento hará surgir el amor, y sintiéndose amada y suspirada se sentirá atraída a venir a reinar en medio a las criaturas".

26-23
Julio 27, 1929

**El reino de la Divina Voluntad y el de la Redención han ido siempre juntos. Jesús formó los materiales y los edificios, y no se necesita otra cosa que los pueblos.**

(1) Estaba haciendo mi giro en la Creación para seguir todos los actos que había hecho en Ella la Divina Voluntad, y habiendo llegado al momento cuando el Ser Supremo creó a la Virgen, me he detenido a considerar el gran portento del cual tuvo principio la Redención, y mi dulce Jesús moviéndose en mi interior me ha dicho:

(2) "Hija mía, la Redención y el reino de mi Divina Voluntad han ido siempre juntos; para venir la Redención se necesitaba una criatura que viviese de Voluntad Divina, como vivía Adán inocente en el Edén antes de pecar, y esto con justicia, con sabiduría, por nuestro decoro, a fin de que el rescate del hombre caído estuviese basado sobre el principio del cómo el orden de nuestra sabiduría creaba al hombre. Si no hubiera una criatura en la cual mi Fiat Divino tuviera su reino, la Redención sería un sueño, no una realidad, porque si en la Virgen no estuviera su total dominio, la Voluntad Divina y humana quedarían como en rivalidad y a distancia de la humanidad, así que la Redención era imposible. En cambio la Virgen Reina plegó su voluntad bajo la Voluntad Divina y la hizo reinar libremente, con esto, las dos voluntades se fundieron, hicieron las paces, el querer humano recibía el continuo acto del Divino Querer y lo dejaba hacer sin jamás oponerse, así que en Ella el reino de Él tenía su vida, su vigor y su pleno dominio. Ve entonces cómo comenzaron juntos la Redención y el reino de mi Fiat; es más, podría decir que comenzó primero el reino de mi Fiat, para seguir junto el uno y el otro. Y así como por un hombre y una mujer que se sustrajeron de mi Querer Divino, tuvo origen el reino del pecado y de todas las miserias de la familia humana, así de una mujer, que en virtud de que hizo reinar a mi Fiat fue hecha Reina del Cielo y de la tierra, unida al Verbo Eterno hecho hombre, tuvo origen la Redención, no excluyendo ni siquiera el reino de mi Divina Voluntad. Es más, todo lo que fue hecho por Mí y por la Soberana del

Cielo no son otra cosa que materiales y edificios que preparan su reino; mi evangelio se puede llamar las vocales, las consonantes, que haciendo de heraldos llamaban la atención de los pueblos a esperar algunas lecciones más importantes, que debían llevarles un bien más grande que la misma Redención; mis mismas penas, mi muerte y mi Resurrección, confirmación de la Redención, es preparativo del reino de mi Querer Divino, eran lecciones más sublimes y ponía a todos atentos para esperar lecciones más altas, y después de tantos siglos ya lo he hecho, son las tantas manifestaciones que te he dado sobre mi Divina Voluntad, y aquello que más te he hecho conocer: Cómo Ella quiere venir a reinar en medio a las criaturas para restituirles el derecho de su reino perdido, para abundarlos de todos los bienes y de todas las felicidades que Ella posee. Así que como tú ves, los materiales están ya prontos, los edificios existen, los conocimientos de mi Querer que más que sol deben iluminar su reino y hacer construir por los materiales formados por Mí edificios más vastos, así que no se requiere otra cosa que los pueblos que deben poblar este reino de mi Fiat, y los pueblos se formarán y entrarán conforme se vayan publicando los conocimientos de Él. Mira entonces: Dos criaturas que descienden de la Voluntad Divina y dan el campo de acción a la voluntad humana, forman la ruina de las generaciones humanas; otras dos criaturas, la Reina del Cielo que vive por gracia en mi Fiat Divino, y mi Humanidad que vive por naturaleza en Él, forman la salvación y el restablecimiento, y restituyen el reino de mi Querer Divino. Y así como no se puede dudar que haya venido la Redención, estando conectados juntos la una y el otro, por eso con certeza despuntará el reino de mi Fiat Divino, a lo más puede ser efecto de tiempo".

(3) Yo al oír esto he dicho: "Amor mío, ¿cómo puede venir este reino de tu Querer? No se ve ningún cambio, el mundo parece que no se detiene en su carrera vertiginosa del mal". Y Jesús ha vuelto a decir:

(4) "¿Qué sabes tú de lo que debo hacer Yo, y cómo puedo arrollar todo para hacer que el reino de mi Divina Voluntad tenga su vida en medio a las criaturas? Si todo está decidido, ¿por qué dudas?"

26-24
Julio 30, 1929

**Diferencia entre quien obra santamente en el orden humano, y entre quien obra en la Divina Voluntad. Cómo sin Ella se tiene la fuerza de un niño. Cómo todo el mal es de la voluntad humana.**

(1) Mi pobre mente gira siempre en torno y dentro del Fiat Supremo y, ¡oh! cuántas sorpresas, cuántas maravillas de este Querer tan santo. Mi

pequeña inteligencia se pierde en su vastísimo mar, y muchas cosas no me siento capaz, ni tengo palabras para narrarlas, por eso me siento como uno que comiese un alimento, o que viese una cosa bella y no sabe como se llaman. Si el Querer Divino no hiciera un prodigio para hacerme decir lo que me manifiesta, cuántas cosas de más dejaría en su mismo mar, sin saber decir nada. Mientras me sentía perdida en el Fiat Divino, mi siempre amable Jesús, haciéndose oír en mi interior, me ha dicho:

(2) "Hija mía, qué diferencia entre quien obra las virtudes santamente, pero en el orden humano, y entre quien obra las virtudes en el orden divino de mi Divina Voluntad. Los primeros, conforme practican las virtudes, así quedan divididas entre ellas, de modo que se ve la diversidad de sus actos, una virtud se ve paciencia, otra se ve obediencia, una tercera se ve caridad, cada una tiene su distintivo, sin poder fundirse juntas para poder formar un acto solo, que da de divino y abraza lo eterno y lo infinito. En cambio quien obra en mi Divina Voluntad, su luz tiene la virtud comunicativa y unitiva, que fundiéndose juntas, porque todas son hechas en la fuente de su luz, forman un acto solo, con efectos innumerables, de abrazar con lo infinito de su luz al mismo Creador. Símbolo del sol, porque es uno, porque posee la fuente de la luz que jamás se apaga, abraza la tierra y con sus innumerables efectos da todas las tintas y comunica la vida de su luz a todos y a todo. La fuerza que une tiene la virtud comunicativa, en modo que si quieren, todos pueden tomar un bien que se pone a disposición de todos. En cambio quien obra en el orden humano es símbolo de las luces del bajo mundo, que a pesar de que hay tantas, no tienen virtud de hacer huir las tinieblas de la noche y de formar el pleno día, ni de abrazar con tanta multiplicidad de luz toda la tierra, por eso se pueden llamar luz personal, local, a tiempo y circunstancia. ¡Oh! si todos supieran el gran secreto de obrar en mi Querer Divino, harían competencia para no dejar huir nada que no pasara por dentro de su luz purísima".

(3) Yo he continuado siguiendo a la Divina Voluntad, y mi dulce Jesús ha agregado:

(4) "Hija mía, la criatura sin mi Voluntad es como un niño que no tiene fuerza para poder sostener un peso, y para hacer trabajos tan útiles de poder él mismo mantener su pequeña existencia, y si se le quisiera obligar a tomar un objeto pesado y a sostener un trabajo, el niño, viéndose impotente y sin fuerza, tal vez probaría, pero viendo que ni siquiera puede mover aquel objeto, ni realizar aquel trabajo, rompería en llanto el pobre pequeño y no haría nada, y para ponerlo en fiesta bastaría darle un dulce. En cambio, quien posee mi Divina Voluntad tiene la fuerza de un hombre adulto, más bien la fuerza divina, y si se le pide que tome el objeto pesado, sin problema lo toma como si nada fuese, mientras el pobre pequeño quedaría aplastado bajo este peso, y si se le pidiera hacer un trabajo, se pondría en fiesta por la

adquisición y la ganancia que le será dada, pero si se le quisiera dar un dulce en vez de su ganancia, sentiría indignación y diría: 'Dadme la justa ganancia por mi trabajo, porque debo vivir'. Mira entonces, quien tiene mi Divina Voluntad tiene fuerza suficiente para todo, por eso todo le resulta fácil, el mismo sufrir, sintiéndose fuerte, lo mira como una nueva adquisición. ¿Por qué tantos no saben sostener nada, y una debilidad de niño parece que les persiste? Es la fuerza de mi Divina Voluntad que falta, he aquí la causa de todos los males. Por eso sé atenta hija mía a no salir jamás de mi Divina Voluntad".

(5) Después continuaba mis actos en el Fiat Divino, y habiendo llegado a cuando Él llamó a vida, a la luz del día, a la Soberana Celestial, pensaba entre mí: "Dios al crear a la Virgen Santísima, no sólo enriqueció su bella alma con tantos privilegios, sino también debió transformar su naturaleza para volverla pura y santa como es". Y mi amado Jesús moviéndose en mi interior me ha dicho:

(6) "Hija mía, nada había que agregar a su naturaleza, porque no fue la naturaleza humana la que pecó, sino la voluntad humana, porque la naturaleza humana estaba en su puesto, como salió de nuestras manos creadoras, por eso nos servimos de aquella misma naturaleza de las otras criaturas al crear a la Virgen. Lo que se contaminó en el hombre fue su voluntad, y como esta naturaleza humana estaba animada, y habitaba en la naturaleza humana esta voluntad rebelde, ella participó y quedó contaminada. Así que puestas en armonía la Divina Voluntad y la voluntad humana, dándole el dominio, el régimen, como es querido por Nosotros, la naturaleza humana pierde los tristes efectos y queda bella como salió de nuestras manos creadoras. Ahora, en la Reina del Cielo todo nuestro trabajo fue sobre la voluntad humana, la cual recibió con alegría el dominio de la nuestra, y la nuestra, no encontrando ninguna oposición por parte de la suya, obró prodigios de gracias, y en virtud de mi Querer Divino quedó santificada y no sintió los tristes efectos y los males que sienten las otras criaturas. Por eso hija mía, quitada la causa, los efectos terminan. ¡Oh, si mi Divina Voluntad entra en las criaturas y reina en ellas, expulsará todos los males en ellas y le participará todos los bienes en el alma y en el cuerpo!"

26-25
Agosto 3, 1929

**Cuando Dios decide hacer obras que deben servir a todos, en su arrebato de amor pone a todos a un lado. Cómo el Ser Supremo posee la veta inagotable.**

(1) Continúo mi habitual abandono en el Fiat Divino, me lo siento como concentrado sobre mi pequeña existencia, siento su inmensidad, su potencia, su fuerza creadora y raptora, que envolviéndome por todas partes no me es dado el poderle resistir, pero me siento feliz de esta mi debilidad, y voluntariamente quiero ser débil para sentir toda la potencia del Querer Divino sobre mi pequeñez. Pero mientras me sentía abismada en Él, mi dulce Jesús, haciéndose oír y ver me ha dicho:

(2) "Hija mía, nuestra Divinidad cuando se decide a hacer obras universales, al alma que viene elegida como primera, a la cual confiamos una obra que debe servir para el bien de todos, es tanto el arrebato de nuestro amor, que ponemos todo y a todos a un lado, como si ningún otro existiera, y concentramos todo nuestro Ser Divino sobre de ella y le damos tanto de lo nuestro, hasta formar mares en torno a ella y ahogarla en todos nuestros bienes, y queremos dar tanto, porque el arrebato de nuestro amor nos lleva a no detenernos jamás, para ver en ella nuestra obra completa, por medio de la cual todo y todos pueden gozar y tomar los bienes universales que nuestra obra encierra. Con esto, no que no veamos lo que hacen las otras criaturas, porque nuestra omnividencia e inmensidad nada nos esconde, estamos al día de todo, y de Nosotros parte la vida y las ayudas a todos, pero obramos en modo, y nos comportamos, como si ningún otro existiera. Así obramos en la Creación, después de haber formado cielos, soles, tierra, ordenando todo con armonía y magnificencia tal de hacer quedar estupefacto, al crear al hombre nos concentramos sobre él, y fue tanto el arrebato de nuestro amor, regurgitó tan fuerte, que formando un velo en torno a Nosotros nos hizo desaparecer todo, mientras que todo veíamos, y nos ocupamos sólo del hombre; ¿qué cosa no vertimos en él? Todo. Si en la Creación fue la magnificencia y belleza de nuestras obras, en el hombre fue no sólo la concentración de todas nuestras obras concentradas en él, sino lo que es más, el establecimiento de nuestra Vida. Nuestro amor regurgitaba, no se daba descanso, quería dar siempre, porque veía en él a todas las generaciones humanas. Así obramos en la Reina del Cielo, todo fue puesto a un lado, todo el mal de las otras criaturas, y nos ocupamos sólo de Ella, y vertimos tanto que fue la llena de gracia, porque debía ser la Madre universal y causa de la Redención de todos. Así estamos obrando contigo, para el reino de nuestro Querer Divino estamos haciendo como si ningún otro existiese, si quisiéramos mirar lo que hacen las otras criaturas, los males que cometen, las ingratitudes, el reino de nuestro Querer estaría siempre en el Cielo, y no sólo eso, sino que ni siquiera nos sentiríamos dispuestos a decir una sola verdad de nuestro Fiat Supremo. Pero nuestro amor, formando su velo de amor a todos los males de las criaturas, nos pone todo a un lado, y regurgitando fuerte no sólo nos hace hablar de Él, sino que es lo que más nos hace decidir el dar el gran don del reino de nuestro Fiat a

las criaturas. Cuando nuestro amor se obstina, parece que no razona y quiere vencer por vía de amor, no de razón, por eso, como si nada mirase u oyese, a cualquier costo quiere dar lo que ha decidido. He aquí el por qué no ahorra nada y todo se desvive sobre la criatura que viene elegida para el gran bien universal que debe descender en provecho de todas las generaciones humanas. Esta es la causa de tanto darte y decirte, son desahogos de nuestro amor que nada quiere ahorrar, todo quiere dar con tal de que el reino de nuestra Divina Voluntad reine sobre la tierra".

(3) Después, mi mente continuaba pensando en tantas cosas sobre la Divina Voluntad, y mi dulce Jesús ha agregado:

(4) "Hija mía, nuestro Ser Supremo es veta inagotable, no nos agotamos jamás, ni podemos decir hemos terminado de dar, porque por cuanto damos, tenemos siempre qué dar, y mientras damos un bien, otro surge para ponerse en camino para darse a las criaturas; pero por cuanto somos inagotables, no damos nuestros bienes, nuestras gracias, ni decimos nuestras verdades a quien no está dispuesta, a quien no presta atención en escucharnos para aprender nuestras sublimes lecciones y modelar su vida según nuestras enseñanzas, de modo de ver escrito en ella nuestras enseñanzas y verla enriquecida con nuestros dones, si esto no vemos, nuestros dones no parten de Nosotros, ni nuestra voz llega al oído de la criatura, y si alguna cosa escucha, es como de una voz que viene de lejos, que no comprende claramente lo que Nosotros queremos decirle. Por eso nuestra veta inagotable queda impedida por las indisposiciones de las criaturas. ¿Pero sabes tú quién da las verdaderas disposiciones al alma? Nuestra Divina Voluntad. Ella la vacía de todo, la reordena, la dispone en modo admirable, en modo que nuestra veta inagotable no cesa jamás de dar y de hacerla oír sus sublimes lecciones. Por eso hazte dominar siempre por mi Fiat Divino, y nuestra veta inagotable no cesará jamás de verterse sobre de ti, y Nosotros tendremos el contento de hacer surgir de nuestro Ser Divino nuevas gracias, nuevos dones y lecciones jamás escuchadas".

26-26
Agosto 7, 1929

**Medios principales para hacer reinar a la Divina Voluntad: "Los conocimientos". Diferencia de quien vive en la Divina Voluntad y quien vive en el humano querer.**

(1) Estaba siguiendo mis actos en el Querer Divino y pensaba entre mí: "¿Cómo podrá venir a reinar la Divina Voluntad? ¿Cuáles serán los medios, las ayudas, las gracias para disponer a las criaturas para hacerse dominar

por Ella?" Y mi siempre amado Jesús, moviéndose en mi interior, todo bondad y ternura me ha dicho:

(2) "Hija mía, los medios principales para hacer reinar sobre la tierra a mi Fiat Divino son los conocimientos de Él. Los conocimientos formarán los caminos, dispondrán la tierra para ser reino suyo, formarán las ciudades, harán de telégrafo, de teléfono, de poste, de anunciadores para comunicar entre ciudad y ciudad, entre criaturas y criaturas, entre naciones y naciones, las noticias, los conocimientos importantes sobre mi Divina Voluntad, los conocimientos de Ella arrojarán en los corazones la esperanza, el deseo de recibir tanto bien. Ésta es una condición forzosa, un bien no se puede querer, ni recibir, si no se conoce, y si se recibiera sin conocerlo, es como si no se recibiese. Así que los fundamentos, la esperanza, la certeza del reino de mi Divina Voluntad, serán formados por los conocimientos de Ella, por eso he dicho tantos conocimientos, porque ellos serán las riquezas, el alimento y los nuevos soles, los nuevos cielos que poseerán los pueblos del reino de mi Querer. Ahora, cuando los conocimientos sobre mi Fiat se hagan camino, disponiendo a aquellos que tendrán el bien de conocerlos, mi más que paterna bondad, para mostrar el exceso de mi amor, pondrá en cada criatura, a su disposición, a mi misma Humanidad, y todo el bien que obré, de modo que sentirán tal fuerza y gracia, de hacerse dominar por mi Divina Voluntad, y mi Humanidad estará en medio a los hijos de mi reino, como corazón en medio a ellos, para decoro y honor de mi Fiat, y por antídoto, gracia y defensa a todos los males que ha producido el querer humano. Es tal y tanto el arrebato de mi amor que quiere que Ella reine, que haré grandes excesos de amor para vencer las voluntades más rebeldes".

(3) Yo al oír esto he quedado admirada, y como si quisiera dudar de lo que Jesús me había dicho. Y Él volviendo a hablar ha agregado:

(4) "Hija mía, ¿por qué lo dudas? ¿No soy tal vez Yo dueño de hacer lo que quiero y darme como me place darme? ¿No es tal vez mi Humanidad el primer hermano primogénito que poseyó el reino de mi Divina Voluntad, y como primer hermano tengo el derecho de comunicar el derecho a los otros hermanos de poseerlo, poniéndome Yo a disposición de ellos para darles un bien tan grande? ¿No soy Yo la cabeza de toda la familia humana, que puedo hacer fluir en los miembros de ella la virtud de la cabeza, y hacer descender el acto vital de mi Voluntad Divina en los miembros? Y además, ¿no es tal vez mi Humanidad que reside en ti continuamente la que te da tal fuerza y gracia de querer vivir sólo de mi Querer, y te hace sentir tal paz y felicidad de eclipsarte tu querer humano, de modo que él mismo se siente feliz de vivir como sin vida bajo el imperio de mi Divina Voluntad? Por eso lo que necesito es que conozcan los conocimientos sobre mi Fiat, el resto vendrá por sí mismo".

(5) Después de esto continuaba mi abandono en el Fiat Divino, me parecía que en Él no hay interrupciones, hay siempre qué hacer, pero un hacer que no cansa sino que fortifica, hace feliz y regocija de su largo camino; pero mientras esto pensaba, mi Sumo Bien Jesús ha agregado:

(6) "Hija mía, quien vive en mi Querer Divino camina siempre, porque tiene el giro de la eternidad, que no termina jamás, a su disposición, y no deteniéndose jamás, toma siempre, y si se detuviese, una pequeña parada, un paso de menos, le costaría la pérdida de un paso y de una felicidad divina, porque mi Fiat es un acto siempre nuevo de felicidad, de gracia y de belleza indescriptible e inenarrable, y el alma si camina toma, y si se detiene no toma, porque no habiendo seguido paso a paso el camino de mi Querer Divino, no ha sabido nada de lo que mi Querer ha puesto fuera en aquel paso de felicidad y de belleza. Y ¿quién puede decirte la gran diferencia de quien vive en mi Divina Voluntad y de quien vive en el querer humano? Quien vive en la voluntad humana se detiene siempre, su giro es tan pequeño, que si quiere alargar el paso no encuentra dónde poner el pie; a cada paso que hace, toma ahora un disgusto, un desengaño, y siente una debilidad de más, la cual la arrastra también al pecado. ¡Oh! cómo es breve el giro de la voluntad humana, lleno de miserias, de precipicios y de amarguras, sin embargo aman tanto el vivir en su cerco; ¡qué locura, qué tontería, tanto, de deplorarse!"

26-27
Agosto 12, 1929

**Magnificencia de la Creación. El punto negro de la voluntad humana.**

(1) Estaba haciendo mi giro en el Querer Divino, y mi dulce Jesús atrayéndome fuera de mí misma, me hacía ver toda la Creación en el acto de salir de sus manos creadoras, cada cosa llevaba la marca de la mano creadora de su Hacedor, así que todo era perfecto, de una belleza encantadora. Cada cosa creada era animada de viva luz, o como propiedad de naturaleza dada a ella por Dios, o indirectamente comunicada por quien la poseía; todo era luz y belleza. Pero entre tanta luz y encanto de belleza se veía un punto negro, el cual aparecía tan feo, especialmente porque se encontraba en medio a tantas obras tan bellas, majestuosas y refulgentes, este punto negro suscitaba terror y compasión, porque parecía que por su naturaleza Dios no lo había creado negro, sino bello, más bien primero era una obra de las más bellas creadas por el Ser Supremo. Pero mientras esto veía, mi siempre amable Jesús me ha dicho:

(2) "Hija mía, todo lo que fue hecho por Nosotros en la Creación está siempre en acto de hacerse, como si continuamente estuviéramos en acto

de hacerlo; es nuestra fuerza creadora, que cuando hace una obra no se retira jamás, queda dentro como acto perenne de vida, ahí forma su latido continuo y su respiro no interrumpido, por eso mientras fue hecho una vez, queda dentro en acto de hacerlo siempre. Casi como símbolo de la naturaleza humana, que mientras fue formada, una vez comenzando la vida con el latido y con el respiro, por necesidad de vivir debe respirar y latir continuamente, de otra manera cesa la vida. Somos inseparables de nuestras obras, y nos agradan tanto, que nos deleitamos en hacerlas continuamente, por eso se mantienen majestuosas, bellas, frescas, como si ahí, como en un primer momento recibiesen el principio de vida. Míralas cómo son bellas, son las narradoras de nuestro Ser Divino y nuestra perenne gloria. Pero en tanta gloria nuestra, mira, está el punto negro de la voluntad del hombre, que amándolo con más amor lo dotamos de libre albedrío, el cual, abusando quiso respirar y latir en su querer humano, no con el nuestro, y por eso se cambia continuamente hasta ennegrecerse, perdiendo su belleza y frescura, y llega hasta perder la Vida Divina en su naturaleza humana. Por eso, ¿quién pondrá en fuga la densa oscuridad del querer humano? ¿Quién le restituirá la frescura, la belleza de su creación? Los actos hechos en nuestra Divina Voluntad, ellos serán luz que harán huir las tinieblas, y calor que plasmándolo con su calor le destruirán todos los humores malos que lo han afeado. Los actos hechos en mi Querer serán el contragolpe a todos los actos humanos hechos con la voluntad humana, este contragolpe restituirá la frescura, la belleza, el orden como fue creada la voluntad humana. Por eso se necesitan muchos actos hechos por la criatura en nuestro Divino Querer, para preparar el contraveneno, la belleza, la frescura, el acto opuesto a todo lo que de mal ha hecho la voluntad humana. Y entonces en la Creación nuestras obras aparecerán todas bellas, el punto negro desaparecerá y se convertirá en un punto, el más luminoso en medio a la magnificencia de nuestras obras creadas, y nuestra Divina Voluntad tomará el dominio de todo y reinará como en el Cielo así en la tierra. Por eso sé atenta a obrar en mi Querer Divino, porque a cada acto humano se necesita el acto divino, que con imperio arroja por tierra, purifica y embellece lo que ha hecho de mal la voluntad humana".

26-28
Agosto 25, 1929

### Jesús creó el germen del Fiat Divino al formar el Padre Nuestro. Virtud que tiene la luz.

(1) Estaba pensando en el Fiat Divino, y en cómo podía establecerse su reino sobre la tierra. Me parecía imposible, primero porque no hay quien se

ocupe de hacerlo conocer, y si alguna cosa se dice o se proyecta, todo se queda en palabras, pero los hechos están, ¡oh! cuán lejanos, y quién sabe qué generación tendrá el bien de conocer lo que respecta a los conocimientos de la Divina Voluntad y su reino; segundo, me parece que la tierra no está preparada, y creo que para tener un bien tan grande, que el reino de la Divina Voluntad, sus conocimientos, dominen la tierra, quién sabe cuántos prodigios se necesiten antes. Pero mientras esto y otras cosas pensaba, mi dulce Jesús se ha movido en mi interior y me ha dicho:

(2) "Hija mía, tú debes saber que mi venida a la tierra y todo lo que Yo hice en la Redención, mi misma muerte y resurrección, no fue otra cosa que un acto preparatorio al reino de mi Divina Voluntad, y cuando formé el Padre Nuestro, formé el germen del reino de mi Fiat Divino en medio a las criaturas, y si Yo cuando hablo creo y de la nada hago salir las obras más grandes, bellas y maravillosas, mucho más cuando con el imperio de mi plegaria hablante tengo virtud de crear lo que quiero. Por eso el germen del reino de mi Querer fue creado por Mí en el acto en que rezaba formando y recitando el Padre Nuestro; y si lo enseñé a los apóstoles fue para que la Iglesia, con el recitarlo pudiese regarlo y fecundar este germen, y disponerse a modelar su vida según las disposiciones de mi Fiat Divino. Mis conocimientos sobre Él, mis tantas manifestaciones, han desarrollado este germen, y como han estado acompañados por los actos hechos por ti en mi Querer Divino, se han formado tantos granos de formar una gran masa, de la cual cada uno puede tomar su parte, siempre y cuando quieran, para vivir de la Vida de la Divina Voluntad. Así que todo está hija mía, los actos más necesarios, está el germen creado por Mí, porque si no está el germen es inútil esperar la planta, pero si está la semilla, el trabajo que se necesita, la voluntad de querer el fruto de aquella semilla, es seguro que se tendrá la planta, porque teniendo el germen se tiene en propio poder la vida de la planta de aquella semilla; está quien riegue este germen para hacerlo crecer, cada Padre Nuestro que se recita sirve para regarlo; están mis manifestaciones para hacerlo conocer, sólo se necesita quién se ofrezca a hacer de heraldo, y con ánimo, sin temer nada, afrontando sacrificios para hacerlo conocer. Así que la parte sustancial está, está lo más, se necesita lo menos, o sea la parte superficial, y tu Jesús sabrá hacerse camino para encontrar aquél que cumplirá la misión de hacer conocer en medio a los pueblos mi Divina Voluntad. Por eso por parte tuya no pongas ningún obstáculo, haz lo que puedas y Yo haré el resto, tú no sabes cómo manejaré las cosas y dispondré las circunstancias, por eso llegas a dudarlo, piensas que mi Fiat no será conocido y su reino no tendrá su vida sobre la tierra".

(3) Después me he abandonado toda en el Querer Divino para seguir sus actos, y mi dulce Jesús ha agregado:

(4) "Hija mía, quien se pone en la unidad de mi Querer se pone en la luz, y así como la luz tiene virtud de descender en lo bajo y de extenderse como manto de luz sobre cada cosa que inviste, así tiene virtud de elevarse a lo alto y de investir con su luz lo que en lo alto se encuentra. Así quien se pone en la luz de mi Fiat, en su unidad de luz, con sus actos se extiende en lo bajo de todas las generaciones, y con su acto de luz inviste a todos para hacer bien a todos, se eleva en lo alto e inviste todo el Cielo para glorificar a todos. Por eso en mi Divina Voluntad el alma adquiere el derecho de poder llevar a todos la luz del Eterno Fiat, con el don de sus actos multiplicados por cuantos lo quieran recibir".

26-29
Septiembre 4, 1929

### ¿Por qué el sol forma el día? Porque es un acto de Voluntad Divina.

(1) Mis días son amarguísimos por la privación de mi sumo y único bien Jesús, puedo decir que mi alimento continuado es el intenso dolor de estar privada de Aquél que formaba toda mi vida acá abajo; cómo es doloroso el recordar que antes respiraba Jesús, latía el latido de Jesús en mi corazón, circulaba en mis venas Jesús, sentía el alimento de Jesús que alimentaba mis obras, mis pasos, en suma, en todo sentía a Jesús, y ahora todo ha terminado y se me ha cambiado en alimento de dolor. ¡Oh Dios, qué pena! respirar y latir dolor intenso de estar privada de Aquél que me era más que vida propia, sólo el abandono en el Fiat me da la fuerza para soportar un dolor tan grande. Pero mientras esto sentía, mi dulce Jesús saliendo de mi interior y estrechándome entre sus brazos me ha dicho:

(2) "Hija mía, ánimo, no te abatas demasiado; dime, ¿quién forma el día? El sol, ¿no es verdad? ¿Y por qué forma el día? Porque es un acto de mi Voluntad Divina. Ahora, conforme la tierra gira, la parte que se aparta del sol queda a oscuras y forma la noche, y la pobre tierra queda lúgubre, como bajo un manto de tristeza, de modo que todos sienten la realidad de la noche y el gran cambio que sufre la tierra con haber perdido el astro benéfico de la luz, esto es, el acto de mi Divina Voluntad que creó el sol y lo conserva con su acto continuo. Así el alma, hasta en tanto gira bajo el acto continuo de mi Querer, es siempre para ella pleno día; noche, tinieblas, tristeza, no existen. El acto continuo de mi Fiat, más que sol le sonríe, la mantiene en fiesta; en cambio si gira en su voluntad humana, más que tierra permanece a oscuras, en la noche de su voluntad humana, la cual dominando al alma produce tinieblas, dudas, tristeza, y forma la verdadera real noche a la pobre criatura. ¿Quién puede decirte el gran bien, el día brillantísimo que produce un acto de mi Divina Voluntad sobre la criatura? Ella, con su acto continuo produce

todos los bienes y la felicidad en el tiempo y en la eternidad, por eso sé atenta, enciérrate toda tú misma dentro de un acto solo de mi Divina Voluntad, no salgas jamás si quieres vivir feliz, y tener en tu poder la vida de la luz y el día que jamás termina. Un acto de mi Divina Voluntad es todo para la criatura; Ella, con su acto continuo que jamás cesa y jamás se cambia, más que tierna madre tiene estrechada a su seno a aquélla que se abandona en su acto de luz, y alimentándola de luz la hace crecer, como parto suyo, noble y santa, y la tiene defendida en su misma luz".

26-30
Septiembre 8, 1929

### El nacimiento de la Virgen fue el renacimiento de toda la humanidad.

(1) Mi pobre mente se perdía en el mar inmenso del Fiat Divino, donde se encuentra todo en acto, como si no hubiese ni pasado ni futuro, sino todo presente y todo en acto; así que cualquier cosa que se quiera encontrar de las obras de su Creador en el Divino Querer, mi pequeña alma la encuentra como si en acto la estuviera haciendo, y como estaba pensando en el nacimiento de mi Mamá Celestial, para darle mis pobres homenajes, y llamaba junto a mí a toda la Creación a alabar a la Soberana Reina, mi dulce Jesús me ha dicho:

(2) "Hija mía, también Yo quiero alabar junto contigo y con toda la Creación el nacimiento de la Alteza de mi Mamá. Tú debes saber que este nacimiento encierra en sí el renacimiento de toda la familia humana, y la Creación toda se sintió renacida en el nacimiento de la Reina del Cielo. Todo saltó de alegría, se sentían felices de tener su Reina, porque hasta entonces se sentían como pueblo al cual le faltaba su Reina, y en su mutismo esperaban aquel día feliz para romper su silencio y decir: 'Gloria, amor, honor a Aquélla que viene en medio a nosotros como Reina nuestra, no estaremos más sin defensa, sin quien nos domine, sin fiesta, ya que apareció Aquélla que forma nuestra gloria perenne.' Esta celestial niña, con tener íntegra en su alma nuestra Divina Voluntad, sin jamás hacer la suya, readquirió todos los derechos del Adán inocente ante su Creador y la soberanía sobre toda la Creación, por eso todos se sintieron renacer en Ella, y Nosotros veíamos en esta Virgen Santa, en su pequeño corazón, todos los gérmenes de las generaciones humanas. Así que por medio suyo la humanidad readquiría los derechos perdidos, por eso su nacimiento fue el nacimiento más bello, más glorioso; Ella, desde su nacimiento encerró en su corazoncito materno, como en medio de dos alas, a todas las generaciones como hijos renacidos en su virginal corazón, para calentarlos, para tenerlos defendidos, crecerlos y nutrirlos con la sangre de su corazón materno. He aquí la causa por la que

esta tierna Madre Celestial ama tanto a las criaturas, porque todas han renacido en Ella, y siente en su corazón la vida de sus hijos. ¿Qué cosa no puede hacer nuestra Divina Voluntad donde reina y tiene su Vida? Ella le encierra todo y a todos, y la hace portadora y dadora de bienes a todos. Así que todos sienten, bajo su manto azul, el ala materna de su Madre Celestial y encuentran en su materno corazón su lugarcito donde ponerse al seguro.

(3) Ahora hija mía, quien vive en mi Divina Voluntad renueva su renacimiento y duplica los renacimientos a todas las generaciones humanas; mi Suprema Voluntad cuando vive dentro de un corazón y en él extiende la plenitud de su luz interminable, concentra todo y a todos, hace todo, renueva todo, da nuevamente todo lo que por siglos y siglos no ha podido dar por medio de las otras criaturas. Así que Ella se puede llamar el alba del día, la aurora que llama al sol, el sol que alegra toda la tierra, la ilumina, la calienta, y con sus alas de luz, más que tierna madre abraza todo, fecunda todo, y con su beso de luz da las más bellas tintas a las flores, la dulzura más exquisita a los frutos, la maduración a todas las plantas. ¡Oh! si mi Voluntad Divina reinase en medio a las criaturas, ¿cuántos prodigios no obraría en medio de ellas? Por eso sé atenta, cada cosa que haces en mi Fiat Divino es un renacimiento que haces en Ella, y renacer en Ella significa renacer en el orden divino, renacer en la luz, renacer en la santidad, en el amor, en la belleza, y en cada acto de mi Voluntad, la voluntad humana sufre la muerte, muriendo a todos los males y revive a todos los bienes".

26-31
Septiembre 15, 1929

### El sol: símbolo de la Divina Voluntad. El germen de la Divina Voluntad en el acto de la criatura.

(1) Estaba repitiendo mis actos en el Divino Querer para seguir los suyos en todas sus obras, y pensaba entre mí: "¿En qué aprovecha repetir siempre los mismos actos, cuál gloria puedo dar a mi Creador?" Y mi dulce Jesús, saliendo de dentro de mi interior me ha estrechado entre sus brazos para confirmarme y me ha dicho:

(2) "Hija mía, la repetición de tus actos en mi Fiat Divino rompe el aislamiento de Él, y genera la compañía a todos los actos que hace la Divina Voluntad. Así que Ella no se siente más sola, sino que tiene a quién puede decirle sus penas, sus alegrías y a quién confiar sus secretos. Y además, un acto repetido continuamente es virtud divina, y tiene virtud de generar los bienes que no existen, de reproducirlos y comunicarlos a todos. Un acto continuado es capaz de formar la vida y de poder dar vida. Mira el sol, símbolo de mi Divina Voluntad, jamás deja a la criatura y jamás se cansa de

hacer su acto continuado de luz; cada día regresa a visitar la tierra, dando siempre sus bienes, regresa para encontrar con su ojo de luz los bienes ya dados, y que muchas veces no encuentra: no encuentra la flor que ha coloreado con la belleza de sus tintas, y perfumado sólo con tocarlas con sus manos de luz; no encuentra el fruto, al cual, penetrando en lo íntimo ha comunicado su dulzura y madurado con su calor; cuántas cosas no encuentra el sol después que se ha prodigado con tantos actos, más que maternos, para formar las más bellas florituras y formar tantas plantas, hacer crecer tantos frutos con su aliento de luz y de calor, porque el hombre arrancándolos de la tierra se ha servido de ellos para alimentar su vida. ¡Oh! si el sol fuese capaz de razón y de dolor, se cambiaría en lágrimas de luz y de fuego ardiente para llorar sobre cada cosa que ha formado y no encuentra, pero a pesar de su dolor no cambiaría voluntad, dejando de comunicar sus bienes a la tierra para formar de nuevo lo que le ha sido quitado, porque es naturaleza suya, por cuanto mal le puedan hacer, de dar siempre su acto de luz, sin cesar jamás, en el cual están todos los bienes. Así es mi Divina Voluntad, más que sol se prodiga sobre cada criatura para darle vida continua, se puede decir que es su aliento omnipotente de luz y de amor con el cual inviste a las criaturas, las forma y las hace crecer, y si el sol da lugar a la noche, mi Divina Voluntad jamás deja solos a sus amados partos, plasmados, vivificados, formados, crecidos con su aliento y beso ardiente de luz, no hay un instante en el cual mi Divina Voluntad deje a la criatura, y que vertiéndose sobre ella no le comunique sus variadas tintas de belleza, su dulzura infinita, su amor inextinguible, ¿qué cosa no le hace y da mi Divina Voluntad? Todo, sin embargo no es reconocida ni amada, ni conservan en ellos los bienes que les comunica. ¡Qué dolor! Mientras se prodiga sobre cada criatura, no encuentra los bienes que comunica, y en su dolor continúa su acto de luz sobre de ellas sin cesar jamás. He aquí por qué quien debe vivir en mi Fiat debe tener sus actos repetidos y continuos, para hacerle compañía y endulzarla en su intenso dolor".

(3) Después de esto continuaba navegando el mar interminable del Fiat Divino, y conforme hacía mis pequeños actos en el Eterno Querer, así se formaban en mi alma tantos gérmenes, y la semilla de estos gérmenes era de luz de Voluntad Divina, variados de tantos colores, pero animados todos de luz, y mi dulce Jesús haciéndose ver, uno a uno comunicaba el aliento a aquellos gérmenes, y conforme se los comunicaba, aquellos gérmenes crecían tanto, de tocar la inmensidad divina. Yo he quedado maravillada al ver la bondad de mi sumo bien Jesús, que con tanto amor tomaba en sus manos santísimas aquellos gérmenes para comunicarles el aliento, y después los ponía todos en orden en mi alma, y mirándome con amor me ha dicho:

(4) "Hija mía, donde está la fuerza creadora de mi Divina Voluntad, mi aliento divino tiene la potencia de volver inmensos los actos de la criatura, porque mientras la criatura obra en mi Fiat, en su acto entra la fuerza creadora, la cual pone la fuente de la inmensidad divina, y el pequeño acto de la criatura se convierte: quién en fuente de luz, quién en fuente de amor, otros en fuente de bondad, de belleza, de santidad, en suma, cuantos más actos hace, tantas fuentes divinas más adquiere, y crecen tanto, de perderse en la inmensidad de su Creador. Sucede como a la levadura que tiene virtud de fermentar la harina, con tal de que al hacer el pan se ponga una pequeña parte de levadura como germen de fermentación. En cambio si no se pone la levadura, a pesar de que sea la misma harina, el pan no será jamás fermentado, sino ácimo. Así es mi Divina Voluntad, más que levadura pone la fermentación divina en el acto humano, y el acto humano se vuelve acto divino, y Yo cuando encuentro el germen de mi Divina Voluntad en el acto de la criatura, me deleito en dar mi aliento al acto de ella, y lo elevo tanto, de volverlo inmenso, mucho más que aquel acto lo podemos llamar acto nuestro, Voluntad nuestra obrante en la criatura".

26-32
Septiembre 20, 1929

### Sólo Jesús tiene palabras suficientes para hablar de la Divina Voluntad. Cómo la criatura puede decir: "Poseo todo". La Divina Voluntad donde reina forma su paraíso.

(1) Mi pequeña inteligencia va siempre espaciándose en el mar inmenso del Divino Querer, y apenas sabe retener las gotitas de las tantas variedades e innumerables bellezas que le pertenecen. ¡Oh! Voluntad inigualable, amable y adorable, ¿quién podrá decir todo lo que Tú eres, y narrar tu larga y eterna historia? Ni los ángeles, ni los santos tendrán palabras suficientes para hablar de Ti, mucho menos yo que soy la pequeña ignorante, que apenas sé balbucear de un Querer tan santo. Entonces mientras mi mente se perdía en el Fiat Divino, mi amable Jesús haciéndose ver me ha dicho:

(2) "Hija mía, sólo tu Jesús tiene palabras suficientes para hablarte de mi Eterno Querer, porque en naturaleza divina soy la misma Voluntad; pero debo limitarme en el decir porque tu pequeña capacidad no puede abrazar y comprender y encerrar todo lo que a Ella pertenece, y debo contentarme con hacerte conocer sus gotitas, porque tu mente creada no puede contener su mar inmenso e increado, y estas gotitas de luz las cambio en palabras para adaptarme, por tu pequeña capacidad, y así hacerte comprender alguna cosa de mi Fiat indescriptible e inmensurable. Basta decir que mi Querer

Divino es todo, encierra todo, si le faltara una sola coma de todo lo que existe en el Cielo y en la tierra, no se podría llamar todo. Por consiguiente la criatura para entrar en mi Fiat debe vaciarse de todo, reducirse a aquel punto cuando su Creador, llamándola de la nada, le daba la existencia, tal como la fuerza creadora de mi Divina Voluntad la creaba, bella, vacía de todo, y sólo llena de la Vida de Aquél que la había creado, así el alma haciéndose investir de nuevo por la fuerza creadora de mi Fiat, su luz y su calor la vaciarán y la dejará bella como la sacó de la nada, y la admitirá a vivir en el todo de mi Voluntad, y la criatura en Ella respirará el todo, se sentirá toda santidad, toda amor, toda belleza, porque el todo de mi Fiat Divino la tendrá en su mar, donde el todo estará a su disposición, ninguna cosa le será dada a mitad o en pequeñas proporciones, porque quien es todo sabe darse todo, no a medida, y sólo en mi Querer la criatura puede decir: 'Poseo todo, más bien el todo es mío'. En cambio quien no vive en mi Querer Divino, no estando su ser bajo el imperio de una fuerza creadora, no puede poseer toda la plenitud de una Vida Divina, ni se sentirá hasta el borde de su alma toda llena de luz, de santidad, de amor, hasta desbordar fuera, y formar mares en torno a ella, de sentirse que el todo es suyo; a lo más sentirá las pequeñas partecitas divinas, la impresión de la gracia, del amor, de la santidad, pero no todo. He aquí por qué sólo quien vive en mi Fiat es la única afortunada de conservarse en el prodigio de su creación, y de tener los derechos de poseer y vivir en la abundancia de los bienes de su Creador".

(3) Después de esto continuaba mis actos en el Querer Divino, y mi amable Jesús ha agregado:

(4) "Hija mía, quien vive en mi Fiat tendrá el gran bien de poseer un Querer Divino en la tierra, que le será portador de paz imperturbable, de firmeza inmutable. Mi Fiat la hará crecer en modo divino, en cada acto que haga le dará un sorbo de nuestro Ser Divino, para hacer que no haya ninguna cualidad nuestra que no concentre en esta criatura. No sólo esto, sino que mi Querer se deleitará en encerrar en ella a mi Divina Voluntad felicitante, con la cual hace felices a todos los bienaventurados, a fin de que ni siquiera Ésta falte en quien vive en Ella, de modo que cuando vendrá a nuestra patria celestial, traerá como triunfo el haber vivido en nuestro Fiat, su paraíso de alegría y de felicidad todas divinas, y mientras vendrá a encontrar otras bienaventuranzas más sorprendentes, porque mi Querer no se agota jamás, tiene siempre qué dar, la criatura encontrará sus alegrías y la felicidad que le ha encerrado mi Voluntad estando en la tierra. Por eso elévate siempre más en Ella, ensancha tus confines, que por cuanto más de Voluntad Divina tomes en la tierra, tanto más crecerá nuestra Vida en ti, y más felicidad y alegrías encerrarás en tu alma, y por cuanto más traigas, tanto de más te será dado en el Cielo, en nuestra patria celestial".

Sea todo para gloria de Dios y cumplimiento de su Santísima Voluntad.
Deo Gratias.
[1] Este libro ha sido traducido directamente del original manuscrito de Luisa Piccarreta

Made in the USA
Coppell, TX
16 March 2025

47164311R00171